普通高校文化与传播类专业系列教材编委会

主　　编　杨柏岭

执行主编　秦宗财

编　　委（按姓氏笔画先后排列）

马　梅　　王玉洁　　王艳红　　王霞霞
卢　婷　　刘　琴　　阳光宁　　苏玫瑰
杨龙飞　　杨柏岭　　杨振宁　　肖叶飞
张书端　　张军占　　张宏梅　　张泉泉
陆　耿　　陈久美　　罗　铭　　周建国
周钰棡　　赵忠仲　　胡　斌　　秦　枫
秦宗财　　秦然然

首批部校共建新闻学院系列成果
安徽省高等学校"十三五"省级规划教材
普通高校文化与传播类专业系列教材

传媒经营与管理

第 2 版

肖叶飞　编著

中国科学技术大学出版社

内 容 简 介

本书以新闻传播学、经济学与管理学为理论视角,从宏观与微观两个层面研究传媒经营与管理,立足媒介融合这条主线,紧密结合5G、大数据、云计算、人工智能等新技术,运用互联网思维多角度对传媒业进行分析。在夯实理论的基础上,紧密结合传媒案例,理论联系实际,力争做到理论性、实用性、创新性、前瞻性。本书可以作为新闻传播类本科生、研究生传媒经营与管理课程的教材,还可以作为新闻从业人员、政府传媒管理人员、事业单位宣传人员乃至企事业单位相关人员的培训教材或课外阅读书目。

图书在版编目(CIP)数据

传媒经营与管理/肖叶飞编著. —2版. —合肥:中国科学技术大学出版社,2022.4
ISBN 978-7-312-05418-1

Ⅰ.传… Ⅱ.肖… Ⅲ.传播媒介—经营管理—高等学校—教材 Ⅳ.G206.2

中国版本图书馆CIP数据核字(2022)第045227号

传媒经营与管理

CHUANMEI JINGYING YU GUANLI

出版	中国科学技术大学出版社
	安徽省合肥市金寨路96号,230026
	http://press.ustc.edu.cn
	https://zgkxjsdxcbs.tmall.com
印刷	安徽省瑞隆印务有限公司
发行	中国科学技术大学出版社
开本	787 mm×1092 mm 1/16
印张	23.25
字数	595千
版次	2016年2月第1版 2022年4月第2版
印次	2022年4月第3次印刷
定价	69.00元

总　序

　　文化传播是人类社会的基本活动,也是人类社会形成的重要途径。一部人类发展史就是一部文化传播史,走进历史和现实深处,我们便会发现,人类发展的历史就是文化传播的历史。文化传播随着人类的产生而产生,随着社会的发展而发展。文化为人们提供了宝贵的精神财富,同时也建构了不同地域的文化空间。文化是连接民族情感、增进民族团结的重要纽带,而这些对于人们精神文化需求的满足具有重要意义与价值。文化承载着不同国家、不同民族、不同地域各具特色的文化记忆,无论是语言、音乐、神话、建筑还是其他,无一不是地域特色和文化特色的体现。文化借助各种传播手段,使得人们增长见闻,了解不同时间、不同地域的历史文化,满足精神消费的需求。文化本身具有的历史和价值对于人们的生存和发展具有重要意义,不断汲取文化价值是人们获得更好发展的客观需求。文化传播与人类文明互动互进、休戚相关。没有文化传播,便没有人类的文明。

　　文化是人类社会发展动力系统中的重要一环。马克思主义辩证唯物主义认为,经济、政治、文化、社会、生态五位一体的动力系统,构成了人类社会发展的驱动力。经济动力是社会发展基础性、决定性的动力因素。"仓廪实而知礼节",当物质生产水平和物质生活水平极大提高以后,物质需要便不能完全满足人们的生活需求,精神需求便日益成为人们主导性的需要。在此情境下,文化传播的功能已不仅仅是人们精神交往的需要了,精神娱乐和价值实现的需求更加凸显,文化因素对社会生产力的影响作用迅速增大。文化生产虽然依托于有形的物质载体(即媒介),但其核心要素是无形的精神(人的创意思维),不仅仅是物质生产,更关键的是意识形态(价值观念)的生产,其满足的不仅仅是视听审美,更在于提高人的科学文化水平、思想道德素质,深层次地影响人们的意识形态,塑造人的世界观、人生观和价值观,从而达到改造人的灵魂,进而改造整个社会的意识形态的作用。由此可见,相比于物质生产而言,文化的生产与传播对于人类社会的发展更具有深层次的决定作用。

　　有鉴于亟须提升当代大学生的文化传播的基本素质和能力,我们编写了这套"文化与传播"系列教材,目的是一方面帮助大学生学习并理解社会生活中传播的现象、表现形式、发生发展规律及其社会功能等,关注传播与社会政治、经济、文化、生活的相互关系,认识传播媒介对人的作用,传播与社会发展和社会阶层的互动关系等,为将来的生活和工作奠定文化传播的基础;另一方面培养学生文化传播的思维,以期让学生从文化传播的视角对社会发展尤其是文化的繁荣创新有更深入的了解,提高认识社会文化、理解文化传播的水平,提升分析媒体、运用媒体的能力,从而提升大学生认识社会、融入社会乃至改造社会的能力。

"普通高校文化产业管理专业系列教材"为本套教材奠定了前期基础。编委会自2013年组织编写面向文化产业管理专业的系列教材,由中国科学技术大学出版社陆续推出,成为全国普通高校新闻学、广告学、文化产业管理、广播电视学、旅游管理等相关专业学生的专业教材,同时也成为科研工作者重要的参考资料,受到了一致好评。为更好地适应新时代文化繁荣发展新形势,更好地满足高校相关专业教学研究需要,编委会决定对"普通高校文化产业管理专业系列教材"从内容到形式进行大幅度修订。

经过充分吸收前期教材使用者的反馈意见,并细致地考察国内外"文化与传播"类相关高校教材,在系统分析此类教材的共性与差异的基础上,力求编写一套既重基础,又突出差异化、特色化的系列教材。基于此,编委会经过多次邀请同行专家深入讨论,决定从文化与传播的基本理论素养、媒介与传播、文化与产业三大方面,构建"文化与传播"的知识体系。经过精心遴选,确定11部教材作为建设内容,定名为"普通高校文化与传播类专业系列教材"。本套教材建设于2017年7月启动,计划在2021年12月全部完成出版。本套教材包括《文化与传播十五讲》(杨柏岭、张泉泉主编)、《数字影视传播教程》(秦宗财主编)、《广播电视新闻学教程》(马梅、周建国、肖叶飞编著)、《文化资源概论》(秦枫编著)、《影视非线性编辑教程》(周建国、杨龙飞编著)、《传媒经营与管理》(肖叶飞编著)、《文化产业项目策划与实务》(陆耿主编)、《文化市场调查与分析》(阳光宁、张军占主编)、《文化创意产业品牌:理论与实践》(秦宗财主编)、《文化企业经营与管理》(罗铭、杨柏岭主编)、《文化旅游产业概论》(张宏梅、赵忠仲主编)。在丛书主编统一了编写体例之后,由各分册主编组织人员分工编写,并由各分册主编负责统稿。最后由丛书主编、执行主编审稿。由于我们水平和时间的限制,书中一定存在着某些不足,敬请学界、业界同行以及广大读者批评指正。

丛书主编　杨柏岭
丛书执行主编　秦宗财
2020年5月

目录 CONTENTS

总序 ·· (i)

绪论 ·· (1)

第一章 传媒产品的需求与供给 ·· (16)
  第一节 传媒产品的需求 ··· (16)
  第二节 传媒产品的供给 ··· (22)
  第三节 传媒产品的供求均衡 ··· (27)
  第四节 传媒产品的需求与供给弹性 ··· (30)

第二章 传媒受众与消费者行为 ·· (34)
  第一节 受众理论 ·· (34)
  第二节 二重出售理论与注意力经济 ··· (39)
  第三节 传媒产品的效用理论 ··· (42)
  第四节 传媒消费者行为 ··· (45)

第三章 传媒产品的生产与成本 ·· (50)
  第一节 传媒产品的短期生产与长期生产 ··· (50)
  第二节 传媒产品的短期成本与长期成本 ··· (58)

第四章 传媒市场结构 ··· (65)
  第一节 市场结构 ·· (65)
  第二节 完全竞争市场结构 ·· (70)
  第三节 垄断竞争市场结构 ·· (75)
  第四节 寡头垄断市场结构 ·· (78)
  第五节 完全垄断市场结构 ·· (83)

第五章 传媒管理体制与组织结构 ··· (88)
  第一节 传媒管理体制 ·· (88)
  第二节 传媒领导体制 ·· (93)
  第三节 传媒组织结构的类型 ·· (97)
  第四节 中外媒体的组织结构 ·· (104)

第六章 传媒生产管理 ··· (113)
  第一节 传媒采编管理 ·· (113)
  第二节 报刊生产流程管理 ·· (119)
  第三节 广播电视生产制作管理 ·· (125)
  第四节 网络媒体产品生产管理 ·· (132)

第七章 传媒广告经营 (136)
- 第一节 传媒广告经营的方式与作用 (136)
- 第二节 传媒广告的特征与类型 (140)
- 第三节 广告效果的测量与评估 (153)
- 第四节 广告的管理与规制 (160)

第八章 传媒营销管理 (164)
- 第一节 传媒产品的市场营销 (164)
- 第二节 传媒品牌营销 (171)
- 第三节 报刊发行 (175)
- 第四节 电视节目营销 (180)

第九章 传媒人力资源管理 (187)
- 第一节 传媒人力资源及其管理 (187)
- 第二节 人力资源规划与传媒人才招聘 (191)
- 第三节 传媒的绩效管理与薪酬管理 (194)
- 第四节 传媒人才的培训与选拔 (201)

第十章 传媒财务管理 (204)
- 第一节 传媒财务管理的内涵 (204)
- 第二节 传媒投融资管理 (209)
- 第三节 传媒财务分析 (214)
- 第四节 传媒财务风险控制 (230)

第十一章 传媒公共关系管理 (234)
- 第一节 传媒与公共关系 (234)
- 第二节 媒体在公共关系中的角色与规范 (240)
- 第三节 传媒公共关系的策划与运作 (244)

第十二章 传媒战略管理 (249)
- 第一节 传媒战略 (249)
- 第二节 传媒战略环境与SWOT分析 (252)
- 第三节 传媒总体战略 (262)
- 第四节 传媒竞争战略 (269)

第十三章 传媒资本运营 (273)
- 第一节 传媒资本运营的理论分析 (273)
- 第二节 传媒企业上市重组与案例分析 (278)
- 第三节 传媒企业的并购与重组 (284)

第十四章 传媒集团化经营 (289)
- 第一节 传媒集团化经营的理论分析 (289)
- 第二节 我国传媒集团化经营 (293)
- 第三节 西方传媒集团化经营 (299)
- 第四节 世界知名传媒集团案例分析 (302)

第十五章　媒介融合与融合新闻生产 (307)
第一节　媒介融合的内涵与类型 (307)
第二节　传媒融合新闻生产 (312)
第三节　我国媒介融合生产的路径 (318)

第十六章　传媒市场失灵与政府规制 (328)
第一节　市场失灵与传媒规制 (328)
第二节　传媒规制的内涵与类型 (335)
第三节　规制失灵与传媒改革 (340)

第十七章　版权贸易与版权保护 (345)
第一节　文化强国背景下的版权贸易 (345)
第二节　版权贸易的现状与发展 (349)
第三节　数字时代的版权保护 (354)
第四节　版权产业"走出去"战略 (356)

参考文献 (360)

再版后记 (362)

绪　　论

传媒经营与管理是一门系统研究大众传媒经营管理活动基本规律和一般原理的科学，是传播学、经济学和管理学交叉而成的新学科。学习传媒经营管理之前，在绪论部分有必要厘清一些相关的概念，梳理传媒经营与管理的历史进程与发展逻辑，对传媒经营与管理的理论溯源、国内外的研究历史与现状，以及学科发展的目标、研究方法与研究意义进行分析。

一、传媒经营与管理的相关概念

研究传媒经营管理，需要区分媒介、传媒与媒体之间，传媒事业与传媒产业之间，传媒经营与传媒管理之间的关系，确保研究的科学性与统一性。

（一）媒介、媒体与传媒

"媒介"概念的内涵和外延是一个不断演变的过程。西晋学者杜预（222—285）在注解《左传·桓公三年》"会于嬴，成昏于齐也"时曰："公不由媒介，自与齐侯会而成昏，非礼也。"①五代刘昫（887—946）编撰的《旧唐书·张行成传》载："观古今用人，必因媒介。"前者媒介的意思是介绍婚姻对象的媒人，后者媒介为上层介绍人才的引荐者，这也是其从西晋一直延续到晚清的两种最主要词义。到了清代，媒介概念发生了新的变化，媒介从原来的媒人、引荐者释义扩展为其他起联络和介绍作用的人和物，媒介的意义变化接近了现代的意义，即人们用来传递交流信息的工具。

英语中的"媒介"（medium）一词，大约在20世纪30年代开始应用，其主要含义指使事物之间发生关系的中介、手段、工具等。媒介就是拓展传播渠道、扩大传播范围或提高传播速度的一项科技发展。

从广义的角度看，媒介是两个或两个以上事物之间发生关系的中介，而媒介充当的中介主要分为两类：一是工具；二是介质、媒质。麦克卢汉认为"媒介是人体的延伸"，媒介可以是万物，万物皆媒介。狭义的媒介是指建构人与人信息沟通关系的介质，主要有三种形态：一是作为传播工具的人，如媒人；二是作为传播工具的物，如烽火、军号；三是技术性传播工具，如报纸、广播。②

综上所述，媒介指介于传播者与受传者之间的用以负载、传递、延伸特定符号和信息的物质载体，包括书籍、报纸、杂志、广播、电视、电影、网络等及其生产、制作、传播机构。③因此，大众传播学视野下的媒介内涵，一方面可指传递信息的手段、方式，如语言、文字、声音、

---

① 杜预.春秋左传集解[M].上海：上海人民出版社，1977：79.
② 李勇，李姣."媒介"考辨[J].淮阴师范学院学报：哲学社会科学版，2011(5)：670.
③ 邵培仁.传播学导论[M].杭州：浙江大学出版社，1997：227.

图像等;另一方面可指传递信息的载体和样式,如报纸、杂志、广播、电视、互联网、手机等载体,以及客户端、微博、微信等新的传播样式。

从广义上说,媒体是指书籍、报纸、杂志、广播、电视、电影、网络等信息生产、传播机构;从狭义上说,媒体是指报纸、广播、电视三大传统媒体,还包括互联网、手机等第四、第五媒体。媒体与媒介有细微的区别:媒介意味着对自己作为中间物的强调,连接彼此的工具,媒体则含有主体之意,它强调作为机构的特点,指新闻生产的机构;媒介强调关系、工具,媒体则强调实体。两者都可以指传播工具,媒体指大众传播工具,如五大媒体;媒介则同时包括大众传播、小众传播和分众传播工具,媒介的外延要更大一些,媒介包含了媒体。

传媒是宏观大概念,指传媒物(传播工具)、传媒组织(机构)、传媒产品(有形和无形产品)。在兼及媒介与媒体的场合,或者在没有必要严格区分或者实在不能区分媒介与媒体的场合,可以使用"传媒"的说法;传媒既可称为媒介,又可称为媒体,还可笼统地指媒介与媒体。媒介产业由于是媒介产品、媒介组织的总和,则更宜称为传媒产业。将符号根据表述的特定意义的需要加以集结组合,并予以物化包装以便流通的信息产品,例如通讯稿、报纸、广电节目、网页、短信等,称为媒介产品,作为媒体参与交换的产物,亦称为传媒产品。①

媒介、媒体与传媒三者的侧重点不同:媒介主要是指中介物;媒体主要是指机构;传媒既指传播媒介,也指传播媒体、传媒产品。

新闻传播媒介和大众传播媒介也有区别。新闻传播媒介是指以传播新闻、引导舆论为基本任务和主要活动的传播媒介,有报纸、广播、电视、通讯社等几大主要类别,除了传统媒体的新闻网站,一般的门户网站法律层面没有新闻采编权,不是传统意义上的新闻传播媒介。大众传播媒介的范围更为广泛,主要有报纸、杂志、书籍等印刷媒介,广播、电视、电影、网络、手机等电子媒介,还包括各种音像制品和它们的制作、播放与接收设施。

(二) 传媒事业、传媒产业与传媒业

1. 传媒事业

事业是具有一定目标、规模和系统而对社会发展有影响的经济活动,但是没有生产收入,由国家经费开支,不进行经济核算的事业,区别于企业。计划经济年代,媒体是国家所有制,资产归国家所有,强调传媒的政治宣传属性,即事业属性。传媒事业具有如下特征:媒体是党和政府的宣传部门,媒体行为要对党和政府负责,媒体领导由上级任命;媒体以新闻宣传为主要职能,否认传媒产品的商品属性,经营上无需自负盈亏,没有赢利目标,收入以财政拨款为主;以追求社会效益为最终目标;媒体组织架构参照政府部门,只注重内部的管理活动,无需开发市场和营销活动;媒体只生不死,没有破产或被兼并的后顾之忧。

新闻事业是新闻机构及其各项活动的总称。它包括报社、新闻期刊社、广播电台、电视台、通讯社、新闻电影制片厂等专门机构,运用报纸、广播、电视、新闻图片、新闻期刊、新闻电影等传播媒介进行的新闻传播活动,具体来说,就是这些新闻机构以各种方式采集和传播新闻,反映舆论,对社会生活产生重大和深远影响的经常性活动。在计划经济年代,报社、广播电视台等新闻机构属国有事业单位,由国家财政统包统支,无需进行经济核算。

2. 传媒产业

产业是指具有某种同类属性的企业经济活动的集合,泛指国民经济中的各行各业,从生

---

① 屠忠俊. 现代传媒经营管理[M]. 武汉:华中科技大学出版社,2013:4.

产到流通、服务,以至文化教育等各个部门。一个产业可以由多个企业的同类经济活动组成,其中的任何一个企业既可以从事单一经济类型活动,也可以从事多种类型的经济活动。传媒产业是指传播各类信息、知识的传媒实体部分所构成的产业群,它是生产、传播各种以文字、图形、艺术、语言、影像、声音、数码、符号等形式存在的信息产品以及提供各种增值服务的特殊产业。

企业是从事生产、流通和贸易的单位,需按照经济核算的原则自负盈亏。企业属性包括如下几个特征:实行多种所有制,企业行为主要对出资人负责;管理模式多数实行董事会领导下的公司制;企业以生产经营为主要职能,有明确的赢利目标,住房、养老、医疗实行社会化;企业具有合理的组织结构和治理模式,上市公司一般实行董事会领导下的总经理负责制;企业可以通过收购、兼并、联合等方式谋求企业的扩展,也可申请破产或被兼并以实现资源的重新配置。

3. 传媒业

传媒事业侧重从新闻性和舆论性来看待新闻媒介,传媒产业侧重从媒介的商品性来看待新闻媒介,是新闻事业实行企业化发展的高级阶段。新闻业的概念更为宽泛,是两者的统称,不仅包括新闻事业,也包括新闻产业。

传媒业作为一个生产性行业,它具有产业的特点,是一个在创造精神财富的同时能够通过提供信息服务获得收益的经济门类。传媒业的经济属性决定了它可以采用产业的管理方式,从经营中获取经济收入,以便更好地发挥它的文化产业属性的作用。在经济属性方面,传媒产品的核心价值取决于以内容为底蕴的知识、信息价值。传媒产品是内容产品和文化商品,是精神产品与物质产品的统一形式,是文化资本与经济资本结合的产物。

20世纪90年代,我国对于新闻媒体实行"事业单位,企业化管理"。作为引人注目的产业,传媒的企业化管理就是要采用与之相适应的现代化的企业管理制度,要由懂得市场经济运行规律的企业家来从事经营和管理工作。企业化管理是国家为了增加事业单位的经营收入,采取事业单位与财政脱钩的办法,鼓励事业单位在经营上实现自负盈亏,并按照企业的经营模式去运作,不断提高事业单位的经济效益。

企业化管理就是着眼于提高企业的人、财、物的使用效率和生产经营全过程的动态管理与系统化管理,即在物资管理上实现价值增值;在经营管理上利用市场机制,形成公平合理的经营秩序和竞争规则;在人事管理上重实绩,考核量化,选贤任能;在财务管理上实行资金运作,使资金获取更大的投资效益。

(三) 传媒经营与管理

狭义上说,传媒经营与管理是传媒的经营管理者为了提高传媒的信息传播效能并获取相关从利益而进行的一系列活动。从广义上说,传媒管理包括国家层面对传媒组织的控制、协调、激励与规划等管理。研究新闻媒介的经营管理,实质上就是研究新闻媒体从事经营和管理活动的规律及方法。

1. 经营与管理的内涵

经营是企业为了自身的生存、发展和实现自己的战略目标所进行的活动。经营最初是营造、谋划、运作之意,从经济学角度指人们在社会商品的生产领域和流通领域内进行的社会活动。一个经济组织为达到其既定的目的,就必须搞好经营,协调企业内部和外部活动,预测市场变化,规划企业发展前景,发现市场机会并进行决策。

管理就是管理者通过计划、组织、控制、激励、领导和协调等手段作用于管理对象的过程。由于所指向的对象、涉及的内容各有不同，广义的管理，指的是通过科学手段对整个社会活动实施有序的组织。狭义的管理，指的是一个经济组织在完成其目标的过程中，所实施的一系列规划、组织、协调、指导、控制等行为措施。

2. 经营与管理的关系

经营与管理具有紧密的联系，经营着眼于企业的市场目标，管理则着眼于组织内部各种要素，对目标实现起着宏观协调作用。

经营与管理的联系：① 两者都在企业运营中发挥作用，它们的目的都是提高企业的经济效益。② 企业的成功经营必须以有效的管理为前提，经营是管理的目的，管理是前提，是经营的基础和保证。③ 经营是管理职能的延伸与发展，管理出效益，管理是经营的有效运作。

经营与管理的区别：① 经营是商品经济的产物，是随着商品经济的发展、市场作用的增强和市场竞争的加剧而不断发展起来的。管理是劳动社会化、劳动专业化的产物。② 经营强调的是适应、竞争、变革和创新。管理强调的是规章、制度、条例、纪律。③ 经营主要适用于以赢利为目的的组织，管理适用于一切组织，它对于组织活动具有普遍的适用性。经营直接与赢利相连，企业通过预测、决策谋求最大的经济效益；管理则是在实施过程中提高效率，保证赢利得以实现。④ 经营解决企业的外部问题，根据企业条件和外部环境变化来决定经营目标。管理主要着眼于企业内部各种管理关系，解决企业内部问题，组织协调人、财、物的合理配置去实现目标。⑤ 经营解决的是企业的战略问题，注重企业的宏观操作。管理解决的是企业的战术问题，注重企业的微观操作。

3. 传媒经营管理

（1）传媒经营管理的概念

对于新闻媒体来说，经营是媒体维持其生存的手段和促进发展的谋略，成功的经营就是对新闻机构内部各个子系统实施有效的控制和管理，对传媒组织的经营任务或目标实现过程进行严密控制、科学把握和有效协调。传媒管理就是媒体管理者协调、组织、领导和控制员工的工作和充分利用媒体资源来达到既定的媒介发展目标的过程，对传媒组织内部所有人、财、物的控制与协调，力求实现效益的最大化，包括经济效益和社会效益。

传媒经营管理是一个传媒组织的管理者，根据传媒市场的总体情况确定自身发展的战略目标，依据传媒的经营目标，研究并从事如何利用良好的计划、健全的组织、适当的人员配置、正确的指挥方法、严密合理的控制程序及有效的内部协调，运用传媒的人、财、物以及其他社会资源，通过计划、组织、领导和控制等手段，使整个传媒组织的资源运用发挥出最大的效能，实现传媒社会效益和经济效益最大化的过程。

（2）传媒宏观管理与微观管理

传媒管理包含宏观管理（即整个社会对传媒业的管理）和微观管理（即传媒自身的经营管理）两个方面，它们的目的都在于合理地组织、有效地配置和利用新闻媒体的人员、设备和信息等资源，更好地实现传媒业的社会功能。

传媒的宏观管理就是对传媒产业管理和传媒事业管理的抽象概括，它既具有管理的共同特征，又具有传媒管理的本质特征，是传媒产业管理和传媒事业管理的基础。对于传媒业而言，管理是国家意志在传媒业体制、运作方式等方面的体现，通常称为"宏观管理"，它表现为政府行为，是政府通过一定的法律、法规和行政命令，对传媒业所施加的控制和监督。传媒宏观管理的内容包括传媒制度设计、传媒的功能与作用、传媒产业政策、受众的权力等。

传媒的微观管理是指具体传媒组织的管理，比如报纸的管理、广播的管理、电视的管理、网络的管理、出版的管理等。传媒的微观管理研究简单地说就是传媒的"MBA"，主要领域包括商业模式、人力资源、财务管理、营销管理、广告经营、受众研究、品牌管理、生产流程、资本运作、企业成长研究等。

（3）传媒经营与管理的目标

在社会主义市场经济条件下，传媒经营与管理的地位和作用就显得更加突出，是新闻媒介适应市场经济体制的必然要求，是传媒业做强做大的基本条件，是与国际传媒集团竞争的需要，是办好各类媒体的重要条件。

传媒经营与管理就是通过计划、组织、控制、激励、协调等方法对传媒业进行谋划运筹，使传媒组织实现不断成长，达到经济效益和社会效益的预期目标。具体来说，传媒经营与管理就是要强化制度建设，建立与现代企业制度相适应的组织架构；建立科学的新闻生产流程，确保新闻生产的效率；加强营销管理，采取有效的营销策略；加强战略管理，为可持续发展确立可预期的方向。

传媒经营与管理的目标有两点：一是取得良好的社会效益，满足受众的需要，树立新闻媒体的信誉；二是取得良好的经济效益，它是保证扩大再生产和取得良好社会效益的物质基础。社会效益和经济效益是传媒效益统一体的两个方面，社会效益表现为媒体的使用价值；经济效益表现为传媒的经济价值。

传媒的政治属性和经济属性是有机联系、相互补充、相互促进的。传媒为了保持自身应有的社会影响力，首先必须坚持政治属性，同时还应重视经济属性，这是保证它维系生存和持续发展的源泉。新闻事业的政治属性决定了它的传播活动必须遵循党和政府的政治要求，以社会效益为重；新闻媒介的经济属性又决定了它必须采用企业化的管理方式，开发和增强其经济实力，从而更好地发挥舆论工具的作用。

二、传媒经营与管理的发展历史

19世纪30年代，欧洲和北美出现了所谓的"便士报"。便士报开创了通过广告获得价值补偿的报业经营新局面，从此，报业成为一个能够赢利的行业。由于报业可以赚钱使得一批商人进入报业，把报业当成生意来做，因此，报业逐渐成了资本主义工业化大市场的一个组成部分，成了一个产业。其标志为：报业的广告收入在报业总收入中所占比率不断攀升；出现了一批报业集团和报业巨头；报业竞争加剧；报纸的发行量普遍都有了极大的增长。

20世纪以来，随着广播、电视、网络新媒体的出现，报纸独家垄断传播业的局面被打破了。传媒业出现了跨国性的集中和兼并，形成了一大批实力强劲的国际性传媒集团。这些传媒集团不仅经营报纸，而且还兼营广播和电视在内的其他传播媒介，甚至突破了行业的界限从事其他经济领域的经营活动。传媒业成了各国国民经济中的一个重要产业门类。

我国传媒业的经营与管理是在各种力量共同作用下渐进式向前发展的，行政力量、市场机制、技术因素、国际传媒环境等都是主要影响因素，其中，行政力量是影响传媒发展的主导力量。随着我国从"计划经济""有计划的商品经济"向"社会主义市场经济"的转变，市场因素在传媒业发展过程中的作用越来越明显，媒体经营手段日趋成熟，市场主体意识越来越强。

传媒产业化是指特定社会环境中的意识形态型的媒介向产业化经营的媒介转化,是媒介的单一功能向双重功能的转化。我国传媒产业化经营经历了三个阶段,即发展起步阶段、全面发展阶段以及深入调整阶段。[1]

(一)传媒产业化经营的发展起步阶段(1978—1992年)

传媒产业化经营发展起步阶段是从1978年十一届三中全会到1992年邓小平南方讲话。1978年,国家财政部批准了人民日报社等8家首都新闻单位试行"事业单位,企业化管理"的报告,根据当时的政策,这些单位可以开展经营业务,并在经营收入中提取一部分资金,用于增加职工收入,改善工作条件。随着商品经济的发展,传媒产业化经营开始发展起步,主要表现为如下几个方面:

1. 广告经营的恢复与发展

1979年1月4日,《天津日报》刊登"蓝天牙膏"广告,成为改革开放以来内地第一条商业广告。1月28日,上海电视台播出了第一条电视广告"参茸补酒",同时还制定了改革开放以来第一条广告收费管理办法。同时,《解放日报》也恢复刊出商业广告。同年,各地媒体也纷纷恢复了广告经营。1979年,中宣部明确肯定了报刊恢复广告的做法。1982年,国务院发布了《广告管理暂行条例》,使广告管理制度进一步完善。

2. 媒体尝试多元化经营

1983年,第十一次广播电视工作会议提出了广播电视要"开展多种经营,广开财源"的思想。1988年,新闻出版总署和国家工商行政管理局发布的《关于报社、期刊社、出版社开展有偿服务和经营活动的暂行办法》规定,报社可以开展国家政策允许的、与本身业务有关的有偿服务和经营活动,可以结合自身业务和社会需要举办经济实体。例如,造纸厂和印刷厂等企业,可以开展信息咨询服务,开展信息交流。

3. 报刊开始"自办发行"

为了缩短投递时间,降低发行费用,提高发行量,改善经济效益,一些报刊开始自办发行,改变了"邮发合一"的传统发行模式。1985年1月,《洛阳日报》第一个实行自办发行,成立了发行站。1988年,《天津日报》改变邮发体制,成为全国自办发行的省级机关党报。1991年,全国报刊自办发行协会成立。

4. 广播电视"四级办台,四级混合覆盖"

1983年,第十一次全国广播电视工作会议召开,会上提出了中央、省、有条件的地市和县实行"四级办广播、四级办电视、四级混合覆盖"的方针,会议内容形成的《关于广播电视工作的汇报提纲》得到中共中央的批准,并以"中发37号文件"批转全党和全国执行,改变了以往"四级办广播、两级办电视"的格局,调动了市、县两级办广播电视的积极性,广播电视产业规模不断扩大。

另外,20世纪80年代至90年代初期,中国出现了以《扬子晚报》《钱江晚报》《深圳晚报》《武汉晚报》为代表的晚报热潮,晚报的出现更好地满足了受众在信息与娱乐方面的需求。1986年,中国内地第一个直播电台——珠江经济广播电台开播,以"板块节目"为特点,采取主持人直播和"热线电话"的方式与听众联系互动,这种"大众型、信息型、服务型、娱乐型"的节目模式与服务理念受到听众的欢迎,被媒体称为"珠江模式"。

---

[1] 文春英,顾远萍.当代中国大众传媒研究[M].北京:中国传媒大学出版社,2013:102.

(二)传媒产业化经营的全面发展阶段(1992—2002年)

1992年6月,中共中央国务院发布的《关于加速发展第三产业的规定》中,把报业列入第三产业,传媒的产业属性得到确认。这个阶段中国传媒产业在运作理念、市场规模、产业结构以及资源整合方面都有新的进展。

1. 都市报的兴起与"厚报时代"的来临

20世纪90年代中期我国兴起了都市报。1995年1月1日创刊的《华西都市报》是中国第一份都市报,该报提出了"市民新闻报"的市场定位,受到读者的欢迎。此后,市场上出现了武汉的《楚天都市报》、广州的《南方都市报》、福州的《海峡都市报》等。另外,成都的《成都商报》、西安的《华商报》、郑州的《大河报》等也纷纷创办。这些报纸贴近群众生活,体现了"受众本位"的思想,满足了普通市民的需求,促进了报刊市场的繁荣与发展。20世纪90年代,还出现了报纸"扩版潮",1997年,《广州日报》将版面增加到每日48版,《北京青年报》增加到72版。随着广告需求量的下滑以及新闻纸张的涨价,扩版热才停止。

2. 电视频道专业化

随着数字技术的发展,频道专业化是这个时期的电视行业的发展方向。我国频道专业化出现在20世纪90年代,主要以1995年中央电视台的频道扩充为标志,中央电视台在受众细分的基础上,按照节目的不同,分别拓展了体育频道、电影频道、文艺频道等,中国电视从"节目时代"步入了"频道时代"。一些省级卫视成为专业化程度较高的频道,例如,海南卫视改名为"旅游频道",安徽卫视确立以电视剧为主的节目策略,湖南卫视则确立了娱乐化的发展战略。

3. 互联网的发展

1994年初,中国成为世界上第71个正式加入互联网的国家。1998年,中国最大的两家门户网站——搜狐和新浪相继成立。1999年,腾讯公司正式推出第一个即时通信软件"腾讯QQ"。互联网媒体的发展改变了传统的媒体结构,传统媒体也纷纷展开数字化尝试。1995年10月,《中国贸易报·电子版》成为国内第一家正式在互联网发行的电子报纸。1996年,《广州日报·网络版》正式上线。广电方面,1997年,中国国际广播电台在互联网上设立自己的网站。1998年,中央人民广播电台建立了自己的网站。

4. 传媒集团化探索

1994年国家新闻出版总署发布了《关于书报刊音像出版单位成立集团的通知》,为报刊出版业成立集团提供了政策保障。1996年,中国第一家报业集团——广州日报报业集团成立。中央级别的报纸《光明日报》《经济日报》也成立了报业集团。1998年,国家广电总局发布《关于组建广播影视集团审核问题的通知》,明确了建立广电集团的思路。1999年,中国第一家广电集团——无锡广播电视集团成立。2000年,第一家省级广播电视集团——湖南广播电视集团成立。2001年,中共中央宣传部、新闻出版总署、广电总局等部门联合下发了《关于深化新闻出版广播影视业改革的若干意见》,鼓励建立以资本和业务为纽带,组建多媒体兼营和跨地区经营的媒介集团。2001年,中国最大的新闻集团——中国广播影视集团正式成立。同年,上海文化广播影视集团、北京市广电集团也纷纷成立。2002年,中国第一家期刊集团——家庭期刊集团成立。

中国成立集团的初衷是希望把粗放型外延式增长转变为集约化内涵式增长,但是在国家行政力量主导下,事业型传媒集团没有发挥市场配置资源的作用。2005年1月和7月,国家广电总局和新闻出版总署都提出不再审批事业性的传媒集团,已经建立的传媒集团进行企业化改造。

另外,在此阶段,上海东方明珠、歌华有线等纷纷在国内上市。2000年,新浪、搜狐、网易等互联网门户网站纷纷在美国纳斯达克上市,开展了传媒的资本运作。2001年,带有外资背景的凤凰卫视中文台和Star集团的星空卫视在中国内地有条件落地,中国对境外媒体的监管开始松动。

(三) 传媒产业化经营的深入调整阶段(2002年至今)

2002年,党的十六大报告提出了发展文化事业和文化产业、继续深化文化体制改革的思想。2003年,中国进入"文化体制改革年",同年6月,全国文化体制改革试点工作会议提出了"公益性文化事业"与"经营性文化产业"的划分,并确定了相应的试点单位。在文化体制改革不断深化的背景下,我国传媒业的体制机制改革不断向前推进。

1. 报刊"退出机制"

对于在市场竞争中经营不善、质量不高的报刊,国家顺应市场经济的发展规律,逐步启动"退出"机制。2009年8月,《中华新闻报》因经营不善退出市场,成为中国第一家停办的中央级报纸。2011年1月,《报刊出版综合质量评估实施办法(试行)》正式实施,其中对退出机制做了具体的规定:"经评估,对出版能力不足、出版质量长期低下、报刊经营不善、资不抵债,不能维持正常出版活动的报纸期刊,采取调整定位,由有实力的传媒集团或报纸期刊企业兼并、重组或托管以及停办等多种手段退出。"报刊的退出机制正式确立,报刊的市场结构进一步调整,市场竞争力得到加强。

2. 非时政类报刊出版"转企改制"

非时政类报刊出版"转企改制"是中国报刊出版体制改革的重要组成部分,"转企改制"可以改变非时政类报刊数量过多、规模过小、资源分散、结构不合理、市场竞争力弱等问题,提高报刊的市场竞争力,增强报刊的规模与效率。2004年,党的十六届四中全会提出:"报刊集团下属的子报、子刊可以有选择地转制为企业试点。"在国家政策的推动下,2005年,《中国保险报》整体"转企改制",成为中国首家整体实现股份制改革的新闻机构。2011年,《中共中央办公厅、国务院办公厅关于深化非时政类报刊出版单位体制改革的意见》印发,明确了改革的目标任务、实施办法、政策保障以及组织领导等。2013年,党的十八届三中全会提出要"推进国有经营性文化单位转企改制,加快公司制、股份制的改造"。

3. 广电"制播分离"改革

制播分离改革主要是为了改变自制自播的模式,提高广播电视台的节目质量,降低节目成本,丰富节目内容,调动社会力量制作节目。中国广播电视节目的社会化制作经历了一个复杂、曲折、漫长的过程。1999年国办82号文件明确提出了"制播分离"。2000年年底,中央电视台率先在体育中心和文艺中心影视部试行公司化运作,进行制播体制改革的试点。2003年,国家广电总局在全国广播影视工作会议上强调:"要推进制播分离改革,将广电系统自己的电视剧制作机构和能够剥离的其他节目制作部门,从现有的事业体制中剥离出来推向市场。"2003年,国家广电总局发布《关于促进广播影视产业发展意见》,提出了鼓励制播分离,并支持制作公司参与制作除时政新闻外的广播电视节目。2009年,上海率先整体实施"制播分离",成立了上海广播电视台和东方传媒集团。湖南广电在2010年宣布整体启动"制播分离",成立芒果传媒有限公司,将广电的经营性资产以及非新闻类节目制作和广告经营均剥离到芒果传媒公司。

4. 广播电视公共服务体系的构建

随着文化体制改革的发展,国家提出发展公益性文化事业,保障人民的基本文化权益。在此背景下,国家连续出台一系列政策推动广播电视公共服务的发展。1998年,国家正式启动了广播电视"村村通"工程,解决农村地区和边远山区的广播电视信号覆盖问题。2005年,国家广电总局将该年定位为"建设农村广播电视公共服务体系年",加强广播电视"村村通"工程、"西新"工程以及农村电影下乡工程等。"村村通"工程解决了全国所有已通电的行政村和20户以上的自然村能够收听收看广播电视,"西新"工程改善了西藏、新疆、内蒙古等边远地区的农牧民收看收听广播电视的落后面貌,直播卫星的应用使边远地区的群众通过直播卫星可以接收40多套广播电视节目,成为农村文化建设的重要工程。

5. 传媒跨界经营

为了做强做大传媒产业,国家逐步从政策上推动不同地区、不同媒体以及不同所有制媒体之间的跨界整合。2004年,新闻出版总署允许个别试点单位跨地域联合办报。2005年,国家广电总局颁布《关于促进广播影视产业发展的意见》,提出"要以资产和业务为纽带,整合广播和电视经营性资源,推进广播电视经营性资源的区域整合和跨地区经营,培养发展广播电视产业集团公司"。2006年,中共中央、国务院在《关于深化文化体制改革的若干意见》中,提出要"支持和鼓励大型国有文化企业和文化集团实行跨地区、跨行业兼并重组,鼓励同一地区的媒体下属经营性公司之间相互参股"。这些政策为传媒打破媒体之间、地域之间以及行业之间的壁垒提供了政策保障。

在跨界政策的推动下,我国媒体的跨界经营有了一些新的探索。2003年11月,由《光明日报》和《南方日报》联合主办的《新京报》创刊,它是国内第一份得到国家正式批准的跨地区报纸。2004年11月,广州日报报业集团、上海文广新闻传媒集团和北京青年报社联合创办了《第一财经日报》,这是中国第一份跨地区、跨媒体的全国性财经日报,跨界经营提升了媒体的整体规模和竞争力。

6. 传媒上市融资

上市是媒体进行资本运作的重要形式之一。2002年,中国证监会公布《上市公司行业分类指引》,将"传播与文化产业"确定为上市公司的13个基本产业门类之一。1994年,上海东方明珠股份有限公司挂牌,这是国内第一家传媒上市公司。1999年,《成都商报》借壳上市。2004年,北青传媒在香港H股挂牌上市。截至2020年,我国有130多家传媒类上市公司,包括网络媒体、有线电视、出版传媒、报业传媒与影视传媒,有的在上海、深圳证券交易所上市,有的在香港H股、美国纳斯达克上市。

7. 新兴媒体的发展

在数字技术和网络技术的推动下,新兴媒体获得快速的发展,改变了传统媒体一统天下的局面,也促使传统媒体朝着数字化和媒介融合的方向发展。新兴媒体以互联网为平台,以互动性、个性化和数字化为特征,改变了传统媒体的新闻生产和传播模式。例如,微博、微信、手机媒体、网络电视、CMMB、IPTV、电子报纸等。各种媒体不断呈现出在网络化、数字化语境下的新兴传媒业态,在渠道、内容、业务和终端等方面进一步交叉融合,中国传媒产业出现了新的格局。

三、传媒经营与管理的理论渊源

传媒经营与管理具有多学科交叉性的特点,特别是许多理论起源于经济学、管理学和新闻传播学,同时也吸收了国内外政治学、社会学、心理学、语言学和信息论、控制论、系统论等学科的相关研究成果。每个学科都有自己系统的理论体系和方法论,在传媒经营与管理的研究过程中均可以借鉴和吸收。

(一)新闻学与传播学

新闻学研究起源于17世纪的德国。1609年,德意志地区《报道》与《新闻报》两种周报的创办,标志着近代新闻事业的诞生。1845年,德国学者普尔兹出版的《德国新闻事业史》,被认为是世界上第一本新闻学专著,标志着新闻学研究的真正开始。19世纪末20世纪初,新闻学在美国被作为一门独立学科研究,一批源于新闻实践、以理论研究为主要内容的新闻学著作诞生。1873年,哈德逊撰写出版了美国第一本新闻学著作《美国新闻史》;1903年,休曼出版了美国第一本《实用新闻学》;1922年,李普曼出版了舆论学的奠基之作《舆论学》,这些新闻学著作出版标志着新闻学的形成。

从中国来看,新闻学传入较早。1918年,中国第一个新闻学研究团体——北京大学新闻学研究会成立。1919年,出版了中国最早的新闻学专著——徐宝璜编写的《新闻学》。其后,陆续出版了邵飘萍的《实际应用新闻学》(1923年)和戈公振的《中国报学史》(1927年),中国的学者在传播西方基本理论和思想的同时,开始根据本国情况和作者自己的经验进行阐发。

改革开放后,新闻学研究进入了中国历史上最为兴旺的时期,其间形成的学术成果数以万计,国际新闻学术交流日益繁荣。新闻学得到迅猛发展,在理论新闻学、实用新闻学、历史新闻学以及边缘性新闻学研究的基础上,更注重综合性的研究,都取得了可喜的成就。

自20世纪20年代开始,欧美国家开始了传播学研究,由于拉斯韦尔、卢因、拉扎斯菲尔德、霍夫兰等人的理论贡献,传播学的影响迅速扩展至全世界。在施拉姆等人的推动下,传播学逐渐成为一门新的学科,并被广泛接受。第二次世界大战以后,新闻传播已经成为反映当代人类生活面貌的一个重要特征,传播与媒介也成为当代社会科学领域重要的研究对象。传播学者致力于研究媒介与社会的相互作用,并运用传播学的理论来解释社会现象、理解人类社会变革的本质,拓展社会科学的研究领域,从人际传播、大众传播、团体传播、组织传播、公共传播、跨文化传播、全球传播,再到健康传播、性别传播、视觉传播等,都成为传播学研究对象或分支学科,传播学成为当今一门显学。

自改革开放以来,传播学引入中国后,也形成一大批重要研究成果。尤其是1997年传播学一级学科地位确立后,传播学的研究结合我国社会的转型与新闻传播事业的发展,在不断地拓展,在大众传播、人际传播、组织传播、跨文化传播、新媒介传播等方面取得了不少理论研究成果,在农村传播、健康传播、危机传播、国家形象传播、公共关系、媒介素养等热点问题上,都形成了一些应用研究成果。而且,越来越多的中国新闻传播学者开始反思西方理论的局限性,并探求能在研究中体现中国的新闻传播实践与学术理论的平衡点。

新闻学与传播学理论是传媒经营与管理研究的理论基础,因为大众传媒跟其他的任何行业不同,既具有商业性,也具有公共性,涉及产业利益、民主权利、公共福祉与社会管理等各个层面,研究传媒经营与管理离不开新闻传播学的视角。例如,在西方国家,大众传媒被称为第四权力。美国《宪法第一修正案》明确规定国会不得通过立法限制新闻自由,政府制定了《信息自由法》《阳光下的联邦政府法》《联邦咨询委员会法》,同时,美国也制定了《间谍法》《隐私权法》等,与绝对的新闻自由形成了平衡。另一方面,大众传媒未能够成为促进民主自由的动力,它越来越成为赚钱的工具以及新兴资产阶级进行宣传的手段,政府或某些政治家运用多种手段对新闻传播的若干环节施加影响,大众传媒与政治宣传、经济发展乃至社会稳定形成了互动的关系。

(二)经济学与传媒经济学

1. 经济学

经济学是研究价值的生产、流通、分配、消费规律的理论,其核心思想是物质稀缺性和有效利用资源。经济学按研究领域不同,可分为理论经济学、应用经济学、政治经济学、经济史等。理论经济学又包括微观经济学与宏观经济学。

微观经济学是研究市场经济中单个经济单位即生产者(厂商)、消费者的经济行为,包括供求价格平衡理论、消费者行为理论,在不同市场类型下厂商成本与产量分析、价格决定理论、生产要素收入决定即分配理论等。宏观经济学则以地区、国家层面作为研究对象,常见的分析包括收入与生产、货币、物价、就业、国际贸易等问题。此外,福利经济学等也已成为理论经济学的独立分支。

应用经济学主要指运用理论经济学的基本原理研究国民经济各个部门、各个专业领域的经济活动和经济关系的规律性,或对非经济活动领域进行经济效益、社会效益的分析而建立的各个经济学科。

政治经济学研究人类社会各个发展阶段的生产方式或生产关系的发生、发展和灭亡的规律。政治经济学作为一门独立的科学逐渐形成,并发展成为专门研究经济现象和经济过程规律的理论科学,其论述范围包含了经济理论和经济政策的大部分领域。

当今理论经济学主要有马克思主义政治经济学和西方经济学两大体系,这两大体系对经济体的分析侧重点有所不同:马克思主义政治经济学偏重的是对本质层次的分析,即对生产关系的分析;而西方经济学偏重的是对经济运行层次的分析,即对微观与宏观经济运行中各种变量之间关系的分析,出现了重商主义、古典主义经济学、制度学派、边际效用以及演化经济学等不同学派。

2. 传媒经济学

传媒经济学构建于不同的经济学理论和分析方法之上,研究如何对传媒的各种资源进行有效配置,满足价值补偿与价值增值的目的。虽然传媒领域的经济规律和理论有别于其他领域,将经济规律和理论具体应用于传媒领域,研究传媒体系和传媒组织的经济规律仍有重要意义。

20世纪后半叶,随着广告业的发展,媒体的经济力量增强,报纸杂志日渐繁荣,商业广播电视不断获利,甚至公共广播电视也开始将广告作为其增加收入的一种手段。这些变化加上行业竞争的加剧导致了越来越多的经济问题。

传媒经济学的研究最早开展于20世纪50年代,早期的学者主要致力于研究报业竞争和广播电视结构及管制。到20世纪六七十年代,传媒学者开始运用政治经济学方法探讨传媒问题,关注点主要集中在影响传媒的权力结构上。例如,罗纳德·科斯出版了《论英国广播业:探讨垄断》《教育电视:谁该付费》两本专著,致力于研究广播电视结构及管制等经济问题。

20世纪70年代,特别是在有线电视的发展和报纸行业诸多问题出现之后,越来越多的经济学家探究传媒。美国学者欧文(Owen)、毕比(Beebe)和曼宁(Manning)的作品对于研究电视中的经济学问题做出了重要贡献;法国学者德穆兰(Desmoulins)从经济学角度具体分析了传媒产业;西班牙学者涅托(Nieto)推出了关于杂志出版经济学方面的早期著作。

20世纪80年代,越来越多的传媒经济学研究著作开始涌现,改变了原来那种忽视传媒企业作为商业和经济机构的状况。很多研究为传媒企业的组织运营、传媒企业之间的竞争、传媒产品的消费以及一系列经济和金融问题提供了参考,特别是为集中和垄断等议题提供了理解和认识的基础。例如,皮卡德(Picard)、亚历山大(Alexander)、阿尔巴兰(Albarran)等探讨传媒行业的经济结构和组织问题,关注世界范围内传媒的经济问题。利特曼(Litman)、亚当斯(Adams)等学者研究传媒的财务绩效、预报收入、福利经济学与传媒关系、衡量集中化、消费行为等传媒经济问题。

20世纪90年代,无线和有线电视媒体中的结构变革问题成为关注焦点。学者们利用研究行业组织与竞争的方法,解释和探讨了有线电视行业中的融合问题、多样化问题、电视辛迪加市场问题、广电行业壁垒的市场影响问题、信息分布的垂直融合以及集中化等问题。一些新的议题被引入到这个领域中来,例如,战略分析、对传媒公司价值的探讨以及定价问题等。一些学者对美国媒体的国际市场、跨国公司的发展、特定市场的进入等问题进行研究。

21世纪以后,宏观经济问题,譬如经济萧条对传媒业的影响以及全球经济中的传媒制约开始被关注,这一时期开始涌现了对传媒帝国、兼并收购、公司比较战略、公司选择的研究以及对公司经济学和财务学的研究等。对于互动电视收入流和商业模式、网上内容及免费报纸的探讨也开始出现。①

(三) 管理学与传媒管理学

1. 管理学

管理学是一门研究人类社会管理活动中各种现象及规律的学科,是在近代社会化大生产条件下和自然科学与社会科学日益发展的基础上形成的,管理学作为一门新兴的社会科学在现代社会中发挥着越来越关键的作用。

20世纪初诞生的管理学随着理论研究者和实践者的努力,理论与实践均呈现出空前的繁荣,新理论新思想不断产生。哈罗德·孔茨曾写过两篇著名的论文《论管理理论的丛林》和《再论管理理论的丛林》,对1980年前的管理学领域内精彩纷呈的理论、主张等做了精辟的归纳。他认为,截至1980年,管理学至少已发展有十几个学派,包括古典学派、行为学派、社会系统学派、决策理论学派、系统管理学派、经验主义学派、权变理论学派、管理科学学派、组织行为学派、社会技术系统学派、经理角色学派、经营管理学派等。

管理学各流派的演进路径大概有三种:第一是经营理论研究的演进路径:厂商理论、产业组织、市场学、消费者理论、策略学(战略管理)。第二是管理方式方法研究的演进路径:科学管理理论、行为科学、管理科学理论、决策理论、生产管理、信息管理方法。第三是组织理论研究的演进路径:古典组织理论、组织行为学、领导科学、组织文化。

---

① 阿兰·阿尔巴兰.传媒经济与管理学导论[M],崔保国,杭敏,等译.北京:清华大学出版社,2010:26.

2. 传媒管理学

管理学主要是研究在既定的资源分配模式下资源的使用效率问题。传媒管理包括两层含义,第一个层面是国家和社会对传播媒介的宏观管理,目标是使传媒活动符合国家和社会的根本利益,包括传媒布局、传播内容控制、传媒市场准入资格控制等;第二个层面是对传媒自身运作和经营活动的组织和管理,目标是实现传媒运作的有序化和高效化,以实现其经济利益的最大化。在我国,传媒管理包括产品管理、营销管理、技术管理、人力资源管理、财务管理、多种经营管理和发展战略管理。

报纸管理研究开始于20世纪中期,伍德(Wood)专门研究报纸的发行量管理,拉克(Rucker)和威廉姆斯(Williams)考虑了报业的组织结构及其对管理的影响。70年代后期,更加关注对报纸和编辑部的管理,恩格沃(Engwall)、兰金(Rankin)对报纸作为组织进行研究,芬克(Fink)开始研究报纸与战略管理。互联网报纸,尤其是在线与离线的关系及其对于管理学的意义,构成了报纸研究的新领域,利臣博格(Lichtenberg)探讨了在线报纸及互联网对于编辑与发行人的影响。齐(Chyi)、拉索萨(Lasorsa)和西尔雅(Sylvie)针对在线报纸的使用、接入及其与传统报纸的对比做了最早的经验研究。

电视管理方面,电视在20世纪50年代就已经出现在大多数发达国家,但是首部电视方面的著作出现在60年代,罗(Roe)撰写了第一本关于电视管理方面的书籍,希勒(Schiller)、布罗克(Brock)等关注有线电视的节目制作和制片,奥林格尔(Oringel)和巴斯克(Buske)则关注社区接入频道的管理,康文顿(Covingdun)将系统理论应用到电视管理当中,并关注电视及有线电视管理的创造性及其制片问题。另外,奥尔姆施特德(Olmsted)与哈(Ha)对电视工作者所使用的互联网商业模式做了早期分析。奇勒布鲁(Killebrew)研究了报纸与电视台编辑部合并的各个方面以及整合两个全然不同的文化所带来的挑战。①

四、传媒经营与管理的学科建构

传媒经营与管理是一门非常重要的学科,其目的是系统、完整地学习传媒经营管理的基本概念、基本知识,全面地掌握和了解传媒经营管理的规律和特点,了解中外传媒经营与管理的历史脉络、现实特征和发展趋势,加强内容生产管理、营销管理、人力资源管理以及财务管理等方面的能力,提高资本运营、多元化经营以及品牌经营能力,从而取得良好的经济效益与社会效益。

(一)学科发展

传媒经营与管理是市场经济体制的产物,是传媒体制转化的产物,是从经济学和管理学视角研究传媒的学科,是传播学、经济学和管理学交叉而成的新学科,是一门系统地研究大众传媒经营管理活动的基本规律和一般原理的科学。我国约从1997年和1998年开始研究传媒经营与管理,并逐步形成一门学科和课程。

传媒经营与管理具有如下的学科特点:① 系统性,研究的内容包括传媒运营的所有要素和现象,有政策、组织、人力、财务、广告、产品、销售等一系列要素;② 多科性,成为综合性的边缘学科和交叉学科,以经济学、管理学为基础,吸收和借鉴了社会学、传播学、心理学、广

---

① 阿兰·阿尔巴兰.传媒经济与管理学导论[M].崔保国,杭敏,等译.北京:清华大学出版社,2010:13-15.

告学等学科的理论和研究方法；③ 应用性，基本理论来自于传媒的经营实践，总结归纳后还是为了指导实践。

20世纪90年代，传媒学界就出现了研究传媒经营与管理的专著，例如，崔恩卿教授的《报业经营学》(1998年)，唐绪军教授的《报业经济与报业经营》(1999年)，丁俊杰教授的《媒介经营与产业化研究》(1997年)。

21世纪以后，陆续出版了较为系列的传媒经济学与传媒经营方面的专著与教材，既有研究报业的著作，也有研究广播电视经济学的著作。例如，邓向阳教授的《媒介经济学》(2000年)，胡正荣教授的《媒介市场与资本运营》(2003年)，吴飞教授的《大众传媒经济学》(2003年)，金碚教授的《报业经济学》(2002年)，吴克宇老师的《电视媒介经济学》(2004年)，宋建武教授的《媒介经济学：原理及其在中国的实践》(2006年)，周鸿铎教授的《传媒经济学教程》(2007年)，喻国明的《传媒经济学教程》(2009年)，秦春华教授的《媒介经济学教程》(2011年)，牛勇平教授的《媒介经济学理论与市场分析》(2011年)，赵曙光教授的《媒介经济学》(2014年)，王亮教授的《传媒经济学》(2017年)，等等。

传媒管理学方面的教材与专著也较多，有的专著研究经营管理的某一个方面，例如传媒营销、人力资源管理、财务管理、品牌管理、资本运营等。系统研究传媒管理学的教材与专著有邵培仁、陈兵合著的《媒介管理学概论》(2010年)，胡正荣教授的《媒介管理研究》(2000年)，屠忠俊教授的《新闻事业管理》，严三九教授的《媒介管理学概论》(2007年)，张辉锋教授的《传媒管理学》，支庭荣教授的《媒介管理》(2009年)，文长辉老师的《传媒管理学》(2014年)，丁汉青教授的《传媒管理研究》(2017年)，许家骏、陆仕超合著的《传媒管理与实践》(2019年)，周鸿铎教授出版了"媒介经营管理"系列丛书，包括报纸、广播电视与网络媒体的经营管理。

传媒经营与管理方面的专著与教材也较多，研究成果可谓丰硕。例如，吴文虎教授的《新闻事业经营管理》(1999年)，詹成大教授的《媒介经营管理》(2004年)，季宗绍教授的《传媒经营与管理》(2010年)，谢新洲教授的《媒介经营与管理》(2011年)，周鲲鹏教授的《传媒经营与管理》(2012年)，钱晓文教授的《当代传媒经营与管理》(2014年)，谭云明教授的《传媒经营管理新论》(2014年)，屠忠俊教授的《现代传媒经营管理》(2019年)，楚明钦副教授的《媒介经营与管理》(2020年)，严三九教授的《媒介经营管理》(2020年)等。

(二) 研究视角

传媒经营与管理可以从三个视角进行研究。

1. 理论型视角

理论型视角是从经济学理论发展而来的，力图解释影响传播产品和服务的生产者和消费者的选择、决策及其他经济因素。这种学术方法主要基于新古典经济学理论，它使用该理论来解释各种因素——这些因素限制或驱动了发生在传播系统和媒介当中的种种行为。理论型研究主要用来支持媒介发展前景和效果的预测，从理论上证明媒介经营的最优化选择，或者探讨政策选择的最优结果。

2. 应用型视角

应用型视角主要探讨媒介产业结构及其市场，重点是解释相关趋势和变化。它定位于问题与对策机制，被用来指导公司或政府战略、政策的制定等，这些战略和政策被用来控制经济和消费者行为变化，或者对此变化做出反应。应用型研究对消费者和广告的趋势，单个公司、传媒行业的子系统或者整个传媒行业进行了一定探讨。

3. 批判型视角

批判型视角主要以政治经济学家和研究传播问题的社会批判学家为代表，他们主要关注福利经济学问题。从事相关研究的学者具有强烈的文化和社会定位，因而他们更关注传播行业的集中和垄断、文化影响以及在从工业经济向信息经济转型过程中社会的变化等问题。

（三）研究方法

1. 规范分析与实证分析相结合的方法

实证研究方法是用来解决"是什么"的问题，规范研究方法是用来解决"应该怎么样"的问题。实证分析只对经济现象、经济行为或经济活动及其发展趋势进行客观分析，得出一些规律性的结论。规范研究是关于经济目标、经济结果、经济决策、经济制度的合意性研究，它解决经济过程中"应该是怎样"的问题。从经济学规范研究的角度看，传媒经济研究既不能单纯站在媒体的立场上，也不能单纯站在受众的立场上，而应该以社会福利为最终着眼点。

2. 定性与定量相结合的分析方法

定性研究是建立一套概念系统，借助理论范式进行逻辑推演，据此解释假设的命题，最后得出理论性结论的研究方法。在典型的定性研究中，不用统计分析的方法，而是通过文献研究、实地观察、对研究对象的深入访问来获得丰富的资料。定量分析是指确定事物某方面量的规定性的科学研究，将问题与现象用数量来表示，进而去分析、考验、解释，从而获得意义的研究方法和过程。

3. 中西比较的分析方法

本研究基于中西比较的视野，同时兼顾中国的语境和国情，既从西方国家的传媒经营与管理中吸纳成功经验，又不能完全照搬西方国家的体制机制，而忽略了中国的国情，特别是在管理制度、组织结构、新闻生产、战略管理、传媒营销、财务管理、人力资源管理、资本运营、集团化经营等方面进行比较分析。

4. 理论与案例相结合的方法

理论与案例相结合的方法，既阐述一般性的传媒经营与管理的理论知识，包括经济学、管理学、新闻传播学方面的基础知识，又加强案例分析，精选传媒实践中的案例，运用基本理论，提高分析实际问题与解决实际问题的能力，力争做到理论中有案例佐证，而案例又可以从理论高度加以阐释。

第一章　传媒产品的需求与供给

西方经济学观点认为,商品与服务的价格由需求与供给决定,通过市场价格的调节达到价格均衡。按照经济主体功能划分,市场可分为需求方与供给方。在传媒产品的需求与供给过程中,大众媒介、受众与广告商构成了三方买卖市场,传媒市场就成为三方进行商品交换、确定产品价格的场所。

传媒业具有多重属性:一方面,传媒业提供产品的过程被赋予了经济属性。作为社会信息传播的媒介,传媒业涵盖了信息生产、加工、传播等领域,具有典型的信息服务业的特征,是把信息传输给社会大众的产业,价格通过供求关系来决定。另一方面,传媒业具有公用属性,传媒行业提供的产品用于满足人们精神生活需要,传媒产品具有社会舆论导向的作用,属于公用事业范畴,传媒产品与服务的生产与供给受到政府和社会的控制和影响。

第一节　传媒产品的需求

传媒产业是具有成长性的产业,兼具公共事业属性与经济产业属性,是国民经济中的重要部分。根据清华大学传媒经济与管理研究中心"传媒蓝皮书课题组"的统计,2020年中国传媒产业总产值达2.52297万亿元,同比增长6.51%,增速高于GDP增长率。随着中国经济的发展与人均可支配收入的稳步提高,信息需求不断增加,个人消费中的文化娱乐类的支出比重不断增加。广告商也不断增加对广告投放,据国家市场监督管理总局数据显示,2019年中国广告经营额达8674亿元,同比2018年增长8.5%,人均广告消费额为619.57元。

一、传媒产品的需求与需求曲线

需求是指在一定时期内,在既定的价格水平下,消费者愿意并且能够购买的商品量。需求是购买欲望和支付能力的统一,如果消费者对商品只有购买欲望而没有购买能力,就不能构成需求。需求涉及商品的价格和购买数量两个变量,在某一价格下,消费者愿意购买的某一商品的总数量就是需求量。在不同价格下,需求量会不同。例如,订阅一份晚报一年价钱是360元,可能会订出80万份,如果价格下降到300元,订阅量可能会增加到100万份,需求量反映的是商品的价格与消费者的购买数量之间的关系。

需求可以分为单个需求和市场需求。单个需求指单个消费者对某种商品的需求,市场需求指消费者全体对某种商品需求的总和。单个需求数量汇集成市场的总体需求,市场需求构成个体需求的加总。传媒产品的需求又可以分为受众对信息的需求与广告主对广告时段或版面的需求,媒体要同时满足两个消费者的需求,这也是媒体赖以存在与运营的基础。

需求反映了价格与需求量的关系。若以图像表示,便称为需求曲线。图 1.1 是需求量的变化,就是在其他因素不变的情况下,需求量与价格之间的变化表现为曲线上点的移动,图 1.1 反映了需求定理,需求量与价格呈反方向变动。图 1.2 是需求的变动,就是商品本身的价格不变,其他因素变化,例如,收入的变化引起需求曲线的移动,这是需求整条曲线的位移。

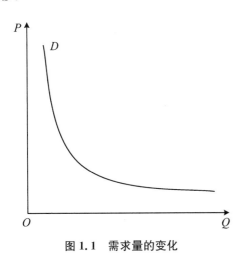

图 1.1 需求量的变化

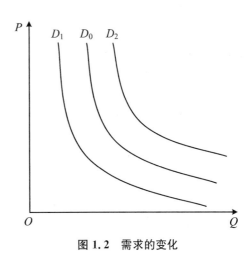

图 1.2 需求的变化

二、影响传媒产品需求的因素

影响需求的要素很多,例如,价格、收入水平、替代品与互补品的价格、教育程度、受众偏好、人口结构、消费者预期以及国家的经济发展水平,影响传媒产品需求的主要因素有如下几点:

(一) 商品本身的价格

一般而言,商品的价格与需求量呈反方向变动,即价格越高,需求越少;价格越低,需求越多。在其他条件相同的情况下,商品的市场价格与其需求数量之间存在一定的关系,而且是反向的变动关系,例如,电影、报纸、有线电视、网络视频会员等需求量与价格成反比。

当然,也有需求量与价格成同向变动的特殊商品。例如,吉芬物品,英国人吉芬发现 1845 年爱尔兰发生灾荒,土豆价格上升,但需求量却反而增加。原因是土豆涨价引起英国靠工资生活的低收入者购买更多的土豆,而不是买得更少。还有凡勃伦提出的炫耀性物品,在价格低时买得少,价格高时买得多,这是炫耀性消费的特点。在价格大变动时由价格预期引起的高价多买,低价少买,"买涨不买落"。

(二) 相关商品的价格

商品本身的价格保持不变,而其他商品的价格发生变动时,商品本身的需求量也随之发生变化。相关商品的价格主要是指替代品与互补品的价格。替代品是指使用价值相近,可以互相替代来满足人们同一需要的商品。比如,数字出版与纸质出版、网络视频与传统电视、手机报与纸质版报纸、内容相近的杂志等,在一定程度上都有替代关系。某一种商品的价格提高,消费者就把对其需求转移到可以替代的商品,从而使替代品的需求增加,被替代品的需求减少,反之亦然。互补品是指使用价值上必须互相补充才能满足人们某种需要的商品,比如手机与手机报,有线电视网络与有线电视等。在互补商品之间,其中某一种商品的价格上升,需求量降低,会引起另一种商品的需求随之降低。

(三) 消费者的收入水平与受教育水平

当消费者的收入提高时,会增加商品的需求量;反之,当消费者的收入水平下降时,对商品的需求量就减少。随着经济的发展,消费者收入的提高,空闲时间增多,人们将会越来越重视生活的质量。因此,对传媒产品的需求也会增加,娱乐文化服务消费支出比重呈明显上升趋势。教育水平也影响消费,例如,号称"网络原住民"的新一代大学生对网络媒体的消费日益提高,微博、微信、微视频、网络游戏等成为他们主要的传媒消费产品。

(四) 消费者的偏好

当消费者对某种商品的偏好程度增强时,该商品的需求量就会增加,相反偏好程度减弱,需求量就会减少。例如,中国受众有对电视剧与电视娱乐节目的收视偏好,电视剧成为电视台的主要播出节目类型。随着智能手机的不断出现、移动互联网的不断发展,通过手机看新闻与阅读成为许多年轻人的消费偏好。

(五) 消费者的预期

消费者对未来商品的价格以及对自己未来收入的预期也影响需求。当消费者预期某种商品的价格即将上升时,会增加对该商品的消费,因为理性的人会在价格上升以前购买产品。反之,就会减少对该商品的消费。同样道理,当消费者预期未来的收入将上升时,将增加对商品的现期需求,反之则会减少对该商品的现期需求。

另外,人口数量与结构的变动、政府的消费政策、技术的进步、卫生环境等都对传媒产品的需求产生影响。例如,人口老龄化在一定程度上促进了对广播的收听需求。政府促进文化消费,支持文化产业,也促进了受众的需求。促进网络视频技术的发展,促进了受众对网络电视的需求。相反,受到新冠疫情的冲击,2020年电影票房收入锐减。

三、传媒产品需求的特点

(一) 传媒产品需求的特点

文化、地区的差异对传媒产品的需求影响较大。文化的差别对于同一个国家不同地区的传媒产品接受程度、消费量和消费增长率产生不同的影响。例如,广州的纸质媒体发达,而电视媒体的收视率不高,影响力不强。地区的差异对传媒产品的需求影响也很大。例如,中央电视台在北方的收视率要高于南方。东部地区与西部地区、城市地区与农村地区、发达地区与欠发达地区的差距较大,对不同种类的传媒产品的需求是不同的。

需求特性方面,受众对传媒产品的需求呈现出分众化、个性化、碎片化的特点。由于智能手机和智能电视的普及,手机屏、PC屏和电视屏的界限开始被打破,跨屏互动成为融合的主要表现形式。随着渠道的多样化,受众对传媒产品的需求出现了碎片化,传统媒体的受众规模和平均接触时长都有不同程度的下降,受众的消费偏好也呈现出个性化的趋势。

需求结构方面,报纸、广播、电视等传媒媒体的需求呈现下降趋势,而互联网以及手机媒体则呈现出"井喷"的发展趋势。如果从媒体广告收入角度看,2014年网络广告收入达到1500亿元,首次超过电视广告收入,成为第一媒体,随后广告收入一路飙升。2020年互联网广告实现收入4972亿元,同比增长了13.85%。报业连续多年出现"断崖式"下滑,下降幅度更是超过30%,广播的广告收入继续保持低位运行,传统媒体的广告受到新媒体的不断挤压。

网络技术的每一次突破都会给传媒产品的需求带来深远的影响。例如,在被称为移动互联网元年的2014年,PC互联网的地位悄然被移动互联网取代,即时通信、社交媒体等应用的主战场已经从PC终端转移到手机端;网络视频已经逐渐走出书房,进入手机和Pad(平板电脑)终端;手机游戏业务逐渐取代端游和页游业务。

(二) 纸质媒体的需求

报业的需求方面。面对激烈的市场竞争,尤其是手机、微博、微信等新兴媒体的兴起,纸质媒体的销售量和广告收入不断下滑,需求量减少。期刊的需求方面,主流媒体期刊表现出较强的竞争态势,市场集中度高;一线城市竞争激烈,二三线城市竞争在加剧。期刊零售市场依然呈现出高度集中趋势,其中,文摘类、女性类、时政类、汽车类、女性高码洋时尚类在全国50个城市销售指数排名前五位。

2021年4月,中国新闻出版研究院组织实施的第十八次全国国民阅读调查结果显示,2020年我国成年国民图书阅读率为59.5%,较2019年的59.3%增长了0.2个百分点;报纸阅读率为25.5%,较2019年的27.6%下降了2.1个百分点;期刊阅读率为18.7%,较2019年的19.3%下降了0.6个百分点;2020年我国成年国民包括书报刊和数字出版物在内的各种媒介的综合阅读率为81.3%,较2019年的81.1%提升了0.2个百分点;数字化阅读方式(网络在线阅读、手机阅读、电子阅读器阅读、Pad阅读等)的接触率为79.4%,较2019年的79.3%增长了0.1个百分点。

中国新闻出版研究院发布的第十八次全国国民阅读调查结果显示,从成年国民对各类出版物阅读量的考察看,2020年我国成年国民人均纸质图书阅读量为4.70本,高于2019年的4.65本。人均电子书阅读量为3.29本,高于2019年的2.84本。纸质报纸的人均阅读量为15.36期(份),低于2019年的16.33期(份)。纸质期刊的人均阅读量为1.94期(份),低于2019年的2.33期(份)。这些数据与2014年相比下降显著,2014年人均阅读报纸和期刊分别为65.03期(份)和6.07期(份)。

在传统纸质媒介中,2020年我国成年国民人均每天读书时间,为20.04分钟,比2019年的19.69分钟增加了0.35分钟;人均每天读报时长为5.71分钟,少于2019年的6.08分钟;人均每天阅读期刊时长为3.25分钟,少于2019年的3.88分钟。2014年,我国成年国民人均每天读报时间最长为18.80分钟,人均每天读书时长为18.76分钟,人均每天阅读期刊时长为13.42分钟。[①]

图书、报纸、期刊的需求方面。北京开卷信息技术有限公司基于全国1万余家实体书店和网上书店提供的采样数据,发布了《2020年中国图书零售市场报告》。报告显示,2020年

---

① 中国新闻出版研究院.第十八次全国国民阅读调查成果发布[EB/OL].[2021-4-26]. https://www.nppa.gov.cn/nppa/contents/280/75981.shtml.

中国图书零售市场码洋规模为 970.8 亿元,同比下降 5.08%,这是自 2001 年以来我国图书零售市场规模首次出现负增长。从不同渠道来看,网店渠道的码洋规模为 767.2 亿元,增速为 7.27%,较前几年有所放缓;实体店渠道受疫情影响显著,降幅进一步扩大,同比下降 33.8%。《2019 年新闻出版产业分析报告》数据显示,2019 年,全国共出版图书、期刊、报纸、音像制品和电子出版物 450.70 亿册(份、盒、张),较 2018 年降低 3.13%。2019 年,除出版图书 105.97 亿册(张),增长 5.87%之外,期刊 21.89 亿册、报纸 317.59 亿份、音像制品 2.32 亿盒(张),均较 2018 年有所下降。此外,全国出版图书、期刊、报纸总印张为 1855.82 亿印张,与上年相比,降低 4.20%。值得关注的是,2019 年出版电子出版物 2.93 亿张,较上年增长 13.05%。

(三) 广播电视媒体的需求

1. 广播媒体的需求

作为传统媒体之一,广播面临新媒体的竞争,也在寻求可持续发展之路。从目前来看,广播并没有像报纸等平面媒体那样受到很大的冲击,广播的需求呈现平稳发展态势。随着智能移动听众终端的广泛使用,车载收听的增长,城镇化建设的加速,广播的听众出现年轻化与城镇化的趋势。大多数省(市)级广播都已自建新媒体平台,不断探索和深化广播融合发展的有效方式。如北京人民广播电台自建的 APP 平台听听 FM 项目,上海东方广播的阿基米德 FM,江苏广播电视总台的"大蓝鲸"平台,山东广播电视台的 51 听等。

据尼尔森网联发布的《中国广播及音频应用发展报告(2019)》显示,广播仍是规模较大的媒体,2018 年全国广播接触率为 30.73%,合计听众规模为 4.2 亿。全国一至三线城市中,音频接触率超过 45%,呈现上升的发展态势。家中和车上是直播收听的两个主要收听场所,近年来两者收听竞争中呈现出明显的此消彼长态势。全国 24 个广播连续调查城市中,2019 年居家收听率为 1.85%,首次跌破 2%,较 2018 年的 2.04%下降了 9.31%。与家中收听持续低迷的状况不同,车上收听则依旧坚挺,收听水平更是连续 6 年上涨,2019 年车载收听率为 1.50%,较 2018 年的 1.41%增加了 6.38%。[①]

广播听众收听量较大的频率类别主要是新闻综合、交通、音乐、文艺和都市生活类广播,且主要是省级和市级电台等本地广播。这些本地电台主要以新闻资讯、音乐娱乐、评书曲艺和谈话互动等节目为主,在早间、午间和晚间时段创造收听率高峰。

2. 电视媒体的需求

随着各种新媒介传播平台以及收看设备的普及,电视的需求呈下降趋势。根据央视索福瑞《收视中国》的数据,2020 年,在以 109 个城市推及的全国电视收视市场,人均每天收看电视 132 分钟,较 2019 年同期增加 8 分钟,增长幅度为 6.4%,是自 2013 年以来首次实现正增长。但从近五年的数据来看,人均电视收视时间较 2016 年的 152 分钟仍有较大的差距,与 2018 年的 129 分钟基本相当,说明受众获取信息和影视娱乐资源的途径更加多元和便捷,传统电视媒体受众分流日益严重,电视收视存量市场上的竞争进一步加剧。

电视收视总量的构成,主要来源于观众规模和观众收看时长两个方面。2020 年,电视观众规模与往年相比止跌维稳,与 2019 年日均到达率 48.9%保持一致,而在 2015 年电视的

---

① 尼尔森网联. 2019 中国广播及音频应用发展报告 [EB/OL]. [2019-8-21]. http://www.cnr.cn/gbzz/yjyw/20190821/t20190821_524740778.html.

到达率达到了 62.3%,此后呈现出下降的趋势。但电视观众的收看时长有明显的提升,人均收视分钟数(观众)达到了 269 分钟,相比近四年 250 分钟左右的平均水平有明显提升,显示出电视大屏对电视忠实观众的吸引力。

观察 2020 年收视总量我们发现,45 岁以上的中老年观众依然是电视的主力收视人群,收视时长超过 150 分钟,而 45 岁以下观众的收视时长普遍低于 100 分钟。从收视增量来看,一老一小的收视增量最大,65 岁及以上老年观众人均收视时间由 277 分钟提升到 288 分钟,4—24 岁年轻观众也有 10 分钟以上的增长。①

总体上看,电视观众的流失已成为不可扭转的态势。但如果着眼于实际收看电视的观众规模和收看深度,就会发现,总体电视市场的收视量减少主要缘于近年来观众规模的下降。轻度观众的流失是造成收视总量减少的主要原因,留下来的忠实观众并未缩减对于电视传播平台的依赖和关注。也就是说,电视的观众规模在减少,但是实际观众的忠诚度在增加。

(四)新兴媒体的需求

中国互联网络信息中心(CNNIC)发布了第四十八次全国互联网发展状况统计报告。报告显示,截至 2021 年 6 月,我国网民规模达 10.11 亿,较 2020 年 12 月增长 2175 万,互联网普及率达 71.6%,较 2020 年 12 月提升 1.2 个百分点。我国手机网民规模达 10.07 亿,较 2020 年 12 月增长 2092 万,网民使用手机上网的比例为 99.6%,与 2020 年 12 月基本持平。我国农村网民规模为 2.97 亿,农村地区互联网普及率为 59.2%,较 2020 年 12 月提升 3.3 个百分点,城乡互联网普及率进一步缩小至 19.1 个百分点。截至 2021 年 5 月,我国 5G 标准必要专利声明数量占比超过 38%,位列全球首位;5G 应用创新案例已超过 9000 个,5G 技术推动人工智能与物联网结合发展到智联网,这将提升新兴媒体的需求。

截至 2021 年 6 月,8.88 亿人看短视频,6.38 亿人看直播,看短视频、直播正在成为全民娱乐方式;8.12 亿人网购,4.69 亿人点外卖,全民的购物方式、餐饮方式正在发生悄然变化;3.25 亿人使用在线教育,2.39 亿人使用在线医疗,在线公共服务进一步便利民众。②

中国新闻出版研究院第十八次全民阅读调查数据显示,手机和互联网成为我国成年国民每天接触媒介的主体,纸质书报刊的阅读时长均有所减少。成年国民人均每天手机接触时间最长,2020 年我国成年国民人均每天手机接触时长为 100.75 分钟,比 2019 年的 100.41 分钟增加了 0.34 分钟;人均每天互联网接触时长为 67.82 分钟,比 2019 年的 66.05 分钟增加了 1.77 分钟。人均每天电子阅读器阅读时长为 11.44 分钟,较 2019 年的 10.70 分钟增加了 0.74 分钟;2020 年人均每天接触 Pad 的时长为 9.73 分钟,较 2019 年的 9.63 分钟增加了 0.10 分钟。

手机阅读和网络在线阅读是成年国民数字化阅读的主要方式,中老年群体在数字化阅读人群中的占比增高,进一步对各类数字化阅读载体的接触情况进行分析发现,2020 年有 76.7%的成年国民进行过手机阅读,较 2019 年的 76.1%增长了 0.6 个百分点;71.5%的成年国民进行过网络在线阅读,与 2019 年(71.6%)基本持平;27.2%的成年国民在电子阅读器上阅读,较 2019 年的 24.8%增长了 2.4 个百分点;21.8%的成年国民使用 Pad 进行数字

---

① 封翔.时代心声 大屏畅享:2020 年电视收视市场回顾[J].收听中国,2021(2):14.
② 中国互联网络信息中心.第四十八次中国互联网络发展状况统计报告[EB/OL].[2021-9-10].http://www.cnnic.cn/gywm/xwzx/rdxw/20172017_7084/202109/t20210923_71551.htm.

化阅读,较 2019 年的 21.3% 增长了 0.5 个百分点。[①]

第二节 传媒产品的供给

近年来,随着网络媒体与手机媒体的发展,报刊、杂志的供给量在逐年减少,网络视频、网络广告、手机游戏、移动社交媒体等新媒体供给量则迅猛增长。媒体的供给量受多种因素的影响,其中替代品的价格、传媒技术创新与发展等因素对供给量的影响尤其突出。

一、传媒产品的供给与供给曲线

供给就是在一定时期内,经营者在一定的价格水平下,愿意而且能够供应的商品量,其中包括新提供的商品和已有的存货。

假定商品的供给量与商品的价格具有无限的分割性,影响供给的其他因素不变,并把商品的价格视为自变量,把供给量作为因变量,则供给函数即为 $S=f(P)$。假定其他因素保持不变,仅考虑价格变化对其供给量的影响,价格越高,供给量越大;价格越低,供给量越小。

如图 1.3 所示,供给量的变动是指其他因素不变,商品本身的价格变化,引起供给曲线上点的移动。商品或服务的供给量与价格呈正比关系,这也被称为供给规律。供给的变动是指商品本身的价格不变,其他因素(成本、技术)变化,引起供给曲线的移动,例如,生产成本上升会减少利润,使供给量减少,供给曲线向左边移动,如图 1.4 所示。

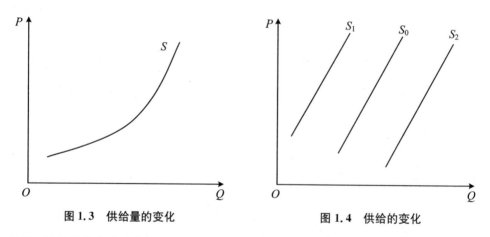

图 1.3 供给量的变化　　　　图 1.4 供给的变化

但是,供给曲线也存在例外。某些商品的供给不一定与价格成正比关系。如劳工的供给开始会随工资的提高而增加,但是,当工资上升到足以维持其生活水平后,劳工对货币的需要将不那么迫切,而希望有较多的闲暇和较少的工作。因此,工资水平如再上升,劳工的供给也不会增加,甚至还有可能减少。

---

① 中国新闻出版研究院.第十八次全国国民阅读调查成果发布[EB/OL].[2021-4-26]. https://www.nppa.gov.cn/nppa/contents/280/75981.shtml.

二、影响传媒产品供给的因素

影响传媒产品供给的因素很多,既可能有经济因素,也可能有非经济因素,具体来说,传媒产品的供给影响因素如下:

(一)商品本身的价格

在其他因素既定不变的条件下,商品的价格如果越高,企业就会投入更多的资源用于该商品的生产,从而使供给量增加;反之,当商品的价格降低时,企业就会将生产资源用于更高价格的商品生产中去,从而使商品的供给量减少。因此,若其他的条件不变,商品的市场价格与其供给量之间存在着正向的变动关系。

(二)相关商品的价格

相关商品的价格,主要是指替代品与互补品的价格。例如,当替代品的价格下降时,替代品需求量就增加,导致该商品的需求量减少,从而供给量也将随之减少。所以相关商品的价格发生变化时,企业会重新配置资源,从而影响商品的供给。例如,网络分类广告的增加,价格相比更加低廉,使得报纸分类广告需求量急剧减少,报纸分类广告供给也自然减少。

(三)企业对未来的预期

如果企业对未来的经济持乐观态度,预期商品的价格将会上涨,则会增加供给。如果企业对未来的经济持悲观态度,预期商品的价格将会下降,则会减少供给。例如,网络视频比电视具有更好的传播优势,既可以直播,也可以点播,有良好的预期。近年来,互联网上出现了大量的网络视频网站,其中,抖音、爱奇艺、优酷等受到资本市场的追捧。

(四)政府的政策

政府对一种产品的课税将会使卖价提高,在一定条件下会通过需求的减少而使供给减少。反之,减低商品税收负担或政府给予补贴,会通过降低卖价刺激需求,从而引起供给增加。另外,降低行业的进入壁垒,会使更多的企业进入该领域,也将提高产品的供给量。近年来,我国的电视剧制作公司的数量大大增加,制作电视节目的民营企业数量也大幅度增加,这与政府实施制播分离改革,降低进入壁垒有关,许多企业已进入影视的生产制作领域。

(五)生产要素的价格

商品生产要素的价格是商品成本的直接影响因素。在其他因素不变的情况下,资本、土地、劳动力资源等生产要素的价格上涨,会带来成本的增加和利润的减少,从而使商品的供给量减少;相反,如果生产要素的价格下降,生产成本就会下降,利润增加,企业就会提高商品的供给量。例如,新闻纸的价格上涨,广告萎缩,报纸会减少版面,降低印刷成本,以保持利润水平。

(六)生产的管理与技术水平

生产技术水平的提高可以引起生产要素价格下降,可以提高劳动生产率,降低生产成本,增加生产者的利润,生产者会提高产量。例如,数字印刷技术、无线传播技术、网络技术的发展,都会出现新的传播手段和新的传播业态。截至2020年11月,根据工业与信息化部的数据,我国IPTV(网络电视)总用户数达3.14亿户,同比增长6.6%。数字卫星技术的发展也使广大的农村地区和边远地区的广播电视信号的覆盖大幅度提升,提高了广播电视节目与服务的供给量。

三、我国传媒产品的供给

我国传媒产品的供给量不断增加,供给规模不断扩大,传媒产品与服务的数量及规模增长较快,传媒结构从单一走向多样。《2019年新闻出版产业分析报告》数据显示,2019年,全国出版、印刷和发行服务实现营业收入18896.1亿元,较2018年增长1.1%;拥有资产总额24106.9亿元,增长3.0%;所有者权益(净资产)12156.2亿元,增长3.0%。

根据国家广播电视总局发布的《2020年全国广播电视行业统计公报》,截至2020年年底,全国开展广播电视和网络视听业务的机构约4.8万家。其中,广播电台、电视台、广播电视台等播出机构2543家,持证及备案网络视听机构643家,近千家县级融媒体中心取得网络视听节目许可证,从事广播电视节目制作经营机构约3.7万家。全国广播电视从业人员101.10万人,同比增长1.67%。截至2020年底,广电总局批复成立的广电视听产业基地(园区)共27个,入驻广电视听各类企业6246家,实际投资额319.55亿元,就业人数超17万,营业收入881.53亿元,营业利润87.13亿元,应缴税金42.26亿元。[①]

(一) 我国图书的供给情况

根据新闻出版总署的《2019年全国新闻出版业基本情况》的数据,2019年,全国共出版新版图书22.47万种,较2018年降低9%,总印数24.97亿册(张),降低0.79%,总印张258亿印张,降低0.22%,定价总额841亿元,增长1.7%。重印图书28.12万种,增长3.3%,总印数61.96亿册(张),增长7.3%,总印张541亿印张,增长8.58%,定价总金额1191亿元,增长14%。[②] 重印、重版图书品种和新版图书品种增长一升一降,反映图书出版精品意识、质量意识逐步增强,正在由追求数量规模向提高质量效益转变。

(二) 我国报纸期刊的供给情况

随着数字化阅读进一步普及,信息传播与获取方式的深刻改变,报刊业供给情况也出现新变化。《2019年新闻出版产业分析报告》数据显示,2019年,全国共出版报纸1851种,平均期印数17303.34万份,每种平均期印数9.35万份,总印数317.59亿份,总印张796.51亿印张,定价总金额392.39亿元。与上年相比,种数降低1.07%,平均期印数降低1.60%,总印数降低5.83%,总印张降低14.16%,定价总金额降低0.27%。报纸定价总金额392.4亿元,降低0.3%,收窄1.0个百分点;报纸出版实现营业收入576.1亿元,与2018年基本持

---

① 规划财务司.2020年全国广播电视行业统计公报[EB/OL].[2021-4-19].http://www.nrta.gov.cn/art/2021/4/19/art_113_55837.html.

② 国家新闻出版署.2019年全国新闻出版业基本情况[EB/OL].[2020-11-4].https://www.sohu.com/a/429750517_100021268/.

平。利润总额38.2亿元,增长15.8%。

2019年,全国共出版期刊10171种,平均期印数11957万册,每种平均期印数1.21万册,总印数21.89亿册,总印张121.27亿印张,定价总金额219.83亿元。与上年相比,种数增长0.32%,平均期印数降低3.03%,每种平均期印数降低3.34%,总印数降低4.48%,总印张降低4.32%,定价总金额增长0.88%。期刊出版实现营业收入199.8亿元,增长0.2%。利润总额29.9亿元,增长11.6%。

截至2019年年底,全国共有音像制品出版单位386家,电子出版物出版单位317家。2019年,全国共出版录音制品6571种、16931万盒(张)。与上年相比,品种增长2.82%,数量降低4.64%。音像制品出版实现营业收入29.4亿元,降低2.2%;利润总额3.5亿元,降低6.5%。全国共出版电子出版物9070种、29261万张。与上年相比,品种增长7.94%,数量增长13.05%。电子出版物出版实现营业收入16.5亿元,增长8.6%;利润总额2.5亿元,降低10.3%。

截至2019年12月31日,在内地和香港上市的内地出版传媒公司共计43家。其中,出版公司15家,报业公司5家,发行公司8家,印刷公司10家,新媒体公司5家;在内地上市39家,在香港上市4家。截至2019年底,在内地上市的38家出版传媒公司实现营业收入共计1559.2亿元,较2018年同期增加57.8亿元,增长3.9%;拥有资产总额共计2891.8亿元,增加203亿元,增长7.6%;实现利润总额共计189.8亿元,增加118.4亿元,增长165.7%。①

根据中国新闻出版研究院发布的《2019—2020年中国数字出版产业年度报告》,数字出版继续保持高速增长,已经成为行业新的增长引擎。报告显示,2019年,中国数字出版产业整体收入规模为9881.43亿元,比上年增长11.16%。互联网期刊收入达23.08亿元,电子书达58亿元,数字报纸(不含手机报)达8亿元,博客类应用达117.7亿元,在线音乐达124亿元,网络动漫达171亿元,移动出版(移动阅读、移动音乐、移动游戏等)达2314.82亿元,网络游戏达713.83亿元,在线教育达2010亿元,互联网广告达4341亿元。2019年,网络文学行业市场规模达到201亿元,网络文学用户超过4.5亿人。②

(三)我国广播电视供给情况

2021年4月,国家广播电视总局发布《2020年全国广播电视行业统计公报》。公报显示,现代广播电视传播体系加快升级,全国广播电视传输网络向数字化、网络化、交互化、融合化快速演进,形成了中央与地方、城市与乡村、国内与国外相结合,无线、有线、卫星、互联网等多种技术手段并用的传输覆盖体系。

公报指出,广播电视行业紧扣党和国家中心工作,加强舆论引导,大力创新创优,唱响新时代主旋律。2020年全国制作广播节目时间821.04万小时,同比增长2.39%;播出时间1580.72万小时,同比增长1.76%。制作电视节目时间328.24万小时,同比下降5.02%;播出时间1988.31万小时,同比增长1.91%。

---

① 李佩娟.2020年中国新闻出版行业市场现状与发展趋势分析 上市公司整体经济指标全面增长[EB/OL].[2020-11-26]. https://baijiahao.baidu.com/s?.id=1684388925739421631&wfr=spider&for=pc.
② 张立,王飚,李广宇.步入高质量发展的中国数字出版:2019—2020年中国数字出版产业年度报告[J].出版发行研究,2020(11):20-25.

持续推进广播电视重点惠民工程,广播电视节目综合人口覆盖率稳步提升。截至2020年底,全国广播节目综合人口覆盖率99.38%,电视节目综合人口覆盖率99.59%,分别比2019年提高了0.25和0.20个百分点。农村广播节目综合人口覆盖率99.17%,农村电视节目综合人口覆盖率99.45%,分别比2019年提高了0.33和0.26个百分点。农村有线广播电视实际用户数0.71亿,在有线网络未通达的农村地区直播卫星用户1.47亿,同比增长2.80%,农村广播电视网络基础设施持续改善。

全国有线电视网络整合与广电5G建设一体化加快发展,全国有线电视实际用户数2.07亿,高清和超高清用户突破1亿,智能终端用户2985万,同比增长25.16%。有线电视双向数字实际用户数9551万,同比增长37.58%,高清超高清视频点播用户3638万,占点播用户的比例达到93.5%。全国交互式网络电视(IPTV)用户超过3亿,互联网电视(OTT)用户9.55亿。

广播电视产业进入转型提质的关键阶段,广播电视行业总收入持续增长,实际创收收入增幅较大。2020年全国广播电视行业总收入9214.60亿元,同比增长13.66%。其中,广播电视和网络视听业务实际创收收入7711.76亿元,同比增长13.96%;财政补助收入968.33亿元,同比增长20.74%;其他收入534.51亿元,同比下降0.76%。传统广播电视广告收入下降,新媒体广告收入增长。全国广告收入1940.06亿元,同比下降6.52%。其中:传统广播电视广告收入789.58亿元,同比下降20.95%;广播电视和网络视听机构通过互联网取得的新媒体广告收入889.96亿元,同比增长7.38%;广播电视和网络视听机构通过楼宇广告、户外广告等取得的其他广告收入260.52亿元,同比增长5.19%。有线电视网络收入756.98亿元,同比增长0.48%。广播电视节目销售收入411.82亿元,同比下降17.25%;电视购物频道收入135.47亿元,同比下降35.63%。技术服务、演出等其他创收收入1192.33亿元,同比下降8.86%。付费数字电视内容与播控收入14.02亿元;节目制作相关服务收入110.23亿元。[①]

(四)我国互联网供给情况

经过20年的发展,从最初的报纸电子版,到网络版、门户网站,再到博客、即时通信工具、新闻客户端、自媒体写作平台、网络直播、短视频等新兴媒体,互联网产品与服务的供给不断专业化、多元化与智能化。

中国互联网主要基础资源规模处于不断增长的阶段。CNNIC第四十八次调查报告显示,截至2021年6月,我国IPv4地址数量为39319万个,IPv6地址数量为62023块/32,IPv6活跃用户数达5.33亿;我国域名总数为3136万个,其中,".CN"域名数量为1509万个,占我国域名总数的48.1%。

社交网络等互联网新应用新服务发展势头良好,受到广泛欢迎,使中国新兴媒体的发展充满活力。微博、微信等成为使用人数最多、传播力最强的新媒体形态,以移动化、便捷化、及时化的传播方式满足用户随时随地的阅读需求。

微博属于社交媒体、网络平台,具有便捷性、传播性以及原创性等特征。我国微博市场得到了良好的发展态势,用户规模也呈现不断增长态势。财报数据显示,截至2021年6月,

---

① 规划财务司.2020年全国广播电视行业统计公报[EB/OL].[2021-4-19].http://www.nrta.gov.cn/art/2021/4/19/art_113_55837.html.

微博月活跃用户达到5.66亿,月活跃用户规模同比净增4300万,微博的月活跃用户中来自移动端的比例达到了94%,日活跃用户达到2.46亿。除了整体互联网向移动端迁移的趋势影响外,微博在移动端为用户提供的新体验也是重要的推动力,尤其是对垂直领域的布局,拓宽了移动端的使用场景,增强了用户黏性。腾讯公司的数据显示,截至2021年6月30日,微信及WeChat的合并月活跃用户数为12.51亿,微信在全球范围内支持20多种语言,覆盖了200多个国家和地区。QQ的移动端月活跃用户数为5.9亿,同比下降8.8%,环比下降2.6%。以公众号、小程序、微信支付、企业微信为核心的新生产工具,成为各行各业的数字化助手,助力数据要素、数字经济和传统产业的深度融合。

第三节　传媒产品的供求均衡

商品的价格是在商品的市场需求和市场供给这两种相反力量的相互作用下形成的,消费者的需求和生产者的供给对商品的价格起决定作用。均衡价格是商品的市场需求量和市场供给量相等时的价格。均衡价格的形成是供求双方在竞争过程中自发形成的,是一个价格自发决定的过程。

一、供求均衡与均衡价格

在市场竞争的过程中,供给与需求的力量相互作用,自动形成价格。当需求量与供给量相等时就会决定出该商品的市场价格,这个价格是消费者愿意而且能够支付的价格,同时也是企业愿意提供的价格,称为均衡价格。均衡价格是需求曲线与供给曲线相交时的价格。在均衡价格水平下的相等的供求数量称为均衡数量。这种需求量与供给量相等的状态,称为市场均衡。在这种均衡状态中,买卖双方两股力量相互平衡,都没有改变的诱因,就是经济学上的均衡状态。

均衡一般意义是指经济事务中有关的变量在一定条件的相互作用下所达到的相对静止的状态。均衡又分为局部均衡与一般均衡,局部均衡指单个市场或部分市场的供求与价格的关系,一般均衡是指一个经济社会中所有市场的供求与价格之间的关系。

如图1.5所示,若某图书价格定位50元,市场价格大于均衡价格,供大于求,商品过剩或超额供给。在市场自发调节下,需求者压低价格,供给者减少供给量,价格必然下降,一直下降到均衡价格的水平。反之,若图书定价为10元,市场价格小于均衡价格,供不应求,商品短缺,价格必然上涨,一直涨到均衡价格。市场机制作用下,供求不等的非均衡状态会逐步消失,均衡数量为Q_1。

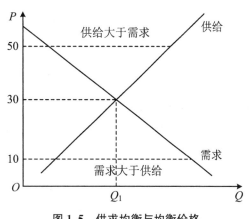

图1.5　供求均衡与均衡价格

二、供求均衡的变化

(一) 需求变动带来的均衡价格的变化

由于供需双方共同决定了均衡价格,因此,供需因素的改变会使均衡价格随之改变。非价格因素引起的需求曲线的左右平移称为需求的变动。这些非价格因素可能是消费者的收入、教育水平、消费偏好、人口结构、消费者预期、相关商品的价格等因素。如图1.6所示,供给不变,需求增加则使需求曲线向右上方移动,均衡价格上升,均衡数量增加;需求减少则使需求曲线向左下方移动,均衡价格下降,均衡数量减少。例如,一段时间以来,《中国好声音》《我是歌手》等歌唱类真人秀节目非常火爆,收视率不断攀升,受众的收视需求增加,随之节目的冠名费与广告收入也不断提高,金典以5亿元的赞助金额成功拿下湖南卫视综艺节目《歌手2018》独家冠名权。

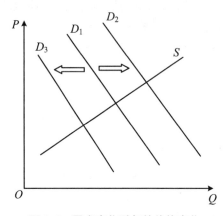

图 1.6 需求变化引起的价格变化

(二) 供给变动带来的均衡价格的变化

除了需求因素的改变会影响均衡价格以外,供给因素也会影响均衡价格。供给的变动是指技术等非价格因素的改变引起供给曲线的左右移动。如图1.7所示,生产原材料或其他生产要素的价格上涨,使得企业的生产成本提高、供给量减少,如果企业维持原来的生产数量,就必然要提高产品的价格,假设市场需求不变,则均衡价格会上涨。当生产技术提高,降低了生产成本,增加了供给量,在市场需求不变的情况下,均衡价格就会下降。例如,2009年10月,原国家广电总局出台《广播电视广告播出管理办法》(简称"61号令"),直接导致电视广告的供给时间减少,电视广告价格的提高。因此,供给减少,供给曲线左移,均衡价格上升,均衡数量减少;需求不变,供给增加,供给曲线右移,均衡价格下降,均衡数量增加。

(三) 供需同时变动带来的均衡价格的变化

如图1.8所示,商品的需求与供给的第一个均衡价格是P_1,当商品的供给大于需求时,S_1曲线向S_2曲线移动时,企业提供的商品超过社会的需求,商品的价格就会下跌,商品只能按照低于其价值的价格出售。但是,较低的商品价格具有抑制供给、刺激需求的作用,此时,当社会对商品的需求增加时,需求曲线从 D_1 向 D_2 移动,从而使供给和需求趋于新的均衡价格 P_2。

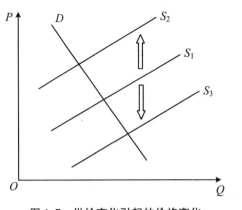

图 1.7 供给变化引起的价格变化

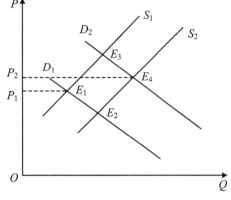

图 1.8 供需同时变动时的均衡价格变化

当需求与供给同时增加时,新的均衡数量一定会增加,然后价格的变动有多种情况,只有当消费者的需求增加的幅度大于供给的增长幅度,价格才能上涨;当消费者的需求增长幅度小于供给的增长幅度,价格则下跌。因此,需求与供给的增长幅度直接影响均衡价格。这种供求双方互动的结果,会使市场发挥资源配置的作用,被称为价格机制与市场机制。

三、传媒产品的供求均衡现象

传媒产品市场的供求关系不断改变,供求均衡不断被打破,通过改变供给与需求建立起新的平衡,通过价格机制改变了传媒市场的资源配置,发挥资源的最优效率。例如,新兴媒体的异军突起改变了报纸的供求关系,原来的供求平衡被打破,报社通过减少报纸版面、裁员、合并甚至停办纸质版报纸应对需求危机,试图建立新的供求均衡。

随着网络媒体的冲击,越来越多的美国人通过网络获取信息。美国报业面临严重的危机,甚至处于生存危机的关键时期,报纸的发行量与广告收入双双快速下降,供求关系发生根本性的逆转。例如,2009 年 2 月,拥有 101 年历史的丹佛《落基山新闻》由于无法找到买家而停刊;3 月,拥有 146 年历史的《西雅图邮报》出版了最后一期印刷报纸,同时开始运营网络版报纸;4 月,《基督教科学箴言报》宣布停止平面印刷报纸的发行,仅在网络上发行,结束了自己 101 年的印刷报纸的历史。另外,《纽约时报》《洛杉矶时报》《芝加哥论坛报》等美国最知名的报纸已宣布裁员、减版和财务状况不佳,《费城问询报》《明星论坛报》等申请破产保护。从供求关系角度看,报纸出版、发行的成本飙升,发行量急剧下降,广告收入缩水,媒体从业人员收入减少,电子出版物挤压平面媒体,再加上居民的实际收入和预期收入下降,许多人在经济危机中失业下岗,迫使人们放弃了订阅平面媒体的习惯,美国报纸成为经济危机与互联网时代的牺牲品。

20 世纪 90 年代中后期,我国报业迈入高速发展的时期,各种晚报、都市报纷纷创刊。省会城市形成了省报集团与省会所在城市的报业集团,北京、上海等大城市的报业格局更加复杂,甚至有多家同城报业竞争。比如,北京有北京日报报业集团、新京报、北京青年报、京华时报等市场化报纸同台竞技。这些报业集团是建立在强大的市场需求和赢利能力的基础之上的,旺盛的需求足以支撑多家报业集团同城同质竞争,而且都发展得不错。但是,新兴媒体对报业的冲击日趋猛烈,都市报赖以为本的社会新闻、舆论监督、新闻策划等"看家本领"都被新兴媒体所替代,报业市场空间不断萎缩。2015年以来,每一年最后一天几十种晚报与都市报休刊,2020年最后一天12月31日,《皖东晨刊》《益阳城市报》《遵义晚报》《德阳晚报》《广元晚报》《内江晚报》《漯河晚报》《重庆日报·农村版》等休刊。

报纸早已过了攻城略地、开疆拓土的阶段,只能苦苦支撑。在这种背景下,上海解放日报报业集团与文汇新民联合报业集团合并成立了上海报业集团,《新闻晚报》停刊,减少竞争主体,共同应对新兴媒体的竞争。这种"抱团取暖"的做法是应对报纸发行量与广告收入双双下降的无奈之举,或许将印证"一城一报"将成为未来报业发展的普遍现象。

第四节 传媒产品的需求与供给弹性

在经济学中,弹性是相对数之间的相互关系,表示一个变量对另一个变量的变化所作出的反应,即百分数变动的比率,或者说它是一个量变动百分之一而引起另一个量变动的百分比。对于任何存在函数关系的经济变量之间,都可以建立两者之间的弹性关系或进行弹性分析。弹性系数就是因变量变动的比率除以自变量变动的比率,它表示弹性的大小。弹性分析是数量分析,对于难以数量化的因素便无法进行计算和精确考察。

一、传媒产品需求的价格弹性

(一) 需求价格弹性的几种类型

需求价格弹性是指需求量变动对价格变动的反应程度。需求价格弹性值可以是正,也可以是负。两个变量的变动方向如果是反方向的,加负号。价格弹性系数(E_d)如果是负的,一般取正值,以便于比较。

$$需求的价格弹性 = \frac{需求量变动百分比}{价格变动百分比} \quad E_d = -\frac{\Delta Q}{Q} \Big/ \frac{\Delta P}{P} = -\frac{\Delta Q}{\Delta P} \cdot \frac{P}{Q}$$

需求价格弹性有五种类型:无弹性、无限弹性、单位弹性、缺乏弹性和富有弹性。① 无弹性就是弹性为0,价格无论如何变动,需求量都不会变动,例如少数急救品。② 无限弹性就是弹性为无穷大,价格为既定时,需求量是无限的。例如,银行以某一固定的价格收购黄金,实行保护价的农产品。③ 单位弹性就是弹性值为1,也就是价格变动的比率与需求量变动的比率相等。④ 缺乏弹性就是弹性值小于1,需求量变动的比率小于价格变动的比率,主要是生活必需品。⑤ 富有弹性就是弹性值大于1,需求量变动的比率大于价格变动的比率,奢侈品一般是富有弹性的。

(二) 影响需求价格弹性的因素

商品的可替代性。可替代品越多,该商品的需求价格弹性也就越大。若一个城市有多家都市报与晚报,替代性强,那么弹性就大。

购买该商品的支出在总支出中所占的比重。所占比重越大,需求价格弹性越大;所占比重越小,需求价格弹性就越小。

对于生活的重要程度。商品对生活越重要,需求价格弹性就越小。例如,粮食等生活必需品的需求价格弹性较小,而旅游、奢侈品等需求价格弹性较大。

另外,商品用途越广泛,弹性越大;用途越小,弹性越小。商品可以调节或使用的时间越长,弹性越大,例如,一些耐用消费品;可以调节的时间越短,弹性越小。

不同的传媒商品需求价格弹性不同。电视、无线广播的需求价格弹性较小,因为收看电视成为中国老百姓的生活习惯,电视的普及率较高,对消费者几乎没有文化水平的要求,有线电视的收费占居民的收入不是很高,无线广播几乎不需要付出费用,只要付出时间成本即可,在中老年群众中的弹性也较小。相比较而言,报纸、杂志、电影等需求弹性要大一些,它们不是生活的必需品,替代品也较多,人们获得新闻的渠道不断增多,需求价格弹性较大。另外,大众类书籍比专业类书籍、教育类书籍弹性大,大众读物更容易薄利多销。

(三) 需求价格弹性与销售收入

需求的价格弹性大于1,需求量变动的比率大于价格变动的比率。这种情况下,价格下调,总收益增加,对生产者有利;价格上调,总收益减少,对生产者不利。例如,若不考虑广告因素,一份杂志每年的价格是180元,订购量为60万份,如果价格下降为120元,订购量增加到100万份,需求量的变化为2/3,价格变动为1/3,弹性系数为2,卖者适当降低价格能增加总收益。

需求量变动百分比小于价格变动百分比,提高价格会增加总收益,降低价格则会减少总收益。价格上调,总收益增加,对生产者有利;价格下调,总收益减少,对生产者不利。例如,农民粮食丰收时往往粮价大幅下跌,而且粮价的下跌的百分比超过粮食增产的百分比,出现了"增产不增收"现象,"谷贱伤农"就是这个道理。

需求越缺乏弹性,消费者负担比重越大,对生产者有利;需求富有弹性,消费者负担比重小,生产者负担比重大。

二、传媒产品需求的收入弹性

需求收入弹性就是需求量变动对收入变动的反应程度。假定商品需求量 Q 是收入 M 的函数,需求的收入弹性值的计算如下:

$$需求的收入弹性 = \frac{需求量变动百分比}{收入变动百分比} \quad E_m = \frac{\Delta Q}{Q} / \frac{\Delta M}{M} = \frac{\Delta Q}{\Delta M} \cdot \frac{M}{Q}$$

需求的收入弹性可以分为五种类型:收入富有弹性、收入缺乏弹性、收入单位弹性、收入无弹性与收入负弹性。① 收入富有弹性就是收入弹性大于1,需求增加的百分比大于收入增加的百分比,优等品、奢侈品、高档消费品和耐用消费品等都是收入富有弹性。② 收入缺乏弹性就是弹性小于1,需求变动的百分比小于收入变动的百分比,一般生活的必需品缺乏弹性。③ 收入单位弹性就是弹性为1,需求的变化量与收入的变化量相等。④ 收入无弹性就是弹性值为0,消费量完全没有变化,如食盐。⑤ 收入负弹性就是弹性小于0,消费者收入增加时,对这种商品的需求量反而减少,如肥肉、劣等商品、公共交通等。

需求的收入弹性在许多传媒产品的消费中表现明显。据国家统计局发布的数据显示,

2020年,全国居民人均可支配收入32189元,比上年名义增长4.7%,扣除价格因素,实际增长2.1%。按常住地分,城镇居民人均可支配收入43834元,扣除价格因素实际增长1.2%;农村居民人均可支配收入17131元,扣除价格因素实际增长3.8%。收入的增加将提高消费者对智能手机、平板电脑的需求。根据国际数据公司IDC的数据,2020年全年,全球平板电脑出货量为1.641亿台,同比增长13.6%。根据Digitimes Research公布的数据,2020年全球智能手机出货量为12.4亿部,与2019年相比下降8.8%,但5G手机销量却大幅提升,2020年全球出货量达到2.8至3亿部。这些说明基于移动互联网的网络视频、手机游戏、移动阅读、手机电视等传媒产品的需求将不断提高。

三、传媒产品需求的交叉弹性

需求的交叉弹性就是当另一种商品价格变动1%,某种商品需求量会相应变动的百分比。两种商品之间的密切程度可以通过需求的交叉弹性来考察。根据需求的交叉弹性值的不同,可以把两个商品分为互补品、替代品。如果一种商品价格的上升引起另一种商品需求的增加,则这两种商品被称为替代品,互为替代品的交叉价格弹性大于0。替代品是指具有相同或相似功能的产品,例如,公交车和私人轿车,洗衣粉和肥皂。互补商品之间价格与需求成反向变动,互补商品是指两种商品互相补充共同满足一种欲望。例如,汽车与汽油,一种商品的价格上升引起另一种的需求量减少,交叉价格弹性小于0,呈反方向变动。

用公式表示,弹性大于0是替代品。Y商品P(价格)上升引起X商品Q(销量)上升,说明商品X和Y之间的关系为替代关系。弹性小于0是互补品。Y商品P上升引起X商品Q下降,说明商品X和Y之间的关系为互补关系。当弹性等于0时是独立无关的商品,即相关产品价格的变化不影响需求,如茶叶与食盐。

$$E_{XY} = \lim_{\Delta P_Y \to 0} \frac{\Delta Q_X}{Q_X} / \frac{\Delta P_Y}{P_Y} = \frac{dQ_X}{Q_X} / \frac{dP_Y}{P_Y} = \frac{dQ_X}{dP_Y} \cdot \frac{P_Y}{Q_X}$$

门户网站刚刚兴起之时,主要是转载报纸、杂志、广播电视等传统媒体的新闻,其中主要来源是转载报纸的新闻。报纸收取极低的转载费用,甚至有报纸找到门户网站,要求无偿合作,借助门户网站做品牌宣传。然而,随着网民数量的不断增多,网站的用户与广告收入日益飙升,而报纸的订阅量与广告收入则不断下降,2020年互联网广告实现收入4972亿元。换句话说,报纸订阅费与广告价格的提升必然导致网络媒体用户需求的提高与广告收入的增加,有媒体老总自嘲说报纸成为网络门户网站的"打工仔",可见报纸与网络门户网站的交叉需求弹性大于0,它们之间具有替代关系。

另外,网络视频对于传统电视、移动新闻客户端对于纸质媒体、数字出版对于纸质出版等都有需求的交叉弹性。例如,根据索福瑞调查数据,传统电视受众规模在逐年缩减,2020年因疫情影响人均收视时长有所反弹。从收视深度来看,2015年到2020年人均每日收视时长是156、152、139、129、124、132分钟,电视收视人群向中老年人倾斜,年轻人看电视的越来越少。而爱奇艺、哔哩哔哩(以下简称B站)等网络视频网站异军突起,一些自制剧、娱乐节目大有与传统电视"分庭抗礼"的趋势。爱奇艺的营业收入从2015年的53.19亿元增加到2020年的297亿元。2020财年B站总营业收入达120亿元,同比增长77%。

四、传媒产品供给的价格弹性

供给的价格弹性指商品的供给量对其价格变动的反应程度,表示一定时期内当商品的价格变动1%时所引起的商品供给量变化的百分比。供给的价格弹性:以价格为自变量,以供给量为因变量的弹性关系。

$$供给的价格弹性 = \frac{供给量变动百分比}{价格变动百分比} \quad E_s = \frac{\Delta Q}{Q} / \frac{\Delta P}{P} = \frac{\Delta Q}{\Delta P} \cdot \frac{P}{Q}$$

影响供给的价格弹性的因素较多,例如,时间因素、成本因素以及生产周期因素等。时间因素方面,价格变化、厂商调整产量需要一定时间。短时间内困难,供给弹性较小,长期生产规模的扩大与缩小容易,供给价格弹性较大。生产成本因素方面,产量增加只引起边际成本轻微提高,意味着供给曲线平坦,供给价格弹性较大,产量增加引起边际成本较大提高,意味着厂商供给曲线比较陡峭,供给弹性较小。生产周期因素方面,生产周期较短的产品,可以根据价格变化及时调整产量,供给弹性较大;反之,较小。

近年来,电视真人秀节目非常火爆,交友类、才艺比拼类、室内生活类、野外生存类、职场选秀类、亲子互动类等真人秀节目层出不穷。例如,2015年,江苏卫视《非诚勿扰》节目再度以5亿元的冠名费领衔"综艺身价榜",在强大的收视需求和广告收入的刺激下,《我们约会吧》《百里挑一》《非常完美》《相约星期六》等相亲类真人秀节目层出不穷,出现了"全民相亲"的怪现象。自从歌唱类《超级女声》走红以后,我国歌唱类真人秀节目不断推陈出新,《中国好声音》《中国最强音》《中国梦之声》《我是歌手》等各种模式的歌唱类真人秀娱乐节目掀起了收视狂潮。可以看出,在广告价格猛涨与广告收入激增的背景下,各家省级卫视只能采取"跟随战术",供给大量同质化的娱乐节目。

第二章　传媒受众与消费者行为

受众在大众传播中占有极其重要的分量,他们是信息传播的"目的地",是信息传播链条的一个重要环节,也是传播过程得以存在的前提和条件。受众与一般商品的消费者不同,在大众传播过程中,受众是传播符号的释码者、传播活动的参与者、传播效果的反馈者和传-受活动中的权利主体。与此同时,受众也是传媒信息的使用者和消费者,他们付费或付出时间成本获得传媒产品与服务,媒体把受众的注意力资源卖给广告商,而换取广告收入,以弥补成本而且可以扩大再生产,这就是传媒产业的二重出售理论与注意力经济规律。

第一节　受众理论

受众,即信息传播的接受者,原指演讲的听众,后作为传播学的术语,泛指书报读者、广播听众和影视观众等,也被称为受传者、阅听人或传播对象。不同的受众观,形成不同的传媒体制。把受众当成纯粹的消费者,出现了商业性报纸与广播电视;把受众当成权利主体与公民,出现了公共广播电视。

一、多重视野中的受众

德国传播学家克劳斯认为,受众按照规模的不同,可分成三个不同的层次:第一个层次是特定国家或地区内能够接触到传媒信息的总人口,这是最大规模的受众,例如,在中国的电视覆盖区域内,凡拥有电视机或能观看电视节目的人都是电视传媒的受众;第二个层次是对特定传媒或特定信息内容保持着定期接触的人,如报纸的定期读者或电视节目的稳定观众;第三个层次是不但接触了媒介内容而且也在态度或行动上实际接受了媒介影响的人,对传媒而言这部分人属于有效观众,在他们身上体现了实质性的传播效果。

传播学者丹尼斯·麦奎尔依据研究方法、研究目的和研究作用的不同将受众研究分为三种,分别是结构性受众研究、行为性受众研究和社会文化性受众研究。[①] 如表2.1所示,受众研究可以从多重视角研究。

---

① 位迎苏.伯明翰学派的受众理论研究[M].北京:中国传媒大学出版社,2011:9.

表 2.1　三种受众研究传统的比较

	结构性	行为性	文化性
主要目的	描述受众构成，统计数据，描述社会关系	解释并预测受众的选择、反应和效果	理解所接收内容的意义及其在语境中的应用
主要数据	社会人口统计数据，媒介及时间使用数据	动机、选择行为和反应	理解意义，关于社会与文化语境
主要方法	调查和统计分析	调查、实验、心理测试	人种志、定性方法

　　结构性受众研究带有一种功利主义的色彩，是基于传媒工业的需要而产生。这种研究主要是针对受众的规模和到达率进行数据测评，所得数据用以揭示大众传媒与受众使用之间的关系，从而帮助传媒增加对受众的了解，以便更好地发挥媒介效果。这一理论是建立在20世纪30年代美国实证学派的"强传播效果"的基础之上的，受众成为非人格的"消费产品"。正如法兰克福学派马尔库塞认为，受众的形成是一个同质化过程，其同质化的结果便是社会上出现一大批单向度的人。所谓单向度的人，其实就相当于勒庞所讲的"乌合之众"，也就是一种个性丧失、非理性、受人操纵、道德滑坡的人。

　　行为性受众研究源于20世纪四五十年代对群体受众的再发现。行为性研究主要是媒介效果与媒介使用，研究方法是问卷调查、对比实验。它通过对影响传播的各种因素、内容、渠道和接受条件进行操控，力求找到更好的传播方法和避免负面效果的一般规律。作为群体的受众，意见、态度和行为更多地受到他们所处的社会环境影响。在行为性受众研究中，受众多少具有了一定主动性和选择性。"意见领袖"与"人际影响"就是这种研究的代表理论。

　　社会文化性受众研究的观点认为，不同社会和不同文化人群对讯息的解读多种多样，与讯息发送者本意也相去甚远；媒介使用是日常生活的重要组成部分，必须与某一亚文化群体特定的社会语境和社会经验相联系才能理解，赋予受众个性的"解码"功能。研究方法是人种志研究和定性研究。持这一观点的主要代表为20世纪60年代到70年代产生的文化研究学派，他们将"大众文化"视为一种与"高雅文化"不同的文化类别，一种产生于"大众"的主流品味与偏好。在文化研究中，受众是一种主动的受众，他们的媒介使用行为是对所在社会文化环境的反映。

二、被建构的受众观

　　在新的媒介技术和社会经济发展条件下，各种新型受众正在产生。新传播技术改变了传统一对多的中心-边缘模式，受众变成了搜寻者、咨询者、浏览者、反馈者、对话者、交谈者等，在此基础上形成了不同的受众观。在互联网时代，受众观已经从"传者中心"向"受众中心"转移，针对受众的智能化、个性化、垂直化的传播受到重视，受众不再是被动接受信息，而是主动发现、选择信息，受众的地位得到前所未有的彰显，针对受众的智能化推荐服务得到满足，受众的权利得到提升。

（一）"大众"与大众社会理论

　　大众是伴随大众社会理论的形成而出现的一个特定概念。大众社会理论认为，19世纪末20世纪初是人类进入大众社会的分界点。作为工业革命、资产阶级革命和大众传播发展的结果,过去的那种传统社会结构、等级秩序和统一的价值体系已经打破,社会成员失去了统一的行为参照系,变成了孤立的、分散的、原子式的存在,即所谓大众。人数众多、匿名分散、消极被动、容易沉迷,缺乏组织、互动和自我认同,容易被外部力量所操纵。由此产生早期传媒效果研究中的"子弹论"或"皮下注射论"。

大众是一种未组织化的社会群体。具有如下特征:① 规模的巨大性:人数上超过其他社会群体或集团;② 分散性和异质性:广泛分布于社会的各个阶层,其成员具有不同的社会属性;③ 匿名性:成员之间互不相识,对社会精英来说也是难以把握的对象;④ 流通性:其成员是流动的,大众范围依对象问题时有变化;⑤ 无组织性:缺乏自我意识和主体性,大众行为主要是在外部力量的刺激和动员下形成的;⑥ 同质性:具有相同的行为倾向,易受外部力量的操纵和影响。大众虽然是被动的、沙砾般的存在,但由于其数量庞大,能产生不可抗拒的"多数"的压力和力量,因此,在现代社会,谁掌握了大众,谁就掌握了一切。[①]

二战后,美国密尔斯、李斯曼、孔豪瑟等人主要从大众社会论的立场出发,考察美国现代的各种社会病理现象。他们认为,中产阶级的衰落和以白领为主的新中产阶级的增大、中间社会群体的衰退、人际关系的淡漠和孤立性、社会权力的集中、大众传播所导致的文化均一性和流动性等,是美国大众社会的主要条件,也是现代美国各种病理现象产生的根源。

大众社会成立的六个条件:① 产业化的大量生产和大量消费的存在;② 社会的平权化和民主化的发展;③ 大众传媒的发达和大量信息、娱乐产品的提供;④ 生活水平的全面提高;⑤ 传统中产阶级的衰退和以"白领"为主的新中产阶层的扩大;⑥ 社会组织的官僚化发展。

(二) 作为社会群体成员的受众

与大众社会论的被动受众观相对立,社会群体理论认为,受众并不是孤立的、个人的集合,而是分属于不同的社会集团或群体。这些集团或群体接触和利用传播媒介,但其存在并不以大众传播为前提。大众传播不可能随心所欲地左右受众。受众对媒介的接触和利用虽然属于个人行为,但却常常受到其群体归属关系、群体利益和群体规范的制约。受众在作为社会集团或群体成员行动之际具有能动性:一是"选择性接触"那些与自己的群体利益、规范或文化背景相结合的传播内容;二是"能动地解释",即按照自己的政治、经济利益或意识形态来理解或解释大众传播的信息。此理论基于地域和共同利益等交错社会关系网络与媒介结合,以社会关系为中介,重新发现作为群体的受众。

(三) 作为"市场"或"消费者"的受众

19世纪30年代后,随着大众媒介采取企业化经营而形成了受众观。传播媒介的信息生产和传播是通过媒介竞争向潜在消费者提供商品或服务的活动,而受众即"具有特定的社会经济侧面像的、潜在的消费者的集合体"。作为市场的受众与大众媒介是数量关系,而非人格关系,无所谓承诺和依附。大众媒介关注"消费"而非理解沟通与社会参与。

在突出大众传播的经营性、商品性和竞争性的同时,作为"消费者"的受众观也有局限性。它容易把传媒与受众的关系固定为买方和卖方的关系,把复杂的传播关系简化为单纯

[①] 郭庆光. 传播学教程[M]. 北京:中国人民大学出版社,2011:151.

的买卖关系。它更多地着眼于受众的商品购买行为有关的特定属性,而不能反映更深层次的社会属性和意识形态。这种观点容易把收视率和发行量作为判断传媒成功与否的唯一标准,而把公益性和社会效益标准放在次要位置上,只从传媒的立场而不是从受众立场考虑问题。

(四) 作为权利主体的受众

受众不仅仅是传媒信息的使用者和消费者,他们还作为社会共同体的成员或公众拥有各种各样的正当权利。由于受众的多重身份和角色,在大众传播过程中拥有包括传播权、知情权、接近权等基本权利。

1. 传播权

传播权是指任何个人或组织、机构都有自由表达或传播自己的意见和获取信息的权利,即言论自由或表达自由权。它是所有社会成员都享有的基本权利之一,也是大众所拥有的其他一切权利的基础。社会成员是社会生活和社会实践的主体,他们有权将自己的经验、体会、思想、观点和认识通过言论、创作、著述等活动表达出来,并有权通过一切合法手段和渠道加以传播。凡是用恐吓或惩罚等方式使他们保持缄默,或剥夺利用传播渠道的机会,就侵犯了这项权利。①

法国学者达尔西最早提出了传播权的概念。1969 年,他在《电视转播卫星与传播权利》的文章中指出:总有一天人们将会承认一种比《世界人权宣言》中阐述的基本人权更重要、更全面的权利概念,那就是传播权,传播权这一概念渐受国际社会的重视。达尔西认为,传播权是基本人权中最重要的权利,也是最终完善基本人权的一种权利概念。

传播权的理论主张可归纳为四种:① 传播活动是人与生俱来的本能行为之一,人的生存与发展都依赖于这种传播行为,因此,传播权应是人的基本权利之一;② 传播权不仅是每个人的自然权利,而且应是公民的社会权利;③ 传播权不仅有利于个人个性的发展与完善,而且有助于促进社会的发展,同时也促使人类的传播手段更好地发挥其功能;④ 传播权可以包含迄今为止人类已享有的所有社会性权利概念内容,如现今已被社会公认的知情权、接近权及有关言论与新闻出版自由、通信自由、表达自由等权利概念。②

2. 知情权

实质上,知情权是传播权的一部分,在学理上,它被认为是从传播权即言论自由权中引申出来的一项"潜在"的权利。③ 从广义上来说,知情权指的是社会成员获得有关自身所处的环境及其变化的信息,以及生活所需各种有用信息的权利,它也是人的生存权的基本内容之一。而狭义的知情权指的是公民对国家的立法、司法和行政等公共权力机构,所拥有的知情和知察的权利,这是公民的一项基本政治权利,也意味着公共权力机构对公民负有信息公开的责任和义务。公民的知情权最主要的是获知国家事务和社会公共事务的权利。④ 在大众传播过程中,受众作为新闻产品的消费者,有权要求新闻媒体提供真实、客观、公正、全面的报道,任何隐瞒或歪曲事实的报道,都是对受众知情权的侵犯。

---

① 联合国教科文组织. 多种声音,一个世界[M]. 北京:中国对外翻译出版公司,1981:155.
② 徐耀魁. 西方新闻理论评析[M]. 北京:新华出版社,1998:277.
③ Holsinger S, Dilts. Media Law[M]. 3rd ed. New York,1994:360-362.
④ 魏永征. 新闻传播法教程[M]. 北京:中国人民大学出版社,2002:49.

知情权这一概念是由美国合众社总经理肯特·库珀(Kent Cooper)于1945年提出的。1953年,他的著作《人民的知情权》出版,其中的"知情权"是指民众享有通过新闻媒介了解政府工作情况的法定权利。库珀主张,宣扬知情权可以打破国际间传播的障碍。

知情权作为公众的一项社会权利和政治权利,是信息化社会发展的一种必然。民众有权了解政府工作的情况,尤其是政府决策的过程,这主要通过大众媒介来实现。这从客观上要求处于社会信息流通中心的政府应履行相应的义务,从法律上确认公众的知情权,将信息公开化、工作透明化。

现代民主社会中,所有公共决策都须付诸讨论,新闻媒介充分地报道真相,大大减低政府犯错的危险。美国未来学学者约翰·奈斯比(John Naisbitt)在《大趋势:改变我们生活的十大新方向》一书中强调,信息时代的民主政治将从代议民主制向共同参与民主制转变,而知情权则是实现这一转变的根本条件。20世纪60年代,世界各国相继把知情权付诸实践。例如,在立法方面,1966年,美国国会通过《情报自由法》(《Freedom of Information Act》),要求政府公开所有的信息资料,并规定了保密权的限定条件。1974年,美国又对该法进行修正,进一步扩大了政府公开文件材料的范围,同时还制定了政府拒绝公开信息时,公民可依法提出诉讼的法律程序。

3. 接近权

接近权即一般社会成员利用传播媒介阐述观点、发表言论以及开展各种社会和文化活动的权利。由涵义上看,接近权亦是传播权的引申,或者说是传播权的一种特殊表现。两者的区别在于,接近权强调传媒具有向受众开放的义务和责任,从而使广大受众而非政府官员与传媒的关系更加密切。这一权利概念出现于20世纪60年代的美国,并在西方国家产生了普遍的社会影响。

1967年,美国学者巴隆(Barron)在《哈佛大学法学评论》上发表了《接近媒介:一项新的第一修正案权利》一文,首次提出"媒介接近权"的概念。1973年,他所撰写的《为了谁的出版自由:论媒介接近权》出版。巴隆认为,美国《宪法第一修正案》规定的"出版自由",所保护的是作为一般社会成员的受众的权利,而不是传媒企业的私有财产权;在传播媒介越来越集中于少数人手中、广大受众越来越被排斥在大众传媒之外的今天,已经到了"必须把第一修正案的权利归还给它的真正拥有者——读者、视听众"的时候了。

接近权的核心内容是要求传媒必须向受众开放,虽然在法律上尚未有明文规定,但至少在三方面产生了影响:第一是"反论权",即社会成员或群体在受到传媒攻击或歪曲报道时,有权要求传媒刊登或播出反驳声明,对此,美国联邦法院已有支持反论权的案例。第二是"意见广告",为了争取受众的好感和信任,目前很多平面媒体都在不同程度上以收费形式接受读者要求刊登意见广告。第三方面体现在多频道有线电视领域,一些国家基于接近权原理,在发放有线电视系统经营许可证时,规定必须开设允许受众自主参与的"开放频道"。这些措施虽然不能从根本上解决问题,但在缓解社会矛盾方面起到了一定的作用。①

接近权是基本人权的要素之一,它实质上是为了真正实现公民知情权而提出的一种补充性权利,有利于从基本人权的角度遏制新闻传播媒介滥用新闻自由的现象,也有利于新闻媒介增强监督政府的能力。

---

① 郭庆光. 传播学教程[M]. 北京:中国人民大学出版社,2011:160.

第二节 二重出售理论与注意力经济

媒体有受众与广告客户双重消费者。媒体将内容提供给受众时完成首次出售；媒体在出售内容的同时获得了受众的注意力，再将其提供给广告商完成二次出售；不同媒体所获得的首次出售和二次出售收入比例不同，这就是二重出售理论。内容的消费者是受众，而广告的消费者是广告主。

一、二重出售理论：出售内容和出售广告

如图2.1所示，受众、广告客户、媒介生产商的关系是互动的，存在一种三角关系，受众是消费者，广告客户既是消费者又是媒介生产的重要资助者，传媒是产品的生产者。受众与广告客户消费偏好、消费方式的不同而造成的各种摩擦也就成为媒介商品消费的焦点。

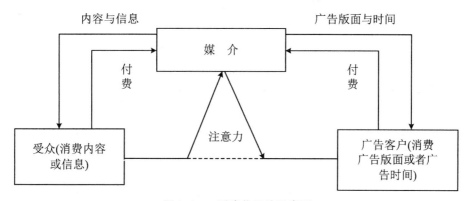

图 2.1 二重出售理论示意图

在这三者关系中，受众消费者的地位是最重要的，没有消费者传媒生产者的产品就无法实现其价值，广告客户也就没有购买传媒广告产品的必要。广告客户购买的是媒介产品的广告时间(或版面)，广告客户在进行媒介产品的消费时往往要附带广告客户自身的意志和利益，这往往影响到媒介生产者的生产行为，甚至会损害到受众消费者的利益。但是，如果没有广告客户的消费，传媒也就难以在市场中生存。如果没有传媒生产者，则广告客户又很难与市场消费者(受众)沟通，传媒生产商的行为往往受制于一个三角关系的力量平衡。

二、四重出售理论

四重出售理论认为，内容出售包括出售讯息内容和"按摩"内容，广告的出售分为宣传时空和广告时空的出售。

新闻媒介的四重出售模式有两个理论前提，一个是新闻媒介所传播的信息可划分为"新闻信息"和"宣传、广告信息"，另一个是人们所接受的新闻信息，既有提高自我的"讯息"作用，又有恢复自我的"按摩"作用。宣传意义上的信息与广告意义上的信息同属一类信息，这

一类信息本质上与新闻意义上的信息是根本不同的。宣传信息与广告信息是宣传者与广告主为受众提供的,新闻机构所运作的媒介为广告主和宣传者提供时空。

新闻信息是由新闻机构主动向受众提供的,新闻机构提供新闻信息是一种常规"服务",除了要求受众为这一服务支付相应的费用外,它无须等待受众提出某种需求后再予以满足(实际上它还创造着受众的需求,设置着受众的议程),也无意操纵或引导受众在接受信息后的行为。

人们是在自然性再生产行为(睡眠、饮食、生育)时间和社会性再生产行为(工作、家务、社会交往)时间以外的闲暇时间中接触新闻媒介的。人们的闲暇时间既可用于提高自己,又可用于恢复自己。所谓提高自己,指的是进行精神性生产和消费,如接受教育、从新闻媒介中了解外部世界的变化讯息,从而提高对自然、社会和人生的认识水平。所谓恢复自己,指的是进行体育、娱乐、保健等活动,以放松身心,调适机体功能和心理状态,相当于一种按摩,是一种精神上得到自我恢复的快感。从新闻价值的角度来看,提高自我意在通过了解讯息的时新性、接近性、突出性、重要性之类的新闻价值要素;通过按摩来恢复自己意在接受人情味、戏剧性、怪异性、情感性之类的新闻价值要素。①

三、传媒注意力经济与影响力经济

(一)注意力经济

1997年,美国学者迈克尔·戈德海伯(Michael H. Goldhaber)在美国杂志《Hot Wired》上发表了一篇题为《注意力购买者》的文章。他在这篇文章中指出,目前有关信息经济的提法是不妥当的,因为按照经济学的理论,其研究的主要课题应该是如何利用稀缺资源。当今社会是一个信息极大丰富甚至泛滥的社会,而互联网的出现,加快了这一进程,信息非但不是稀缺资源,相反是过剩的,而相对于过剩的信息只有一种资源是稀缺的,那就是人们的注意力。他进而指出,目前正在崛起的以网络为基础的新经济的本质是注意力经济,在这种经济形态中,最重要的资源既不是传统意义上的货币,也不是信息本身,而是注意力。人的注意力是有限的,相对于无限的信息来说是稀缺的,因此,在互联网上人们的注意力是非常有价值的。面对浩如烟海的信息,个人的注意力相对信息来说是一种极其有限的商业资源,成为企业激烈竞争的焦点。

对于注意力经济,这种所谓出售受众的行为到底出售的是什么呢?对此,麦克卢汉的回答是:受众的注意力资源。换言之,媒介所凝聚的受众的注意力资源是传媒经济的真正价值所在。譬如,他在分析免费电视的经济回报时指出,电视台实际上是通过一个好的节目来吸引观众的关注,观众的付出不是金钱,而是排他选择后的关注,这是一种隐性的收费,而当社会上的注意力资源越有限,能够将这种稀缺资源凝聚起来的传媒产品的价值就越高。

(二)影响力经济

衡量传媒之于市场价值大小的标准和尺度无疑就是传媒所凝聚起来的受众注意力的数量和规模(它可以通过收视率指标或发行量指标来加以表示)。但是,问题恰恰在于,在传媒

---

① 屠忠俊.现代传媒经营管理[M].武汉:华中科技大学出版社,2013:75.

市场的实际评估中,那些最受广告商(其实也包括政治宣传者)青睐,最具广告(或市场)投资价值的传媒常常并非是那些收视率或发行量最大的传媒。这是关于传媒的注意力经济理论所不能解释的。

传媒之于市场的价值大小关键在于它通过其受众所产生的对社会实践和社会发展的影响,传媒经济的本质是影响力经济。影响力经济是从注意力经济衍生而来的,是对注意力经济学说的升级提高,传媒影响力的本质特征在于它为受众的社会认知、社会判断、社会决策和社会行为所打上的"渠道烙印"。

如果说注意力经济突出的是受众对媒介发布信息的注意,那么影响力经济实际上解决的是一个互动关系。媒介或者信息企业和它的消费者之间,不仅仅是一个单向的注意,不是作为一个企业其产品或服务为尽可能多的人所注意,而是还要影响足够多的人。也就是说,媒介企业在市场里的收益和经济效益如何,不取决于注意力资源得到了多少,而取决于它的影响力的大小。

受众不仅仅要注意到,还要真正地受影响,注意力经济解释了广告商付出广告费所购买的并不是报纸的版面或电视的时段,因为人们注意到,没有什么人看的报纸或电视,其版面或时段是没有价值的。只有通过报纸的内容或电视的节目凝聚起了足够多的受众,这样的版面或时段才是有价值的。但是,人和人在社会生活中的行动能力以及他们的决策力、消费力或话语权是有差异的,有时这种差异还是相当巨大的,传媒在市场上的真正价值在于,它在多大程度上成为其所凝聚的那群具有某种社会行动能力的人们了解社会、判断社会乃至做出决策付诸实践的信息来源和资讯支点。换言之,传媒作为一项产业的市场价值在于,它能够在多大程度上影响它的受众,并且这种对受众的影响力能够在多大程度上进一步地影响社会进程,影响社会决策,影响市场消费和影响人们的社会行为。影响力经济更有利于形成受众对商品和媒体的忠诚度,更能为媒体带来持久的利益。①

但是也不能完全忽略注意力经济的层次,注意力经济和影响力经济并不矛盾,两者可以相辅相成,媒体要形成对受众的影响力除了媒体本身的威望,还要依靠争取受众的注意力资源,但不一定非要以注意力为主导,应该以形成影响力为目的。这样传媒产业才能在整个市场中健康地发展,媒体才能真正提高自身的竞争力,否则又有可能出现昙花一现的状况。

注意力经济更多是从传播的方式方法上来谈的,媒体除了要有自身的影响力,在传播的手段上要更加采用吸引受众的"注意力"方式。所谓眼球经济,也正是因为其有效程度而被大家誉之为一种经济。

影响力除了表现为较高的阅听率(阅读和收视率)外,主要表现在受众对媒体一种长久的心理依赖,要使媒体成为受众日常依赖的工具和向导,使媒体成为受众对社会判断的支点,产生情感忠诚和行为忠诚,传媒的品牌效应就这样产生了,而且有可持续性。

因此,可以说两者并不对立,注意力有利于增强传媒的影响力,而影响力又不得不大量地表现为传媒所受到的注意,在一定程度上更是以注意力来衡量媒体的影响力,如电视节目的收视率和报纸的发行量,这些也都不能忽略两者的相互关系。更多注意力有利于增强媒体影响力,媒体影响力的增强则带来更多的受众、更多的注意力,这是一个良性循环。②

---

① 喻国明.影响力经济:传媒产业的本质[J].现代传播,2003(1):1.
② 王陶然.试论传媒经济中的"注意力经济"和"影响力经济"[J].经济师,2009(2):75.

第三节 传媒产品的效用理论

效用是消费者从商品或劳务中获得的满足程度。一种商品或劳务是否有效用，效用大还是小，要看它们能否满足，或在多大程度上满足人的欲望或需要。经济学家认为效用本身不具备伦理学意义，一种商品是否有效用，只看它能否满足人的欲望或需求，而不管这一欲望是好是坏。

传媒产品的消费基于满足自身精神生活需要而产生的社会心理需求，是一种心理的、主观的体验。受众对传媒产品的需求主要有：① 求知需求，获取对周围事物的认知与价值判断，从而确定自己的观念与行为；② 求同需求，通过传媒了解大众意见和看法，并通过意见领袖的主张来加强或矫正自己的观点；③ 求乐需求，媒介的娱乐功能与方式提供精神愉悦和视听享受；④ 求美需求，就是美学意义上的情感需求，人们往往通过影视作品确立自己的审美标准，寻求美学认同。

一、"使用与满足"——一种效用理论

使用与满足理论是从受众的心理动机和心理需求角度出发，结合心理学和社会学相关知识，解释了人们使用媒介以得到满足的行为，提出了受众接受媒介的社会原因和心理动机。

在大众传播过程中，受众是积极的、主动的，对大众媒介的使用是目标导向的。20世纪40年代，许多学者研究受众的媒介接触动机。1944年，对广播媒介的使用与满足研究表明，收听广播动机主要是竞争、获得新知、自我评价、逃避、认同、替代参与、汲取生活经验等；1949年，对印刷媒介的使用与满足研究表明，主要动机是实用动机、休憩动机、夸示动机、逃避动机等。

美国社会学家卡茨被认为是"使用与满足说"的主要代表人物，他从20世纪60年代到90年代一直关注受众"使用与满足"的问题，先后发表了《论为"逃避"而使用大众媒介：一个概念的澄清》《个人对大众传播的使用》等论文，并与布鲁姆勒主编了《大众传播的使用》一书。其中卡茨在《个人对大众传播的使用》中首次提出该理论，他将媒介接触行为概括为一个"社会因素与心理因素—媒介期待—媒介接触—需求满足"的因果连锁过程。

1958年至1960年，施拉姆、莱尔和帕克在美国和加拿大的十个社区内调查研究不同的儿童使用电视的情形，在调查报告《儿童生活中的电视》中指出，儿童看电视最重要的因素是娱乐解闷和满足幻想。儿童通常不为资讯的理由看电视，却在接受娱乐的时候连带性地学习，获得一些指导。看电视在青少年生活中成为一项重要的社交活动。

1969年，麦奎尔等人调查了新闻、知识竞赛、家庭连续剧、青年冒险电视剧等六种节目，归纳出满足的四种基本类型：娱乐解闷（逃避日常生活中的问题，释放情感）；个人关系（谈话中信息的社会效用，用媒介替代同伴）；自我认同或个人心理（加强价值观，自我了解，了解现实）；环境监测（了解能够帮助个人或影响个人的信息）。

1973年，卡茨、格里维奇和赫斯从关于大众传播媒介的社会及心理功能的文献上选出

35种需求,并把它们分为五大类:认知的需要(获得信息、知识和理解);情感的需要(情绪的、愉悦的或美感的体验);个人整合的需要(加强可信度、信心、稳固性和身份地位);社会整合的需要(加强与家人、朋友等的接触);舒解压力的需要(逃避和转移注意力)。

使用与满足理论是一种重要的效用理论,它把受众的媒介接触看成一种自主选择,有助于纠正"受众绝对被动"的观点,揭示了受众媒介使用形态的多样性,强调了受众需求对传播效果的制约,指出了大众传播对受众的一些基本效用和影响。但是,该理论过分宣扬个人的自由选择,而忽视了社会结构中媒介的位置。由于媒介讯息只强调文化中的主导价值观,观众难以避免媒介提供的偏向解读,观众对媒介的接触并不总是目的明确的理智行为,有时候是一种仪式化或习惯性行为。

二、经济学意义上的效用理论

效用理论是研究消费者如何在各种商品和劳务之间分配他们的收入,以达到满足程度的最大化,效用理论是消费者行为理论的核心。考察消费者效用理论,可以采用两种分析工具或分析方法:一种是以基数效用论为基础的边际效用分析;一种是以序数效用论为基础的无差异曲线分析。

(一) 基数效用论

基数效用是指按1、2、3等基数来衡量效用的大小,这是一种按绝对数衡量效用的方法,这种基数效用分析方法为边际效用分析方法。用公式表示就是 $TU=U(Q)$ 或 $TU=U(Q_1, Q_2, \cdots, Q_n)$。

在经济学史上,以效用基数衡量为基础而建立起来的效用理论被称为基数效用论。边际学派的创始人杰文斯、门格尔、瓦尔拉斯以及马歇尔等人的理论都采用了基数效用论来分析消费者的选择。例如,一位受众四次看电影《泰坦尼克号》,假设四次总的效用分别是10、22、30、28,边际效用分别是12、8、-2。尽管基数效用论的倡导者们对效用基数度量以及由此产生的效用大小在不同消费者之间比较的问题有所察觉,也反对将效用值的衡量与对享乐的心理感受的衡量混为一谈,但大都认可效用体现着心理感觉的数量效应。

1. 总效用与边际效用

总效用(Total Utility)是指消费者在一定时期内,消费一种或几种商品所获得的效用总和,即效用总量,以 TU 表示。边际效用(Marginal Utility)是指消费者在一定时间内,每增加一个单位商品的消费,所引起的总效用的增加量,以 MU 表示。

$$MU = (TU_2 - TU_1) \div (Q_2 - Q_1)$$

总效用与边际效用的关系是:当边际效用为正数时,总效用是增加的;当边际效用为零时,总效用达到最大;当边际效用为负数时,总效用减少;总效用是边际效用之和。在一定时段内,当消费者消费了一定数量的商品后,每增加一个单位商品的消费,所引起的总效用的增加量逐步减少,边际效用递减规律是一种日常生活经验的总结,并非逻辑推理的结果。例如,内容相似的都市报,受众买了一份以后,一般不会再买另外一份或者同种类型的都市报,因为边际效用在递减,除非另外一份都市报的内容差异性较大。

2. 边际效用递减规律与需求定理

边际效用递减规律决定需求定理:即需求量和价格成反方向变化。因为消费者购买商品是为了取得效用,对边际效用大的商品,消费者就愿意支付较高价格,消费者购买商品支付价格以边际效用为标准。按边际效用递减规律,购买商品越多,边际效用越小,商品价格越低;反之,购买商品越少,边际效用越大,商品价格越高。因此,商品需求量与价格成反方向变化,这就是需求定理。

如果一种产品仅仅是数量增加,它带给消费者的边际效用就在递减,消费者愿意支付的价格就低了。因此,企业的产品要多样化,即使是同类产品,只要不相同,就不会引起边际效用递减。边际效用递减原理启示企业要进行创新,生产不同的产品。例如,我国电视节目同质化很严重,同名的电视剧,同样内容的"相亲",同质不同名的"选秀",似曾相识的奇闻轶事,使受众审美疲劳,边际效用下降,因此需要加强电视节目的创新意识。

(二) 序数效用论

效用作为一种心理现象是无法计量的,因为不可能找到效用的计量单位,因此,经济学家用"无差异曲线"对效用进行了重新诠释,认为消费者在市场上所做的并不是权衡商品效用的大小,而只是在不同的商品之间进行排序,这就是所谓的序数效用论。序数效用论的缘起,在于分析效用会影响不同商品之间的关系,力图避免效用可以直接被计量这种尴尬的假设,并为经济学提供了一种新的分析方法,即无差异曲线分析,用以说明两种商品的关系。

1. 无差异曲线

序数效用是指按第一、第二、第三等序数来反映效用的序数或等级,这是一种按偏好程度进行排列顺序的方法。序数效用论用消费者偏好的高低来表示满足程度的高低。

无差异曲线是一条表示线上所有各点两种物品不同数量组合给消费者带来的满足程度相同的线,或者说它是表示能够给消费者带来相同的效用水平或满足程度的两种商品的所有组合的线。无差异曲线具有如下特点:任意两条无差异曲线都不相交,无差异曲线族具有密集性,无差异曲线斜率的相反数即边际替代率是递减的,位置越高的无差异曲线族的效用水平越高。如图2.2所示,假设 X 为书籍,Y 为杂志,无差异曲线上任意一点都表示相应的商品组合对消费者而言都具有相同的效用水平,买8本杂志和2本书跟买8本书和2本杂志的效用是相同的,是没有差异的。

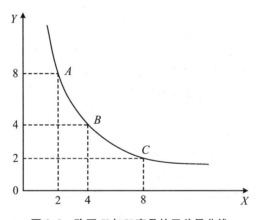

图 2.2 购买 X 与 Y 商品的无差异曲线

2. 预算约束线

消费可能性曲线又称预算约束线、预算线或价格线,是指在消费者的收入和商品价格既定的条件下,消费者所能购买到的两种商品数量的最大组合。消费可能性曲线是一条向右下方倾斜的直线,直线上的每一点都表示,若把既定的收入全部花费掉,所能购买到的两种商品最大数量的各种可能的组合。

序数效用理论认为,假设消费者收入一定,并全部用于消费,同时假定商品 X 与 Y 的价格不变,那么消费者可能消费两种商品的各种组合必等于消费者收入,在平面坐标上会形成一条线 AB。如图 2.3 所示,AB 线上任意一点,都是消费者收入(或预算)在许可的条件下两种商品可能的组合,所以 AB 线被称为消费者可能线。AB 线上方的任一点,都表示消费者购买力不及;AB 线下方的任一点,表明消费者没有取得他能够取得的商品量;AB 线上的各点则是消费者在商品价格既定条件下,以其收入可购得的两种商品的各种量的组合。

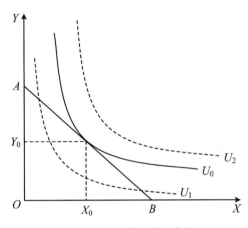

图 2.3 消费者均衡示意图

3. 消费者均衡

无差异曲线代表的是消费者对不同商品组合的主观态度,而预算约束线则显示了消费者有支付能力的商品消费的客观条件,将两者结合,就能决定消费者的最后选择。如图 2.3 所示,把无差异曲线与预算约束线合并在一个图上,那么,预算约束线必定与无差异曲线中的一条切于一点,在这个切点上就实现了消费者均衡。在消费者的收入和商品的价格既定的条件下,当消费者选择商品组合从而获取了最大的效用满足,这就是消费者均衡状态。消费者的最佳选择就是要实现消费者均衡,也就是受众无差异曲线与预算约束线的切点。

综上所述,消费者均衡是研究消费者把有限的货币收入用于购买何种商品、购买多少能达到效用最大,即研究消费者的最佳购买行为问题。在一定的收入和价格条件下,购买各种商品使总效用达到极大值或者使消费者得到最大满足的必要条件是:消费者所购买的各种物品的边际效用之比等于它们的价格之比,使得自己花费在各种商品上的最后一单位货币所带来的边际效用相等。例如,消费者在传媒消费开支固定的情况下,是看电影还是买书籍,取决于花费在两种商品上单位货币所取得的边际效用相等。

第四节 传媒消费者行为

商品的需求来源于消费者,他们被假定为以理性经济行为追求自身利益的当事人。理性消费者的经济行为表现为:在外在环境既定的条件下,根据自身目标和有限资源做出最优选择。在这一过程中,消费者会受到两种相反力量的激励和制约:一方面为了自身的满足,尽可能多地消费或拥有商品;另一方面,消费者的收入或者获取收入的手段是有限的。因此,消费者的最优选择是要把有限的收入合理地用于不同的商品,以便从消费商品中获取的"利益"最大。传媒产品的消费与其他产品不同,给消费者带来物质、精神、心理乃至审美等全面的效用,消费者的消费不是被动的,而是主动的、参与式的、创造式的。

一、传媒消费的类型

大众传媒消费从不同的角度可以划分为不同的类型。根据媒介的不同,可以分为报刊消费、广播消费、电视消费、网络消费等;按照媒介的功能划分,可以分为新闻消费、娱乐消费、广告消费;根据内容不同,可以分为政治消费、经济消费、科技消费、文化消费等;根据消费的主体,可以分为个人消费、家庭消费、集团消费、政府消费、公共消费等;根据消费目的,可以分为学习型消费、休闲型消费、健康型消费;根据信息接收方式,可以分为阅读、收听、收看等消费形态。

二、传媒消费的特点与结构

对于媒介消费者来说,时间支出成为消费媒介的最大支出。随着信息社会的到来,时间也越来越稀缺。媒介消费的货币支出,包括直接货币支出和间接货币支出,间接货币支出主要是看广告的时间支出,是隐形的注意力资源的付出。

(一)传媒消费的二重性

如图2.4所示,传媒消费的二重性主要指消费者在消费时,需要付出时间成本和货币成本。虽然人际型和公众型的媒介不需要付出货币成本,但是需要付出时间成本。例如,人际型媒介书籍的互借不需要付出货币,图书馆与宣传栏等公众型的媒介也不需要付出货币成本,但是,间接成本是注意力资源的付出。

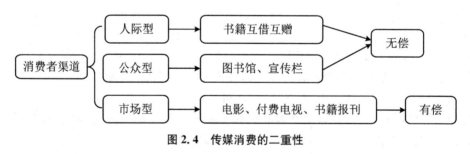

图 2.4　传媒消费的二重性

我们也可以将消费看成一种"生产",这种"生产"的成本可细分为直接成本和间接成本,其中直接成本指消费中对商品购买的实际货币支出,间接成本则是消费过程所花时间的机会损失,即消费时间的价值。

(二) 传媒消费的特点

传媒消费的本质是一种精神活动,是人类感官对借助不同载体传递的媒介信息进行消费的精神活动,是对媒介建构的虚拟现实的消费、再生产、再消费的过程。媒介消费具有如下的特点:传媒受众消费的不是媒介产品的物质技术,而是媒介产品的物质载体所承载的内容与信息,因此这种消费体现出了很强的信息性与知识性。消费者效用并非完全来自所购买的商品,消费者在消费过程中进行的"生产"活动也创造了部分效用。例如,消费者也不能从购买一张电影票中获得任何满足,是电影情节、音响、环境等因素加上消费者的时间、情感等共同作用形成了消费者的效用。[1]

传媒消费是能动的加工型、重构型精神消费,通过视听系统进行复杂的接收、认知、编译和解码并将符号转化为自我信息的过程;传媒消费主要是一种取得意义的消费,取得意义是通过与他者的对话中建构起来的;传媒消费是个人的、主动的体验消费,传媒消费不是被动的意义汲取,不同的人们对媒介的理解不同,可能会有完全不同的含义、意义和意味。麦克卢汉说:"一切媒介的意义都是你的经验,你使用自己时获得延伸的经验。意义不是内容,而是一种积极的关系。"[2]传媒消费会不断生产新的多种意义,传媒消费者总是参与二度生产,在消费中再次加工、扬弃,从而赋予新的意义,消费是占有状态下的反抗、肢解和再造。不同的传媒会有不同的消费环境与消费结构,因而产生认知和情感完全不同的消费,对印刷媒介文字的消费与对电子媒介声画的消费会产生不同的消费思维和效果。

(三) 传媒消费的结构

传媒消费结构是大众传媒消费的各要素间以及不同消费者消费水平之间比例关系的总和,影响消费结构的主要因素包括传媒产业结构、消费者收入水平、消费方式、消费政策和消费水平等。从消费结构来说,传统媒体的消费比重逐年下降,网络媒体与手机媒体的消费在快速增长。从消费时长来说,消费不同的媒介,时长是不同的,例如,2020 年,我国成年人平均每日读书 20 分钟,读报 5.7 分钟,读杂志 3.2 分钟,收看电视 132 分钟,手机上网 3.8 小时。从接触媒介的时段来说,收看电视一般在晚上 7 点到 9 点黄金时段或者中午休息时间,而手机消费主要是各种碎片化的时间。消费者的收入水平决定了购买力的大小与对传媒品种的消费选择。不同的文化水平与文化背景也影响着传媒消费心理与行为选择,例如,文化程度高的人对印刷媒体的消费更加青睐,而文化程度低的人对电视媒体的消费量更大;年轻人对网络等新媒体消费热情高,而老年人更看重广播。文化背景对媒介的消费影响也很大,例如,报纸消费大国日本,报纸千人拥有量世界第一,《读卖新闻》《朝日新闻》《每日新闻》三家报纸的发行量一直位于三甲,其中,《读卖新闻》的发行量一直位于世界第一位,很长一段时间《读卖新闻》的发行量维持在早报 1000 万份,晚报 400 万份,不过最近两年发行量下降明显。

---

[1] 文长辉. 媒介消费学[M]. 北京:中国传媒大学出版社,2007:26.
[2] 埃里克·麦克卢汉. 麦克卢汉精粹[M]. 何道宽,译. 南京:南京大学出版社,2010:421.

三、传媒消费者行为

消费者的欲望是对商品需求的动因,商品具有满足消费者欲望的能力,消费者则依据商品对欲望满足的程度来选择不同的商品及相应的数量。消费者消费商品对欲望的满足程度被称为商品或服务的效用。一种商品或服务效用的大小,取决于消费者的主观心理评价,由消费者欲望的强度所决定。而欲望的强度又是人们的内在或生理需要的反映,所以同一种商品对不同的消费者或者一个消费者的不同状态而言,其效用满足程度也会有所不同。在可支配资源的既定条件下,消费者选择所消费的商品数量组合,力图获得最大的效用满足。

消费者愿意支付的价格取决于他以这种价格所获得的商品能带来的效用大小,效用大,愿意付出的价格高;效用小,愿意付出的价格低。随着消费者购买的某商品数量的增加,该商品给消费者所带来的边际效用是递减的,而货币的边际效用是不变的。这样,随着商品的增加,消费者所愿意付出的价格也在下降。

效用是一种心理感觉,取决于消费者的偏好。消费者的偏好首先取决于消费时尚,而消费时尚又受广告的影响。因此,一个成功的广告会引导着一种新的消费时尚,左右消费者的偏好。从社会来看,影响消费者偏好的是消费时尚与广告,但从个人来看,消费者的偏好要受个人立场和伦理道德观的影响。

四、收入效应与替代效应

收入效应是指当消费者购买商品时,由于商品价格下降,可使现有货币收入购买力增强,可以购买更多的商品达到更高的效用水平。收入效应意味着,对于消费某种商品的任何个人,该商品的价格变动实际上会改变他的购买力。

替代效应是指当消费者购买两种商品时,由于一种商品价格下降,一种商品价格不变,消费者会多购买价格便宜的商品,少买价格高的商品。商品价格的上升意味着个人为了增加一单位这种价格上升的商品必须放弃更多的其他商品。新的替换导致对这种商品的消费减少,消费者将用其他商品来替代这种商品。例如,对于广告主来说,由于报纸分类广告价格的上升,他们会考虑把广告更多地投放到网络媒体。

传媒商品价格的变动会因替代效应与收入效应而对传媒消费者的消费决策产生影响。例如,杂志价格的上升意味着同等的货币所能购买杂志的数量减少了,也就是说媒介受众的实际收入下降了。正常品的需求量与收入同向变动,低档品的需求量与收入成反向变动。

五、消费者剩余

消费者剩余又称为消费者的净收益,是指消费者消费一定数量的某种商品愿意支付的最高价格与这些商品的实际市场价格之间的差额。美国学者马歇尔从边际效用价值论演绎出所谓"消费者剩余"的概念。

如图2.5所示,需求曲线不仅表示价格与商品的需求量之间的关系,也可以理解为在购买特定数量产品时消费者愿意支付的最高价格。但对消费者而言,市场价格是给定的,所以在其支付意愿与实际支付之间存在一个差值,这就构成了一种"心理剩余"。消费者剩余衡量了消费者自身感觉到所获得的额外利益。消费者剩余告诉我们每一个消费者:我们总是在交易当中获取额外的利益,我们社会的总福利总是在交易当中不断增长。

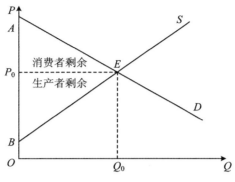

图 2.5　消费者剩余与生产者剩余

买卖双方都希望从市场活动中获得收益:一个叫"消费者剩余",在图 2.5 中就是 △AEP_0 的面积;一个叫"生产者剩余",生产者剩余就是卖者得到的收入与卖者的实际成本之差,在图 2.5 中就是 △BEP_0 的面积。两者相加,叫"市场总剩余"。

比如,一场电影的票价为 20 元,可消费者认为它的价值是 50 元,那么消费者剩余则是 30 元。如果想尊重买者的偏好,那么消费者剩余不失为经济福利的一种好的衡量标准。消费者剩余并不是实际收入的增加,只是一种心理感觉。

消费者购买各种物品是为了实现效用最大化,或者也可以说是为了消费者剩余最大。当某种物品价格既定时,消费者从这种物品中所得到的效用越大,即消费者对这种物品评价越高,消费者剩余越大。当消费者对某种物品的评价既定时,消费者支付的价格越低,消费者剩余越大。例如,近年来,传统媒体的广告收入减少,移动互联网的广告收入增加。这说明广告主在进行广告投放的媒体选择时,传统媒体的广告投放的消费者剩余在减少,低于广告投放到互联网媒体的消费者剩余,广告主更愿意把广告投放到互联网。

第三章 传媒产品的生产与成本

生产就是利用生产要素将投入转换为产出的过程,产出包括商品与劳务。生产要素一般分为劳动、土地、资本和企业家四种类型,在经济学分析中,一般只考虑劳动与资本两种生产要素,分为短期生产与长期生产进行理论分析。企业的生产目的就是追求利润最大化。我国无论是传媒产业还是传媒事业,都把社会效益与经济效益作为追求的目标,其中社会效益永远优先,但是经济效益也是赖以生存的前提。

成本是生产、销售产品与服务而支付的费用,是生产中所使用的各种生产要素的支出。成本可分为短期成本与长期成本、固定成本与变动成本、显性成本与隐性成本等。成本分析对于传媒业来说也非常重要,美国《基督教科学箴言报》等历史悠久的报纸因连续亏本而停刊,我国传媒业开始"转企改制",许多传媒企业开始自主经营、自负盈亏,为了提高收益,进行成本分析显得尤为必要。

第一节 传媒产品的短期生产与长期生产

在短期内生产者来不及调整所有的生产要素,至少有一种生产要素是保持不变的,如资本(K);而在长期内生产者可以调整所有的要素,所有的要素都是可变的。企业在短期内可忍受亏损,但在长期内就不会忍受,它会选择退出。

一、企业与传媒业

(一)企业类型

生产者在经济学中称为厂商,是指能做出统一生产决策的经济单位。厂商就是生产者或者企业,企业可分为法人企业与非法人企业。其中,法人企业是指按照公司法建立和经营的具有法人资格的厂商组织,包括有限责任公司、股份有限公司。非法人企业包括独资企业、合伙企业、联合企业、各类企业的分支机构。

厂商的组织形式又可分为三种:个人企业、合伙制企业和公司制企业。个人企业,又称单人业主制或自然人企业,自然人承担无限经济责任,财产的权利与义务的行为能力由自然人承担。合伙制企业是指自然人的合伙企业,承担无限经济责任,财产的权利与义务的行为能力由合伙人共同承担。公司制企业是按公司法建立和经营的具有法人资格的企业。公司是指依法设立并以营利为目的的具有法人资格的经济组织,又称为法人企业。

依据股东对公司承担责任形式的不同,公司可分为四类:无限公司、有限责任公司、两合公司以及股份有限责任公司。① 无限公司,即由两个以上的股东组成的公司,股东对公司的债务负无限责任。② 有限责任公司,即由一定人数的股东(2人以上50人以下)组成的公司,股东以其出资额为限对公司承担责任,公司以其全部资产对公司债务承担责任。③ 两合公司,即由一个及以上的无限责任股东与一个及以上的有限责任公司股东组成的公司。其主要特点是:有限责任股东只以其对公司的出资额为限对公司承担责任,无限责任股东则对公司承担无限责任;公司由无限责任股东经营。④ 股份有限责任公司,即由一定人数以上的股东组成的公司,公司全部资本为等额股份,股东以其所持股份为限对公司承担责任,公司以其全部资产对公司债务承担责任。

(二) 企业的本质

美国经济学家科斯1937年发表《企业的性质》一文中,他从交易成本的角度分析了企业的性质。企业作为生产的一种组织形式,在一定程度上是对市场的一种替代。企业和市场并存,是因为有的交易成本在企业内部进行更低,有的交易成本在市场进行更低。导致交易成本在市场和企业间不同的原因是信息的不完全性,通过企业使一部分市场交易内部化,节约交易成本。由于简化了要素之间的签约过程和数量,企业以节约交易成本的优势取代了部分市场,这部分被避免的交易费用可以解释企业形成的理由。

市场的优势,在于供应商实现生产上的规模经济和降低成本,可避免单个厂商的需求不稳定所带来的可能损失,产品供应商之间的竞争,迫使供应商努力降低成本。企业的优势,在于消除或降低一部分交易成本,更好地保证商品的质量,厂商需要在企业内部解决专门化设备问题,雇佣一些具有专门技能的雇员。当企业扩张到这样一点,在这一点上再多增加一次内部交易所花费的成本与通过市场进行交易的成本相等,就达到了企业的最佳规模。

(三) 传媒产业

在微观经济学中,假设厂商的目标是追求利润最大化。实际上,厂商的目标短期内可能是多元化的。长期来看,企业一定是以利润最大化作为自己追求的目标,实现利润最大化也是企业生存和竞争的基本准则。生产理论就是要研究厂商如何利用自己有限的资源去实现利润的最大化。实现利润的最大化,这是生产者行为理论的中心课题。

传媒产业既要考虑经济效益,也要考虑社会效益。新闻舆论处在意识形态领域的前沿,对社会精神生活和人们思想意识有着重大影响。新闻传播为人民服务、为社会主义服务、为党和国家工作大局服务,这是新闻传播工作的一条经验,也是新闻传播工作必须长期坚持的原则方针。2015年开始,报业进入"寒冬"阶段,每年最后一天,均有十家以上都市报与晚报停刊。2020年元旦前夕,《天府早报》《城市快报》《上海金融报》《生活日报》《武汉晨报》等17家报纸停刊,用生产与成本理论分析媒体经营显得尤为重要。

二、生产函数

虽然传媒产业与一般的普通企业有显著的不同,但是,利用微观经济学的一般原理与方法去分析传媒企业的生产与成本,仍然具有重要意义。

(一) 生产的含义

生产就是对各种生产要素进行组合制造产品的行为,即指投入物转化为产出物(商品或劳务)的过程。生产是指为满足人类需要,以交换为目的而进行的生产商品和提供劳务的一切活动。

(二) 生产要素

生产要素是指企业生产过程中的所有投入。生产要素是生产过程中使用的各种资源,也称为投入,生产要素包括劳动(L)、资本(K)、土地和企业家才能。在当今,知识和信息也作为重要的生产要素用于生产中。

生产要素在不同产业中的作用是不同的,根据生产要素作用的不同,企业可分为劳动密集型、资本密集型、技术密集型和知识密集型等,传媒产业对技术与智力要素的依赖较大,特别是对于高级人力资源的依赖程度较大,而不是普通劳动力,传媒产业已经从技术密集型向知识密集型方向发展。

(三) 生产函数

生产函数表示在一定的时期内,技术水平不变的情况下,生产中所使用的各种生产要素与所能生产的最大产量之间的关系。技术水平不变,生产函数不变;技术水平改变,生产函数改变。

(四) 固定投入比例生产函数

此是指生产过程中各种生产要素投入数量之间都存在固定不变的比例关系。在每一个产量水平上任何一对要素投入量之间的比例是固定的。形式为

$$Q = \frac{L}{u} = \frac{K}{v}, \quad \frac{K}{L} = \frac{v}{u}$$

式中,常数 u、v 分别为固定的劳动和资本的生产技术系数,表示生产一个单位的产量所需要的固定劳动和资本的投入量。产量取决于两个比值中较小的,另一种要素再多也不能增加产量。例如,一些报纸的印刷厂机器与工人的数量比例是一定的,大量增加工人并不能提高劳动生产率。

三、一种可变生产要素投入的生产函数

经济学上的生产分为短期生产与长期生产。短期生产就是生产者来不及调整全部生产要素的数量,至少有一种生产要素的数量是固定不变的。在一定的时期内,在技术水平不变、生产中资本(K)不变的情况下,劳动投入量(L)的变化所能带来的最大产量的变化。长期生产是指生产者可以调整全部生产要素数量的时间周期。

生产要素分为不变投入要素与可变投入要素。不变投入要素就是在短期内不会发生变化的投入要素。可变投入要素就是对于增加和减少产出数量的要求来说,其数量发生变化

的投入要素。①

(一) 总产量、平均产量与边际产量

如表 3.1 所示，假设在一定时期内，生产技术水平不变的情况下，生产中资本不变的情况下，某报纸的劳动量与总产量、平均产量、边际产量的关系。

表 3.1 某报纸的劳动量与总产量、平均产量与边际产量的关系

(单位:万份)

劳动量(L)	总产量(TP)	平均产量(AP)	边际产量(MP)
0	0	0	0
10	10	1	10
20	25	1.25	15
30	45	1.5	20
40	60	1.5	15
50	70	1.4	10
60	75	1.25	5
70	77	1.1	2
80	77	0.96	0
90	72	0.8	−5
100	62	0.62	−10

1. 总产量与平均产量与边际产量

总产量(Total Product, TP)指与一定的可变劳动投入量相对应的最大产量。平均产量(Average Product, AP)指平均每单位可变劳动生产要素所能生产的产量。边际产量(Marginal Product, MP)是增加一个单位可变要素劳动投入量所增加的产量。

总产量、平均产量和边际产量的关系如下：

$$AP_L = \frac{TP_L}{L} \quad MP_L = \frac{\Delta TP_L}{\Delta L} \quad 或 \quad MP_L = \frac{\mathrm{d}TP_L}{\mathrm{d}L}$$

2. 总产量曲线、平均产量曲线与边际产量曲线

如图 3.1 所示，MP 与 TP 关系：MP 先上升、后下降，当 MP 等于 0 时，TP 达到最大值。MP 与 AP 关系：MP 大于 AP 时，AP 递增；$MP=AP$ 时，AP 最大；MP 小于 AP 时，AP 递减。这三条曲线都是先呈上升趋势，达到各自的最大值后，再呈下降趋势。

(二) 边际报酬递减规律

在生产技术和其他投入量保持不变的条件下，在连续等量地把某一种可变生产要素增加到其他一种或几种数量不变的生产要素上去的过程中，当这种可变生产要素的投入量小于某一特定值时，增加该要素投入所带来的边际产量是递增的；当这种可变要素的投入量连续增加并超过某一特定值时，增加该要素投入所带来的边际产量是递减的。

---

① 高鸿业. 西方经济学：微观部分[M]. 4 版. 北京：中国人民大学出版社，2007：128.

对于任何产品的短期生产来说,可变投入和不变投入之间都存在着一个最佳的数量组合比例。要素实际比例越接近最佳组合比例,边际产量越高。要素实际比例等于最佳组合比例,边际产量最高。要素实际比例越远离最佳组合比例,边际产量越低,甚至为负值。

(三) 短期生产的三阶段

如图3.2所示,第Ⅰ阶段是"管量阶段"。这个阶段的特征是:劳动的平均产量始终是上升的,且达到最大值;劳动的边际产量上升达最大值后下降,且劳动的边际产量始终大于劳动的平均产量;劳动的总产量始终是增加的。如果可变投入使用过少,不变投入的效率不能发挥。生产者增加可变要素劳动的投入量,就可以增加总产量,平均产量也在增加,任何理性的生产者都不会在这一阶段停止生产,而是连续增加可变要素劳动的投入量,以增加总产量。

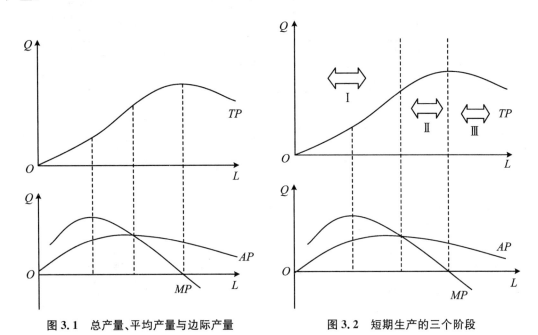

图 3.1　总产量、平均产量与边际产量　　　图 3.2　短期生产的三个阶段

第Ⅱ阶段是"管理阶段"。此阶段是生产者短期生产的决策区间。生产者既可得到由于第Ⅰ阶段增加可变要素投入所带来的全部好处,又避免了可变要素投入增加到第Ⅲ阶段而带来的不利影响。在第Ⅱ阶段的起点处,劳动的平均产量曲线和劳动的边际产量曲线相交,即劳动的平均产量达到最高点。在第Ⅱ阶段的终点处,劳动的边际产量曲线与水平轴相交,即劳动的边际产量等于零。

第Ⅲ阶段是"管条件阶段"。此阶段的特点是:劳动的平均产量持续下降;劳动的边际产量降为负值;劳动的总产量也呈现下降趋势。可变投入浪费,投入越多,产出越少。生产者减少可变要素劳动的投入量,就可以使总产量恢复到以前的高水平。即使劳动是免费的,理性生产者也会通过减少劳动投入量来增加总产量,以摆脱劳动的边际产量为负值和总产量下降的局面,并退回到第Ⅱ阶段。

四、两种可变生产要素的生产函数

(一)两种可变要素生产函数

在生产理论中,为了简化分析,通常以两种可变生产要素来考察长期生产问题,假定生产者使用劳动和资本两种可变生产要素生产一种产品,则长期生产函数可以表示为

$$Q = f(L, K)$$

(二)等产量曲线

等产量曲线是指在技术水平不变的条件下,能够生产出同一产量的两种生产要素投入量所有不同组合点的轨迹。在技术水平长期不变的条件下,由 L 和 K 两种可变生产要素投入量的一定组合所能生产的最大产量。在同一坐标平面上的任何两条等产量曲线之间,可以有无数条等产量曲线;离原点越远的等产量曲线代表的产量水平越高,离原点越近的等产量曲线代表的产量水平越低。

如图 3.3 所示,等产量曲线特征:曲线上任意一点代表的投入组合不同,但产量相同;曲线向右下方倾斜,斜率为负,凸向原点;离原点越远,产量水平越大;任意两条曲线不能相交。等产量线向右下方倾斜是因为等产量曲线上的每一点都代表能生产一定产量的各种要素的有效组合;要增加某种要素的投入量并保持产量不变,就必须相应地减少另一种要素的投入量。等产量曲线之所以凸向原点,是因为边际技术替代率递减规律。

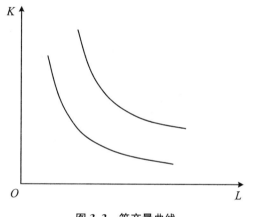

图 3.3 等产量曲线

(三)边际技术替代率

1. 边际技术替代率(MRTS)

在维持产量不变的条件下,同一单位劳动所能替代资本的比例。设生产函数为 $Q = f(L, K)$,等产量曲线上某一点的边际替代率就是等产量曲线在该点的斜率的绝对值,用公式表示如下:

$$MRTS_{LK} = -\frac{\Delta K}{\Delta L}$$

当 $\Delta L \to 0$ 时

$$MRTS_{LK} = \lim_{\Delta L \to 0} -\frac{\Delta K}{\Delta L} = -\frac{dK}{dL}$$

2. 边际技术替代率递减规律

边际技术替代率等于两种要素的边际量之比。在维持产量不变的前提下,当一种生产要素不断增加时,每一单位的这种生产要素所能替代另一种生产要素的数量是递减的。劳动对资本的替代必然有:由增加劳动投入量所带来的产量增加量等于由减少资本投入量所

导致的产量减少量。边际技术替代率递减使得等产量曲线像无差异曲线一样凸向原点。例如,一个报社或者广播电视台,劳动投入量增加到相当多的数量,而资本减少到相当少的数量,再一味地用劳动替代资本,就不能维持产量不变了,这就是边际技术替代率。

(四) 等成本线

1. 等成本线

如图 3.4 所示,表示生产者的成本和生产要素的价格既定的条件下,生产者所能购买到的两种生产要素的各种不同数量最大组合的轨迹。A 点表示两种生产要素价格之和小于成本,B 点表示两种生产要素价格之和大于成本。

2. 等成本线方程

w 就是既定的劳动价格即工资率,指单位时间内的劳动价格。r 就是既定的资本价格即利息率。C 就是厂商既定的成本支出。

等成本线的斜率是两种要素价格的负比率。表示在不改变成本的情况下,要素市场上为增加 1 单位的劳动,需要放弃 w/r 单位的资本。

$$C = wL + rK \quad K = \frac{C}{r} - \frac{w}{r}L$$

为了实现既定成本条件下的最大产量,厂商必须选择最优的生产要素组合,使得两要素的边际技术替代率等于两要素的价格比例。厂商可以通过对两要素投入量的不断调整,使得最后一个单位的成本支出无论用来购买哪一种生产要素所获得的边际产量都相等,从而实现既定产量条件下的最小成本。

图 3.5 表示既定成本条件下产量最大化。为了实现成本既定产量最大,厂商选择最优要素组合,使得两要素的边际替代率等于两要素的价格比。也就是说,既定产量条件下成本最小化。

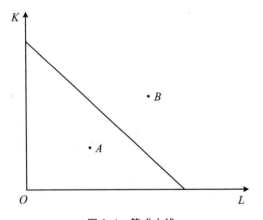

图 3.4 等成本线

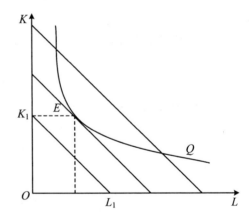

图 3.5 既定成本条件下产量最大化

等成本直线的斜率 = 等产量曲线的斜率

$$-\frac{w}{r} = -\frac{MP_L}{MP_K} \Rightarrow \frac{MP_L}{w} = \frac{MP_K}{r}$$

3. 扩展线

如图 3.6 所示,在生产要素价格、生产技术条件以及其他要素不变时,如果厂商改变产量,等产量曲线平移,总成本不断增加,不同的等产量曲线与不同的等成本曲线相切,形成不同的生产均衡点,连接这些点形成的轨迹就是扩展路线。

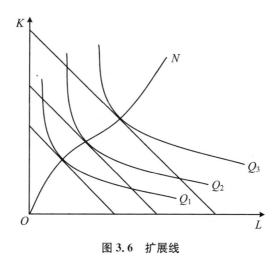

图 3.6 扩展线

扩展线表示在给定条件下,当生产的成本或产量发生变化时,厂商会沿着扩展线来选择最优的生产要素组合,从而实现既定成本条件下的最大产量,或既定产量条件下的最小成本。

五、规模报酬

(一) 规模报酬的含义

规模报酬分析涉及的是企业的生产规模变化与所引起的产量变化之间的关系,属于长期生产理论问题。规模报酬的变化是指在其他条件不变的情况下,企业内部各生产要素按相同比例变化时所带来的产量变化。

(二) 规模报酬的分类

1. 规模报酬递增

产量增加的比例大于各种生产要素增加的比例。例如,一家报社雇用 10 个工人使用一台印刷机,一天生产 1 万份报纸。若生产要素增加 1 倍,20 个工人使用 2 台印刷机,一天生产 3 万份报纸,产量增加了 3 倍。规模报酬递增原因是,企业规模扩大带来生产效率的提高,能够利用更先进的技术和机器设备等要素,企业内部分工更合理和专业化,以及财务因素影响。规模报酬递增,等产量曲线移动得更为紧密。产量等幅度增加的情况下,要素增加的幅度越来越小。

2. 规模报酬不变

产量增加的比例等于各种要素增加的比例,这是一种特殊情况。

3. 规模报酬递减

产量增加的比例小于各种生产要素增加的比例。规模报酬递减的因素较多,例如,规模过大降低了生产效率,企业家能力下降,内部合理分工遭到破坏,生产运行出现障碍,信息不畅,等等。

当企业从最初的很小的生产规模开始逐步扩大的时候，企业面临的是规模报酬递增的阶段。在企业得到了由生产规模扩大所带来的产量递增的全部好处以后，一般会继续扩大生产规模，将生产保持在规模报酬不变的阶段。这个阶段有可能比较长。在这以后，企业若继续扩大生产规模，就会进入一个规模报酬递减的阶段。例如，就报纸来说，早期发行量增加将带来收入的成倍数增加，处于规模报酬递增阶段。但是，到了一定的发行量以后，由于广告投入量的有限性，遇到了"天花板"，再亏本"无效发行"，则会进入规模报酬递减阶段。

规模报酬递增与规模经济不同，规模经济指产量增加的倍数大于成本增加的倍数，规模经济不要求要素比例不变，而规模报酬则要求要素比例不变，规模报酬递增是规模经济的一个特例，同样，规模报酬递减也是规模不经济的一个特例。

第二节 传媒产品的短期成本与长期成本

成本分为短期成本与长期成本。短期是指企业只能够调整部分生产要素的数量。通常用一种可变生产要素(L)的生产函数来考察短期成本理论；长期是指企业能够调整全部生产要素的数量，通常用两种可变生产要素(L,K)的生产函数来考察长期成本理论。

一、成本的概念

成本又称为生产费用，是生产中所使用的各种生产要素的支出。另外在经济学中，还需要厘清如下的几组成本概念。

(一) 机会成本

生产一单位的某种商品的机会成本(Opportunity Cost)是指生产者所放弃的使用相同的生产要素在其他生产用途中所能得到的最大收益。资源具有多用途性，机会成本源于资源使用中的选择。例如，自有资金(或建筑物)的机会成本是利息或租金；自己兼任经理的机会成本是在外工作的工资收入。

(二) 外显成本和隐含成本

外显成本(Explicit Cost)是厂商在生产要素市场上购买或租用所需要的生产要素的实际支出(即会计成本)，会计成本属于外显成本，外显成本属于历史成本。

隐含成本(Implicit Cost)是指厂商本身所拥有的且被用于该企业生产过程的那些生产要素的总价格，或自有要素的成本(所应该得到的报酬)。

外显成本和隐含成本之间的区别说明了经济学家与会计师分析经营活动的不同。经济学家关心和研究企业如何做出生产和定价决策，因此当他们衡量成本时就包括了隐性成本。而会计师的工作是记录流入和流出企业的货币，因此他们只衡量显性成本，忽略了隐性成本。

(三) 私人成本和社会成本

私人成本(Private Cost)是个人活动由他本人负担的成本。社会成本(Social Cost)是指按全社会各个生产部门汇总起来的总成本,也可以指某一种产品的社会平均成本。社会成本是产品生产的私人成本和生产的外部性给社会带来的额外成本之和。

(四) 利润

经济利润(Profit)是指厂商的总收益和总成本之间的差额。厂商所追求的最大利润,指的就是最大的经济利润,经济利润也被称为超额利润。正常利润是指厂商对自己所提供的企业家才能的报酬的支付,正常利润是隐含成本的一种组成部分。会计利润是企业的总收益减去企业的会计成本。各利润之间关系如下:

$$经济利润 = 总收益 - 经济成本$$
$$= 总收益 - (显成本 + 隐成本)$$
$$= 总收益 - 显成本 - 隐成本$$
$$= 会计利润 - 隐成本$$

注意:当厂商的经济利润为零时,厂商仍然得到了全部的正常利润。

二、短期成本的类型与成本曲线

短期成本包括可变成本与固定(不变)成本。可变成本是短期内可以调整的成本;固定成本是短期内不能调整的成本。表3.2为某传媒企业的短期生产成本。

表3.2 某传媒企业短期生产成本

(单位:万元)

数量	固定成本(FC)	变动成本(VC)	总成本(TC)	平均固定成本(AFC)	平均变动成本(AVC)	平均总成本(AC)	边际成本(MC)
0	1200	0	1200				
1	1200	600	1800	1200	600	1800	600
2	1200	800	2000	600	400	1000	200
3	1200	900	2100	400	300	700	100
4	1200	1050	2250	300	262.5	562.5	150
5	1200	1400	2600	240	280	520	350
6	1200	2100	3300	200	350	550	700

(一) 总不变成本

总不变成本(Total Fixed Cost,TFC)是指在短期内厂商为生产一定数量的产品对不变要素所支付的总成本。固定不变就是不随产量变动而变动,包括厂房和设备的折旧,以及管理人员的工资。如图3.7所示,当产量为0时,也需支出相同成本,当产量增加时这部分支出仍不变,因此 TFC 曲线为一条水平线,表明其与产量无关。

$$TFC = P_k \cdot \overline{K}$$

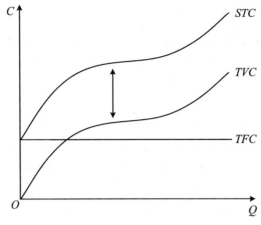

图 3.7　固定成本、变动成本、总成本

(二) 总可变成本

总可变成本(Total Variable Cost,TVC)是指厂商在短期内生产一定数量的产品对可变要素(如原材料、劳动力)的支付。可变成本的特点：由于 TVC 是对短期内厂商根据产量变化而调整的可变要素的支付,因此,它随着产量的变动而变动,是产量的函数。当产量为零时,可变成本也为零,产量越多,可变成本也越多。例如,原材料、燃料、动力支出、雇用工人的工资等是从原点开始的不断向右上方上升的曲线。变动规律是初期随着产量增加先缓慢上升,到一定阶段后转入快速上升。

$$TVC = TVC(Q) = P_L \cdot L(Q)$$

(三) 短期总成本

短期总成本(Shortrun Total Cost,STC)就是厂商在短期内为生产一定量的产品对全部生产要素的支付。变动规律如图 3.7 所示,由于 TFC 值不变,所以 STC 与 TVC 任一点的垂直距离始终等于 TFC,且变动规律与 TVC 的变动规律一致,只是不是从原点出发,而从固定成本 FC 出发,先以缓慢的速度上升,再以较快的速度上升。STC、TFC 和 TVC 三者之间的关系为

$$STC = TFC + TVC(Q)$$

(四) 平均固定(不变)成本

平均固定(不变)成本(Average Fixed Cost,AFC)是厂商在短期内平均生产一单位产品所耗费的不变成本。AFC 随产量 Q 的增加一直趋于减少,但 AFC 曲线不会与横坐标相交,因为总固定成本不会为零。变动规律：起初减少的幅度比较大,以后减少的幅度越来越小,在图上表现为开始比较陡峭,以后越来越平坦。AFC、TFC 和产量 Q 之间的关系为

$$AFC(Q) = \frac{TFC}{Q}$$

(五) 平均可变成本

平均可变成本(Average Variable Cost, AVC)是指厂商在短期内平均生产一单位产品所耗费的可变成本。平均可变成本的曲线特点是:与总可变成本一样,随着产量Q的变动而变动。AVC初期随着产量增加而不断下降,产量增加到一定量时,AVC达到最低点,而后随着产量继续增加,开始上升。AVC、TVC和产量Q之间的关系为

$$AVC(Q) = \frac{TVC(Q)}{Q}$$

(六) 平均总成本

平均总成本(Average Total Cost, ATC)是指厂商在短期内平均生产一单位产品所耗费的全部成本,ATC也是Q的函数。平均成本曲线的变化规律:初期,随着产量的增加,不断下降,产量增加到一定量时,ATC达到最低点,而后随着产量增加而上升。平均总成本与其他各量的关系为

$$ATC = \frac{STC(Q)}{Q} = AFC(Q) + AVC(Q)$$

(七) 边际成本

边际成本(Marginal Cost, MC)是指厂商在短期内增加一单位产量所引起的总成本的增加。FC始终不变,因此SMC的变动与FC无关,SMC实际上等于增加单位产量所增加的可变成本。变动规律:MC随着产量的增加,初期迅速下降,很快降至最低点,而后迅速上升,上升的速度快于AVC、ATC。MC的最低点在STC由递减上升转入递增上升的拐点的产量上。

在短期生产过程中,在其他条件不变的前提下,随着一种可变要素投入量的连续增加,它所带来的边际产量先是递增的,达到最大值后再逐渐递减,这就是边际报酬递减规律,这种规律使得各曲线之间呈现出如下的特点。

STC曲线、TVC曲线和MC曲线之间的关系如图3.8(a)所示,在每一个产量水平上的MC曲线就是相应的STC曲线的斜率;在每一个产量上STC曲线的斜率与TVC曲线的斜率相等。与边际报酬规律作用的MC曲线先降后升相对应,STC曲线和TVC曲线的斜率也由递减变为递增;而且,MC曲线的最低点A与STC曲线的拐点B和TVC曲线的拐点C相对应。

$$SMC(Q) = \lim_{\Delta Q \to 0} \frac{\Delta STC(Q)}{\Delta Q} = \frac{dSTC(Q)}{dQ} = \frac{dTVC(Q)}{dQ}$$

ATC曲线、AVC曲线和MC曲线之间的关系如图3.8(b)所示。边际量小于平均量,边际量就把平均量拉下;边际量大于平均量,边际量就把平均量拉上;边际量等于平均量,平均量达本身极值点。由于边际报酬递减规律,MC为先降后升的U形,所以ATC和AVC曲线必定是先降后升的U形特征。MC曲线与ATC曲线相交于ATC曲线的最低点,与AVC曲线相交于AVC曲线最低点。[①]

[①] 和炳全.微观经济学[M].重庆:重庆大学出版社,2003:165.

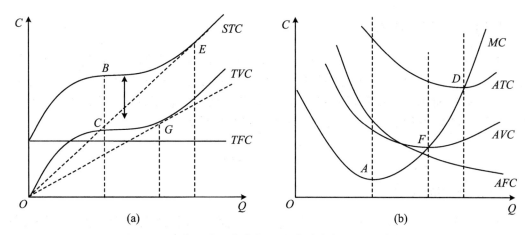

图 3.8 短期平均固定成本、平均变动成本、平均总成本

三、长期成本

(一) 长期总成本

长期总成本（LTC）是指厂商在长期中在每一个产量水平上通过选择最优的生产规模所能达到的最低总成本。它反映的是理智的生产者在追求利润最大化的驱动下通过改变生产要素的投入在不同产量点上成本的最低发生额。

如图 3.9 所示，长期总成本是无数条短期总成本曲线的包络线。在短期内，对于既定的产量，由于生产规模不能调整，厂商只能按较高的总成本来生产既定的产量。但在长期内，厂商可以变动全部的生产要素投入量来调整生产，从而将总成本降至最低。从而长期总成本是无数条短期总成本曲线的包络线。

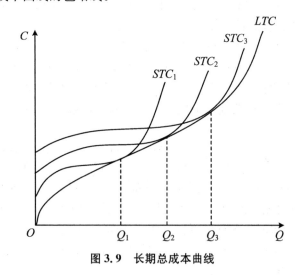

图 3.9 长期总成本曲线

(二) 长期平均成本

长期平均成本（LAC）表示厂商在长期内按产量平均计算的最低成本。在长期生产中，

厂商总可以在每一个产量水平上找到相应的最优的生产规模进行生产。而在短期内,厂商做不到这一点。函数形式为

$$LAC(Q) = \frac{LTC(Q)}{Q}$$

如图 3.10 所示,假定生产规模可以无限细分,即有无数条短期平均成本(SAC)曲线。显然,长期平均成本(LAC)曲线是无数条短期平均成本曲线的包络线。LAC 是 LTC 曲线上每点的射线的斜率。长期平均成本曲线比较平坦。

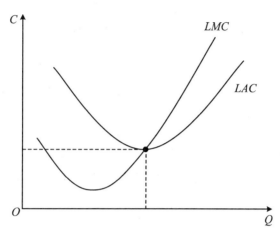

图 3.10　长期平均成本与边际成本曲线

LAC、SAC 曲线呈"U"形的原因不同:短期平均成本曲线是短期生产函数的边际报酬递减规律的作用;长期平均成本曲线是由长期生产中的规模经济和规模不经济所决定。规模经济是指在生产扩张的起初阶段,厂商由于扩大规模而使经济效益得到提高。表现为厂商产量增加的倍数大于成本增加的倍数。规模不经济指当生产扩张到一定规模后,厂商若继续扩大规模,就会造成管理无效而使经济效益下降,即厂商产量增加的倍数小于成本增加的倍数。

长期平均成本 LAC 曲线位置变化还有其他的原因。

(1) 外在经济与外在不经济。外在经济:由于厂商经济活动所依赖的外部环境得到改善而对企业产生的有利影响。外在不经济:由于厂商生产活动所依赖的外部环境恶化而对企业造成的不利影响。外在经济使厂商的 LAC 曲线向下移动;外在不经济使厂商的 LAC 曲线向上移动。

(2) 学习效应。学习效应是指在长期的生产过程中,企业的工人、技术人员、经理人员等可以积累起产品生产、产品的技术设计,以及管理人员方面的经验,从而导致长期平均成本的下降。

(3) 范围经济。范围经济是指在相同的投入下,由一个单一的企业生产多种产品比多个不同的企业分别生产这些产品的产出水平要高。因为这种方式可以通过使多种产品共同分享生产设备或其他投入物而获得产出或成本方面的好处。例如,新闻出版、广播影视与互联网等不同媒体,跨媒体生产可以共享采编资源与经营管理经验,在广告经营、营销资源、品牌资源等方面也可以实现共享,还可以发挥财务协同、人力资源的协同,节约交易成本。

(三) 长期边际成本

长期边际成本(LMC)表示厂商在长期内增加一单位产量所引起的最低总成本的增量,长期边际成本曲线可用从长期总成本曲线导出,函数公式为

$$LMC(Q) = \frac{\Delta LTC(Q)}{\Delta Q} = \frac{\mathrm{d}LTC(Q)}{\mathrm{d}Q}$$

如图 3.10 所示,长期边际成本曲线 LMC 呈 U 形,它相交于长期平均成本曲线 LAC 的最低点。根据边际量与平均量之间的关系,当 LAC 处于下降阶段时,LMC 一定处于 LAC 的下方,此时 LMC 将 LAC 拉下;当 LAC 处于上升阶段时,LMC 将 LAC 拉上,此时 LMC 一定处于 LAC 的上方。由于在规模经济和规模不经济的作用下呈 U 形,故 LMC 曲线也是先降后升的 U 形。

传媒产品具有准公共产品的属性,即消费上具有非竞争性,所以规模经济存在于传媒业中。传媒边际成本是指多向消费者提供一个产品或一项服务而产生的成本,在大多数传媒业中,一旦产品生产出来以后,边际成本往往很低,有些情况下,甚至为零。所以越多的观众收看影视节目或者越多的读者购买报纸杂志,边际成本越低。传媒企业随着公司产品受众规模的扩大而使平均成本下降,那么就实现了规模经济和更高的利润。

第四章 传媒市场结构

市场结构一般分为完全竞争、垄断竞争、寡头垄断、垄断等不同的类型。由于自然资源与行政行为等不同原因,我国不同的传媒行业有不同类型的市场结构,这些不同市场结构对传媒业影响很大。传媒业要发展,要做大做强,必须紧紧围绕市场、面向市场,实现社会效益和经济效益的最大化。因此,无论是媒体组织还是媒体领导,要在市场竞争中赢得优势,就必须研究市场的结构,了解受众和市场的需求,明确市场的定位和目标,通过各种手段去赢得市场。

第一节 市 场 结 构

市场结构是市场各要素之间的关系组合,市场结构是研究在不同的市场条件下厂商如何决定均衡产量和均衡价格,以实现最大利润,并据此推出厂商供给曲线和市场供给曲线。

一、市场与传媒市场

(一) 市场

市场是买者和卖者相互作用并共同决定商品或劳务的价格和交易数量的一种组织形式或制度安排。市场经济就是通过商品供求关系来配置资源的一种经济模式。市场有三种理解:一是作为物品交换地的市场;二是作为价格形成过程的市场,买者和卖者构成的集合体,通过他们的实际和潜在交易活动来决定物品价格;三是作为资源配置机制的市场,供求与价格互动作用,引导稀缺资源的有效配置。经济学主要从市场的(决定价格)作用出发,把不同类型的市场按其决定价格的方式区分为不同的市场结构。

从市场的表现形态看,市场可以分为有形市场和无形市场。有形市场指有固定的交易场所的市场;无形市场指没有固定的交易场所,靠广告和中间商进行交易的市场,如技术市场、信息市场等。从主体构成看,市场还可以分为买方市场与卖方市场。从构成体系来看,市场不仅包括最终的产品市场,也包括生产要素市场,如生产资料市场、资金市场、人才市场、技术市场等。按照区域划分,市场可分为全国性、区域性、地方性市场。

(二) 传媒市场

传媒市场是一个多元的市场。第一市场是产品市场,包括资讯市场、报业市场、节目市场等。第二市场是广告市场。第三市场是受众市场。传媒首先将内容传送给消费者,从而获得消费者的注意力资源,最终从广告市场上获得回报。

中国传媒市场的特点:① 发展不平衡现象严重。一是传媒系统内部之间发展不平衡;二是传媒市场发展地区之间的差距越来越大。② 竞争日趋激烈。一是不同质媒介之间的竞争,报纸、杂志、广播、电视、网络都充分发挥各自优势,争夺市场和受众;二是同质媒介之间的竞争。③ 买方市场已经形成。④ 广告市场日趋成熟,但市场机制不健全。⑤ 媒体规模的扩大,实力的增强,使跨地区、跨媒体、跨行业经营成为趋势。

二、市场结构的含义与决定市场结构的主要因素

市场结构是指对市场内竞争程度及价格形成等产生战略性影响的市场组织特征,是构成市场的卖者之间、买者之间等诸关系的因素及其特征。从根本上说,市场结构是反映市场竞争和垄断关系的概念。

市场结构的主要决定因素有以下几个方面:

(一) 市场集中度

1. 市场集中度的含义

市场集中度是用于表示在特定产业或市场中,卖者或买者具有怎样的相对规模结构的指标。产业组织理论把市场集中度作为考察市场结构的首要因素。

2. 指标衡量

市场集中度指标通常用行业内规模最大的前几位企业的有关数值 X(可以是产值、产量、销售额、销售量、职工人数、资产总额等)占整个市场或行业的份额来表示。市场集中度是对整个行业的市场结构集中程度的测量指标,它用来衡量企业的数目和相对规模的差异,是市场势力的重要量化指标。市场集中度是决定市场结构最基本、最重要的因素,集中体现了市场的竞争和垄断程度。行业集中率(Concentration Ratios,CRn)用公式表示就是,行业中若干个(n)较大的企业的产销量占行业中总产销量(N)的百分比。

$$CR_n = \sum_{i=1}^{n} X_i / \sum_{i=1}^{N} X_i$$

这种计算行业集中度方法的缺点是:① 行业集中度反映的只是最大的几个企业的总体规模,却忽略了其余企业的规模分布情况,因此是不全面的;② 行业集中度无法反映最大的几个企业之间的相对情况;③ 这个指标难以反映市场份额和产品差异程度的变化情况。

HHI 指数就是赫尔芬达尔-赫希曼指数(Herfindahl-Hirschman Index,缩写为 HHI,简称赫希曼指数),相对集中度是某特定行业市场上所有企业的市场份额的平方和,HHI 越大,市场集中度越高。用公式表示为

$$HHI = \sum_{i=1}^{n} (X_i/X)^2 = \sum_{i=1}^{n} S_i^2$$

例如,市场上共有 4 家报纸,每个报纸的市场份额分别为 0.4、0.25、0.17 和 0.18,那么这一市场的 HHI 便是:$HHI = 0.16 + 0.0625 + 0.0289 + 0.0324 = 0.2838$。完全垄断:$HHI=1$,数字扩大 1 万倍就是 10000,均等分布:$HHI=1/n$。

HHI 指标的特点:① HHI 包含了所有企业规模信息,能够较准确地反映出集中度的差别;② 由于"平方和"计算有"放大性",HHI 对规模最大的前几个企业的市场份额变化反

映特别敏感,因此,HHI指数能真实地反应市场中企业之间规模上差异大小。为了计算某个指定市场的HHI,必须收集到该市场上所有企业的市场份额信息,这项工作的成本是比较高的。

3. 基于市场集中度的市场结构类型

贝恩定义的市场结构类型。如表4.1所示,美国经济学家贝恩和日本通产省对产业集中度的划分标准依据产业内前四位和前八位的行业集中度指标,对不同垄断竞争程度的市场结构进行了如下分类,$CR8 \geq 40\%$说明是寡占型市场结构。

表4.1 贝恩定义的市场结构类型

市场结构集中度	$CR4$值(%)	$CR8$值(%)
寡占Ⅰ	$75 \leq CR4$	
寡占Ⅱ	$65 < CR4 \leq 75$	$85 \leq CR8$
寡占Ⅲ	$50 \leq CR4 < 65$	$75 \leq CR8 < 85$
寡占Ⅳ	$35 \leq CR4 < 50$	$45 \leq CR8 < 75$
寡占Ⅴ	$30 \leq CR4 < 35$	$40 \leq CR8 < 45$
竞争型	$CR4 < 30$	$CR8 < 40$

日本学者植草益依据市场集中度将市场结构划分为四种类型:极高寡占型($CR8 \geq 70\%$),高、中度寡占型($40\% < CR8 < 70\%$),低集中竞争型($20\% < CR8 < 40\%$),分散竞争型($CR8 < 20\%$)。如果以HHI值为基准划分,如表4.2所示,市场结构又可以分为如下几种类型。

表4.2 以HHI值为基准的市场结构类型

市场结构	寡占型				竞争型	
	高寡占Ⅰ型	高寡占Ⅱ型	低寡占Ⅰ型	低寡占Ⅱ型	竞争Ⅰ型	竞争Ⅱ型
HHI值(0/10000)	>3000	>1800	>1400	>1000	>500	<500

以广告收入为标准测量我国的广播电视市场结构。2019年全国广播电视行业总收入8107.45亿元,广播电视广告收入2075.27亿元,其中传统广播电视广告收入998亿元。因广告收入涉及商业机密,未查阅到涉及卫视广告收入的权威报道。据粗略统计,2018年,湖南卫视、浙江卫视、东方卫视、江苏卫视、北京卫视等前五大卫视广告收入分别为86.5亿元、87亿元、52亿元、35亿元、18亿元,五大卫视广告收入占电视广告总广告收入的30%,而央视占29%。由此可以判断,我国的电视广告市场是低寡占型市场。如果从收视份额来测量我国电视市场结构,根据央视索福瑞《收视中国》2021年第2期的统计数据,2020年中央台所有频道的电视收视市场份额是26.5%,51个省级上星频道的市场份额是29.4%,其中省级上星频道前四的收视比重介于2.6%到3.6%之间,如果将中央电视台作为一个整体,电视的收视市场属于低寡占型的市场结构。

《2019年新闻出版产业分析报告》数据显示,2019年,全国共出版报纸1851种,报纸出版实现营业收入576亿元。根据有关资料统计,上海报业集团收入排名第一,2019年上海报业集团总营收46.5亿元。浙江日报报业集团2019年总营收排名第二,其上市公司浙数文化2019年营业收入28.3亿元。广州日报报业集团的上市公司粤传媒2019年营业收入

6.78亿元。成都传媒集团的上市公司博瑞传播2019年的营业收入4.26亿元。前四家市场集中度CR4粗略估计是15%,说明我国报纸是低集中度的竞争型市场。2020年,22家出版类集团上市公司的主要营收一共1094亿元,其中,凤凰传媒主营业务收入是115.37亿元,中南传媒是103.57亿元,中文传媒是101.07亿元,山东出版是95.34亿元,主营业务收入100亿元以上的3家,60亿至100亿元之间的有7家,30亿至60亿元之间1家,10亿至30亿元的有6家,10亿元以下的有5家。前四家市场集中度CR4是29%,前五家市场集中度CR5是38%,属于垄断竞争型市场。[①]

决定市场类型划分的因素:① 卖者和买者的集中程度或数目。数目越多,集中程度越低,竞争程度就越高。② 不同卖者之间各自提供的产品的差别程度。各厂商提供的产品愈是相似,竞争就愈激烈。③ 单个厂商对市场价格控制的程度。单个厂商若无法控制价格,表明市场竞争愈激烈。④ 厂商进入或退出一个行业的难易程度。总体来说,根据这四种因素的不同,如表4.3所示,市场分为如下四种类型。

表4.3　四种市场类型的特点

市场类型	厂商数目	产品差别程度	对价格控制的程度	进出一个行业的难易程度	接近哪种商品市场
完全竞争	很多	完全无差别	没有	很容易	一些农产品
垄断竞争	很多	有差别	有一些	比较容易	报纸、杂志
寡头	几个	有差别或无差别	相当程度	比较困难	钢、汽车、门户网站
垄断	唯一	唯一的产品,且无相近的替代品	很大程度,但经常受到管制	很困难,几乎不可能	有线电视

(二) 产品差别化

1. 产品差别化的概念

产品差别化是指由于同一产业内部不同企业生产的同类产品在质量、款式、性能、销售服务、信息提供和消费者偏好等方面存在着差异所导致的产品间不完全替代的状况。

2. 产品差别化产生的原因

产品差别化的重要性在于对消费者需求造成影响,使消费者对某些品牌的产品产生偏好甚至愿意多付钱。传媒产品差异的原因:地理位置或地区性差异;时间差异,报纸的不同出版周期、电台与电视节目的不同播出时间等都会增强产品差异性;受众对象的差异性;专业上的差异;功能上的差异,有的提供娱乐,也有提供信息;媒体的信誉差异;消费者掌握媒体信息的差异。

3. 产品差别化的基本度量方法

(1) 需求的交叉价格弹性。需求的交叉价格弹性同方向变动,说明是替代品,差异性就小;如果不同的方向变动,则说明是互补品;如果一个产品(x)的价格变动对另一个产品(y)的产量没有变化,则说明两种产品之间没有关联。

$$e_{xy} = \frac{\Delta Q_x / Q_x}{\Delta P_y / P_y} = \frac{\Delta Q_x}{\Delta P_y} \times \frac{P_y}{Q_x} \quad \text{或者} \quad e_{xy} = \frac{dQ_x}{dP_y} \times \frac{P_y}{Q_x}$$

---

① 周贺.年报分析! 出版业上市公司资产、营收、净利润哪家强?[N].出版商务周报,2021-4-29.

(2) 广告密度。广告可以向顾客传递有关产品的价格、质量、功能、服务等多方面的产品特性信息,因此对于顾客感知产品差异、扩大顾客的心理偏好作用很大,产业组织理论很重视广告的作用,用广告费用的绝对额和广告密度来衡量产品的差别程度。

$$广告密度 = AD/SL$$

其中,AD 是产品广告费用,SL 是产品销售额。由于广告对产品差别化程度影响较大,同时也由于广告活动的数据相对比较容易收集,在产业组织中主要通过广告费用的有关指标分析产品差别。

4. 产品差别化与市场结构、行为与绩效的关系

产品差别化是形成市场进入壁垒的重要因素之一。如图 4.1 所示,产品差别化将影响企业价格的形成,产品差别化给企业间价格协调带来困难,产品差别化的存在使得非价格竞争更为激烈,产品差别化必将影响市场绩效。

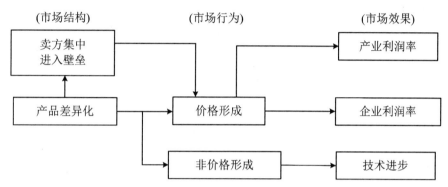

图 4.1　市场结构、市场行为与市场效果的关系

(三) 进入壁垒

1. 进入壁垒的含义

进入壁垒是指阻止新企业进入的障碍或者因素。当新企业想进入某一产业,就会对该产业内在位企业构成竞争,并会遇到许多相对于在位企业较为不利的因素,这成为新企业进入的障碍,进入壁垒反映的是市场中潜在竞争强度。

2. 形成进入壁垒的原因

(1) 规模经济。新企业在某一产业未能取得一定的市场份额之前,由于不能充分享受规模经济的经济性,相对于产业内在位企业其生产成本必然较高,这就是规模经济壁垒。如果有一个新的媒体厂商要进入,必须以更低的价格与更优质的服务来赢得消费者的青睐,从在位媒体手中抢夺市场份额,也就是说,后来者必须付出更大的代价与在位者进行竞争。

(2) 必要的资本量。此是指新企业进入市场所必须投入的资本。在不同产业,必要资本量随技术、生产、销售的特性的不同而表现出很大的差异。必要资本量越大,筹资越不容易,新企业进入市场的难度也就越大。如:对专利的占有;对运输系统的控制;对销售渠道的控制;对特殊的经营能力和人才的占有等。

(3) 产品差别化。由于受众消费习惯与消费偏好的存在,使得产品的差异性往往构成潜在媒介进入市场的一个大的障碍。传媒产业形成产品差异壁垒的另一个重要特点是传媒产业的网络外部性。例如,腾讯公司微信网络用户越多,受众就越偏好于接受该产品,阿里

巴巴试图成立社交媒体软件"来往"与其竞争,但未能成功。

(4) 政策法律制度。主要包含两方面:一是政府的特许权,即政府可以给予部分媒介一些垄断的特权,如政府的许可证(刊号)等。二是政府的政策,例如,不允许私人与民营经济来创办报纸或建立电视台,政府性壁垒比较明显。

(5) 绝对成本优势。传媒产业的绝对成本优势最主要体现在生产要素与受众的数量。例如,国家通过制定特定的政策对某些传媒进行政策性扶持,实际上也就是增强了这些传媒的绝对成本优势。在报纸行业,党报往往可以通过特殊的政策或惯例而拥有较多的固定的受众。

(6) 市场策略行为。在位媒介为了维持自己的市场份额或垄断势力,往往会采取一些措施来禁止后来者的进入。这些措施让潜在进入媒介企业确信,尽管在位媒介目前获得较高的利润,但如果新厂商进入该市场,这些利润将消失。

3. 测度指标

$$总进入率 = \frac{新进入厂商数量}{原在位厂商数量 + 新进入厂商数量} \times 100\%$$

$$净进入率 = \frac{新进入厂商数量 - 退出厂商数量}{原在位厂商数量 + 新进入厂商数量} \times 100\%$$

$$进入渗透率 = \frac{新进入厂商的销售额}{整个市场的销售额} \times 100\%$$

4. 进入壁垒分类

贝恩的分类标准:① 高度进入壁垒产业。当价格比平均成本高10%时,新企业仍难以进入的产业。② 较高进入壁垒产业。当价格比平均成本高6%—8%时,新企业仍难以进入的产业。③ 中等和低进入壁垒产业。当价格高于平均成本4%以下时,新企业难以进入的产业。

5. 退出壁垒

退出壁垒,就是当企业退出某个行业时所遇到的障碍。退出壁垒的高低也会影响企业进入市场的决策。退出行业的成本高昂,企业进入市场的动机就会削弱。资产专用性很强,退出时的沉没成本就很大,退出壁垒就很高。支付退职金、解雇工资或对其进行培训,费用越大,退出市场的障碍就越大。政策法律的限制,政府为了一定的目标,经常通过制定政策和法规限制某些行业的企业从市场上退出。研究表明,退出壁垒的因素往往与进入壁垒的因素紧密相关,在一般情况下,进入壁垒低的行业,退出壁垒也比较低,这种行业的竞争性就比较强;反之,则垄断性比较强。

第二节　完全竞争市场结构

完全竞争市场(Perfect Competition Market),又称为纯粹竞争市场,是指竞争充分而不受任何阻碍和干扰的一种市场。完全竞争市场在现实生活中是根本不存在的,完全竞争的传媒市场也是不存在的,是一种虚构出来的极端市场类型。但是,它作为一种抽象的理论模式,理论上讨论完全竞争市场是有意义的。

一、完全竞争厂商的需求曲线和收益曲线

（一）完全竞争市场的条件

完全竞争传媒市场的条件：① 市场上有大量的生产者与消费者。任何一个生产者的生产量和任何一个消费者的购买量所占的比例都较小，他们都是既定价格的接受者，而不是价格的决定者。② 市场上每一个媒体提供的商品都是完全同质的，不存在差异性。因为产品的无差别，消费者无法根据产品的差异而形成偏好。③ 市场的门槛很低，进入与退出不需要太多的成本，也不受任何社会法令和其他社会力量的限制。④ 所有的资源具有完全的流动性。⑤ 信息是完全的。市场参与者都拥有包括价格制定、内容质量、传播渠道在内的全部市场信息。

（二）总收益、平均收益与边际收益

总收益（Total Revenue）是指厂商按一定价格出售一定量产品时所获得的全部收入。厂商的收益就是厂商的销售收入，是出售产品所得到的钱。

平均收益（Average Revenue）是指厂商在平均每一单位产品销售上所获得的收入，平均收益等于总收益除以销售量。在完全竞争市场中，平均收益等于价格。

边际收益（Marginal Revenue）是指厂商增加一单位产品销售所获得的总收入的增量。对于完全竞争市场来说，边际收益等于价格。

相对应的公式分别为：

总收益（TR）：$TR(Q) = P \cdot Q$。

平均收益（AR）：$AR(Q) = \dfrac{TR(Q)}{Q} = \dfrac{P \cdot Q}{Q} = P$。

边际收益（MR）：$MR(Q) = \lim\limits_{\Delta Q \to 0} \dfrac{\Delta TR(Q)}{\Delta Q} = \dfrac{\mathrm{d}TR(Q)}{\mathrm{d}Q} = \dfrac{\mathrm{d}(P \cdot Q)}{\mathrm{d}Q} = P$。

（三）完全竞争市场的需求曲线

如图 4.2 所示，在完全竞争的市场中，价格根据总体的供求关系而确定，对于完全竞争的媒介企业来说，它只是价格的接受者，因此，它面临的需求曲线是一条水平线，水平的需求曲线表明其需求价格弹性是无穷大的，即企业不能提高价格，否则需求量会下降到零。

由于价格既定，因此，完全竞争市场的平均收益、边际收益都等于价格，如图 4.3 所示，完全竞争厂商的平均收益曲线、边际收益曲线与需求曲线重合。

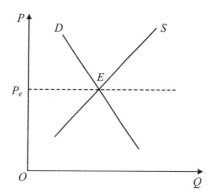

图 4.2 完全竞争市场的需求曲线

（四）厂商实现最大利润的均衡条件

厂商实现最大利润的均衡条件是边际收益等于边际成本，即 $MR=MC$，这是一个非常重要的结论，在

其他市场结构中也成立。当 MR>MC,每增加一单位产品所增加的收益大于这一单位的成本,厂商有利可图,必然扩大产量;当 MR<MC,每增加一单位产品所增加的收益小于这一单位的成本,厂商会亏损,必然减少产量;只有当 MR=MC 时,厂商既不扩大也不缩小,而是维持产量,表明该赚的利润都赚到,即实现生产者利润最大化,这是生产规模的最佳点。

如图 4.4 所示,Q 代表产量,P 代表价格,MR 为边际收益,AR 为平均收益,在完全竞争市场中 $MR=P=AR$。E 点是实现最大利润的均衡点,Q_0 是实现最大利润时的产量,P_0 是实现最大利润时的价格。

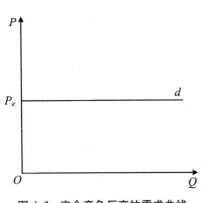

图 4.3 完全竞争厂商的需求曲线　　　图 4.4 利润最大化时的均衡条件

二、完全竞争厂商的短期均衡

短期就是价格既定,不变要素投入量固定。厂商只能变动可变要素来调整产量,实现 $MR=MC$ 的利润最大化均衡条件。短期均衡是指当厂商的生产水平保持不变,既不扩大也不缩小时,厂商处于均衡状态。

如图 4.5 所示,价格水平较高时,根据 $MR=SMC$ 原则,企业应将均衡点选择在 E_1 上,最佳产量点为 Q_1,MR 与 MC 在 SAC 最低点以上位置相交;此时,TR(总收益)$=OQ_1E_1P_1$,STC(短期总成本)$=OQ_1MN$,π(利润)$=NME_1P_1$;$P=AR>SAC$,$TR>TC$,企业将获得经济利润。

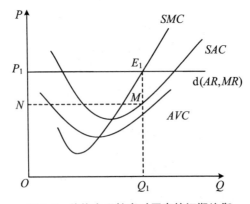

图 4.5 价格水平较高时厂商的短期均衡

价格水平适中时,如图 4.6 所示,如果市场价格为 P_2,根据 $MR=SMC$ 原则,企业应将均衡点选择在 E_2 上,最佳产量点为 Q_2;此时,$TR=STC=OQ_2E_2P_2$,既无利润也无亏损;$P=AR=SAC$,$TR=TC$,企业将获得正常利润。

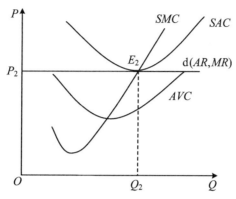

图 4.6　价格水平适中时厂商的短期均衡

价格水平较低时,如图 4.7 所示,如果市场价格为 P_3,根据 $MR=SMC$ 原则,企业应将均衡点选择在 E_3 上,最佳产量点为 Q_3;此时,$TR=OQ_3E_3P_3$,$STC=OQ_3MN$,$\pi<0$,企业将面临亏损。

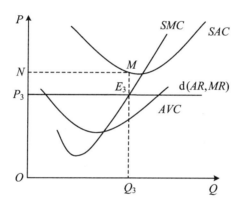

图 4.7　价格水平较低时厂商的短期均衡

$AR>AVC$,平均收益大于平均短期可变成本,于是,厂商生产比不生产强,继续生产！短期内企业能够忍受的最低价格是 AVC 的最低点。

价格水平超低时,如图 4.8 所示,如果市场价格为 P_4,根据 $MR=SMC$ 原则,企业应将均衡点选择在 E_4 上,最佳产量点为 Q_4,MR 与 MC 在 AVC 最低点相交。此时,$TR=OQ_4E_4P_4$,$STC=OQ_4MN$,$\pi<0$。$AR=AVC$,平均收益等于平均可变成本,厂商生产和不生产一样,虽然企业只能弥补可变成本,无法弥补不变成本。但是,我们要注意,如果企业不生产,虽然不用支付可变成本,但是仍然要支付全部的不变成本。当 $AR<AVC$ 时,厂商不生产比生产强,坚决停产。

总之,完全竞争厂商短期均衡的条件是 $MR=SMC$,式中,$MR=AR=P$。在短期均衡时,厂商的利润可以大于零,也可以等于零,或者小于零。完全竞争性企业提供产品的条件是：总收益大于等于总可变成本,即 $P \cdot Q \geqslant TVC$,该公式同时除以 Q,则得到 $P \geqslant AVC$。

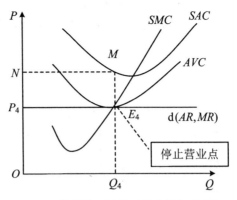

图4.8 价格水平超低时厂商的短期均衡

三、完全竞争市场的长期均衡

如图4.9所示,完全竞争厂商在给定的价格下,选择最优的产量,实现利润最大化的原则 $MR=LMC$,如果单个厂商利润 $\pi>0$,存在超额利润,就有新厂商加入,从而导致供给增加,在需求不变的情况下,必然导致价格下降,超额利润下降;如果单个厂商 $\pi<0$,则原有厂商一部分退出,导致供给减少,在需求不变的情况下,必然会导致价格上升。所以,竞争的最终结果是价格等于长期平均成本(LAC)的最低点,超额利润为 0,长期均衡时必有利润 $\pi=0$。

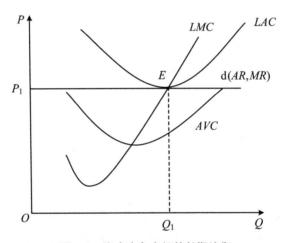

图4.9 完全竞争市场的长期均衡

在长期中,所有的生产要素都是可变的,完全竞争厂商可以通过对全部生产要素投入量的调整,来实现利润最大化的均衡条件。

在长期内,完全竞争厂商对全部生产要素的调整表现在两个方面:① 厂商进入或退出一个行业,这也就是行业内企业数量的调整;② 厂商对生产规模进行调整。完全竞争厂商的长期均衡状态表明,完全竞争的市场机制的运行,能够以最有效率的方式配置经济资源,从而使全体消费者得到最大满足。

第三节 垄断竞争市场结构

垄断竞争市场(Monopolistic Competition Market)是这样一种市场组织,一个市场中有许多厂商生产和销售有差别的同种产品。这个市场既垄断又竞争,众多厂商的产品具有不完全替代性。我国的传媒市场大部分属于垄断竞争类型,同类但不同质的市场,即 $CR4<30$,或 $CR8<40$,也可以说,HHI 指数小于 1000。

垄断竞争传媒市场的特点:第一,市场上有许多消费者,有许多企业争夺同样的顾客群体。第二,产品之间存在差异,每个企业至少有一种产品与其他企业略有不同。第三,自由进入,企业可以没有限制地进入或退出一个市场。第四,厂商对价格有一定的影响力。

一、垄断竞争厂商的需求曲线

垄断竞争厂商所面临的需求曲线向右下方倾斜,这一点与完全竞争市场是不同的,完全竞争市场厂商对价格没有任何控制力。对于垄断竞争市场,厂商对价格有一些控制。例如,报纸提高自己的价格,消费者的购买量会减少,但是不会失去所有的消费者;同样,该报纸把自己的价格稍微下降,购买量会增加,但是,不会夺走市场上的所有消费者,所以,需求曲线是向下倾斜的,但是因替代品很多,需求曲线很平坦,弹性很大。我们可将需求曲线分为两类:

(1)主观需求曲线(d 需求曲线),如图 4.10 所示。它表示在垄断竞争生产集团中的某厂商单独改变产品价格,而其他厂商的产品价格都保持不变时,该厂商的产品价格和销售量之间的关系。

(2)实际需求曲线(D 需求曲线),如图 4.11 所示。它表示在垄断竞争生产集团中的某个厂商改变产品价格,而且集团内的其他厂商也使产品价格发生相同变化时,该厂商的产品价格和销售量之间的关系,实质是其他厂商做出了相同反应。

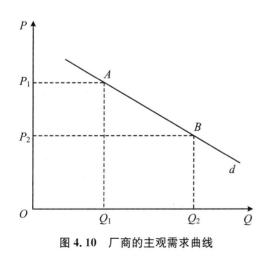

图 4.10 厂商的主观需求曲线

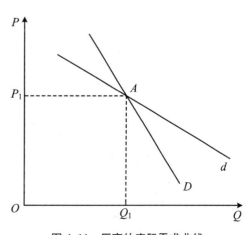

图 4.11 厂商的实际需求曲线

d 需求曲线和 D 需求曲线的关系:① 当生产集团内所有厂商都以相同方式改变产品价格时,整个市场价格的变化沿着 D 需求曲线。② d 需求曲线和 D 需求曲线相交意味着垄断竞争市场的供求相等状态。③ d 需求曲线的弹性大于 D 需求曲线,即前者更平坦。

二、垄断竞争市场的均衡

(一) 垄断竞争厂商的短期均衡

垄断竞争传媒企业的短期均衡条件:$MR=SMC$,在短期均衡的产量上,必定存在一个 d 曲线和 D 曲线的交点,它意味着市场上的供求是相等的。此时,企业可能获得最大利润,可能利润为零,也可能蒙受最小亏损。

垄断竞争市场传媒企业短期均衡的条件是边际收益等于短期边际成本。当然,垄断竞争市场传媒公司在短期内不一定能够获得正的利润。这取决于价格和平均成本的比较,如果价格大于平均成本,则利润为正;如果价格小于平均成本,则利润为负;如果价格等于平均成本,收支相抵,则利润为零。

在图 4.12 中,D 为需求曲线,MR 为边际收益曲线,MC 为边际成本曲线,SAC 为短期平均成本曲线,MR 与 MC 相交于 E 点,决定均衡产量为 Q_1,虚线 EQ_1 与需求曲线相交于 B 点,均衡价格为 P_1,对应的短期平均成本为 CQ_1,总收益为 OQ_1BP_1 围成的面积。价格高于短期平均成本,该厂商获得超额利润,利润额为 BCP_2P_1 围成的面积。以此类推,图 4.13 中,价格 P_1 低于短期平均成本 P_2,该厂商亏损,亏损额度为 BCP_2P_1 围成的图形的面积。

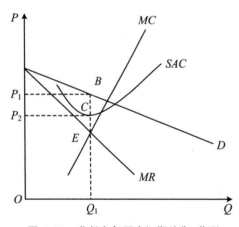

图 4.12 垄断竞争厂商短期均衡:获利

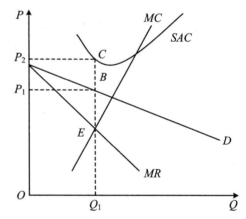

图 4.13 垄断竞争厂商短期均衡:亏损

(二) 垄断竞争厂商的长期均衡

垄断竞争市场传媒企业长期均衡的条件是边际收益等于长期边际成本。对于垄断竞争市场,在短期均衡的产量上,如果企业获得超额利润,则有新厂商进入生产集团,替代产品之间的竞争加剧;如果企业亏损,则有厂商退出生产集团,市场的竞争减弱。因此,长期来看,垄断竞争厂商难以保持超额利润。

在图 4.14 中,D 为需求曲线,MR 为边际收益,LMC 为长期边际成本曲线,LAC 为长期平均成本曲线，MR 与 MC 相交于 E 点，均衡产量为 Q_1，虚线 EQ_1 与需求曲线相交于 F 点，决定了均衡价格为 P_1 点，对应的长期平均成本为 FQ_1，与价格 P_1 相等，总收益为 P_1OQ_1F，总成本为 P_1OQ_1F，利润为零。

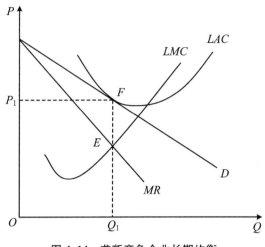

图 4.14 垄断竞争企业长期均衡

垄断竞争厂商的长期均衡条件：$MR=LMC=SMC,AR=LAC=SAC$。在长期均衡产量上，垄断竞争厂商的利润为零；且存在一个 d 需求曲线和 D 需求曲线相交。

三、垄断竞争市场与完全竞争市场比较

西方经济学家一般把完全竞争企业在长期平均成本曲线（LAC）最低点上的产量叫作理想的产量。

垄断竞争与完全竞争的比较。对于消费者：① 消费者要付出较高的价格；② 产品多样化、有差别；可以满足不同消费者的消费偏好；③ 产品差别能够促进厂商保持商标信誉、提高产品质量、改进服务态度，从而有利于消费者。例如，我国的短视频市场、卫视市场、晚报都市报市场、门户网站市场等，实现内容差异化策略，满足消费者的多样性需求。

垄断竞争与完全竞争的比较。对于生产者：① 企业规模也小，面临的竞争压力大；② 垄断竞争的均衡产量没有达到最佳产量，生产设备往往没有得到充分利用，形成资源浪费；③ 有较大的广告费用支出；④ 垄断竞争既有竞争对手的威胁，又有一定的垄断因素可以保证技术创新的收益，因此能够促进技术创新。垄断竞争被认为是最有利于技术创新的市场机制，也是普遍存在的市场结构。

在图 4.15 中，我们假设同一家传媒企业分别处以完全竞争和垄断竞争市场中，D_P 代表它处于完全竞争市场中面临的需求曲线，D_M 代表当它处于垄断竞争市场时面临的需求曲线。长期平均成本曲线是同一个。当该企业处于垄断竞争市场中，均衡点在 E 点，价格为 P_1，数量为 Q_1；当该企业处于完全竞争市场时，均衡点为 F 点，价格为 P_2，数量为 Q_2。由此得出的结论是：同一家企业，当处于垄断竞争时，价格高于其处于完全竞争市场的价格，产量低于处于完全竞争市场的产量，成本高于其处于完全竞争市场的成本，利润为零。

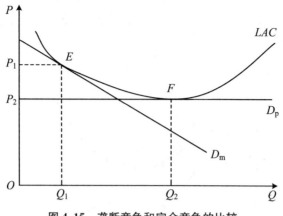

图 4.15 垄断竞争和完全竞争的比较

四、垄断竞争的评述

垄断竞争企业有时并不采用价格或产量竞争的方式,而是采用非价格竞争方式,通过产品的差异化来促进产品的销售。产品差异是指变换产品的颜色、款式、质地和服务等改变原有的产品,以形成产品差别。广告是形成产品差别化的一个极为重要的原因,因为广告具有劝导性功能和提供信息的功能。也有人认为,广告抑制了竞争,广告通过增加产品差别的感觉与促进品牌忠诚,使买者不太关心相似产品之间的价格差别。经济学界关于垄断竞争与完全竞争的比较,有不同的观点。

批评者认为,垄断竞争时,不但产品价格高于最低平均成本,产量低于平均最低成本时对应的产量,而且厂商为了形成产品差别,在提高产品质量和广告促销等方面有着额外支出,使产品成本上升,造成资源浪费。

赞成者认为,垄断竞争的产品差别化可以满足受众的多元化需求,有助于增加消费者福利。在非价格竞争中,厂商必须不断开展技术创新、提高产品质量、改进服务方式,也有助于增加消费者福利。在完全竞争市场上,产品虽然价格低廉,但是产品清一色,无法满足消费者的多层次性,在创新上也缺乏动力。

第四节 寡头垄断市场结构

寡头市场(Oligopoly Market)又称为寡头垄断市场,是指少数几家厂商控制整个市场的产品生产和销售的一种市场组织。寡头市场被认为是一种较为普遍的市场组织。

一、寡头垄断市场

寡头垄断的形成原因与垄断的形成原因差不多,包括由竞争导致的寡头垄断、规模经济、政府特许和资源控制等。首先,企业可以通过自身的竞争优势获取寡头垄断地位。其次,寡头垄断市场存在明显的进入壁垒,这是少数企业能够占据绝大部分市场份额的必要条件,最重要的原因是规模经济效应,某些产品的生产必须有很大的规模才能达到好的经济效益。第三,政府特许以及资源控制也是导致寡头垄断的原因。前者是指政府通过法律赋予行业的某个企业以垄断权力,同时,对其进行一定的管制,以改善效率。

在垄断竞争行业中,企业数量较多,每个企业都只占有很小的市场份额,因此,单个企业产销量的变化对于其他各个竞争者的影响是微不足道的。假如某一家企业决定降价以扩大销售量,其他竞争者将会丧失部分顾客,但是该企业所扩大的销售量在整个市场上的所占份额就很小,再分散到许多竞争者中,因此,其他的竞争者并不会明显感受到这种影响。

在寡头垄断市场中,任何一家企业的行为都会影响到对手的行为,影响整个市场。所以每一个寡头在决策时,都非常重视对手对自己决策的态度与反应,寡头垄断者的某些决策会产生什么结果完全取决于其对手的反应。假如某一个企业降低价格或扩大销售量,其他企业都会受到影响,从而做出相应的对策。这使得任何一家企业做出某些决策的时候,都必须考虑其竞争对手的反应。

寡头市场的分类:① 按照产品特征,纯粹寡头行业(行业中厂商的产品没有差别);差别寡头行业(行业中厂商的产品具有差别)。② 按照厂商的行动方式,厂商有勾结行为的寡头行业;厂商独立行动的寡头行业。例如,卡特尔(Cartel)是生产相似产品的独立企业联合起来以提高价格和限制产量的一种组织。

寡头垄断的特点:① 厂商之间的相互依存、相互影响比较大;② 寡头市场一般以大型企业为特征;③ 价格不是由市场供求决定,而是由少数寡头通过有形或无形的勾结、价格领导、形式不同的协议、默契等方式来决定;④ 价格较为稳定,很少变动,表现出价格刚性的特点。

二、寡头企业的行为与博弈(Game Theory)

寡头垄断市场是少数相互竞争的垄断者构成的市场。这种市场上虽然不存在法律和自然限制,但却存在规模经济和范围经济所带来的壁垒,所以新企业可以进入,很难并需要很高的成本和风险。由于几家企业控制市场,所以企业之间的决策和行为会相互影响。

(一)囚徒困境博弈模型

囚徒困境博弈模型表明竞争对手之间如何能够针对各自的优劣而采取的行动。假定两个嫌疑犯甲和乙,被拘捕后,法官分别向两名嫌疑犯交代"坦白从宽,抗拒从严"的政策。在各自受到单独审讯时被告知:① 如果双方都坦白,他们将被监禁 5 年;② 如果双方都不坦白,他们将因证据不足被指控犯有较轻的罪而被判处 2 年徒刑;③ 如果一个嫌疑犯坦白而另一个未坦白,则坦白者将只被判处 1 年徒刑,而未坦白者将被判处 10 年徒刑。作为理性的嫌疑犯甲,他会思考,如果乙坦白,他也坦白,监禁 5 年,他不坦白监禁 10 年,所以当乙坦白的时候甲会选择坦白;如果乙不坦白,他坦白,监禁 1 年,监禁 2 年,所以当乙不坦白的时候甲也会选择坦白。总之,甲权衡利弊选择坦白,乙若是理性的,也会做出坦白的选择,最终双方选择坦白监禁 5 年。而实际上的最优选择是双方都不坦白,而只会判处 2 年徒刑。

囚徒困境也常常发生在寡头垄断企业之间,例如,在图 4.16 中,如果 A 企业选择做广告,B企业如何选择呢？选择做广告,则两家得到30亿美元的利润,B企业选择不做广告,则仅得到20亿美元的利润,B企业会选择做广告。如果A企业不做广告,B企业如何选择呢？B企业选择做广告,得到50亿美元的利润,选择不做广告则得到30亿美元的利润,B企业会选择做广告。从以上分析,A企业和B企业都会选择做广告,这对于它们是最优的选择。当然,如果A企业与B企业都选择不做广告,两者都能够得到30亿美元的利润,而且会节约了广告费用。可以说,博弈的结果不是最佳均衡。

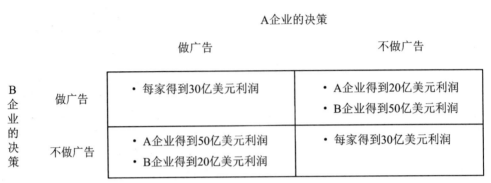

图4.16　A企业与B企业在广告方面的博弈

（二）产量竞争——古诺模型

寡头厂商的产量和价格决定是很复杂的问题。每个厂商的产量都在全行业中占一个较大的份额,从而每个厂商的产量和价格的变动都会对其他竞争对手乃至整个行业产生举足轻重的影响。每个寡头厂商的利润都要受到行业中所有厂商决策的相互作用的影响,寡头垄断是一个谁都重要的市场。

古诺模型是早期的寡头模型。它由法国经济学家古诺（Autoine Cournot）于1838年提出。该模型通常被作为寡头理论分析的出发点。古诺模型是一个只有两个寡头厂商的简单模型,该模型也被称为"双头模型",其结论很容易被推广到三个或者三个以上的寡头厂商的情况中去。

古诺模型假定一种产品市场只有两个生产者,并且相互间没有任何勾结行为,但相互间都知道对方将怎样行动,从而各自怎样确定最优的产量来实现利润最大化,这是典型的产量竞争模式。

古诺模型分析的是两个出售相同产品的生产成本为零的寡头厂商的情况。例如,一个城市有两家报纸A和B,它们生产和销售相同的产品,且实力相当。为简单起见假设生产成本为零;它们共同的生产需求曲线为线性的,A、B两家都准确地了解市场的需求曲线;A、B两家报纸都在已知对方产量的情况下,各自确定能够给自己带来最大利润的产量,即每一个厂商都是消极地以自己的产量去适应对方已确定的产量。

第一轮,假设A先行动,由于成本为零,因此收益等于利润。如图4.17所示,A选择多少产量时利润最大,这实际上就是使三角形中内接矩形面积最大的问题。显然,A选择产量的一半Q_2,价格为P_2,此时利润为OQ_2FP_2,利润最大。然后,B进入市场,B不会生产剩余的全部产量,因为那样的话,价格为零。B会生产剩下市场份额的一半以保证当前的利润最大化。如图4.18所示,也就是说,B会生产1/4。市场价格降到P_3,A的利润下降为OQ_2HP_3,B的利润为Q_2Q_3GH。第二轮,A发现,B生产总产量的1/4,A将调整生产,它会生产市场剩下的 3/4 的一半即 3/8,B 也重新调整,生产剩下的一半来获取最大的利润,生产剩下 5/8 的一半 5/16,与第一轮相比,B 的产量增加了 1/16。

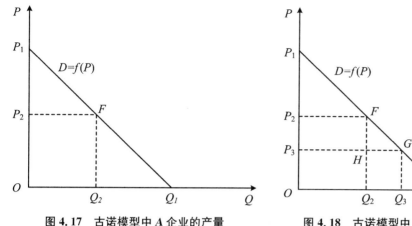

图 4.17　古诺模型中 A 企业的产量　　图 4.18　古诺模型中 A 与 B 企业的产量

我们可以发现,A 的产量逐渐减少:第一轮为 1/2,第二轮减少了 1/8,第三轮减少了 1/32,以此类推。B 的产量逐渐增加:第一轮为 1/4,第二轮增加了 1/16,第三轮增加了 1/64,以此类推。最后的均衡产量为

A 厂商的均衡产量为:$\frac{1}{2} - \frac{1}{8} - \frac{1}{32} - \cdots = \frac{1}{3}$

B 厂商的均衡产量为:$\frac{1}{4} + \frac{1}{16} + \frac{1}{64} + \cdots = \frac{1}{3}$

双头古诺模型的推广。假设行业中有 M 个寡头厂商,则可以得到一般的结论,每个寡头厂商的均衡产量是市场总容量除以 $M+1$,行业的均衡总产量是市场总容量乘以 $M/(M+1)$,古诺模型的缺陷是假定了厂商以竞争对手不改变产量为条件。M 值越大,该市场越接近完全竞争,M 为无穷大时,寡头市场就变成了完全竞争市场了。

(三) 价格竞争——伯特兰模型

数量竞争仅是寡头竞争的一种方式,更为常见的是采取价格竞争。伯特兰模型是由法国经济学家约瑟夫·伯特兰于 1883 年建立的,伯特兰模型的假设如下:① 各寡头厂商通过选择价格进行竞争;② 各寡头厂商生产的产品是同质的;③ 寡头厂商之间也没有正式或非正式的串谋行为。[①]

根据模型的假设,由于 A、B 两家企业的产品是完全替代的,所以消费者选择价格较低的企业的产品;如果 A、B 的价格相等,则两个企业平分需求。当企业 A 的价格低于 B 的价格,则 A 占领全部市场;反过来,当企业 A 的价格高于 B 的价格,则将失去整个市场。

我们假设一个城市中的两家报纸 A 和 B,两家报纸内容基本相同,边际成本也相同,假设每份都是 0.5 元。初期,两家报纸都以 1 元每份的价格销售报纸,平均分割市场,但这个价格是不稳定的,两家报纸都有动机将价格下降以占领全部市场将对手挤出市场。

假如 A 将价格下降到 0.8 元,B 将完全失去市场。B 不会坐以待毙,也会将价格下降,

---

① 牛勇平.媒介经济学理论与市场分析[M].北京:经济管理出版社,2011:208.

比如 0.7 元，A 也会继续降价，这是典型的"价格战"。价格下降到什么时候才能稳定下来呢？价格下降到边际成本即 0.5 元，这是双方所能承受的极限，此时利润为零。

在图 4.19 中，45°线和边际成本曲线将该空间分为六个部分。Ⅰ区，A 厂商的价格高于 B 厂商的价格，A 企业不能存在；Ⅱ区，B 厂商的价格高于 A 厂商的价格，B 企业不能存在；Ⅲ区，A 厂商的价格低于自身的边际成本，A 企业不能承受；Ⅳ区，B 厂商的价格低于自身的边际成本，B 企业不能承受；Ⅴ区，A 厂商的价格低于自身的边际成本，A 企业不能承受；Ⅵ区，B 厂商的价格低于自身的边际成本，B 企业不能承受。

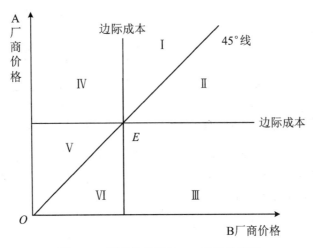

图 4.19　寡头价格竞争——伯特兰模型

综上所述，只有在 45°线及 E 点之上才是 A 和 B 都能接受的价格。但是在 E 点之上，双方都有降价从而驱逐对方的动机，因此，只有 E 点才是均衡点。

结论：只要有一个竞争对手存在，伯特兰模型中寡头垄断企业的行为就同在完全竞争市场的结构一样，价格等于边际成本。2001 年，南京报纸市场上出现了"价格战"，《扬子晚报》《金陵晚报》《现代快报》《经济早报》《江苏商报》《江南时报》等共有十家日报角逐报业市场，以尽可能低廉的报纸售价获得尽可能大的报纸发行量，再以尽可能大的报纸发行量去赢得尽可能多的广告客户。这也说明了同质化的报业寡头竞争中，获取超额利润的可能性小，价格等于边际成本。

三、寡头垄断市场上的价格决定

寡头垄断市场上的价格决定要区分是否存在勾结现象。在不存在勾结的情况下，价格决定的方法是价格领先制和成本加成法；在存在勾结的情况下，价格决定的方法是卡特尔。

（一）价格领先制

价格领先制又称为价格领袖制，指一个行业的价格通常由某一寡头率先制定，其余寡头追随其后确定各自的价格。如果产品是无差别的，价格变动可能是相同的，即价格的变动幅度是相同的；如果产品是有差别的，价格变动可能相同，也可能不同。

作为价格领袖的寡头厂商的三种情况：支配型价格领袖，领先确定价格的厂商是本行业中最大的、具有支配地位的厂商；效率型价格领袖，领先确定价格的厂商是本行业中成本最低,从而效率最高的厂商;晴雨表型价格领袖,这种厂商在掌握市场行情变化或其他信息方面明显优于其他厂商。

(二) 成本加成法

这是寡头垄断市场上最常用的方法,即在估算的平均成本的基础上加一个固定百分比的利润。平均成本可以根据长期成本变动的情况确定,而所加的利润比率则要参照全行业的利润率情况确定。该定价方法可以避免寡头之间的价格竞争,使价格相对稳定,从而避免在降价竞争中各寡头两败俱伤。从长期来看,这种方法能接近于实现最大利润,是有利的。

(三) 卡特尔定价

各寡头之间进行公开勾结,组成卡特尔,协调行动,共同确定价格。它们往往会对产量进行限制,结成"限产保价"联盟。但是,由于卡特尔各成员之间的矛盾,有时候达成的协议也很难以兑现,或引起卡特尔解体。在不存在公开勾结的卡特尔的条件下,各寡头还能够通过暗中的勾结(又称为默契)来确定价格。

四、对寡头垄断市场的评价

市场经济的根本特征就是竞争,要打破垄断,必须引入竞争机制。各寡头之间的勾结会抬高价格,损害消费者的利益,损害社会经济福利。因此国家管理部门要努力降低寡头垄断行业的市场准入门槛,推进投资主体和产权的多元化。寡头垄断市场的优点是可以实现规模经济,从而降低成本,提高经济效益,有利于促进科学技术进步。

我国的传媒行业中寡头垄断市场经常出现,例如,商业门户网站、电影巨头、电子商务网站、网络视频、出版集团等。这些传媒寡头之间进行商品价格与产量的博弈,这些博弈包括合作博弈与非合作博弈、静态博弈与动态博弈、完全信息对称博弈与非信息对称博弈等。传媒寡头根据博弈的类型选择最优的产量与价格,获得利润最大化。

第五节 完全垄断市场结构

在垄断市场中,商品的价格不是消费者决定的,而是由出售该商品的生产者决定的,这些企业不是价格的接受者而是制定者。在传媒市场,如果一个媒体生产、传播的信息产品没有类似的替代品,它就容易获得垄断地位。当然,这并不意味着消费者对此完全无能为力。例如,一个城市中,如果有线电视运营商无限提高价格,从每月25元提高到每月80元,消费者可能选择电信运营商接入电视信号,或者寻求网络电视,在电器市场购买卫星电视天线,播放卫星电视。

一、垄断的原因

如果传媒市场存在一家传媒企业是其产品的唯一卖主,而且其产品没有相近的替代品,这个企业就是垄断企业。垄断市场是指整个行业中唯一的一个厂商的市场组织。垄断的根本原因是进入该市场的壁垒难以逾越或者说存在进入障碍,其他企业不能进入该市场与垄断企业竞争。

完全垄断市场的条件:只有一个生产和销售者(卖方垄断);产品不可替代;其他厂商不能进入。形成垄断的主要原因:① 政府借助于政权对某一方面行业进行完全垄断,如公用事业;② 政府特许形成垄断;③ 规模经济的要求,单个企业生产的成本小于其他企业分别生产的成本之和;④ 某些厂商控制了某些特殊的资源或矿藏,对生产的产品完全垄断;⑤ 对生产某些产品的特殊技术的控制;⑥ 厂商的垄断策略;⑦ 某些产品的市场需求很小,单个厂商即可满足。

二、垄断企业的需求曲线

完全竞争市场中企业所面对的需求曲线是一条水平线,而垄断企业不同,如图 4.20 所示,由于市场上只有一个厂商,那么市场的需求曲线就是垄断企业的需求曲线,该曲线是向下倾斜的曲线。

当边际收益大于 0 时,总收益增加;当边际收益等于 0 时,总收益达到最大;当边际收益小于 0 时,总收益减少。垄断企业的边际收益递减,垄断企业的平均收益等于价格。

垄断企业的总收益、平均收益和边际收益分别如下:

总收益 $TR=P \cdot Q$。

平均收益=总收益÷销售量,即 $AR=P \cdot Q/Q=P$,即平均收益总等于价格。

边际收益 $MR=\lim\limits_{\Delta Q \to 0}\dfrac{\Delta TR}{\Delta Q}=\dfrac{\mathrm{d}TR}{\mathrm{d}Q}$。

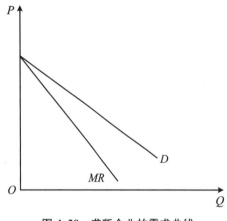

图 4.20 垄断企业的需求曲线

三、垄断企业的均衡

垄断企业利润最大化的原则是边际收益等于边际成本,垄断企业短期均衡的条件是边际收益等于短期边际成本。企业在短期内不一定能够获得正的利润,这取决于价格和平均成本的比较,如果价格大于平均成本,则利润为正;如果价格小于平均成本,利润为负;如果价格等于平均成本,收支相抵,利润为零。

垄断企业长期均衡的条件是边际收益等于长期边际成本。垄断企业的利润在长期内必然大于零,如果利润小于零,则该行业就不会存在。

在图 4.21 中,D 为需求曲线,MR 为边际收益曲线,MC 为边际成本曲线,LAC 为长期平均成本曲线,MR 与 MC 相交于 E 点,决定了均衡数量为 Q_1,然后均衡价格为 P_1,而对应的长期平均成本为 P_2,由于价格高于长期平均成本,因此,垄断企业可以获得超额利润,利润额为由 P_1P_2CB 围成的面积。

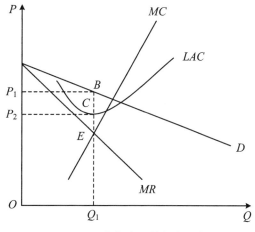

图 4.21 垄断企业的长期均衡

四、垄断市场的价格歧视

完全垄断市场是一家厂商垄断整个市场。完全垄断存在价格歧视问题,价格歧视,就是在同一时间对同一种产品向不同的购买者索取不同的价格。垄断厂商是依靠自己的完全垄断地位来实行价格歧视,可以据此获得垄断利润。

价格歧视在媒介行业非常普遍,例如,订阅全年报纸的用户能够得到比零售更加优惠的价格,或者在不同地区发行价格不同,严格来说,这些都属于价格歧视。垄断厂商实行价格歧视的前提:① 市场存在不完善性,厂商具有一定的市场力量,市场是不完全竞争的;② 各个市场对同种产品的需求弹性不同;③ 能够有效地把不同市场之间或市场的各部分之间分开,或者说市场可以分割。例如,如果低价订阅全年报纸的用户可以将报纸零售给别人,这就破坏了企业的价格歧视政策。

价格歧视可以分为三类:一级价格歧视、二级价格歧视和三级价格歧视。

(1) 一级价格歧视,又称为完全价格歧视,指每一单位的产品都有不同的价格,假设垄断者了解每一个消费者为了购进每一单位产品所愿意支付的最高价格,并据此来确定每一单位产品的价格。完全的价格歧视的实质是每一单位的产品都有不同的价格。在这种情况下,消费者剩余就全部转变为垄断者的超额利润。实践中,企业通常不可能知道每一个顾客的保留价格,所以不可能实现完全的一级价格歧视。

在现实中,垄断传媒企业对广告主采用一级价格歧视的难点在于难以确定广告主的支付意愿,但可以通过一些办法让广告主披露支付意愿,该方法就是招标。招标分为明标与暗标:前者是招标方公开标底,在此基础上公开竞价;后者是所有欲投标者不公开竞标额,直接交于评审者,由评审者根据所有欲投标者的竞标额确定中标者。中央电视台在招标中发现:采取明标的方式时,如果投标者过少,有时会串通压价;而采取暗标方法时,投标者相互不知道他人的底价,结果的偶然性较高,虽然容易出现"天价",也可能出现极低的价格。于是,中央电视台采取了"暗标入围、明标拍卖"的办法,"先入门槛,再排名次",这是典型的价格歧视行为。但是,广告客户就采取了广告代理的方式来应对,多家广告主寻求同一家广告公司代理广告投放,代理公司知道彼此的价格意愿,有效地规避了一级价格歧视。

（2）二级价格歧视，又称为非线性价格歧视。垄断厂商了解消费者的需求曲线，把这种需求曲线分为不同段，根据不同的购买量确定不同的价格。在这种情况下，垄断厂商可以把部分消费者剩余转变为超额利润。一般来说，购买量越大，支付的平均价格越低。假如一家报社采取了价格歧视政策，根据不同的订购量采取不同的价格。

（3）三级价格歧视。垄断厂商对（同一产品的）不同市场的不同消费者实行不同的价格。它是最常见的一种价格歧视。在这种情况下，就可以在实行高价格的市场上获得超额利润，即把这个市场上的消费者剩余变为超额利润。完全垄断厂商根据不同市场的需求价格弹性不同，实施不同的价格。例如，一份国内的英文报纸或杂志，在国内外销售的价格肯定不同。

五、垄断与竞争的比较

从价格和产量比较，完全竞争市场是低价高产，完全垄断市场是低产高价。从配置效率比较以及消费者与生产者剩余方面，完全竞争市场有效，垄断造成社会福利损失。如图4.22所示，完全竞争市场的消费者剩余是 A，生产者剩余是 B，总剩余为"$A+B$"。在垄断市场，如图4.23所示，消费者剩余减少"$A+B$"，而生产者剩余增加了"$A-C$"，总剩余减少了"$B+C$"。

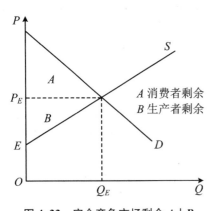

图 4.22 完全竞争市场剩余 $A+B$

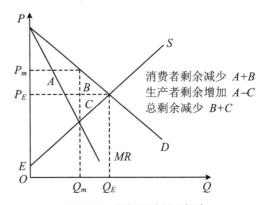

图 4.23 垄断导致福利损失

一般认为，垄断造成社会分配不公平、社会福利损失、容易引起腐败以及妨碍社会进步。垄断容易导致寻租。寻租是为了获得政府庇护或垄断而进行的系列活动，产生社会成本、腐败等问题。但是，有些垄断并不以追求垄断利润为目的，垄断企业有能力加强科技研究，促进技术进步。例如，国务院加强三网融合改革，减少有线电视与电信的垄断行为，电信与有线电视都具有打电话、上网与看电视的功能，促进消费，增加消费者福利。

对于自然垄断企业的高价格、低产量，政府往往对自然垄断企业进行管制，将其利润降低，价格下降，增加其产量。对垄断企业的价格规制一般采取三种方式：一是边际成本定价方法，价格等于边际成本，但是此时价格低于平均成本，政府往往提供补贴。二是平均成本定价方法，平均成本定价规制可以让垄断企业利润为零，政府不用补贴，缺点是平均成本定价规制下的产量低于边际成本规制下的产量，价格高于边际成本规制下的价格。三是资本回报率定价方法，规制机构与被规制企业存在信息不对称，公平的资金回报率难以确定。例如，我国对有线电视的价格规制一般采取资本回报率定价方法，但是企业的财务数据很难掌控,容易造成企业盲目扩大投资,虚报成本,没有降低成本的激励,造成资源配置的扭曲,是一种低激励的定价方式。

美国众议院司法反垄断小组委员会对亚马逊、Facebook、苹果和谷歌等四大科技巨头展开反垄断调查,监控四家科技巨头是否扼制了市场竞争并损害了消费者的权益。2020年7月,委员会已经花了16个月收集了超过130万份文件。调查报告详细介绍了每家公司的垄断和反竞争行为。报告中,众议院立法者表示,四家公司正在利用其主导地位消灭竞争、扼杀创新,行使并滥用它们的垄断权力。例如,苹果公司的App Store高额收费,以及亚马逊对数百万小企业的第三方卖家收费,这些公司滥用了自己的优势地位,制定并支配商业、搜索、广告、社交网络和出版的价格和规则,由此呼吁修改反垄断法。若此建议国会通过,大公司可能会被迫面临分拆或剥离业务,收购其他公司也会难上加难。

第五章　传媒管理体制与组织结构

传媒管理体制是有关传媒系统的各项管理制度的总称,是传媒管理制度的综合体系,是社会上层建筑的一个组成部分,是一定经济基础和生产关系的体现。由于各国的社会制度及生产资料所有制结构不尽相同,传媒管理体制也有所不同,甚至差异很大。

组织结构是企业的流程运转、部门设置及职能规划等最基本的结构依据,组织内部彼此能够传递或转换能量、物质和信息。传媒组织结构是传媒经营管理的重要内容,主要包括传媒组织建立的原则、方法以及步骤,传媒组织结构的类型,传媒的法人治理结构,传媒集团的组织结构,传媒组织结构的创新以及未来发展的趋势。

第一节　传媒管理体制

传媒管理体制是指根据管理权限的划分所设置的各级传媒机构、所形成的组织系统,以及所确定的管理制度和管理体系。传媒管理体制涉及的层面广,主要包括传媒的领导体制、隶属关系、所有权、内部结构、组织体系以及人事制度,是传媒管理制度有机的规范体系。

传媒管理体制具有双重内涵,包括国家对整个传媒业的管理制度和管理方法,也包括传媒机构内部的管理体制。前者属于国家与传媒机构之间的管理,国家设立专门机构来管理传媒;后者是传媒机构内部格局的确定以及上下级之间、部门之间的关系。

一、传媒管理体制的类型

以广播电视为例,传媒有三种所有权形式:以美国为代表的传媒私有制、以英国为代表的传媒公有制以及以中国为代表的传媒国有制,相应的传媒所有制为三种:董事会领导制、社会领导制和政府领导制。

广播电视体制决定广播电视的路线、方针、政策。由于广播电视频谱资源的稀缺性,以及不同的社会政治经济制度,不同的国家存在不同的广播电视体制。不同广播电视体制最根本的区别是所有制,依据广播电视事业所有制的不同,在世界范围内,大致存在三种不同模式的广播电视体制。①

(一) 国家经营型

国家经营型,也称为政府经营型。广播电视由国家经营,其领导机构是国家政府部门,

---

① 马梅,周建国,肖叶飞.广播电视新闻学教程[M].合肥:中国科学技术大学出版社,2013:61.

广播电视属全民所有，广播电视台的领导由政府任命，经费全部或部分由国家拨款，或兼营广告以筹措经费。

国家经营的电台、电视台是党和政府的宣传机构，是宣传党和政府的路线、方针、政策的喉舌，也是人民获得信息、知识、娱乐和表达意愿的工具，除执政党、政府之外，任何人、任何团体均无权插手广播电视事业。电台、电视台以配合党和政府的中心工作为任，坚持正确的舆论导向，强调电台、电视台宣传和教育的功能，以争取社会效益为主要目标。随着时代和社会的发展，国家经营型的广播电视台也逐渐地增加了商业广告的数量，播放商业广告成为了我国各级广播电视台的主要赢利模式和生命线。

国家经营型广播电视节目的基本特点是：新闻节目、教育节目占主要地位，强调新闻节目和教育节目的政治性、思想性；娱乐性节目强调节目的品位，不能低俗化、媚俗化。但从历史发展来看，有些节目存在严肃庄重有余，生动活泼不足；有些节目说教味浓，节目的知识性、娱乐性不足；节目创新不足等缺点。

为了适应社会主义市场经济体制改革要求，中国电视从20世纪90年代开始探索引进商业电视的运作模式，尝试制作与播出分离，即除新闻节目外，其他各类节目的生产逐步走向市场，吸纳社会资金和人才。具体地说，就是广播电视台以宣传为中心，把工作重点放到播出上，广播电视节目的制作则推向市场，对节目生产实行企业化管理。但是在"制播分离"改革中坚持"三个不变"，即频道的宗旨不变、电视台的节目终审权不变、电视台的广告审核权不变。

(二) 公共机构经营型

公共机构经营型，也称公共事业型。广播电视是由公益机构、公众社团、社区组织或其他一些专业团体主办经营。它通过国家立法而建立，受国家法律保护，既不属于政府，也不属于私人。其领导机构或由民间团体代表所组成的委员会任命，如德国公共广播电视联盟（ARD），或经国会审议后由政府首脑任命，如英国广播公司（BBC）、日本放送协会（NHK）等。其经费来源主要或全部是受众缴纳的收听收视费。这一模式最早在英国建立，后为日本、意大利、瑞典、挪威、芬兰、瑞士所模仿，二战后的德国以这一模式重建广播电视事业。

公共广播电视既非国家控制亦非商业媒介。公共广播电视强调对公众负责，以"由公众举办，为公众服务，受公众监督"为标榜。事实上，大多数公共广播电视和政府关系密切，常常反映政府的立场，可以称为半官方机构。但是在名义上，它们是独立自主的，不代表任何政治集团谋求商业利润，也不对政府负责。

公共广播电视的节目特点是：新闻节目强调真实、全面、客观、公正，以公众代言人自居，对政府的方针政策表面上强调独立立场，但实际上往往采取"小骂大帮忙"的方法。娱乐节目比较健康干净，严格控制广告数量，例如BBC、NHK均不播广告，重视受众调查，重视传播的社会效益。

随着广播电视事业的发展，公共广播电视也显示出其局限性。首先，由于它不播和较少播广告，全部或大部分依靠收听收视费，在一定程度上增加了受众的经济负担，过高的收视费用影响了作为公共事业的广播电视形象；其次，"正统权威"的节目内容和单调死板的形式，在一定程度上降低了观众的收视兴趣；此外，在全部实行公共机构经营广播电视的国家，由于没有商业电视的竞争压力，广播电视缺乏活力和进取精神，决策迟缓，弱于应变。

由于公共广播电视与其市场化的社会大环境不尽吻合，自20世纪50年代以来，那些原本只有公共电视或以公共电视为主的国家,开始探讨怎样更有效地使用和管理广播电视,使其适应日益发展的现代社会,充分开发电视的潜力。于是,公共广播电视和私营广播电视并存的局面在很多国家成为现实。

1954年6月,英国议会决定允许开办商业电视,并组建了独立电视局(ITA)负责管理。1955年9月,第一家商业电视台——伦敦电视台开播。1984年,德国出现了私营广播电视事业,最初是有线和卫星广播电视,后来逐渐被许可使用无线电波频率。1987年,法国公共一台出售给私人,结束了法国没有私营商业电视的历史。1953年,日本广播协会NHK实现了电视节目的播出,同年,有《读卖新闻》背景的第一家商业电视台——日本电视广播网也开始了节目的播出,日本建立了公共电视和商业电视并存的"双轨制"。

(三) 私营商业型

私营商业型广播电视是按市场原则组建的广播电视体制。电台、电视台属于个人或股东,以赢利为经营目的。这一模式最早在美国建立,之后葡萄牙、卢森堡、巴西、智利、阿根廷等国都采用这一模式。在这些国家,商业广播电视在规模和数量上占绝对优势,同时也存在公营台和政府台,但一般只限于播放社会教育节目、服务性节目和对外广播电视节目。

以美国的几大广播电视网(CBS、ABC、NBC、FOX)、英国独立广播公司(IBA)、日本民间放送联盟为代表,商业广播电视台一般实行董事会领导下的总经理负责制。政府作为宏观管理者制定运作规则,在国家法律的保护下,商业广播电视自主经营,不受政党、政府和其他团体的直接控制。以美国为例,私人经营的广播电视没有义务宣传政府的政策,美国总统和政府官员可以把电视作为影响舆论的讲坛,但只能通过记者招待会或电视讲话的方式。事实上,大多数商业台都有财团的背景,在关键问题上为财团讲话,而大财团则和美国政府的各项政策有着千丝万缕的联系。

商业台追求利润的最大化,其收入来源主要依靠广告,在节目制作上,从提高收听率、收视率出发,以吸引广告客户,提高广告收费。这样的办台方针决定了商业台节目内容的基本特色:娱乐性节目的比例高于新闻、教育节目,品位不高的娱乐性节目的比例高于趣味高雅的娱乐性节目,甚至大量播出黄色、暴力节目,广告达到法规所容许的最高限度,无孔不入地插入各档节目之中。

在商业广播电视之间存在激烈的竞争,这种竞争一方面推动广播电视业务发展,节目从内容到形式更新都很快,在一定程度上满足了受众的需要;另一方面,也造成媒介不择手段地追求收听、收视率,出现迎合受众、滥用自由、社会责任感和职业道德自律薄弱的现象。激烈的竞争往往导致广播电视事业的兼并和垄断。以美国为例,进入20世纪90年代以后,传媒产业发生了一系列大型兼并事件,控制权的高度集中,形成了少数垄断资本在大众传播过程中的垄断地位,而传播媒介的垄断,必然导致舆论的垄断,这和西方自由主义新闻理论所标榜的"观点的自由市场"的媒介理论是充满矛盾的。

受市场规律支配的商业广播电视并不能脱离政府的控制,例如,美国政府通过立法、任命联邦通信委员会的主席和委员、监督节目内容等方式,保证商业型广播电视与国会的基本政策一致。美国联邦通信委员会指出,国会的政策是要把无线电作为全体公众的言论自由的工具,而不是作为特许经营者纯私人利益的工具。美国联邦通信委员会对于"违反社会责任"的电台电视台可以处以吊销营业执照的处罚。

从广播电视管理体制来说,公共广播电视和商业广播电视并存是西方国家广播电视体制最主要的类型。以商业广播电视占主导地位的美国,针对私营商业电视的弊端,1967年制定了《公共广播法》,成立了不属于政府、非营利性质的公共广播公司。

公共与商业兼营广播电视体制,一方面可以享有商业电视娱乐性强的好处,另一方面可以发挥公共广播电视的教育性、公益性功能,但是,公营电视台的教育性节目往往争不过私营台的娱乐性节目,而商业台为了追求利润又不能保证节目的社会效益。所以,公共台如何留住听众观众,商业台如何保持品位,公、商两类电视系统如何避免恶性竞争,是众多国家面临的难题。

通过对不同广播电视体制的分析,可以看出不同体制下的广播电视在性质、任务和机制等方面的区别。不管是哪种广播电视体制,作为其所在国家社会制度的一部分,都要受其社会制度的根本性质制约。事实上,对广播电视的管理和控制比对报刊等印刷媒介更为严格。国家和政府通过规定其所有制形式,制定有关的法律、法规和政策限制和禁止某些信息的传播,通过对广播电视的总体规划和宏观管理来保证广播电视为社会制度、意识形态以及各种社会目标服务。

二、我国传媒管理体制的现状与改革

(一) 我国传媒管理体制的现状

(1) "条块分割,以块为主"的双重领导体制。各级传媒机构既作为党和政府的喉舌,接受各级地方党委政府的组织、指挥和控制,又接受上一级主管部门的指导和协调。以广电体制为例,改革开放以来,我国实行的是一种"四级办台、四级混合覆盖"的事业发展格局,2002年全国推出省级电视公共频道,"四级办电视"改为"三级办电视",三级电视台实行条块分割、以块为主的双重领导体制,即分级管理、双重领导的行政管理体制。这种按照行政区域划分的组织结构,资源极度分散,集约化程度低下,造成区域市场的封闭性。

(2) "一元体制、二元运作"的运营机制。20世纪90年代,我国对传媒实行"事业单位,企业化经营"的管理体制。例如,广播电视台既是政府的喉舌,坚持正确的舆论导向,承担社会的公共服务职能,具有一定行政职能的事业单位,具有很强的行业垄断性与专营性。同时,广播电视台又要实现企业化经营,成为市场主体,参与市场竞争,依靠广告收入来实现扩大再生产,实现自主经营、自负盈亏、自我发展。

(3) "政事分开、政企分开"的体制改革目标。改革开放以来,我国广电行政部门,既是政府行政主管部门,又是宣传机关与事业单位经办主体,集管理、宣传与事业建设三种职能于一身;既是广播电视台的设立主体,承担"办"的职能,又是广播电视台的监管主体,承担"管"的职能。近年来,我国传媒的管理体制加快政事、政企和企事分开的步伐,由直接管理转变为间接管理、由过程管理转变为目标管理、由行政管理转变为行业管理。例如,广播电视领域管办分开、制播分离,除了力保新闻宣传的"喉舌"功能以外,其他的方面实现企业化管理,促进广电事业与广电产业朝着合理、健康的方向发展。

(二) 传媒准入制度与所有权类型

准入制度是指国家机关根据自然人、法人或者其他经济组织的申请,依法审查,决定是否准许其从事特定活动、确认其资格资质的政府行为。传媒业的准入制度是国家规制传媒业的重要措施之一,也是区别不同国家传媒管理体制的标志性要素。我国的新闻传媒业的准入制度具有自己的特点,主要是主体资格的限定性和程序上的审批制。

我国政府对涉及传媒产业的采编、出版以及播出业务采取严格的主体准入制度,涉及传媒产业主体的准入以及对传媒产业主体的审批程序。例如,设立出版单位,由其主办单位向所在地省、自治区、直辖市人民政府出版行政主管部门提出申请,省、自治区、直辖市人民政府出版行政主管部门审核同意后,报国务院出版行政主管部门审批。设立的出版单位为事业单位的,还应当办理机构编制审批手续。《广播电视管理条例》规定,广播电台、电视台由县、不设区的市以上人民政府广播电视行政部门设立,其中教育电视台可以由设区的市、自治州以上人民政府教育行政部门设立。其他任何单位和个人不得设立广播电台、电视台。国家禁止设立外资经营、中外合资经营和中外合作经营的广播电台、电视台。

2005年国务院下发了《国务院关于非公有资本进入文化产业的若干决定》,非公有资本不得投资设立和经营通讯社、报刊社、出版社、广播电台(站)、电视台(站)、广播电视发射台(站)、转播台(站)、广播电视卫星、卫星上行站和收转站、微波站、监测台(站)、有线电视传输骨干网等;不得利用信息网络开展视听节目服务以及新闻网站等业务;不得经营报刊版面、广播电视频率频道和时段栏目;不得从事书报刊、影视片、音像制品成品等文化产品进口业务;不得进入国有文物博物馆。

近年来,我国加大了文化体制改革的力度,放宽了准入的门槛,特别是除新闻采编等涉及意识形态安全的核心业务之外,其他的业务鼓励社会资本进入。鼓励非公有制文化企业发展,降低社会资本进入门槛,允许参与对外出版、网络出版,允许以控股形式参与国有影视制作机构、文艺院团改制经营。具体来说,非公有资本可以进入以下传媒领域:文艺表演团体、演出场所、博物馆和展览馆、动漫和网络游戏、出版物印刷、广告、电影电视剧制作发行、广播影视技术开发运用、电影院和电影院线、农村电影放映、书报刊分销、音像制品分销、包装装潢印刷品印刷等。非公有资本可以投资参股下列领域国有文化企业:出版物印刷、发行,新闻出版单位的广告、发行,广播电台和电视台的音乐、科技、体育、娱乐方面的节目制作,电影制作发行放映,文化产品和文化服务出口业务。非公有资本可以建设和经营有线电视接入网,国有资本必须控股51%以上。

2013年《中共中央关于全面深化改革若干重大问题的决定》发布,要求建立健全现代文化市场体系。完善文化市场准入和退出机制,鼓励各类市场主体公平竞争、优胜劣汰,促进文化资源在全国范围内流动。继续推进国有经营性文化单位"转企改制",加快公司制、股份制改造。推动文化企业跨地区、跨行业、跨所有制兼并重组,提高文化产业规模化、集约化、专业化水平。

在坚持出版权、播出权特许经营前提下,允许制作和出版、制作和播出分开。建立多层次文化产品和要素市场,鼓励金融资本、社会资本、文化资源相结合。完善文化经济政策,扩大政府文化资助和文化采购,加强版权保护。健全文化产品评价体系,改革评奖制度,推出更多文化精品。

(三) 传媒"转企改制"与特殊管理股制度

2013年中共十八届三中全会《中共中央关于全面深化改革若干重大问题的决定》提出,对按规定转制的重要国有传媒企业探索实行特殊管理股制度。决定还明确,通过公司制改造,实现投资主体多元化的文化企业,符合条件的可申请上市。该文件明确提出了"三个鼓励";鼓励已上市文化企业通过公开增发、定向增发等并购和重组;鼓励文化企业进入中小企业板、创业板、新三板融资;鼓励符合条件的文化企业发行企业债券、公司债券,通过债务融资工具等扩大融资,实现融资渠道多元化。国有控股文化上市公司可探索股权激励,经批准允许有条件的国有控股上市文化公司按照国家有关规定开展股权激励试点。

2014年,国务院办公厅发布《关于印发文化体制改革中经营性文化事业单位转制为企业的规定》和《进一步支持文化企业发展的规定》,规定明确提出,对按规定转制的重要国有传媒企业探索实行特殊管理股制度。这意味着,以财经类报刊、都市报、晚报为重点的国有传媒机构经批准转制为企业后,可引入战略投资者,探索股权多元化。同时,重要的传媒企业将设定"特殊股",强化国有股东在企业决策中的发言权,以确保舆论导向不出问题。

2017年1月,中共中央办公厅、国务院办公厅印发了《关于促进移动互联网健康有序发展的意见》。意见指出,在互联网新闻信息服务、网络出版服务、信息网络传播视听节目服务等领域开展特殊管理股试点。

2017年5月2日,国家网信办发布《互联网新闻信息服务管理规定》,规定的第六条提出,符合条件的互联网新闻信息服务提供者实行特殊管理股制度,具体实施办法由国家互联网信息办公室另行制定。

特殊管理股也被称为"金股",是指"一股多票",即国有股东可享有较多的投票权,区别于目前证券市场较为普遍的"一股一票"制度。传媒具有很强的意识形态属性,设定"特殊管理股",可确保国有股对传媒企业的控制力。

特殊管理股的设计有两种:一种是具有较多的投票权。例如,特殊管理股的投票权相当于一般股票的5票甚至更多,确保国家在持有股份很低的情况下仍然保持掌控力。一种是具有一票否决权,即规定特殊管理股可在国有股权占比很低时依然享有一票否决权。

中国对传媒机构实行"分类改革"思路,即时政类传媒单位仍然保持其事业单位性质,而非时政类传媒单位则"转企改制",成为企业。"特殊管理股"实施的范围是转制后的重要国有传媒企业,特别是具有较强意识形态属性的都市类、晚报类、财经类报刊,以及中央相关部委主管、主办的行业报、机关报。实行"特殊管理股"制度是推进国有传媒企业股权多元化的一项措施。该制度的目标是在文化领域引入更多的战略投资者,改变传媒企业国有股"一股独大"现状,转而形成更为多元化、分散式的股权结构。

第二节 传媒领导体制

领导体制指组织进行决策、指挥、监督等领导活动的具体制度或体系,它用以保证领导活动的完整性、一致性、稳定性和连贯性。传媒领导制度是指传媒组织进行决策、指挥与监督等领导活动的制度安排,它是领导者与被领导者之间建立关系、发生作用的桥梁与纽带,对于一个传媒组织的发展具有重要意义。

一、传媒领导体制的内涵

领导体制的核心内容是用制度化的形式规定组织系统内的领导权限、领导机构、领导关系及领导活动方式,任何组织系统内的领导活动都是一种遵循明确的管理层次、等级序列、指挥链条、沟通渠道等进行的规范化、制度化的活动。它包含以下两层含义：

一是传媒领导体制是传媒内部的权限划分机制,也就是如何划分传媒的领导权。传媒领导权的划分必须遵循权责一致的原则。如果权责不一致,就会出现领导者滥用权利和权利不足以领导两种局面。实现权责一致的前提是权责关系明确,这样既能避免领导权力真空和权力重叠的危害,又能防止领导者责任不明确而导致无人管理的情况。

二是传媒领导体制是传媒内部的制度安排。传媒领导体制是传媒组织中传媒领导功能的制度化表现形式,是以传媒领导权为中心内容,以实现传媒组织的管理目标为主要职能的一系列制度安排和制度设置。任何组织的领导活动都有一套固定的规则、规定或组织章程,各种领导关系、权限和职责具有一定的稳定性和长期性。传媒领导体制取决于它所属国家政权的性质和传媒管理制度。

二、传媒领导体制的构成要素

传媒领导体制是由若干不同性质和作用的构成要素按一定规则形成的有机统一整体,这些构成要素有各自的特定功能,传媒的各种规章制度正是通过构成要素得以贯彻实施。目前传媒领导体制的构成要素主要有四个:决策中心、咨询反馈机构、执行机构、监督机构。[1]

(一) 决策中心

决策中心是一个领导体制的中枢,在领导结构上处于最高层。传媒领导的决策中心一般是董事会、理事会以及政府主管部门,各媒体的决策中心因媒体性质不同,存在很大区别：① 私营传媒机构的决策中心都是董事会,如美国的大多数电视私营电视机构。② 公共性质的媒介组织机构(公营传媒),决策中心为理事会,理事会通常由具有一定社会影响的民间组织和议会中各政党的代表组成,理事会负责制定电台、电视台的基本原则,决定章程、年度预决算以及其他重大问题,向管理委员会推荐台长人选。③ 国营性质的媒介组织机构(所有的广播电视台为国家所拥有),决策中心就是政府主管部门。

(二) 咨询反馈机构

咨询反馈机构是为决策服务的,是决策中心的参谋部。传媒领导在进行科学决策以及制定传媒战略时都需要专业咨询反馈机构的智力支持,特别是在媒体市场竞争日益激烈的情况下,非专业经营管理出身的领导者更是离不开媒介咨询反馈机构。主要有以下两类咨询反馈机构:① 设在媒体内部,如澳大利亚广播公司(ABC)咨询委员会就是一个设立在媒体内部的咨询反馈机构。委员会就 ABC 的节目和经营战略向 ABC 董事会提供咨询和反馈意见。② 独立存在于媒体之外,如媒介调查研究机构、媒介研究院(所)等,这种咨询反馈机构集中了大量的专业人才,拥有比较丰富的经验,掌握相对先进的设备,因而能够准确地为媒体提供咨询或反馈意见。

---

[1] 周鲲鹏.传媒经营与管理[M].郑州:郑州大学出版社,2012:28.

（三）执行机构

在一个组织内部，一般可以把组织按业务和目标需要划分为若干部门，组成执行机构。执行机构的任务是实施决策中心的各项决定。执行机构在传媒领导体系中一般分为编辑部和经营部，分别由总编辑和总经理负责。

（四）监督机构

监督机构的任务是依据决策对执行系统实行监督，以保证决策以及指令执行的准确无误。传媒外部监督机构主要是国家对传媒的监督机构，它因各国媒体性质不同而有一定区别。美国传媒外部监督系统主要是美国联邦通信委员会（FCC），它以行政手段来独立管理广播电视。传媒内部监督机构主要是传媒组织内部设置的专门监督机构。

公司治理结构是目前最完善的传媒企业治理结构，它体现的是在股东大会、董事会、总经理及监事之间形成的制衡关系。这种治理结构体现了公司权力机关的设置、运行及权力机关之间的法权关系，规定了公司内部所有者（资产所有权）、日常运作的决策者（日常决策权）、执行者（执行权）、监督者（监督权）四者的责权利以及四者间的关系。股东大会是公司的最高权力机构，由各种形式的投资主体组成，享有所有权（产权），凡财产变更、重要人事任免、公司合并、分立或解散、收益分配等都由其决定；董事会是公司常设的决策机构，是股东大会领导下的公司决策中枢部门，对公司的日常运作有决策权；总经理属于公司的高级职员，不一定拥有产权，在董事会领导下，全面负责公司的日常业务活动，是整个公司业务活动的最高行政主管；监事会是对董事会及整个公司的运作进行监督的机构，主要是对高管的监督。

三、传媒领导体制的类型

传媒领导体制的类型指传媒领导组织机构的具体形式，尤其是传媒领导体制内部各部门之间的职权配置以及权限划分的模式。世界各国的传媒领导体制可以划分为四种类型。①

（一）一体制与分离制

按照同一层级的媒体接受上级机关指挥、控制程度的不同，可以将媒体领导体制划分为一体制与分离制。

1. 一体制

宏观层面的一体制：指同一层级的传媒组织所接受的领导、指挥和控制完全集中于同一上级领导机关，典型的宏观层面一体制领导方式：如中国广播电视事业实行"四级领导"的一体制模式。微观层面的一体制：指单个传媒组织内部的各个构成单位所接受的领导、指挥和控制完全集中于一个领导者，它直接决定着传媒组织内部的领导关系。

2. 分离制

分离制的特点：同一层级的媒介组织所接受的领导、指挥和控制不是集中于一个上级领导机关，而是分属于两个或两个以上的领导机关；或者单个媒介组织内部的各个构成单位所

---

① 谭云明.传媒经营管理新论[M].北京：北京大学出版社，2007：55.

接受的领导、指挥和控制不是集中于一个领导者,而是分属于两个或两个以上的领导者的领导体制。公营传媒的领导体制是社会化领导制;私营媒体的领导体制是董事会领导制;国有媒体在一定的范围内实行分离制的领导制。例如,《南方日报》报业集团实行分离制领导体制模式,以社委会、董事会为报业集团的决策机构,下设编辑委员会和经济工作委员,编辑委员会负责集团内的系列报刊,经济工作委员会则负责全集团的经营活动。

(二) 集权制与分权制

按照职权的集中与分散程度,可将传媒领导体制划分为集权制与分权制。

集权制是指传媒组织中的一切重大问题的决策权都集中于上级领导机关或上级领导,下级领导机关或下级领导必须依据上级的决定与指示办事,中国传媒实行集权制的领导体制,这种传媒体制能够保证党和国家的路线、方针与政策能够在社会中全面观察与实施。分权制是指下级机关与下级领导可以在自己管辖范围内,有权独立自主的决定问题,上级对下级有权决定和处理的事情不得干涉,分权制带来灵活性、责任感和高效性。许多传媒高层管理者相信分权制能够提高工作速度、增进工作灵活性和选择性。

网络经济时代,传媒组织将形成网络型组织结构。在网络型组织中,传媒组织层级和职能部门逐渐减少,团队成为了组织的重要组成部分,家长式的领导体制将逐渐被新型的团队领导体制所取代,集权制让位于分权制。

(三) 首长负责制与合议制

按照最高决策者的人数,把传媒领导体制划分为首长负责制和合议制。

首长负责制是指把法定最高决策权集中于主要负责人的领导体制,国营传媒一般实行首长负责制,如中央广播电视总台。

合议制是指把法定最高决策权交由两位或者两位以上的行政首长组成的委员会负责,其最大特点就是最高决策机构由各党派和各利益集团的代表参加,具有广泛的代表性。公营传媒一般实行合议制,是一种社会化的领导体制。

随着传媒组织规模的不断壮大,首长负责制让位于合议制。首长负责制难以应对复杂的市场竞争,不再适应组织的大规模发展。

(四) 层级制与职能制

按照指挥、监督和控制的方式来划分,可将传媒领导体制划分为层级制和职能制。层级制是一种传统的领导体制模式,它是在传媒组织中,将领导系统从纵向上划分为若干级别,每一级别都对上一级别负责,形成直接指挥、监督和控制的纵向渠道。整个领导体系呈金字塔结构,领导范围随着层级的降低而缩小。职能制是指在一个领导机构中,按照领导工作的范围要求,横向平等地设置若干个职能部门,各职能部门的分工和服务不同。

层级制与职能制的最大区别:领导幅度与领导层次不同。层级制领导幅度较小,但是领导层次较多;职能制领导幅度较大,领导层次较少。当传媒组织趋向扁平化后,组织内部领导层级减少,领导的幅度增加,层级制将让位于职能制。

第三节 传媒组织结构的类型

组织结构是表明组织各部分排列顺序、空间位置、聚散状态、联系方式以及各要素之间相互关系的一种模式,是整个管理系统的框架,其本质是为实现组织战略目标而采取的一种分工协作体系。组织结构是波特价值链理论中公司重要的支持活动,组织结构的调整与完善是战略实施的重要环节。每一次组织结构的调整都是权力的再分配过程,以不断适应内外部环境的变化。

一、传媒组织结构的内涵

传媒组织结构是指传媒组织内部各构成要素以及这些要素之间相互作用的联系方式,是描述传媒组织的框架体系,其实质是传媒组织内部成员在权、责、职等方面的结构体系。传媒组织结构主要涉及传媒组织部门的构成、组织层次的划分、管理权限和责任的分配以及组织中各部门、各层次之间的协调与控制。传媒组织结构是传媒组织管理系统的前提和基础,是传媒组织适应外界环境、实现组织目标的手段,也是实现传媒组织经营战略的重要工具。

传媒组织结构可以平衡组织内专业化与整合两个方面的要求,运用集权和分权的手段对组织的生产经营活动进行组织和控制。传媒组织结构的基本构成要素是分工与整合。分工是对其人员和资源的分配方式。纵向分工是指组织高层管理人员必须在如何分配组织的决策权上做出选择。例如,企业的高层管理人员必须决定对事业部的管理人员授予多少权责。横向分工是指组织高层管理人员必须在如何分配人员、职能部门以及事业部方面做出选择,以便增加组织的活力与创造价值的能力。整合是组织为了实现预期的目标而用来协调人员与职能的手段。例如,企业协调不同职能和事业部的生产经营活动,以便有效地执行企业战略。

二、传媒组织结构设计步骤与原则

(一)组织结构设计的步骤

组织结构设计需要考虑如下四个步骤:第一步,确定实现组织目标所必需的活动;第二步,根据组织资源和环境条件对实现目标所必需的活动进行分组;第三步,根据人员与工作相称的原则为各职位配备合适的人员,并通过决策任务的分析确定每个职务所拥有的职责与权限;第四步,设置各层次、各部门之间纵向与横向联系的手段。

组织设计包括横向与纵向两个考虑因素。横向结构就是部门化的问题,即分组的问题,依据职能等不同而形成的一个个部门,在此过程中要注意三个原则:① 贡献相似性;② 关系接近性;③ 次要活动服从或服务于关键活动。纵向考虑因素即管理幅度与管理层次。管理幅度即管理者能够管理下属员工的数量,管理幅度越大,管理层次就越少。如果一个报社有

200个员工,管理者的管理幅度为50个,则有四个层次;若管理幅度只有40个,则需要五个层次。由于管理者们的管理幅度普遍小,所以管理层次就多一些。

(二) 传媒组织结构的五要素

组织结构设计包含"职能结构""层次结构""部门结构""职权结构""管理流程"五大要素,只有这五个方面都协调清晰,组织管理才能顺畅。

1. 职能结构

职能结构是指实现组织目标所需的各项业务工作以及比例和关系,包括职能交叉、职能重叠、职能缺失、职能分散、职能分工过细、职能错位、职能弱化等维度。设计职能结构包括两个层次:一是基于主流程所需的一级职能设计,包括主流程的各个环节,再增加对于关键控制点的检查和控制,即构成了一级职能,这也往往是划分部门职能的依据;二是在主流程之外的其他流程和辅助流程所需的职能设计,这往往是设计岗位职能的依据。

2. 层次结构

层次结构是指管理层次的构成及管理者所管理的人数,即纵向结构问题,包括管理职能的相似性、管理幅度、授权范围、决策复杂性、指导与控制的工作量等维度。层次结构是从最高管理机构到最低管理机构的纵向划分,其实质是各种决策权在组织各层级之间的划分。

3. 部门结构

部门结构是指各管理部门的构成,即横向结构,特别是考虑关键部门是否缺失或优化。部门结构的设计有三个方面:首先是依据一级职能设立部门,在设立部门的时候需要遵循的原则包括因事设岗、分工协调、指标均衡、工作丰富化、最少岗位数、客户导向、规范化与系统化等。其次是部门之间的横向关系设计,部门关系包括协调协作和监督制约,横向协调是调节组织部门之间关系的重要手段,制约机制的设计就是从反面来预防部门行为偏离航向。最后是部门内部结构的设计,包括部门二级职能划分和岗位设置。

4. 职权结构

职权结构是指各层次、各部门在权力和责任方面的分工及相互关系,主要考量部门、岗位之间权责关系是否对等。职权设计就是全面正确处理上下级之间和同级之间的职权关系,把各类型的职权合理分配到各个层次和部门,按照各部门所享有的相应职权,建立起集中统一、协调配合的职权结构。

5. 管理流程

组织结构不但需要符合组织的核心业务流程,还需要与组织的管理流程相配套,组织结构中的各个部门需要借助流程进行有机衔接,既明确各自的合理分工,又规定跨部门合作的流程规则,部门设置不合理、部门之间重重壁垒是引发管理流程问题的重要来源。

(三) 传媒组织结构设置的原则

组织结构的设计就为实现组织而需要完成的工作、任务,划分为若干性质不同的业务工作,然后再将这些工作组合成若干部门,并确定各部门的职责与职权。组织结构设计要遵循以下十大原则:

1. 任务目标原则

组织结构的设计服从于每一项工作的任务和目标,尤其是价值链上的目标,体现一切设计为目标的宗旨。

2. 战略匹配原则

战略决定组织结构,有什么样的战略就有什么样的组织结构,组织结构又支持战略实施,组织结构是实施战略的重要工具。

3. 分工协作原则

把握好分工协作原则对于企业来说至关重要。分工协作原则不仅需要为了组织目标使得各部门、各层次、各岗位有明确的分工,而且有分工之后的协调。

4. 统一指挥原则

此原则是指在组织的总体发展战略指导下,所有部门要按照总方针进行工作,在总经理或台长的统一指挥下工作。避免政出多门、多头领导,保证统一的命令与指挥关系。

5. 管理幅度原则

每一个部门和管理职位都要有合理的管理幅度:幅度太大,便无暇顾及;幅度太小,不能完全发挥作用。

6. 责权对等原则

设置的部门有责任,就应该使其拥有相应的权力。如果没有对等的权力,根本无法完成相应的职责。

7. 集权分权原则

在整个组织结构设计的时候,权力的集中与分散应该适度,集权和分权控制在合适的水平上,既不影响工作效率,又不影响工作积极性。

8. 执行部门与监督部门分设原则

执行部门和监督部门分设,可以保障各部门独立运转,互不干涉,但又能相互制约。例如,财务部负责日常财务管理、成本核算,审计部专门监督财务部。

9. 协调有效原则

若在执行组织方案之后,部门之间无法相互监督控制,或者出现运营机制效率低下,就说明组织方案设计没有遵循协调有效原则。

10. 精简化原则

在部门、岗位和编制设计时,应该尽可能精简,可能的话,应该尽量合并分工过细的职能部门与岗位,对于非核心职能,比较自建与外包的成本,选择成本最低的方案。[①]

三、传媒组织的类型

(一) 职能型组织结构

职能型组织结构是传媒组织从上到下按照相同的职能将各种活动组合起来的一种结构方式。职能型组织结构被许多人认为是组织结构的典型模式,这一模式表明结构向规范化和专业化又迈出了一步。职能式结构适合于较小规模的传媒组织,特别适合于仅仅生产一种或少数几种传媒产品的传媒组织。

职能型组织结构的优点主要在于分工明确,各司其职:一是能够通过集中单一部门内所有某一类型的活动来实现规模经济;二是有利于培养职能专家;三是由于任务为常规和重复

---

① 严三九,刘怡,庄洁.媒介经营与管理[M].武汉:华中科技大学出版社,2012:23.

性劳动,工作效率得到提高;四是便于监控各个部门。

职能型组织结构的缺点:一是部门之间缺少横向联系与协调,纵向科层管理容易引起高层决策的堆积以及超负荷运行;二是导致职能间的冲突、各自为政;三是等级层次以及集权化的决策机制导致反应速度慢。

职能型是最古老的企业管理组织结构,不同部门有不同的业务职能,理论上,各部门之间相互独立,但是在实务上,各部门之间又相互作用和影响。例如,如图5.1所示,中国电视职能型组织结构,各职能负责人有权在自己的业务范围内向下级传达命令和指示,分担职能管理业务。

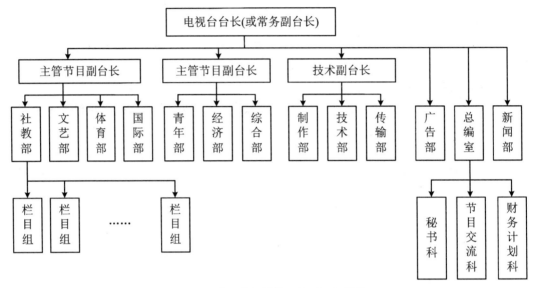

图 5.1　中国电视媒体职能型组织结构

(二) 事业部制(M型)组织结构

事业部制组织结构又称为部门化结构。事业部制组织结构按照产品、服务、市场或地区定义出不同的事业部,将员工划分为不同的事业部。组织总部负责计划、协调和安排资源,事业部则承担运营和职能责任。事业部制结构强化了一点,即制定战略不仅是高层管理者和领导者的任务,企业层、业务层和职能层的管理者都应在其各自的层级参与战略制定流程。

传媒事业部制组织结构以总部与中层管理部门之间的分权为主要特征。本质是以一定的分权制代替完全的集权制,一般在多元化经营的传媒组织中实施效果最好。如大型传媒集团大多是事业部制组织结构。

事业部制结构包括区域事业部、产品事业部、品牌事业部以及细分市场事业部等。

1. 区域事业部制结构

当企业在不同的地理区域展开业务时这种结构比较合适,它按照特定的地理位置对企业的活动和人员进行分类。优点:可以实现更快的区域决策;与一切皆由总部来运作相比,建立地区工厂或办事处会削减成本费用;有利于海外经营企业应对各种环境变化。缺点是管理成本的重复。

如图5.2所示,区域事业部制结构是在不同国家或同一国家不同地区分别设立自主经营的分部。区域式结构在跨国传媒集团中应用比较普遍。传媒集团在实行区域式结构时,一般都采取全球化与本土化相结合的策略。通过文化产品内容的本土化和公司职员的本土化,才能在目标区域占据市场。

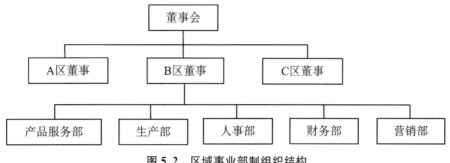

图 5.2　区域事业部制组织结构

2. 产品(或品牌)事业部制结构

如图 5.3 所示,产品事业部制结构是以企业产品的种类为基础设立若干产品部,而不是以职能或以区域为基础进行划分。产品型事业部制结构适用于具有若干生产线的企业。

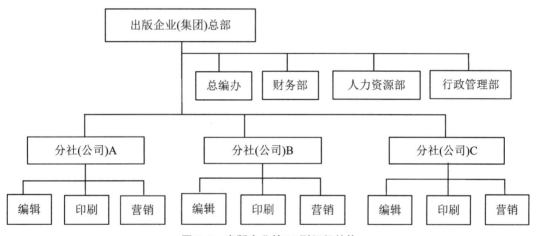

图 5.3　出版企业的 M 型组织结构

这种结构的优点:生产和销售不同产品的不同职能活动和工作可以通过事业部或产品经理予以协调和配合;由于每一个事业部的高层战略管理者有更多的时间分析各个事业部的经营情况以及进行资源的配置,便于企业的持续成长;各个事业部都可以集中精力在其自身的领域,有助于企业实行产品差异化;易于出售或关闭经营不善的事业部;能够通过诸如资本回报率等方法对事业部的绩效进行财务评估和比较。

这种结构的缺点:由于每个事业部都希望取得更多的企业资源,因此经常会在事业部之间形成功能失调性的竞争和摩擦;各个事业部会存在管理成本的重复与浪费;事业部的高级管理层缺乏整体观念;当一个事业部生产另一个事业部所需的部件或产品时,确定转移价格也会产生冲突。[①]

---

① 中国注册会计师协会.公司战略与风险管理[M].北京:经济科学出版社,2014:147.

3. 客户细分(或市场细分)事业部结构

这种结构通常与销售部门和销售工作相关,将不同类型的市场按照客户进行划分,比如企业客户、零售客户或个人客户。批销企业或分包企业也可以采取这种结构,在这些企业中由管理者负责联系主要客户。

(三) U 型组织结构

19 世纪末 20 世纪初,西方大企业普遍采用的是一种按职能划分部门的纵向一体化的职能结构,即 U 型结构。特点是:企业内部按职能(如生产、销售、开发等)划分成若干部门,各部门独立性很小,均由企业高层领导直接进行管理,即企业实行集中控制和统一指挥。如图 5.4 所示,U 型结构保持了直线制的集中统一指挥的优点,并吸收了职能制发挥专业管理职能作用的长处,适用于市场稳定、产品品种少、需求价格弹性较大的环境。但是,从 20 世纪初开始,西方企业的外部环境发生了很大的变化,如原有市场利润率出现下降、新的技术发明不断产生等,同时企业规模不断扩大,使这种结构的缺陷日渐暴露:高层领导们由于陷入了日常生产经营活动,缺乏精力考虑长远的战略发展,且行政机构越来越庞大,各部门协调越来越难,造成信息和管理成本上升。

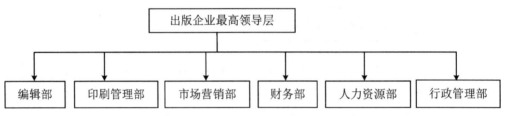

图 5.4 出版企业的 U 型组织结构

(四) 矩阵式组织结构

矩阵式组织结构注重多元效果,它同时具有事业部式结构、区域式结构以及职能式结构的优点,但又在一定程度上克服了它们的缺点。矩阵式组织结构由于有双重权力,很难在实际操作中实现平衡,因此这种结构常常衍生出职能式矩阵和产品式矩阵两种形式。职能式矩阵指职能主管拥有主要权力,产品经理仅协调产品活动;产品式矩阵指产品经理拥有主要权力,职能经理仅为产品服务。

传媒组织一般是产品式矩阵。优势是矩阵式结构能够使传媒组织中的资源(设备、人员)在不同产品之间协调分配,从而适应不断变化的市场环境,它被认为是企业组织结构中的一种高级形式。缺点是矩阵式结构过于复杂化,部门之间相互关系与责任难以分清,多头领导容易导致混乱。如图 5.5 所示,2005 年,英国广播公司(BBC)进行了组织结构改组,取消了历时 78 年的董事会管理的职能式结构,转由 BBC 托管委员会和一个执行委员会管理的矩阵式结构。

(五) H 型结构(控股企业或控股集团组织结构)

控股公司是指因拥有其他公司的股份而对其行使控制权或从事经营管理的公司。控股公司型结构通常出现在经横向合并后形成的企业集团中,H 型结构即控股公司结构,它严格讲起来并不是一个企业的组织结构形态,而是企业集团的组织形式。在 H 型公司持有子公司或分公司部分或全部股份,下属各子公司具有独立的法人资格,是相对独立的利润中心。

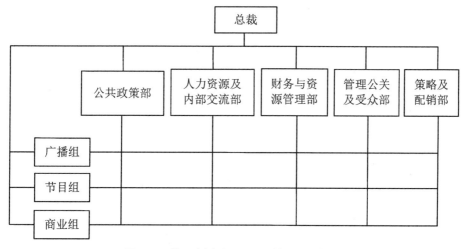

图 5.5 英国广播公司(BBC)的组织结构图

控股公司依据其所从事活动的内容,可分为纯粹控股公司和混合控股公司。纯粹控股公司只掌握子公司的股份,支配被控股子公司的重大决策和生产经营活动,而本身不直接从事生产经营的公司。混合控股公司指既从事股权控制,又从事某种实际业务经营的公司。

控股公司制组织结构与事业部式组织结构是不同的。在控股公司型结构中,由具有独立法人资格的子公司或分公司所组成,子公司拥有比事业部门更大的经营自主性和独立性。总公司因子公司或分公司的投资承担有限责任而在一定程度上规避了风险,注重对子公司的财产风险和人事进行控制。在事业部式组织结构中,事业部门在行政上直属总公司,不是独立法人。事业部式结构强调对事业部门的战略协调,经营风险完全由总公司承担。

实行控股公司型结构的报业集团的基本组织框架。董事会是集团的决策中心,董事长(主席或总裁)是集团的法定代表人。控股子公司,由集团派出或聘任高级职员进行经营管理。参股子公司,集团视股权的多少,承担相应的责任和义务。如图 5.6 所示,英国卫报是实行控股公司型结构的报业集团,卫报的斯科特托拉斯为私人所有,拥有卫报和曼彻斯特晚报集团的全部普通股,每年开会两次,与董事会一起任命各报的编辑和主管。

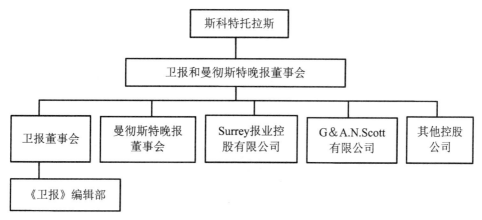

图 5.6 英国卫报组织结构图

四、传媒组织结构的发展趋势

随着知识经济及信息社会的到来,传统的工业经济迅速向知识经济转化,这使得组织运作方式、组织间的竞争形式都发生了深刻的变化。任何组织要在不确定性的环境中生存下去,就要不断创新组织形态,适应新的环境。

组织结构将以流程为中心,以顾客为导向,实现从职能式管理向流程式管理过渡。组织结构不能再以职能分工来管理,而要以流程管理为核心。每一个组织必须去找出核心的流程,指派专人去负责那个流程,而不是去管理某一个部门。流程式管理确立以"最大限度满足顾客需求"的流程为核心的组织形式,使员工从被动的服务产品提供者变为主动的服务创造者,给顾客带来最好的服务。

组织结构扁平化就是通过减少管理层次、增加管理幅度、裁减冗员来建立一种紧凑的横向组织,它强调系统的灵活性、管理层次的简化、管理幅度的增加与分权。随着企业规模的扩大,直线职能型的组织不可避免地会面临因组织层级逐渐增多而带来的沟通协调成本和监督成本上升、部门利益之间的冲突、难以对市场需求进行快速应变等问题。这种命令和控制模式的管理理念,强调的是服从。水平结构管理模式是基于以人为中心管理理念,强调合作与协调。组织的扁平化给予成员较大的授权,提高组织成员的工作满足感和自我效能感。

组织的虚拟化,建立跨部门虚拟快速团队。为了适应日益快速发展变化的竞争环境,企业必须建立一种高效、统一、灵活的虚拟团队,进一步提高组织的灵活性和进取心。这个团队以特定的任务而设立,可以是以产品、流程或者地区为中心,它由各职能部门的成员组成,比如财务、人力资源等。虚拟团队可以克服组织内部部门间的边界以及利益目标的不一致现象,重新配置资源。

无边界组织实际上是虚拟企业和组织结构扁平化的体现。无边界组织在一定程度上也称为网络型组织,核心企业是这个网络的中心,在满足不同项目要求方面它与网络中的其他企业紧密合作,组成项目性团队,项目团队是围绕工作流程或过程而不是部门职能来建立,因此在项目完成时,团队即告解散。

企业组织从传统型组织向学习型组织转变。第一,学习型组织注重通过团体合作来促进组织成长并强化其创新能力,不断学习、不断整合组织内外部资源以适应环境变化。第二,组织的学习能力是组织认知能力、适应能力和创新能力的集中体现,学习能力表现为认识自我、调整自我并超越自我的系统性过程。第三,组织学习能力的提高需要组织结构的相应改造。第四,学习型组织需要调整组织的文化战略。学习型组织的文化是倡导民主、平等,鼓励自我超越、鼓励冒险并宽容失败的文化。第五,学习型组织的文化是建立一个强有力的动力机制——共同愿景,以此形成一种组织长久生存、发展的信念和精神力量。

第四节 中外媒体的组织结构

媒体的组织结构是一个重要的问题,因为组织结构具有较强的刚性,一旦设立好,日后的调整非常困难;组织结构往往意味着权力结构,总编辑与总经理、编辑与记者谁具有更大的发言权和优先权;组织结构设置确定了基本议事程序和决策程序;组织结构决定了合作部门之间的逻辑关系和隶属关系。

一、国内外报纸的组织结构

中国与西方的报纸组织结构是不同的,国外报纸的最高权力组织为董事会或股东大会,而中国报社的最高权力组织为社委会。这是中外媒体的所有制属性不同造成的。国外报社更侧重于报纸的经营,公司化属性更强。在大型日报的组织结构中总编辑与发行、广告和人力总监处于同等重要的位置。在小型报纸中,报社总编辑甚至处于总经理位置之下。总编辑对内容有掌控权,直接向总裁和股东大会汇报,职位较总经理低,服从公司的整体资源调配。

(一)西方国家报社的组织结构

1. 西方报纸三权制的组织结构

在报社的顶层设计方面,西方国家的报社组织结构经历了一权制、二权制、三权制。早期实行一权制,一权制就是老板抓总,雇佣一些记者、编辑与印刷工人,自己负责全面业务。二权制是指老板抓总、总编辑具体负责采编,老板高薪聘请学识渊博的文化人任总编辑。19世纪末,《泰晤士报》实行三权制,如图5.7所示,老板抓总,下设总编辑与总经理分别主持编辑部与经理部。

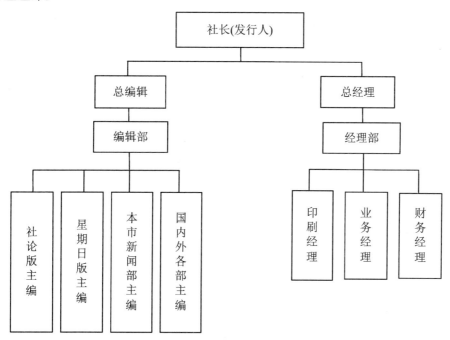

图5.7 西方报社的三权制组织结构图

2. 西方大型日报的组织结构

英、美等西方国家报业的编辑部由总编辑负责,再分为两块:一大块是新闻编辑部,一小块是社论评论部,实行新闻与言论分开,总编辑负责新闻采编,社论版主编主持言论。英、美新闻界认为,编辑部是个独立工作部门,新闻处理不该受到报纸政治立场的影响,而报社的政治立场应只在社论中加以反映,这种新闻理念决定了英美报社的组织结构。

一般报纸中,采编业务分三块:本市新闻部、国内国际新闻部、星期日版部。本市新闻部是最为重要、人员最多的部门。该部门由主编、副主编、若干编辑和大量记者组成。主编负责本市新闻的采访和本市记者的管理;编辑负责修改和处理记者来稿,配合主编安排好记者采访。国内国际新闻部一般包括国内、国际各类稿件的处理,该部门的主要工作是从通讯社大量稿件中挑选新闻,大型日报还要编辑本报驻国外及全国各地记者的稿件。星期日版的主编负责星期日版的各种"杂志性"稿件的组织与处理,该版新闻、评论仍由报纸原各部门负责。社论版主编主持社论版工作,社论评论部下设社论版和评论版,各由一名主编负责。社论版日常最高业务管理机构是社论委员会,由主编和主要评论家组成。

如图 5.8 所示,美国大型日报报社内的机构分为两大块:一块是行政和经营管理,另一块是编辑部。报纸除广告以外一切与内容相关的事务均归属编辑部管理,其余归属行政经营方面管理。行政经营方面由总裁负责,设副总裁若干,通常兼任主管,有的兼任部主任。

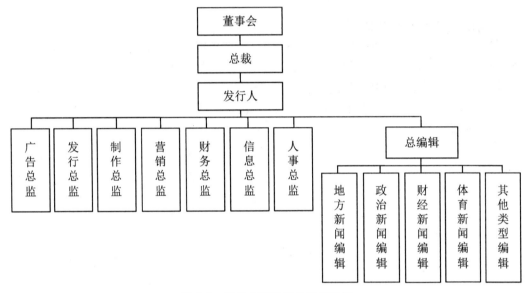

图 5.8 国外大型日报的组织架构

(二) 中国报社的组织结构

1. 新中国成立之前的个人独资制

个人独资制也叫个人业主制。传媒组织由公民个人出资兴办,个人直接经营。例如,《申报》由英国人美查于 1872 年创办,是近代中国历史最久的一份报纸。1912 年,史量才与张謇、应德謇、赵凤昌等合资,以 12 万元购买了《申报》。接办《申报》后,史量才出任总经理。为了能充分施展自己的抱负,不受掣肘,1916 年,他收购了合资人的股权,独家经营《申报》,对《申报》逐步实行现代化、企业化管理。1932 年,史量才成立总管理处,作为总揽全报馆事务的最高机构。如图 5.9 所示,史量才是报社所有者、决策人和执行者,其领导下的总管理处是其附属工作班子,协助其日常的执行事务。

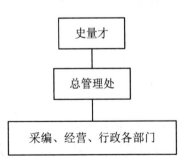

图 5.9 1932 年的申报社治理结构

2. 新中国成立之前的公司制

公司制即由两人或两人以上集资联合组成的法人企业。例如,1937年,大公报社成立了大公报社股份有限公司。图5.10是史料所载的1942年4月大公报社董监联合办事处公布的大公报社组织系统表。最高权力机构是股东大会,董事会是日常决策机构,设董事7人,与众不同的是,大公报社股份有限公司的执行层是由社长、总经理、总主笔三人为核心联合组成,对公司的日常运作负责,并非一般报社社长是最高领导。

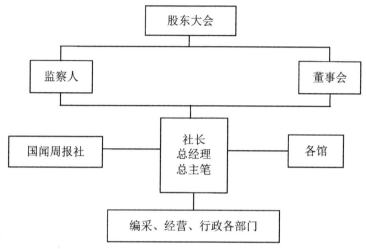

图 5.10 公司制的大公报社股份有限公司

3. 新中国成立之后的党委机关报的组织结构

在计划经济年代,我国的报纸基本上为各级党委机关报。党委机关报社内部只有两级,决策机构与总负责人。决策机构是编委会、党委会或社委会,总负责人是总编辑、党委书记或社长。编委会领导下的总编辑负责制,总编辑对整个报社的采编、经营、行政后勤等所有业务总负责;党委书记或社长负责制的,总编辑只负责采编业务,此时如再有编委会就是总编辑的工作班子。

编委会领导下的总编辑负责制是新中国成立后最主流的报社治理结构形式。特点:编委会是报社的决策机构,针对所有业务集体讨论做出决策。总编辑是编委会成员之一,受编委会的领导,负责执行编委会的决策。总编辑与其他编委会成员的特别之处在于:一是总编辑作为编委会的召集人,有权召集编委会开会;二是总编辑在讨论决策关键时刻多一票。总编辑类似于西方公司制的报社董事长兼总经理的角色。

如图5.11所示,采编部与评论部负责新闻的采写、编辑和评论,是收集和加工信息的部门;广告部是报社主要经济来源;发行部负责报纸的发行和销售。大型报社都开办了印刷厂,设置印刷部门,既负责本报社的印刷业务,也承揽其他印刷业务。

4. 国内大型日报的组织结构图

报纸的组织结构要与组织的战略相协调,为了保证战略的成功,企业必须变革它的组织形式来适应组织战略的需要。我国报业实行"事业单位,企业化管理"的经营方针以后,报社的经济活动不断增多,为了适应新形势的需要,一些报社对管理体制的改革进行了不同程度的探索和尝试,如图5.12所示,设置编委会并列的主管经营的组织机构经委会。

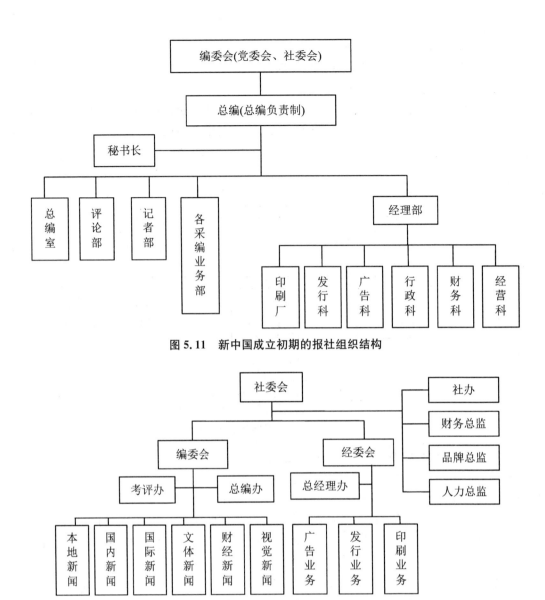

图 5.11 新中国成立初期的报社组织结构

图 5.12 典型的大型日报的组织结构

5. 国内市场化报业集团的组织结构

高效的组织结构影响到一个报业集团的竞争力,是报社获取和维系核心竞争力的先决条件。如图5.13所示,报业集团的外部都接受宣传部的领导,内部分为两级,第一级是集团层面的一个决策机构,如社委会、党委会、管委会等;第二级是社长、党委书记、管委会主任。具体包括如下两种方式。①

(1) 集团管理委员会领导下的社长负责制。这种制度以广州日报报业集团、南方日报报业集团和羊城晚报报业集团为代表。例如,羊城晚报报业集团的最高领导层为社务委员会,社长是集团的法人代表,总编辑和总经理在社长的领导下,分别负责集团中的采编系统和经营系统。集团基本由三大板块构成:《羊城晚报》;下属系列子报刊、羊城晚报出版社、金

---

① 孙玉双,聂娟,曹振宝. 报业集团管理模式的创新策略[J]. 新闻战线,2010(1):29.

羊网及其他传播组织;集团经营管理部门及属下发行公司、物业公司等多种经营企业实体。社长、总编辑、总集团社委会委员,由中共广东省委任命。

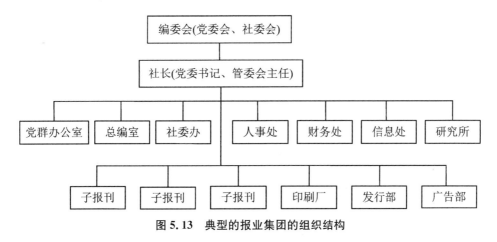

图 5.13 典型的报业集团的组织结构

(2) 集团党委领导下的社长负责制。集团党委领导下社长负责制的代表是原文汇新民联合报业集团。原文汇新民联合报业集团党委设党委书记、副书记和党委委员。集团党委书记兼任社长负责集团的全面工作,党委副书记兼任副社长主管新闻宣传、系列报刊、出版社和业务建设,另设一专职党委副书记负责党务、人事工作。其他党委委员分别是《文汇报》党委书记兼总编辑、《新民晚报》党委书记兼总编辑、集团纪委书记和集团总经理。集团领导由中共上海市委任命,中层干部由集团聘任,职工实行全员合同制。整个集团的编辑、经营、发行等主要业务工作全部由集团统一部署、管理。

二、广播电视的组织结构

(一) 国外广播电视组织结构

1. 国外广播电台组织结构

国外广播电台的组织结构基本是职能型的结构。如图 5.14 所示,以美国广播电台为例,新闻部主要负责新闻采编和制作,一般由主任负责,管理记者、主持人、播音员以及摄像师等,直接向台长负责;节目部主要负责节目的制作与购买,销售部也可以称为广告部,负责把时间出售给广告主或把节目卖给其他媒体;工程部负责挑选、运转、维护和保养演播室、控制室和传输设备,主要由一个总工程师或技术经理领导。

2. 国外商业电视台的组织结构

商业电视基本上采取的是直线型的职能制组织结构。虽然有些大的电视传媒集团在其较高的层面上看,由于牵涉的业务较多,呈现出事业部结构的状态,但从每个具体的电视台来看,其内部的组织结构还是属于职能式的。

如图 5.15 所示,国外的商业电视台中,通常设置以下一些部门:① 销售部。向广告客户销售广告时段是商业电视获得收入的主要方式,也是由销售经理领导的销售部的职责。许多电视台又将销售部再细分为全国性(地区)销售部和本地销售部。电视台的全国性(地区)销售往往委托其代理公司负责;而本地销售则由电视台自己的销售人员完成,这些销售人员通常被称为业务经理。② 节目部。在经理或总监的指导下策划节目,挑选节目,安排节目,并在制作人员的协助下制作节目。③ 新闻部。在很多电视媒体中,信息职能部门与娱乐职能部门是分开的,由一名新闻总监负责监督。该部门负责日常的新闻播出、新闻特别节目和体育特别节目、纪录片和公共事务性节目。④ 工程部。该部门由一名总工程师或技术经理领导,负责演播室、控制室和播出设备的选择、操作和维护。⑤ 事务部。包括文秘、报表、簿记等。在许多电视台组织机构中,事务部还负责人事管理。①

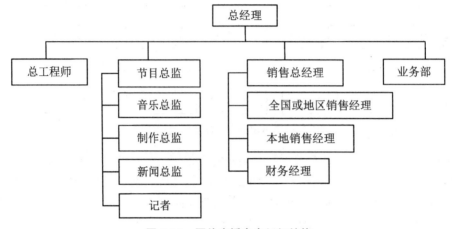

图 5.14 国外广播电台组织结构

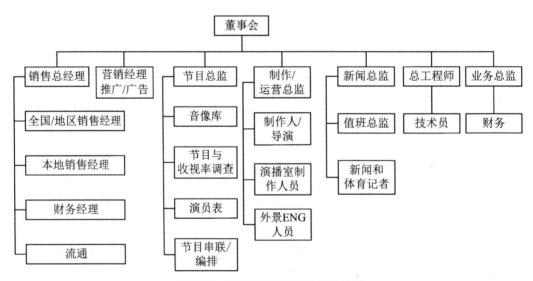

图 5.15 国外商业电视台的组织结构

3. 非营利性电视台的组织结构

BBC 是非营利性电视台的代表,由托管委员会与执行委员会管理。托管委员会是根据 2007 年 1 月 1 日生效的新《皇家宪章》而投入运转的机构,该机构取代了原来的 BBC 管理委员会,以受众交纳的收视费为经费来源。托管委员以公众利益的信托人的身份管理 BBC,他们都是社会上有名望的人士,BBC 托管会的 12 位托管人各自代表英格兰、苏格兰、威尔士和

---

① 王冬冬.电视媒体的组织结构设计研究[D].哈尔滨:哈尔滨工业大学,2008:52.

北爱尔兰的利益。他们置身BBC的日常业务之外,受收视费交纳者的委托,主管BBC。

托管委员会下辖执行委员会,由16个不同部门主管组成,负责BBC日常营运工作,委员会主席为行政总裁,并兼任总编辑。BBC经营8条电视频道、10条广播频道,及直接由英国政府出资经营以43种语言向全球广播。

(二) 我国广播电视台组织结构

1. 我国广播台或电视台的组织结构

1983年颁布的中共中央37号文件规定:"省、市、自治区广播电视厅(局)受该省、市、自治区人民政府和广播电视部双重领导,以同级党委系统和行政系统的领导为主,广播电视系统负责业务指导,如频率划拨、节目制作审查、广告刊登等。"依据上述原则,新中国成立初期的广播电视台的权力分配:一方面,外部接受同级党委和政府的领导,以及广播电视主管部门的业务指导;另一方面,内部实行编委会领导下的台长负责制,编委会是决策机构,台长是总负责人,广播电视行业逐渐形成了"条块结合,以块为主"的双重领导体制。

中国广播台或电视台基本实行职能式组织结构,设有如下的部门:新闻部主要负责新闻采编和制作,一般由主任负责;节目部主要负责节目的制作与购买;销售部也可以称为广告部,负责把时间出售给广告主或把节目卖给其他媒体;工程部负责挑选、运转、维护和保养演播室、控制室和传输设备;行政部管理财务收支、办公室文秘、薪水发放以及人事安排等事务;财务部负责记录所有交易并控制所有与经费和财务相关的活动。

2. 我国广播电视总台的组织结构

如图5.16所示,江苏广播电视台实行事业部制为主的矩阵式组织结构,总部设置8个职能部门,下属业务按照业态或功能划分为9个事业部,并进一步划分为事业性、综合性、产业性以及支持服务性四大类事业部,分别采取不同的管理方式,明确不同的改革重点。

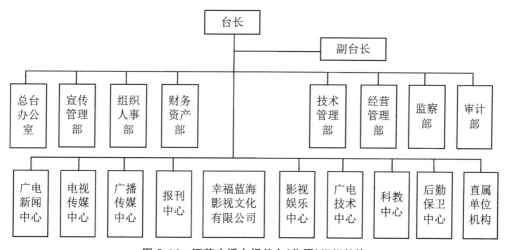

图5.16 江苏广播电视总台(集团)组织结构

电视传媒中心包括总编办公室、经营管理办公室、节目研发部、10个频道、电视节目采购部、包装工作室、编排导播部、长江龙新媒体有限公司等部门;广播传媒中心包括总编办公室、广播人事管理分部、广播财务管理分部、经营管理办公室、5个广播频率、广播广告中心、广播技术部等部门;报刊中心包括东方文化周刊社、视听界杂志社、江苏广播电视报社、广告大观杂志社等;幸福蓝海影视文化集团有限公司包括财务部、行政管理部、电视内容产业部、电影产业部、蓝海华谊兄弟国际文化传播江苏有限责任公司、娱乐拓展部等；广电新闻中心包括电视新闻部、对外宣传部等。

江苏广播电视台组织结构的优点：可调动积极性；有利于人才培养；解放生产力；分工明确；高效运转等。缺点：需要较多素质高的专业人员来管理事业部；管理机构多，管理人员比重大，对事业部经理要求高；分权可能架空公司领导，削弱对事业部的控制；事业部间竞争激烈，可能发生内耗，协调也较困难。

3. 股份制的广电集团的组织结构

湖南电广传媒股份有限公司成立于1998年8月，1999年3月在深交所挂牌上市，在全国传媒行业率先进入资本市场。上市以来，电广传媒已经发展成一个以有线电视网络运营、创业投资、影视节目制作发行、广告代理四大业务为主，旅游、房地产、酒店等投资业务为辅，经营地域横跨长沙、北京、上海、广州、深圳的大型综合性文化传媒公司。

如图5.17所示，湖南电广传媒组织结构严格按照股份制公司的治理结构来构建，设有决策机构、执行机构、监事机构。湖南电广传媒下设有网络、广告与节目三家全资分公司，以及湖南国际影视会展中心等11家控股分公司。

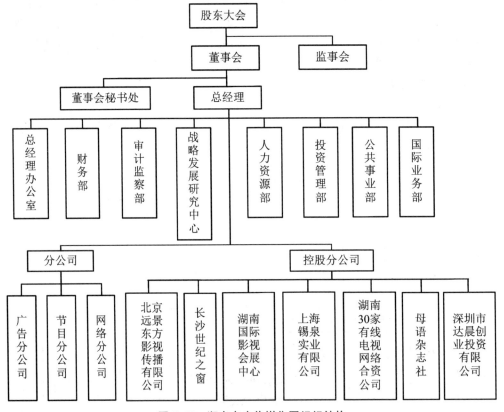

图5.17 湖南电广传媒集团组织结构

总之，随着内外部环境的变化，传媒的组织结构也需要及时做出调整，适时进行组织变革，坚持市场导向原则、客户导向原则以及效率导向原则，适应融合发展的要求，适应多元化经营的要求，以及适应集团化发展的要求，区分企业与事业，合理配置新闻采编系统、经营管理系统以及行政党务系统，向扁平化、虚拟化、团队化以及柔性化的方向发展。

第六章　传媒生产管理

传媒生产管理,是在规定时限里充分利用人、财、物、信息等传媒资源,生产一定数量和质量的传媒产品的过程。高效的生产管理是传媒决胜市场、提升经营效益的基础保障。传媒生产管理更强调企业内部各种传媒资源的整合、利用及开发过程的效率。尽管目前我国传媒产业发展势头良好,特别是经济效益稳步上升,但在生产管理环节仍存在诸多弊端,需要加强管理。尤其是在媒介融合时代,需要组织重构、流程再造,进行融合新闻生产,这部分内容将在第十五章专门论述。

第一节　传媒采编管理

采编业务的管理是新闻生产过程中的重要部分,采编管理机制设计上要体现科学,执行上要讲究效率,通过记者和编辑的互动,有效地发挥记者和编辑的主动性与创造性,在新闻资源的开发上体现出受众导向和传播效果的最大化。

一、传媒生产管理与采编业务

(一)传媒的生产管理

传媒生产管理有广义和狭义之分。广义的传媒生产管理,既包括传媒产品的制作,也包括新闻策划和新闻采编业务的管理。狭义的传媒生产管理,是指与传媒产品的制作密切相关的各项管理工作。本书指广义的生产管理,既包括采编业务的管理,也包括报纸的排版、印刷和广播电视节目的制作与播出的管理。

(二)传媒采编业务与生产管理的关系

采编业务管理主要是对"人"的管理,生产管理是对"物"的管理。采编业务管理强调的是记者的机动性、灵活性和编辑的策划意识。而生产管理更注重程序性、稳定性。采编业务管理在生产流程中起着决定性作用,报纸排版印刷与广播电视节目制作播出管理在生产流程中起辅助性的作用。采编业务管理人员要有高度的新闻敏感性和政治敏感性,同时也要有市场意识、受众意识、竞争意识和策划意识,生产管理人员更要有质量意识、市场意识、经营意识。

二、报纸的采编管理

(一) 采编合一与采编分离

根据从事新闻工作者的角色区分和管理,如果一个从业人员既采又编,则是"采编合一";如果只采不编,或只编不采,则是"采编分离"。具体来说,报纸编辑部下辖各专业部,在一些报社,专业部直接负责报纸版面编辑工作,如经济部负责经济新闻版的编辑,国际部负责国际新闻版和国际副刊的编辑等。这些报社专业部的人员在家是编辑,出外是记者,称作"采编合一"。也有一些报社实行"采编分离"制度,专门设版面主编负责版面编辑工作,编辑人员不采访,专业部的记者只做采访工作,不承担编辑任务。

1. 采编合一

采编合一是指版面由各部承包,编辑记者一人承担。优点:一是有利于新闻策划,可根据版面需要组织稿件。二是有利于稿件处理保持原稿的风格和特点。三是有利于编辑记者的交流,提高效率,避免重稿。弊端:一是容易造成个人包版制,造成编辑发稿的个人随意性,客观上助长了关系稿的现象。二是看人不看稿,编辑的把关作用形同虚设,导致编辑水平的下降。三是每个版面都只考虑自己的版面,缺乏全局意识,并且稿件自采自编,质量得不到保障。编采合一适合出版周期长、时效慢的报纸,对于讲求时效、新闻竞争激烈的报纸,一般都实行采编分离或根据版面的不同要求实行两种方式的混合使用。

2. 采编分离

采编分离是指记者按部门的分工来跑线,责任编辑按版面分工编稿和组版。优点:记者和编辑职责明确,工作上不会有交叉,分工合作,专业化水准提高。弊端:在传统的采编分离机制下,采访系统(记者部)和编辑系统(编辑部)是一种平行的关系,除了大型或重要的新闻报道,在日常工作中的沟通与合作比较少,只是各自承担新闻生产过程中不同阶段的职能。编辑的能力要是不很强的话,指导作用发挥不好,对稿件的认知不到位,反而影响稿件质量,如果管理得不好就容易形成两个阵营,对报社整体的团结不利。

采编合一和采编分离属于操作层面的事情,各有利弊,不同的报纸不同的市场环境,在新闻生产的过程中都可以灵活使用。比如,《南方日报》的采编机制,在四大中心实行的是采编合一,在中心内部则实行的是采编分离。

市场化的发展和新闻产品生产专业化的发展方向也要求记者和编辑的职责明确分开。从《北京青年报》改版来看,形式上,编辑、记者彻底分属两个不同的中心、部门,岗位分离,职责分离,避免了工作的交叉,内在机制上表现为确立了编辑的业务主导地位,突出了"版面质量"这一价值判断核心。新体制一方面强调编辑记者业务范围的彻底分离,明确要求编辑对版面质量负责,但不得在自己负责的版面上发稿,记者对稿件质量负责,但不参与组版工作。另一方面又规定编辑承担指挥记者采访活动的责任,而且执行主编每日必须与记者定期沟通。由于编辑与记者、记者与版面之间的固定对应关系被打破,业务操作上的双向选择得以强化,稿件的质量竞争不断明晰,推动报道水平不断提高。[①]

美国《纽约时报》的编辑部实行的是以分类结合、采编合一为主的体制。在这种体制下,

---

① 孙伟.北京青年报的编采分离实践[J].青年记者,2003(8):8.

编辑部被分为新闻和副刊两大类,各大类下又按照报道的内容分部或组,如新闻类的本市新闻部、国内新闻部和财经部等,副刊类的科学部、星期天刊部等。在这些部门内部,主编和编辑对记者有绝对指挥权,记者采访的稿件主要在本部门的版面落地,重要的可上要闻版,但也由本部主编或编辑审改签发。然而在个别部门,也实行采编分开,如版面编辑部,其职责有点像中国报纸的总编室,专门负责稿件的文字修饰和版面的设计拼装,里面是清一色文字编辑,没有记者。还有一个特别报道部,由主编临时从各部调动记者投入重点报道,其职责类似中国一些报纸的机动记者部,除了主编,全是记者。英国的著名报纸,如《泰晤士报》《每日快报》《观察家报》等除了要闻版实行采编分离外,其他部门大多以版块为基础,实行采编合一机构设置体制,各版块的主编管一批记者和编辑,对该板块的采编工作全面负责,具有很大的自主权。

(二)记者中心制与编辑中心制

记者中心制:在媒体内部建立了强大的记者部,或以记者为主的专题新闻部。各部有专门跑线的记者,不仅人多势众,而且在实际的操作中,记者的作用也大于编辑。记者的稿件决定着版面的内容和风格。编辑的作用就是版面处理。

编辑中心制:是在科学地设计报纸全部版面的基础上,构建版面主编、责任编辑、记者三级业务管理体制。编辑中心制以版面主编为骨干,版面主编管辖具体版面的责任编辑,责任编辑统辖记者。在这种机制下,编辑被赋予较大的责任和权力,具有管理记者并对报道进行组织策划和把关的职能。

从国外传媒运行情况看,相对成熟的采编系统都是记者、编辑分工明确的,而且大都实行编辑中心制,即大编辑小记者。西方国家报社的编辑部中的编辑起主导作用,大都由做过很多年记者并且水平较高的人来担当,他们一般不出去采访,而是在编辑部运筹帷幄,根据从各个方面得到的信息,结合报社的总体思想和报道要求,对发生的新闻事件分析判断,进行报道策划,然后布置给记者采访任务,跟踪和了解记者的完成情况,并最终帮助记者修改并完成稿件。如《纽约时报》的各个采编部门里,有主编、编辑,有记者。主编相当于部门主任,主编和编辑对记者有绝对指挥权。这样的制度有利于编辑和记者明确分工,工作上没有交叉。编辑的职责是进行报道策划、确定记者的采访任务、派遣记者写稿、编辑记者的稿件等。记者的职责是发现新闻线索,随时向编辑报告,根据编辑的分派或认可采写新闻,继续在一线跟踪所报道事件的新进展及相关新闻。[1]

当前报刊采编机制的改革趋势。① 建立记者和版面编辑之间的沟通与合作的互动关系,改变采编工作条块分割的状况。② 建立以编辑中心制为主的采编架构。一是取消传统的记者部,成立具有新闻采编双重功能的新闻中心;二是建立多层次的编辑系统;三是建立为版面服务的记者系统,充分发挥版面主编的作用。③ 责任编辑的把关功能要真正发挥作用。责任编辑不仅要参与报道的策划和实际操作,还要对稿件和版面的质量负责任,在评判稿件和版面质量时享有发言权,是一个责权统一的把关人。④ 淡化中心主任的指挥功能,强化其协调功能。⑤ 强化记者的版面意识、读者意识、合作意识和创新意识。

---

[1] 新华社对外部. 采编合一与采编分离:谈报纸采编流程管理[J]. 中国报业,2005(6):18.

(三) 新闻采编与经营活动分开

采编业务与经营业务严格分开,经营部门不得以"维护客户利益"为由干扰采编部门的正常工作,这是我国新闻传播业的一项重要制度。中宣部等四部门 1997 年发布的《关于禁止有偿新闻的若干规定》第十条:"新闻报道与经营活动必须严格分开。新闻单位应由专职人员从事广告等经营业务,不得向编采部门下达经营创收任务。记者、编辑不得从事广告和其他经营活动。"

2005 年,中宣部、国家广电总局、新闻出版总署下发《关于新闻采编人员从业管理的规定(试行)》,重申要严格实行新闻报道与经营活动相分离的规定。规定不得以记者、编辑、审稿人、制片人、主持人、播音员等身份拉广告,不得以新闻报道换取广告,不得以新闻形式变相播发广告内容,不得为经营谋利操纵新闻报道。

新闻出版总署还有一些部门规章也有"两分开"的规定。如《报纸出版管理规定》第四十条规定:"报纸采编业务和经营业务必须严格分开。新闻采编业务部门及其工作人员不得从事报纸发行、广告等经营活动;经营部门及其工作人员不得介入新闻采编业务。"《新闻记者证管理办法》规定:"新闻记者不得从事与记者职务有关的有偿服务、中介活动或者兼职、取酬,不得借新闻采访工作从事广告、发行、赞助等经营活动,不得创办或者参股广告类公司。"

"采编和经营分离"也是国际上主流新闻媒体的一项基本原则,特别是严格要求编辑、记者不能插手经营业务,不能去拉广告;新闻报道不能屈从经营部门和商业目的的影响。德国《新闻业准则》规定:"新闻业对公众所承担的责任不允许新闻材料的发布受到第三方利益或经济利益的影响。媒体发行人和编辑必须防止此类影响和企图,且要保证新闻材料和广告材料严格分开。"在 20 世纪 90 年代,IBM 是《财富》杂志最大的长期广告客户,但《财富》杂志某一期的封面批评了 IBM 当时的总裁郭士纳。郭士纳认为该批评不公正,因此将 IBM 投到《财富》杂志的 1000 多万美元的广告全部撤走。但《财富》的客观公正反而赢得了市场和客户的认可,IBM 的众多竞争对手纷纷加大其在《财富》的广告投放,结果《财富》当年的广告营业额还出现了飙升。

我国新闻观和新闻制度与西方有根本的不同,但是在维护新闻报道真实、客观、公正和公信力,以及抵制商业利益对新闻的影响等方面,还是具有共同性和相通性,所以媒体采编与经营分开都被视为一条不可违背的伦理准则和新闻单位内部部门和岗位设置的重要原则。

三、电子媒体的采编管理

(一) 制片人与制片人制

制片人是节目生产过程中的主导人物和总负责人,具有对节目的策划、制作、包装、推介等流程的实际经营权和相关工作人员的领导权。特点:由制片人承包栏目,对栏目的节目制作及财务用人分配等负全部责任;收入分配上实行奖惩机制;制片人有权解聘外聘人员。

制片人制起源于 20 世纪 20 年代的美国,它的出现是西方影视事业发展的需要。1985 年,中国电视剧制作中心任命了 4 名制片人,开创了内地电视界制片人制的先河。1993 年 5 月中央电视台又在《东方时空》实行了制片人制,第一个在栏目中采用了这一机制。随后,这种新的节目管理方式,很快被全国各地电视台所接受。

我国目前各电视台主要是栏目制片人制,即由制片人管理栏目,对栏目的节目制作、财务管理、人员使用、报酬分配实施全权负责。实践说明,这种节目管理方式是目前各种方式中较先进的一种。可以说,电视制片人制的实行是我国电视节目运作机制的一项重大改革。这种新的机制,调动了电视工作者的积极性、创造性,使电视台的人、财、物等资源在一定程度上实现了合理配置,获取了原有管理模式难以实现的经济效益和社会效益。

电视制片人制的实施并没有与人事制度、财务管理制度、节目运行制度的实质性改革相配套。因此在实践中,暴露出了许多不足之处。由于"制片人制"脱胎于西方市场化背景之下,引入我国后缺少配套措施的保障,造成的结果是栏目不仅是生产节目的最基本单元,同时也是行政单位的最小级别。一直没有明确制片人在栏目中的职责与定位,制片人的积极性和创造性也因此而受到制约。需要规范制片人的选拔任用程序,坚持"公开、平等、竞争、择优"原则,把具备良好政治素质和业务能力的干部选拔到制片人岗位上,这是提高制片人队伍整体素质的先决条件,也是做好制片人改革工作的基础。

(二)频道制与中心制

任何组织(营利机构、非营利机构等)的组织结构设计的核心问题都是职责与权力的配置。为了促进信息流动,降低成本,提高各部门对市场需求的反应能力,组织结构扁平化的趋势受到了广泛关注。随着电视频道数量增多,为了增强市场应变能力和竞争力,电视台实行频道制还是中心制值得思考。

1. 中心制

中心制组织结构是"总台—中心—部门—栏目"的四级管理结构。这是一种典型的直线职能制组织类型,它的建立是以职能专业化的优势为理论基础的,分设制作中心、播出中心、编辑中心、广告中心和技术开发中心等专业化中心部门,并根据各自的职能划分进行节目的生产、购买并输送到相关频道时段播出。

从我国广电事业诞生直到20世纪90年代末,中心制在电视台的管理中一直发挥着重要的作用,其优势是组织的整体任务目标明确,有利于集团管理;集约人力物力,使各个中心朝各自专业化方向发展。在频道资源稀缺的计划经济体制下,中心制能够统一调度、统筹管理、集中优势、实现资源共享。中心制的劣势表现在:多层级的管理结构造成了集权严重,组织缺乏生机活力。在中心制下,节目中心按照"计划"制作节目,它并不负责频道的编排,对于频道或者竞争对手的情况也不如频道清楚。另外由于频道节目收视效果、管理效率与节目中心没有直接激励关联,所以员工的积极性很难被调动起来。

2. 频道制

频道制组织结构是"总台—频道—栏目"的三级管理结构,是一种事业部制的组织结构类型,它通过分权的方式让各频道成为"自主运营"的事业部主体。首先,频道制的优势表现在管理层级的减少,实现了管理层与操作层直接沟通,栏目制片人向频道总监负责,频道总监又向台(或集团)负责,极大地激发了工作潜能。其次,频道制是频道直接管理栏目,并拥有一套专门服务于频道的技术、设备、采编制作力量,这样可以提高节目制作的效率。再次,频道可以调配整合节目制作力量和生产创作资源,促使频道内所有节目与频道品质相契合,形成品牌合力。频道制突出的劣势在于缺乏整合,力量容易分散。另外,频道制可能会导致追求小集体利益,对电视剧购买竞相抬价和对广告时段销售竞相压价的恶性竞争,或对台

(集团)的重大行动执行不力等情况。

3. 频道中心制

频道中心制是指针对电视台的实际情况，对电视节目生产组织采用比较灵活的权变管理。比如，广东电视台就是采取频道与中心相结合的管理机制。各节目部门已经整合为新闻、海外、社交、经济、青少、体育、文艺等15个中心。2009年重组新闻中心后，中央电视台进行改制调整。除新闻中心外，文艺中心等由中心制改为频道制。2010年5月，央视面向全台公开招聘各频道的总监、常务副总监。

（三）制播分离与制播合一

电视节目制播体制是电视管理体制的重要组成部分，它主要解决的是电视节目制作机构与电视节目播出机构的关系问题。所涉及的内容：电视节目的组织安排方式，电视节目内容的财政支持方式，电视产品的市场流通方式等。

1. 制播分离的内涵

制播分离起源于英国委任制（Commission），指电视台策划、投资并拥有版权的前提下，将节目制作业务委托给外部制作机构或独立制片人完成。它强调的是在电视台占主导的情况下，将节目制作委托给一些社会化的节目制作机构。

制播分离就是在电视节目的生产、流通和播出的过程中，节目的生产制作和节目的播出分别由不同的单位负责的管理制度。播出机构和制作机构之间通过节目的购销来合作。制作方通过向电视台提供节目来换取广告时间，经营广告时间来赢得利润，或直接收取制作费用；电视台则负责终审把关和播出。制播分离实行的是专业化分工，制作者一心一意制作出优秀的电视节目，电视台根据受众的意见反馈对节目进行调整和包装，对电视节目质量的提高有积极的作用。

2. 制播方式的演变

制播分离就是制作权和播出权的分离，并认为除新闻之外的生活、娱乐、体育等节目均可采用制播分离，由社会上的电视节目制作公司承担。

2003年12月30日，国家广电总局颁布的《关于促进广播影视产业发展的意见》提出制播分离的电视产业化的概念，允许各类所有制机构作为经营主体进入除新闻宣传外的广播电视节目制作，鼓励电视台将可经营的部分拿出来经营，保护与社会资本组建合资公司。

2004年8月20日，国家广电总局颁布的第34号令规定："国家鼓励境内社会组织、企事业机构（不含外资独资企业或中外合资、合作企业）成为广播电视节目制作经营机构或从事广播电视节目制作经营活动。"

2006年1月，国家广电总局印发的《2006年广播影视工作要点》中称"除新闻类、社会访谈类节目外"，文艺、体育、科技类节目等可以逐步实行制播分离，引入市场机制，实行节目的市场招标采购。

3. 制播方式的两种类型

制播分离指电视台通过某种交换机制从外部的制作机构获得电视节目的运作体制，电视台和节目制作机构之间形成一种契约或合作关系。

制播合一指电视台节目的策划、投资、制作、审查、播出等各环节都由电视台内部的节目部门统筹完成的运作体制。

制播分离有不同的层次。节目、栏目、频道引入市场机制；电视台内部剥离成立下属制作中心或者基地,构建内部市场,同时探索与外部市场的关系;频道的部分节目制作和经营业务引入市场;整个广播电视台在更大的范围、更深程度上进入市场,短期上是削弱了电视台的力量,从长远来看是产业发展的必然。

电视台制播分离改革一般采取由内到外的两步走计划:第一步,实行内部制播分离,有效发挥台属企业的资源潜力和制作能力,使制播分离迈出实质性的一步;第二步,推行社会化制播分离,及时总结内部制播分离改革的经验,引入市场竞争机制,实行节目招标采购,逐步实现节目制作社会化。

4. 制播分离的几种方式

(1) 委托制作与合作制作。委托制作指电视台将栏目委托给社会制作公司制作。合作制作指由电视台和社会制作机构共同策划、投资、联合制作节目并分享节目版权的操作模式,电视台可以投入部分节目制作经费,也可以提供一定的广告时段由制作公司经营,双方共同对节目进行审查后播出。

合作制作与委托制作模式的区别在于:合作制作使电视台与社会制作机构共同投资、共有版权、共同制作,双方利益共享的合作模式;而委托制作是由电视台根据自身的需要,投资并委托社会制作公司制作节目,电视台完全享有版权。

(2) 招标制。选择合适的栏目进行招标,评估小组根据栏目年度及当前收视率,综合考察台内外栏目成本,提出标的,包括招标实施后的节目质量、社会效益、收视率标准、节目经费标准等。中标人对栏目内容、选题、人员、资金等进行监控和检查。[1]

(3) 市场交易。节目制作机构投资,进行前期的市场调研和策划,确定节目的内容、风格,制作节目并拥有节目版权。电视台通过购买获得节目的播出权,支付方式可以是现金购买或以贴片广告补偿。例如,《鲁豫有约》是香港凤凰卫视的电视谈话性节目,湖南卫视、安徽卫视以及旅游卫视先后购买了中国大陆地区独播版权。

第二节 报刊生产流程管理

流程以产品的生产为主线,是企业一系列活动的组合,这一组合接受各种投入要素,包括信息、资金、人员、技术等,最后通过流程生产客户所期望的产品,以此带来客户价值。传媒产业需要提高流程管理的意识,进一步规范传媒基础管理,调动员工的积极性,提高执行力与管理效率。

一、生产流程管理

流程管理是系统化的管理模式,具有目标性、结构性、层次性、动态性和整体性的特征。传媒生产流程管理就是在目标战略的指引下,以先进的信息技术为手段,为实现客户需求为中心,以持续提高组织业务绩效为目的,明确流程管理责任,监控与评审流程运行绩效,对生产流程进行规划、建设以及再优化。

---

[1] 刘祥平,肖叶飞.制播分离时代的广电产业变局[J].当代文坛,2010(11):148.

生产流程管理是企业管理中不可缺少的一部分,没有规范的流程,企业的生产经营活动必然是无序混乱、缺乏效率的。企业的成功很大程度上取决于有效的管理及生产流程的支持和顺利执行,生产流程是企业生产经营活动的具体载体,将企业的各部门、职能及个人联系在一起,协调工作,是建立市场竞争力的基石。进行流程管理是实现企业发展战略与愿望的需要,创建学习型企业的需要,提高企业执行力的需要,也是企业现代化管理和信息化工作的需要。

业务流程的设计要有一条主线,以价值链为基础把流程串联起来。设计要符合下列原则:以客户满意为中心的原则;资源约束原则;可操作性的原则;流程驱动的原则;系统管理的原则;专业化的原则;以人为本的原则;信息化原则。

二、报纸的生产流程管理

报纸的生产流程包括报道的策划、新闻的选题、版面的设计、后期制作与报纸的印刷等方面,报纸生产流程管理应该服务于报纸的整体形象和市场定位,不仅要在内容上能吸引读者的注意力,具有可读性,而且在形式上也要讲究视觉冲击力,具备贴近性,实现其预期的经济效益与社会效益。

(一)新闻报道策划

新闻报道策划是新闻编辑为使某些报道选题获得预期的传播效果,对新闻报道活动进行规划和设计,并且在报道实施过程中不断接受反馈、修正原先设计的行为。新闻报道策划,在不同类型的媒介中表现出不同的形态,我们可以根据不同的标准,将新闻报道策划分为不同的类型。

(1)以报道客体发生状态作为分类标准,新闻报道策划可分为可预见性报道策划和非可预见性报道策划两类。可预见性的新闻报道策划,是指对能够提前获知的事件性新闻和非事件性新闻的报道策划。如纪念反法西斯战争胜利75周年、纪念改革开放40周年等非事件性新闻等,对这类新闻的报道策划,可以提前进行。如地震、火灾、飞机失事、战争爆发等,都属于非可预见性的新闻报道内容,通常是在事件发生之后立即策划报道活动。

(2)以报道策划的运行时态作为分类标准,新闻报道策划可分为周期性报道策划和非周期性报道策划两类。周期性报道策划,是指新闻采编部门对日常新闻报道的一种常规性策划,策划的时间具有周期性特点,如按季度、月、周等进行的报道策划。非周期性报道策划,是指根据报道需要临时进行的报道策划,如对突发性新闻事件的报道,只有在事件发生之后立即策划报道。

(3)以报道策划的运行方式作为分类标准,新闻报道策划可分为独立型报道策划和联动型报道策划两类。独立型报道策划,是指报道策划独立存在,与其他策划活动无关,报道者并不介入报道客体中。新闻媒介通常是站在旁观者的角度,进行客观报道。这种报道策划是独立运行的。联动型报道策划,是指报道策划与其他策划有关联,并相互间发生作用。如策划救助贫穷学生的公益活动等,报道者身兼"报道者"与"当事人"双重角色,这种策划与公关新闻相似。

编辑记者每天获得的新闻线索是大量的,需要编辑策划的只是那些内容重要、意义重大的深度报道。一旦发现值得进行新闻报道策划的重要新闻线索以后,策划者首先要围绕这一线索广泛收集各类信息,进行报道策划。根据各方面反馈的信息,策划者一般可对原先的报道方案做下列各种修正:修正报道思路、调整报道内容、调整报道规模、改变报道方式、调整报道力量与报道机制。

(二) 报纸的采编流程

报纸生产流程将报纸从选题采访到报纸出版作为一个完整的生产周期。以总编辑为首的编辑委员会确立报纸的编辑方式,采访编辑部门的负责人对当前阶段的重大报道进行策划,包括确定报道选题、设计报道范围与重点等,记者负责采访、写作,编辑人员负责选稿、改稿、制题、组版、校对等工作。

1. 策划、准备阶段

执行主编和各部门主编协商决定当期报纸的总规划,包括各部门的稿件、文章的初稿采编完成时间,以及报纸的采编要求;新闻部将自己的选题在例会上详细陈述,供所有编辑记者参考和讨论,各编辑记者为选题提出自己的意见和建议,各个报道组综合各方意见制定报道方案;所有记者编辑在每周的例会上交流自己发现的新闻点,参考其他人的意见而确定自己的报道选题,大型报道可跨组和联合其他报社或媒体合作。

2. 采写、征稿阶段

各个报道组组长安排好小组记者的采访调查、写稿工作,并在组内记者之间讨论,同时在每周的例会上向新闻部主编、执行主编以及全体编辑记者汇报工作进展;评论部的话题(选题)征稿宣传工作由评论部主编全面负责,评论部主编在部门内充分沟通讨论的前提下制作征稿公告。

3. 编辑、组稿阶段

新闻部主编、编辑与负责采写的报道组之间进行充分的沟通之后,认真编辑稿件,并按时完成排版;评论部主编和编辑对征稿和其他言论类稿件以及专栏作家的稿件进行部门内部讨论之后确定稿件是否使用,然后根据需要对稿件进行编改、删节、校对,最终组稿。

4. 校对、排版阶段

在报纸排版前由执行主编主持召开编前会议,保证无重大失误;部门主编安排好自己部门的排版工作;各部门主编必须在排好初版后及时将报纸送给执行主编做终审,同时安排好自己部门版面的文章再编辑和校对,并及时汇总,做修改,执行主编发现重大问题必须立即组织召开全体编辑记者会议,尽快解决失误,同时由美术总监对报纸版式进行把关;经审阅、修改结束后即印刷,发行部门安排好发行工作。

(三) 全媒体数字采编系统

报业在推进报业数字化建设和媒体流程再造中,加快从主要依赖纸介质出版向多种介质形式传播共存的现代传媒业转变,许多报社采取全媒体数字采编系统。全媒体数字采编系统支持文字、图像、图表、音频、视频等各种类型新闻信息,实现各媒体、各类型新闻从报题、策划、采稿、编辑、流转、审校到刊发的全流程计算机网络管理,构成全媒体数字复合出版整体解决方案。

全媒体数字采编系统要有互联网思维,加强多渠道新闻发布,除了将能签发稿件用于报纸出版,还可以签发到网站栏目、发布到社区网站论坛、博客、客户端等,实现报网互动、编读互动。加强采编系统与移动终端设备的无缝对接,记者能及时、快速地将通过手机采集到的文、图、音视频等多媒体稿件和素材传输到采编系统,同时,实现新闻的即采、即编、即发,通过手机发稿,提升了新闻的时效性。

人民日报社不断探索创新,把中央厨房建设作为报社融合发展的核心工程,打破原有采编机构的藩篱,重构采编流程,在人民日报社范围内打通策划、采访、编辑、发布、评价各环节,实现信息资源高度共享,形成传统报道与新媒体传播深度融合的全媒体生产机制。在融合实践中,人民日报中央厨房引入互联网思维,积极运用云计算、大数据、人工智能、VR、5G等新技术,把内容和数据作为业务重点,打造集热点监测、线索发现、精准推荐、效果追踪、用户分析、运营管理等为一体的数据化、智能化采编运营体系。

三、新闻纸管理

新闻纸是生产报纸的主要原料,新闻纸的价格影响着报纸的生产成本,同时制约了报纸的经济效益。新闻纸约占报纸生产成本的70%,在报纸广告不景气的情况下,不少报业也开始思考改变一味追求发行量的粗放型的发行方式,开始实施"有效发行"策略,在对主体竞争力不造成重大影响的前提下,确保核心市场和区域发行量,逐步减缩边缘市场的发行量,减"量"增效。

(一)新闻纸市场

近年来,电子媒体盛行,报纸用纸量减少。据中国造纸工业协会的数据统计,2012—2020年我国新闻纸产量逐年下降,截至2020年,我国新闻纸产量仅为110万吨,同比2019年下降26.67%。受下游市场萎靡的影响,我国新闻纸消费量逐年下滑,但其下滑速度较产量下滑速度慢。据统计,2020年我国新闻纸消费量为175万吨,同比下降10.26%。中国新闻纸价格水平在从4000元/吨到6500元/吨之间波动,自2018年年底以来,中国新闻纸价格走势不断下降,截至2020年12月31日,中国新闻纸价格为5210元/吨。

新闻纸国内市场出现轻微的供不应求状态,报纸印刷企业为确保新闻纸供应安全,拓宽新闻纸采购渠道,较大规模地购买了进口新闻纸,以防范和化解新闻纸供应的潜在风险。据统计,2020年我国新闻纸进口量为65.43万吨,同比增长18.27%。

(二)新闻纸管理

印刷报纸的主要原材料是新闻纸。新闻纸的来源有两种:一种是自己购买的新闻纸,与厂商独立核算,我们称之为集团纸;另一种是代印公司把自己购买的新闻纸送到印务公司,新闻纸的量根据合同规定,按印刷量和标准单位消耗新闻纸量计算,实际新闻纸的节余或短缺均由印务公司负责,代印公司与印务公司只结算除新闻纸外的料工费和利润。

新闻纸在使用时要严格控制印刷车间的温湿度,避免纸张产生吸湿现象,纸张吸湿后引起抗张内强度下降,印刷过程中易产生断纸故障。另外,温湿度变化会导致纸张的伸缩,影响印刷的准确度。新闻纸的吸墨性很强,印刷后能使油墨迅速吸收固化、适合高速印刷的特点,印刷中,要对油墨的渗透性、黏度等提出要求,以适合新闻纸的特性。新闻纸内含有大量的木素,木素见光后易氧化变黄、变脆,因此,不宜长期存放,也不适合印刷长期保留的刊物。

四、印刷管理

报纸印刷质量管理不是单纯的产品质量管理,而是过程和系统的管理。它涵盖从编辑到印刷的每个环节,涉及工艺、技术、操作、材料、评测、监控、服务等多个方面,包括制版差错控制、印刷差错控制和印刷质量控制几大方面。做好质量管理,要以标准设定目标,以规范指导操作,建立规范的质量管理体系。

(一)报纸铅排到激光照排的演变

从 15 世纪中期开始,一直到 20 世纪 70 年代,报纸铅字排版经历了一个漫长的发展过程。1450 年前后,德国的古登堡在中国胶泥活字印刷术的基础上发明了铅活字技术,此后铅字逐渐应用于报纸印刷。1815 年,由英国传教士米怜、马礼逊等创办的我国第一家中文报刊《察世俗每月统计传》,受技术条件限制,采用木版雕印。1859 年,美国传教士甘布林在宁波试制成功电镀汉字模,从此,铅字取代木活字在中国的书报刊排印中得到推广应用。从新中国成立到 1986 年《经济日报》率先采用激光照排之前,我国报纸编排一直采用铅排。

1987 年,《经济日报》引进感光树脂版印刷报纸,使用"华光Ⅲ型"出版了世界上第一张采用计算机编辑、激光照排、整面输出的中文报纸。1992 年,北大方正、华光以文图合一、整版输出为特点的彩色报纸编排系统在一些报社应用,我国报纸的编排手段和印刷出版技术基本实现了以计算机为主体的电子化作业,完成了从铅排时代到光电时代的飞跃。

(二)制版差错控制

对印刷企业而言,差错控制主要指从接收版面到装版印刷过程中的检查与控制。制版差错可分为两类:一类是报纸编辑错误,属外部差错;另一类是制版印刷错误,属内部差错。外部差错虽与印刷企业无关,是报纸编辑排版错误,但最终见报也属报纸质量问题,印刷企业更多地将外部差错的检查当作服务的延伸。

对外部差错的检查主要由制版承担,外部差错主要有日期、文字、图片、压字、压图、版序、合版、文章不完整、缺图缺字等错误。制版的内部差错是因本环节工作失误可能发生的差错,主要有拼错版序、调错文件(包括报种、版面、版本、日期等)、漏拼中缝、错发颜色(彩色、黑白弄错)、印版差错(异常曝光、图文残缺、图文变形)等。内外差错若在制版过程中未能及时发现,流入下道工序,增加了差错概率,若印刷环节也未发现,将变成质量事故。

制版差错控制应按流程确定各节点在差错控制中的责任,明确检查和控制的内容,制订相应的规范指导操作,并且建立相应的补救措施。外部差错的管理要针对其特点,结合制版操作流程,设定相应的检查点,规定检查内容和方式。对于内部差错的控制,应分析流程中可能产生内部差错的节点和原因,建立相应的预防和检查措施。整个环节的差错控制还应尽可能复查,多节点检查才能确保不漏查。特别是当流程发生变化或发现漏洞时,应及时作相应补充。

(三)印刷差错控制

印刷差错主要包括因装版导致的版序、色序错误,以及因操作、设备、材料等导致的印刷差错,如带脏、图文残缺、脱墨、切字等,这些差错若未发现而见报,其后果可能会很严重。印刷环节可能会面对三重差错:制版未发现的外部差错;制版产生的内部差错;印刷自身的差错。

印刷差错检查对象是印版、开机报纸和过程报纸,以检查开机报纸和过程报纸为重点。印版检查为辅助检查,一般不易操作,主要检查版序、颜色及图文异常(曝光异常、图文破损、图文变形)等。开机报纸的检查是重点,其检查内容较多,包括日期、版序、色序、版面颜色、图文完整性、图文变形、标题等。过程报纸的检查重点是控制印刷过程中可能发生的导致图文受损的印刷差错。

印刷差错控制主要通过控制分装版、开机报纸检查、过程操作及预防印刷差错的保养等节点的规范性,对差错进行预防和检查,发现差错后紧急处理,尽可能减小影响和损失。印刷企业需要划分不同岗位差错控制的职责。特别要完善差错发现时的处理措施,杜绝差错报纸入市。①

(四) 印刷质量控制

印刷质量控制是以报纸印刷质量标准为基础,以让客户满意为目标,对报纸质量相关联的各个环节进行质量管理,从图片、标题、版面(包括外观)、墨色等方面对报纸进行评定,保证报纸版面的编辑、图片处理、制版、印刷四个环节的标准性、规范性,让报纸以良好的视觉效果呈现在读者和客户面前。

国家标准化管理委员会发布了相关国家标准和行业标准,用以规范、提升报纸印刷质量。印刷企业要结合本厂生产设备、技术、工艺的实际,制定出各工序质量标准和相应的数据,并加以检测。印刷质量控制对象是印刷机、操作人员和印刷材料。控制内容是探寻印刷机的最佳工作状态,对印刷过程中的操作进行数据化、规范化和标准化,以及寻找合适的印刷材料,并监控其质量。也就是从设备、操作和材料着手,尽可能稳定印刷环节中影响报纸印刷质量的因素,实现印刷的稳定、标准和规范。

五、期刊生产流程管理

期刊生产流程与报纸有许多相似之处,但生产周期、读者对象、目标市场等也有许多不同。期刊的生产流程大体上可以分为以下几个环节:

(1) 总体设计。创刊或者改版之前,对期刊的办刊宗旨、目标读者、发行范围、内容风格、装订样式、印刷质量等进行总体设计。

(2) 选题计划。选题计划是将一个个选题按照总体编辑构思以一定原则构成的一个系统。选题计划需要根据读者需求与社会需求确定,注意关联性与连续性。

(3) 组稿审稿。期刊稿件来源有作者自由来稿,向专家、学者约稿,以及学术会议组稿等形式。在组稿过程中,逐步建立作者群体和网络。审稿中要遵循公平公正的原则和本刊的特点及学术规范,对稿件提出准确具体的审稿意见。编辑对终审通过的稿件,需进行必要的文字修改和技术加工。

(4) 编排校对。结合文编和美编的设计,重点注意字数核计、版面分配(即页数、栏数的分配)、图片、符号、图表等。校对的内容为检视错字、字体、字级、文句等,校对要严肃认真一

---

① 谢华国. 报纸印刷质量管理[J]. 印刷杂志,2015(3):35.

丝不苟,确保差错率不超过万分之三。

(5) 版面设计。版面设计针对内页的布局和美工而言。版面设计要考虑字数核算、标题制作、内文分栏、美工留白、图片配置、花边与线条的应用等。其中标题制作包括标题的形式、字级、字体、所占的行数及列数等。

(6) 印刷发行。将完稿交付印刷厂,并和印刷厂共同做完稿的检视、印刷的指示,确定无误后,由印刷厂进行制版、印刷工作。印刷完毕后,编辑部要检阅样刊,如果发现问题,应及时和印刷厂协商解决。

第三节　广播电视生产制作管理

广播电视制作较为复杂,技术不断更新。设计科学高效的标准化的产品生产流程对于广播电视媒体极为重要,在规范的流程之下,节目的策划、生产、制作、播出等要科学、合理而有效地进行,从而减低运营成本,提高资源利用效率,扩大节目传播效果。

一、广播制作手段

广播节目制作手段有直播和录播两种。直播节目现场制作,直接播出;录播节目要先制作节目录音带,再经编排进入串联播出。录播节目由主持人或播音员在语言录音间录音,由编辑和录音员在音频工作站或录音机上编辑合成,然后发送到总控制室播出。这种方式优点是,节目安全性好,质量高,可复制、存储、重播,节目安排灵活方便,便于广播节目播出的自动化。缺点是制作周期长,时效性差。[1]

广播的制作手段:

(1) 实况直播。包括热线电话直播、新闻直播。热线电话直播,听众通过电话随意提问,主持人随机应变,及时作答,它使广播听众与传播者直接交流,是广播节目中普遍的直播形式,也对节目主持人的综合素质和把关能力提出了很高的要求。新闻直播有的有新闻稿,有的事先准备了提纲,主持人在提纲范围内进行发挥。

(2) 播音录制。录播是一种常用的节目播出方式。广播节目的80%是录播。播音录制的制作方式是:播音员播读撰写好的稿件,进行录音,然后剪辑、制作,交给播出部门播出。播放唱片、把直播节目录制下来重播也属于录播范围。播音录制在录音室和复制室内进行。参与制作的人员有节目编辑、播音员、录音师;制作文艺节目时,还有演员、音响导演等。节目编辑或导演在控制室审听录制效果;录音师负责调音,对音质进行加工处理。

(3) 录音剪辑。录音剪辑重在选择素材,是对电影剪辑方法的借鉴和移植。录音剪辑人按照节目的内容和时间要求选择、整理录音素材,重新编排顺序。录音剪辑的要点是选择素材,要把听觉效果好、准确表达内容主题的关键素材挑选出来。

(4) 录音合成。广播剧大多采用这种方式。录音合成是把播音的语言录音磁带、剪辑好的录音素材、录制好的特殊的音响效果、背景音乐及现场录音一次性有机混录的过程。录

---

[1] 屠忠俊.传媒经营与管理[M].武汉:华中科技大学出版社,2013:192.

音合成通过多声道调音台进行。多声道调音台的若干个声道同时放音;每个声道联通一个声源;每个声源的放音音量大小和音量高度可分别进行控制;输出端联通录音机,录入哪个声源的声音,由调音台控制人选择和控制。合成后声音的质量要求是:人物语言与音响的衔接自然,音量适中,配合和谐,音量大小一致,音色一致,音调一致,节奏一致。

二、电视制作手段

电视制作从广义上讲指制作成电视节目的全过程,从狭义上讲专指后期制作。一般情况下,电视制作包括节目生产的艺术创作过程和技术处理两部分。

电视产生初期,录像机出现之前,采用直播,全电子过程,无法录制。录影机出现之后,外出采访采用便携式录影机,回来要经过冲洗、机械剪片,后期制作复杂、效率低。录像机出现以后,可以将节目保存在磁带上,提前一段时间录制并存储节目。录像机出现带动了节目编辑的发展,丰富了视频特效和直播中的多节目源的问题。

电视节目的发展和变化历来与科技发展同步,在电视摄像、制作、传送和播出等设备和技术的不断改进及其性能不断完善的条件下,电视节目质量不断提高。电视节目制作虽然有各种不同的方式,但其制作的本质是一样的,区别只是体现在节目信号载体、制作场所、播出方式、设备数量及规模大小等方面。①

(一)按信号载体区分有影片制作方式、录像制作方式和数字信号方式

1. 影片制作方式

早期的电视节目全部采用电影胶片拍摄和制作,经历过黑白影片和彩色影片两个阶段。影片的清晰度优于录像,图像细腻、柔和、层次丰富。但缺点是摄影和录音通常要分开进行,编辑时声画难以同步,声音制作大部分依靠后期配音,现场声运用很不方便,新闻节目基本上是画面加解说的模式,缺少现场感。而且,影片拍摄后必须经过冲洗加工、编辑和配音合成等阶段,新闻的时效性受到限制。由于无法在拍摄的同时知道画面效果,较难控制图像拍摄质量,所以对摄影师的拍摄水平要求很高。

2. 录像制作方式

此方式是指采用摄像机拍摄,将光学信号转变为电信号并以磁带记录制作电视节目的方式,以录像带为基础的录制系统经历了从模拟录像系统到数字录像系统的发展。与影片制作方式相比,录像制作方式的优点是声画同步,录像机能同步记录图像信号和声音信号,编辑时既可以同时组合原始的声画信号,也可以单独插入新的声音或图像信号,从而能够重组声画关系并延伸声画的含义,丰富了节目的表现空间。采用录像制作,在拍摄时可以在监视器上同步监测,及时调整画面构图、色彩、光线、声音等效果,保证拍摄质量。

3. 数字信号方式

此方式是以数字摄录机摄取信号,以计算机为工作平台,采用非线性编辑手段制作电视节目的方式。数字录像的优点是可以制作出高质量的图像和声音,可以直接在计算机上操作非线性编辑,进行数字后期制作,而且,数字信号可以大量储存和长时间保存,信号传送可以更加快捷方便。总之,数字技术的开发和应用,几乎克服了模拟信号方式的所有缺点,从

---

① 王蕊,李燕临.电视节目摄制与编导[M].北京:国防工业出版社,2008:298.

摄像、录像、编辑到节目传送、发射、接收的全过程都采用数字信号和数字设备的时候,电视节目制作方式再次发生革命性的变化。

(二)按播出时效区分有现场直播法、录像带编辑法

1. 现场直播法

对一些重大的、突发性的新闻事件,大型的文艺节目、体育比赛等,常常采用电视现场直播的方法,节目制作和播出的时间与事件现场时间是同步的,这种方式目前已越来越广泛地被采用。实况直播是电视区别于报刊、电台的优势。实况直播的优势:同步性、现场性、即兴性、参与性。实况直播可以分为现场直播和演播室直播。现场直播主要针对突发事件、重大节日活动,演播室直播主要针对新闻、访谈、教育、综艺等节目。

2. 录像带编辑法

此方法是指电视节目采用录像拍摄,经过后期编辑制作后播出的方式。磁带记录技术、电子编辑技术的发展和完善改变了电视节目制作和播出的方式,从原始的直播方式过渡到大部分用录像编辑播出。录像带编辑法具有明显的优点,在采用原始素材基础上,可以组合各种相关的资料素材,包括画面素材和音效素材,还可以加上字幕和各种特技效果,对节目进行再创作和加工处理,从而对节目编辑方法、完善节目质量产生极大的影响。

(三)按制作场所区分有演播室制作方式和现场制作方式

1. 演播室制作方式(Electronic Studio Production,ESP)

ESP通常是指在演播室内用多机拍摄、录像制作节目或现场直播节目的方式。ESP方式具有专门建造的拍摄空间(演播室)和制作场所(控制室),并有完备的电视制作系统,通常用于制作和播出常规的电视栏目,如新闻节目、评论节目、谈话节目等。设备主要包括质量较高的广播级摄录设备、光学条件良好的灯光照明、声学条件良好的拾音设备以及高质量的数字特技、模拟特技、动画特技系统等,加上背景道具的配套完善,制作程序规范,对摄像机位调度、灯光、音响、背景、道具、拍摄对象的表演空间等都可以控制自如,节目质量更易于掌握。ESP方式可以是边拍边录,与录像合成编辑后播出;也可以是即拍即播,或与录像合成直接播出,做到制播同步完成。

2. 现场制作方式(Electronic Field Production,EFP)

EFP也可称"即时制作方式",由于EFP需多台摄像机拍摄,所以也同"多机摄录、即时编辑"的概念相通。此方法是对一整套适用于电视台外作业的电视设备系统的总称,它是以一整套设备联结为一个拍摄和编辑系统,进行现场拍摄和现场编辑的节目生产方式。一些大型活动、重大事件和突发性新闻经常采用这种方式,使节目更具现场性和真实感。利用EFP方式,可以在事件发生的现场或演出、竞赛现场制作电视节目,进行现场直播或录播。

(四)按设备数量区分有单机制作方式和多机制作方式

1. 单机制作的方式

这是指自始至终只用一部摄像机变换不同角度拍摄,节目经过编辑后播出的方式,是在电子新闻采集(ENG)系统中普遍使用的方式。单机制作的特点与传统的影片制作方式相仿,即前期拍摄,后期编辑。单机制作方式在演播室中采用,可以根据一台摄像机的拍摄需要,精心布置背景、道具、灯光、话筒、人物活动范围,并能方便地进行后期编辑和配音。

2. 多机制作的方式

此方式是指使用多台摄像机同时拍摄制作电视节目的方式,摄像的过程就是镜头选择、编辑的过程,录像或播出都可以同时进行。在演播室内的节目制作或一些较大型外景节目的现场制作时多采用这种方式,摄像人员各自操作一台摄像机从不同位置和角度拍摄,导演或导播通过视频切换器选择来自不同摄像机的信号,有效地保持现场活动的连贯性,也可以适当加入已录制好的资料镜头。这个选择过程和信号切换过程就是对节目进行编辑的过程。

(五) 新闻节目制作主要有 ENG、EFP 和 SNG 等方式

1. ENG(Electronic News Gathering)方式

即"电子新闻采集",采用便携式的摄录像设备采集新闻,具有小型、轻便、灵活的特点,这种方式是非演播室制作。ENG 的装备主要由摄像机和录像机组成,在 ENG 制作方式中,一般在使用便携式摄录机时采用肩扛等方式,需要时再加上一名记者就可以构成一个流动新闻采访组,可以方便灵活地深入街头巷尾、村庄山区进行实地拍摄采访。如果能配备小型的微波发射器,就能够在新闻现场直接将节目信号发回到电视台,节目经过编辑后播出,也可以做到现场直播。ENG 方式还具有声画同步、拍摄质量能同步监控、节省胶片成本和更新换代快等优点。ENG 设备在 20 世纪 70 年代已投入使用,在 80 年代中期就逐步、全面地取代了电视新闻影片制作方式。

2. EFP(Electronic Field Production)方式

此方式前文亦有论述,是指采用多机拍摄和即时切换编辑技术,在事件或活动的现场制作电视节目的方式。相对于电视台演播室内的制作方式而言,它就像在拍摄现场建立的临时演播室。当然它的规模要小于真正的演播室制作系统,设备主要包括多路摄像机、录像机、视频切换台、调音台、特技机、同步机、字幕机、监视机以及灯光、话筒等相应设备和用于运载设备、接收和传送信号的电视转播车。这种制作方式强调整个摄制组的协调合作精神,在导播的指挥和调度下,及时对不同对象、景别、角度、技巧、节奏变化、镜头穿插等做出合理的安排。对现场录制信号做出编辑的设备通常安置在转播车上,转播车接收到现场拍摄的电视信号,可以即时做出切换编辑、配置字幕和特技效果等,完成现场制作,并将信号传送回电视台进行现场直播,也可以用于录像播出。

3. SNG(Satellite News Gathering)方式

卫星新闻采集方式,是指利用可移动运载转播车,安装地面卫星发射站装置传送现场拍摄制作新闻节目,被认为是 ENG 方式的发展形态。装备包括摄录像和编辑设备、小型卫星地面发射站、电视转播车等。在现场新闻采访的同时,只需接通线路、调整天线,就能将视频信号和音频信号直接上连发射到通讯卫星,再由地面电视台通过天线和其他设备接收从卫星下连的信号,就能实现即时播出。这种方式的新闻时效快、传播距离远、范围广,在重大新闻事件和体育竞赛等活动中有用武之地,但费用昂贵。

三、电视节目制作流程

广播电视节目的制作流程主要包括前期筹备阶段、中期摄制阶段以及后期制作阶段。前期策划要有可操作性;中期拍摄要有计划性;后期制作要讲求时效性,要充分体现节目的

编排意图,追求节目的最佳传播效果。

(一) 前期筹备阶段

节目筹备包括节目构思,确立主题、搜集相关资料、制定摄制方案,组建摄制组,提出拍摄要求,落实摄制计划。具体包括:① 节目构思,确立节目主题、受众、名称、时长以及制作费用,搜集相关资料,草拟节目脚本。② 主创人员碰头会,写出分镜头方案。③ 拟定拍摄计划,征求摄制意见,确立摄制形式、经费开支预算以及人员配置,根据节目性质对导演、演艺人员、主持人记者做出选择,制片部门要确定选择的拍摄场地及后期保障。④ 各部门细化自己的计划,如签订租赁合同、建造场景道具、图版,征集影片、录像资料,等等。

(二) 中期摄制阶段

中期摄制工作包括如下几个方面:① 制订摄制计划表,标明摄制事件的时间表、具体场景、日期;编制分镜头剧本:镜头序列、景别、角度、技巧、摄像机编号、切换钮编号,准备提词器、租赁的设备、移动车、升降臂、布景、道具、美工装饰服装等。② 召开摄制会议,导演阐述,讨论布景方案、节目、演员、灯光、音响等。③ 布置和排演,具体摄制场景由有关摄制人员完成,导演排练演员,音响师测试音响,舞美布景。④ 节目摄制,直播节目摄制同期进行,预先导演好的节目根据计划进行,执行中做必要的修改。

(三) 后期制作阶段

编辑在后期的合成制作中起着很重要的作用。编辑的主要工作包括:根据导演的总体构思对所拍摄的内容进行编排,其中有画面的剪辑、配音、配乐合成以及其他处理(如特技、字幕等),编辑工作是一个再创作的过程,要善于驾驭图像编辑技巧,以及运用声画组合的技巧。具体过程如下:

(1) 准备阶段:修改脚本、熟悉素材、选择素材、确定风格基调、撰写编辑提纲。熟悉场记,包括素材带编号、每个镜头的内容、长度、质量效果,以便编辑时查找及形成虚拟编辑带。读镜:仔细阅读素材,并找出镜头与镜头之间的相互联系。撰写分镜头脚本或编辑提纲。

(2) 剪辑阶段:选择素材、剪辑(粗编、精编)、检查声音画面,包括粗编、精编、平剪、串剪。粗编就是根据节目表达需要和时长规定,将镜头大致串接在一起,基本完成节目结构形态。精编是对已粗编的节目进行调整、修改和包装,从而达到播出要求。平剪就是在连接镜头时,上一个镜头的画面和声音同时同位结束,下一个镜头的画面和声音同时同位进入,这是镜头编辑的基础方式。串剪是上下镜头的画面声音不同时同位转换,比如,上一镜头的画面结束,而相应的声音却延续至下一画面内,或者下一个镜头的声音提前进入上一个镜头,在电视艺术节目中加强了上下镜头的呼应和艺术感染力。

(3) 编辑合成:配解说、加字幕、配音乐音效、合成播出。① 素材编辑,确认素材的入、出点。② 特技的运用、字幕的制作。③ 画面编辑后,可进行初审,判断结构是否合理,段落层次是否清楚,有无错误并修改。④ 混录。录解说词及所需的音乐,将解说词、效果声、音乐进行混录,并进行音调、音量等处理。

四、不同类型电视节目的制作

(一) 电视新闻节目制作

1. 前期准备

电视新闻采访是新闻工作者深入细致的调查研究活动,在采访前要进行理论准备、政策准备、资料准备,还要进行知识、心理以及一些事务性的准备。人物专访、预约采访,在带机采访前还要和被采访者反复沟通。

2. 中期采录

采用挑、等、抢的拍摄方法。"挑",即挑选、选择最佳的画面语言。"等",即等待最富有表现力的瞬间。"抢",即不失时机地抢拍新闻报道的镜头。对于负面新闻报道,隐性采访也是一种获取新闻素材的重要采访方式。

3. 后期合成

检查素材,整理修订文字稿本,制作新闻标题,配发评论,剪辑画面和声音,将片断组合成一个整体,配解说词与音乐,叠加字幕。

(二) 电视纪录片制作流程

1. 准备阶段

纪录片是通过非虚构的艺术手法,直接从现实生活中获取图像和音像素材,真实地表现客观事物以及创作者对这一事物的认识与评价的纪实性电视片。纪录片创作前要对题材进行可行性的评估,包括素材来源丰富与否、实际执行的难易度、目标观众、经费来源、未来播放的渠道等。加强数据资料的搜集与准备,包括文字数据、影像数据以及声音数据,文字数据来源于网络、平面媒体报道、书籍、原始手稿、文件等,除了自行拍摄的影像数据之外,过去已经存在的影像数据可能还包括照片、新闻片、档案数据片、其他影片(含剧情、纪录、动画等),有时也会直接当作影像素材使用;声音数据有时也是重要的元素,如广播录音、原始的录音档案、传统歌谣等。准备阶段还需要对可能的主要角色、相关人物、学者等进行预先访问,对可能牵涉的现实场景进行勘景。

2. 拍摄阶段

根据脚本或拍摄大纲拟订拍摄计划,开始进行拍摄工作。纪录片的机动性比较强,必须事前做好准备,譬如预计拍摄的场景、天数,访问题纲,需要的器材,影带的数量,甚至包括住宿、用餐的地点,都必须做好事先的安排。在拍摄工作大致完成之后,则必须将所有素材做详细的整理,包括访问稿、拍摄场记、影像、声影数据场记等。素材整理得愈详尽,对后续的剪接脚本撰写,以及剪接工作帮助会愈大。

3. 后期编辑阶段

后期编辑包括初剪、后制、修片、定剪、影像效果、字幕、旁白、配乐、音效、声音后制。进行画面编辑时,注意声画合一、声画分立和声画对位等不同声画组合方式,将画面和声音这两大信息形成整体,使画面和声音既有各自的表情特性,又达到声画配合的高度统一。根据动作、情绪、节奏等确定画面剪接点。注意纪录片中的人声(解说词、采访同期声)、音乐、音响的选配和组接以及三者之间综合处理的技巧。音乐选配应注意尽力追求音乐与全片主题、风格的和谐统一。

（三）电视剧的制作

1. 先有剧本

剧本运作有两种方式：制片商式、自由来稿式。第一种，制片商先看中了某个题材，然后找作者来写，这种方式很普遍。第二种，制片人出钱买别人的剧本，然后请原作者或别人参与创作或修改。一般剧本初稿是由剧作者单独完成的。到剧本的修改和定稿时，导演和制片商都不同程度地参与进来，导演制订分镜头剧本，制片人考虑融资方式，包括商业运作、政府投资。

2. 剧组筹建

在剧本基本定稿的同时，开始筹备成立剧组；定导演、演员、摄像等。剧组的筹备一般是由导演和制片人共同完成，剧组用人在很大程度上受到经济方面的制约。一个剧组由以下部门组成：① 编导部门：编剧、导演、执行导演、副导演、场记；② 摄影部门：主摄像1人，副摄像1—2人，助理摄像1—2人，灯光师3—4人，录音师2—3人，美工师1—2人，道具师2—3人，化妆师2—3人；③ 制片部门：制片主任1人，制片2—3人，剧务2—3人，后勤若干；④ 演员：男女主角、主要演员、次要演员、群众演员。

3. 拍摄阶段

拍摄阶段的主要工作包括：① 拍摄前的准备。包括下达"导演通知单"，导演召开镜头会议，布置拍摄任务，验收布景，检查化装、服装、道具等工作。导演要求场记列出分场次表，负责挑选演员的执行导演或副导演则帮助导演把剧本中的所有人物都列出来，然后开始物色演员。摄影师、录音师、照明师开始同导演和制片主任商量用什么样的设备。美工师和道具师则把所有的内景戏和外景戏都列出来，考虑哪些采用实景拍摄、哪些需要置景。化妆师则考虑每个人物的造型。服装师考虑的是人物的服装。挑选演员和选外景是电视剧拍摄之前最重要的两项工作。② 正式开机拍摄。拍摄阶段，电视剧是按场次进行拍摄的，即把发生在同一场景的戏集中起来拍摄。③ 看样带。导演、摄像师、录音师、灯光师等在每天完成现场拍摄后，要看样带，检查工作情况。

4. 后期制作阶段

后期制作阶段是在对全剧进行结构设置、对节奏作最后调整的基础上，经过精修细编、配音响效果、配音乐，然后进行混合录音，制作字幕和添加光学效果，最后完成整个片子的制作。后期制作阶段是导演和编辑对片子进行再创作的最后一个关键环节，其中还包含录音、作曲、乐队、演唱、音响、动画等人员的艺术创作，是一系列工艺上、艺术上的制作程序。

5. 发行阶段

目前国内电视剧的发行方式有三种：自己发行、委托发行、一次性卖断版权。

五、电视节目的编排策略

电视节目编排就是有机地安排好各节目的播出次序以及每个节目具体的播出时间。电视节目编排策略的两条思路：① 台内各频道之间的节目编排应贯彻整体原则，谋求各频道观众群相加的"和"最大；② 针对台外对手频道的节目编排实行有效的制胜策略，谋求在竞争中赢得最大收益。

(1) 匹配原则(Compatibility)。制定节目编排策略时应该努力使不同类型的电视节目与人们生活周期中各个阶段相匹配,从而有效地争取观众。

(2) 规避性对抗(Counter Programming)。规避性对抗节目提供一种完全不同于竞争台节目的内容,从而把竞争台的部分观众吸引过来。

(3) 架空原则(Off Contact)。架空是将一个长节目安排在一个特定时间播出,利用观众对这一节目连续收视的需求,来阻止观众向其他频道转移。

(4) 导入策略(Lead-In)。导入策略是指把一个处于强势地位的节目安排在同类目标观众的弱势节目前。

(5) 吊床策略(Hammocking)。吊床策略是指用两端的两个强势节目把中间一个弱势节目的收视率吊起来。由于观众喜欢吊床两端的强势节目,所以顺带也就把中间的节目也看了。

(6) 沿袭效应(Inheritance Effect)。沿袭效应与观众流的概念紧密相联。某一类观众喜欢某一类节目,他们在看完这个节目后,如果后面的一个新节目仍然把他们作为目标观众,那么他们会继续停留在这个频道上。

(7) 季播策略(Season Show)。按季节编排播出电视节目能够在迎合观众收视需求的基础上,使观众与电视节目之间形成一种约会意识,培育引导观众的收视规律,与常年栏目相比,可以减少受众收视的疲劳,易形成收视高潮。

第四节 网络媒体产品生产管理

互联网被称为"第四媒体",其出现晚于报纸、广播与电视;移动通信技术与互联网相结合,产生了移动互联网,被称为"第五媒体"。网络媒体的产品比传统媒体的多,大体可以分为网络新闻、网络言论、网络娱乐等。

一、网站的类型

(一) 资讯门户类网站

本类网站以提供信息资讯为主要目的,是目前最普遍的网站形式之一。这类网站虽然涵盖的工作类型多,信息量大,访问群体广,但所包含的功能却相对简单。目前大部分的政府和企业的综合门户网站都属于这类网站,比如新华网、新浪、搜狐。

(二) 企业品牌类网站

企业品牌网站建设要求展示企业综合实力,体现企业 CIS 和品牌理念。企业品牌网站非常强调创意,网站内容策划和产品展示体验方面也有较高要求。企业网站利用多媒体交互技术和动态网页技术,针对目标客户进行内容建设,以达到品牌营销传播的目的。

（三）交易类网站

交易类网站的共同特点是提供两个以上典型的服务，例如淘宝、易趣。这类网站可以把它看成一个网站服务的大卖场，不同的服务由不同的服务商去提供，其首页在设计时都尽可能把所能提供的服务都包含进来。

（四）互动游戏类网站

互动游戏类的代表性网站有传奇、仙剑情缘、联众等。这类网站的投入是根据所承载游戏的复杂程度来定。

另外，还包括社区网站，比如猫扑、天涯等；政府机构网站；谷歌、百度等功能性网站；以及其他综合性网站。

二、新闻网站的类型与管理

根据《互联网新闻信息服务管理规定》（2005年9月25日起施行），其中第二章第五条将互联网新闻信息服务单位分为三类：一是新闻单位设立的登载超出本单位已刊登播发的新闻信息、提供时政类电子公告服务、向公众发送时政类通讯信息的互联网新闻信息服务单位；二是非新闻单位设立的转载新闻信息、提供时政类电子公告服务、向公众发送时政类通讯信息的互联网新闻信息服务单位；三是新闻单位设立的登载本单位已刊登播发的新闻信息的互联网新闻信息服务单位。商业门户网站就属于第二类。因此，目前我国的商业门户网站在时政类新闻信息方面是没有独立的采编权，只能依靠转载。

正是因为我国商业门户网站受到新闻采编权限制以及网络自身特点的影响，它的新闻生产过程不同于传统媒体。商业门户网站的时政类新闻大多来源于通讯社、传统媒体和主流官方新闻网站。具体的转载来源主要由商业门户网站与传统媒体和主流官方新闻网站的合作情况而定。根据综合四大商业门户网站的转载情况，主要的新闻转载来源为新华网、中国新闻网、人民网、环球时报等。但在实际运作中，几大门户网站都有自己负责采编的记者和编辑，尤其在经济、科技和娱乐新闻方面，这也成为了业内的现状。

在管理体制上，自1997年开始，中央就明确国务院新闻办公室作为网络新闻宣传的归口管理机构。2000年4月，国务院新闻办网络新闻管理局成立，负责统筹协调全国互联网网络新闻宣传工作。在国务院新闻办成立了网络新闻管理局之后，各省、自治区、直辖市新闻办也陆续设立了相应机构，形成了自上而下的管理机制。

三、网络新闻生产流程管理

（一）网络新闻工作流程

按照传统媒体的划分方法：新闻业务流程包括采访、写作、编辑（制作），但网络新闻所依存的媒介是网络，其新闻制作的环节全部在计算机上实现，这直接导致新闻采访、写作、编辑、发布之间的界限越来越模糊。传统媒体第一次选择的是哪些素材可能成为新闻，而商业门户网络新闻则是在选择传统媒体的新闻成品中进行选择，进行二次选择和传播。除此之外,一些官方网站、电视、电台已播出的内容、翻译的外稿以及嘉宾聊天、会议都是新闻网站的新闻源。新闻网站开设的博客、播客与微博等功能,也间接提供了一些信息源。

新闻网站与综合性传统媒体有着大致相同的功能设置,如按照新闻种类划分出的不同部门,如新闻中心对应时事新闻部门,财经中心对应经济部门,文教中心对应报社的文化娱乐部门等。网络新闻既有一般意义上对基于单条消息的新闻选择,又有新闻信息的整合和再发掘以及一些特殊的新闻生产方式,如嘉宾聊天、会议专题等。网络新闻产品的形态多样。在新浪网上,最终产品主要分为两大类:新闻类和信息类,新闻类比如财经、科技体育、娱乐等频道,信息类如游戏、读书、旅游等频道,有时两者也有交叉。在具体的形式上,有文字信息、图片、视频音频节目、新闻搜索、滚动新闻、实时新闻排行榜和要闻回顾等。

对稿库里数万条新闻信息,网络编辑需要快速选择出重要的、适合网站报道理念的、易吸引受众的新闻,并进行快速的编辑和发布,如重新制作标题、配图以及选择发布的位置,有媒体将这种生产比喻成了信息的二次批发。新闻转载是门户网站新闻制作过程中的一个重要方面,每天的时政类新闻都来自于商业门户网站合作的通讯社、传统媒体及其他新闻网站或主流官方新闻网站。

(二) 网络媒体编辑部的架构和工作分析

以新浪为例,整个新闻中心的架构设置了不同的层级,分别是总编辑、总监、频道主编、高级编辑、编辑和助理编辑。总编辑负责控制整个网站新闻报道方向、内容和质量;总监监控部门所属频道内容定位及质量;频道主编监控频道整体内容质量,随时调控要闻重点等;高级编辑处理频道重要新闻,修改频道要闻,制作专题,必要时行使主编职权;编辑负责一般新闻发布,协助制作专题;助理编辑协助发布新闻和新闻处理制作等。

虽然对于网络编辑而言,编辑的稿件是其他媒体的作品,但也有一个新闻报道中最重要的真实性、鉴别、编辑、挖掘和重新组合的过程。网络编辑自身的新闻专业素质、业务水平甚至于职业道德理念很大程度上决定着新闻的形态和质量。虽然网络编辑自身并不采写新闻,但是网络编辑对于新闻的选择、标题的制作以及配图、放在页面的位置都会产生很大的传播影响力。网络编辑工作的主要环节为选稿、编改、推介、整合。

(1) 选稿。选稿是从新闻来源即媒体和网站中的大量新闻稿中选择符合网站及栏目定位的富有新闻价值的转载或者自采新闻,一般新闻选择的标准主要是要符合政治、法律规范以及道德规范,在此基础之上根据新闻价值标准进行判断。

(2) 编改。编改的主要目的是对新闻的标题和内容进行再一次加工。大部分的新闻标题都会经过商业门户网站的修改,这是为了适应商业门户网站作为网络媒体的传播特性以及吸引受众注意,达到更好的传播效果。对于新闻中内容有差错或字词错误时,编改的过程中应当加以修正、删除或增补。选择相应的新闻图片或音频、视频,调整新闻版式,有时还要加入新闻背景和相关新闻的资料或链接地址。

(3) 推介。推介是网络新闻编辑根据新闻的特点和重要性,选择推荐的手段,让受众能够更快地发现并浏览某些新闻。如设置新闻弹窗、把推荐的新闻放于某栏目的显要位置、置于网站主页或头条。根据新闻的时效性,不断补充、替换新的新闻。

(4) 整合。整合即根据新闻的内容,把不同种类的新闻进行归类,把相关的新闻整合到一些专门策划的专题中,使得受众能够轻松地阅读到更多、更为全面的信息。整合是内容发布的层次化、整体化的结构形式,包括三个层面:基本层面的整合,以超链接为主要表现形式;中观层面的整合,以新闻专题为主要表现形式,即策划新闻专题与组织报道;宏观层面的整合,以频道、栏目及网站的整合为主要表现形式。综上所述,就是要将众多条新闻报道进行归类整合,形成若干大类,构成新闻专题或新闻栏目。

四、其他网络传媒产品的生产管理

除了时事新闻类之外,网络还有许多其他的传媒产品,例如,从传播内容来看,网络言论类、游戏娱乐类、教育培训类、生活购物类、电子商务类等;从产品形态看,又大致可以分为文字、图片、视频等不同形态。

网络言论是网民通过微博、微信、博客、BBS、网络社区等发表关于政治和一般公共事物的言论与看法,包括网络评论专栏、网络即时评论与网络论坛言论等形式。网络言论具有互动性、平等性的特点,没有传统意义的"把关人",通过媒体网站或者网络内容提供商(ICP)平台发布信息、发表观点。网站作为网络言论的平台提供者,可以设置版主,对网民的言论适当把关,版主认为精彩的可以置顶,认为有违国家法规或"公序良俗"的可以及时删除。

游戏娱乐类产品是网络传媒产品的重要形态,特别是网络游戏、电影、音乐构成网络传媒产品的主要产品。2014年,我国网络游戏市场规模为1145亿元,2018年上升到2345亿元,2020年达2786.9亿元。网络游戏需要游戏开发商、网络运营商(中国电信、中国移动、中国联通等)、游戏运营商、硬件设备商、游戏销售商等开展合作,游戏开发商根据市场与受众的需求开发网络游戏产品,网络游戏运营商通过自主开发或取得其他游戏开发商的代理权运营网络游戏,以出售游戏时间、游戏道具或相关服务为玩家提供增值服务和放置游戏内置广告,从而获得收入,如网易、腾讯、盛大、绿岸、完美时空、巨人等网络游戏运营商。网络游戏运营商从硬件设备商处获得以专用游戏服务器为主的设备,并与网络运营商建立合作关系,通过服务器接入网络,使游戏在网络上运行。

网络是虚拟空间,但是又与现实生活密切相连,对于网络的违法犯罪需要严厉打击,例如,通过网络传播谣言、网络敲诈勒索、网络色情暴力、网络黑公关操纵舆论、网络泄露个人信息等,需要推动网络法治建设,构建网络文化管理新格局,切实维护网络安全。

第七章 传媒广告经营

传媒业有其独特的双重出售模式,广告经营对传媒业生存和发展具有至关重要的作用。正如传媒管理学大师罗伯特·皮卡德所说:"如果传媒企业想要更成功的话,那些工作在传媒企业、管理传媒企业的人士都需要了解广告客户的选择和目的,更要懂得媒体与广告客户之间的互动关系。"①根据智研咨询发布的数据,2020年中国广告市场规模达9143.9亿元,较2019年增加了469.9亿元,同比增长5.4%,占国民生产总值(GDP)的0.9%。中国广告行业上市企业主要有省广股份、蓝色光标、分众传媒、华媒控股、龙韵股份、华谊嘉信、顺网科技、北巴传媒、博瑞传播等。根据国家市场监管总局数据,2019年广告经营单位163万户,广告从业人员593万人。从各细分行业投放额看,食品行业投放额为919亿元,占整体广告市场的10.6%,而且连续6年位居第一。投放额度依次是食品、房地产、汽车、化妆品与卫生巾用品、家用电器与电子产品、药品等行业。互联网的发展改变了传播环境和营销模式,媒介融合、营销价值提升成为媒体广告调整的重点。

第一节 传媒广告经营的方式与作用

广告是一种商业行为和传播行为,从媒体角度来看,除西方的公共广播电视系统外,几乎没有不登广告的大众媒体。广告已成为媒体的生命线,支撑着媒体的生存和发展。

一、媒体的广告经营

广告是为了某种特定的需要,通过一定形式的媒体,公开而广泛地向公众传达某种观念、介绍或推销某种商品或服务的宣传形式。广告有广义和狭义之分,广义广告包括非经济广告和经济广告。非经济广告指不以赢利为目的的广告,又称效应广告,如政府行政部门、社会事业单位乃至个人的各种公告、启事、声明等,主要目的是推广。狭义广告仅指经济广告,又称商业广告,是指以赢利为目标的广告,通常是商品生产者、经营者和消费者之间沟通信息的重要手段,是企业占领市场、推销产品、提供劳务的重要形式,目的是扩大经济效益。

(一)广告经营的地位和作用

媒体的经营管理,除受自身利益的驱动外,还要接受两大利益实体,即受众和广告主所发挥的影响和制约作用。广告主向媒体投放广告,他们需要支付巨额的广告费,但这一付

---

① 罗伯特·皮卡德.传媒管理学导论[M].韩骏伟,等译.北京:人民邮电出版社,2006:113-114.

费,不是为了支持媒体生产内容产品,而是向媒体购买受众的眼球关注时间,以实现对这些"潜在消费者"的宣传诉求。①

(1) 广告经营是传媒双重出售活动的重要环节。媒体是传媒产品的生产者和经营者,他们要满足受众和广告主的需求,通过完成对他们的销售行为,在获取社会效益的同时争取最大的经济效益,以补偿消耗,实现盈余,保障自身的生存和发展。

(2) 广告收入是传媒的经济命脉。广告收入是媒体维持生存、谋求发展的经济支柱。没有可观的广告收入,采编、制作、印刷、发行、播出等环节的运作、技术改造的实施难以为继。近年来,媒体努力拓展创收渠道,实行多元化经营,但广告收入是媒体的主要收入来源。

(3) 广告经营的价值补偿作用。受众购买传媒产品所支付的费用往往低于其生产成本。报纸、杂志、有线电视的费用等于或低于成本;无线广播和电视完全免费。受众享受廉价或免费的待遇,是因为媒体能以广告收入补偿内容产品的生产成本,广告主为受众享受廉价或免费的传媒产品买了单。

(4) 广告传播的信息服务作用。媒体发布的广告所传播的内容,除商业信息外,还有一些政府公告、公益宣传、分类信息等。广告传播也是一类信息传播,在政治经济文化和社会服务方面发挥着重要作用。

(二) 媒体广告经营方式

1. 媒体自营

媒体自营是媒体与广告客户直接交易广告版面与广告时段的销售方式,也称为零售渠道方式。自营广告的媒体广告部门直接接受广告客户的委托,办理刊播广告事务。自营广告有两种方式:门市销售和业务员推销。

(1) 门市销售。媒体广告部门设立门市,由专职业务人员接待上门的广告客户,洽谈交易,完成版面、时段的销售,根据他们的实际情况或所提要求,进行广告创意、广告设计、广告编排、广告审查,按照达成的协议发布广告。门市销售主要适用于一些较小规模的广告经营,特别适用于报纸分类广告的经营。

(2) 业务员推销。媒体广告部门可聘用专职业务员,拜访潜在广告客户,推销媒介的广告时段或版面,争取达成交易协议,实现广告销售。业务员推销是媒体广告销售的重要手段,一些杂志社、广播电台等规模较小的媒体的大部分广告营业额是通过业务员推销实现的。业务员销售有利有弊,优点是方式灵活,沟通方便;缺点是不易管理。

2. 广告代理制

(1) 广告代理制的概念。广告代理制是一种广告主委托广告公司实施广告宣传计划,大众传播媒介通过广告公司承揽广告业务的广告活动机制。它是在市场经济条件下逐步形成的,且被证明为有利于广告活动开展,能实现广告主、广告代理商、媒体三赢的一种被普遍采用的机制。在三者之中,广告代理公司居于核心地位,在广告业务办理中起着黏合剂作用。

(2) 广告代理公司的类型。广告代理公司可以分为全面服务型和专业服务型两大类。
全面服务型广告代理公司是广告代理业的主体。它为广告主提供传播和促销的广告和

---

① 屠忠俊.现代传媒经营管理[M].武汉:华中科技大学出版社,2013:216.

广告服务，其代理对象为各行各业的工商企业和各类大众传播媒介。全面服务型广告代理公司的广告服务包括市场调研、广告策划、广告创意、广告制作、媒介选择和广告活动实施、广告效果调查。为帮助广告主将产品和服务最大限度推向市场，全面服务型广告代理公司还提供涉及广告主市场营销计划及其实施的各个方面的非广告服务，如公共关系、包装设计、销售推广材料制作、年度报告撰写、交易展示会组织、销售人员培训等。

专业服务型代理广告公司是广告代理服务市场细分、代理业务专门化的产物。它凭借代理某一行业、某一项目或某一职能方面的比较优势，在某一业务范围内为广告主提供有特色的代理服务。

我国还有两种颇具特色的广告公司类型：一种是由广告主设立，代表广告主购买广告版面、时段的广告公司，如联合利华公司创办的灵狮广告公司；另一种是由媒体广告部门演变而成的广告公司，如中央电视台的未来广告公司、安徽电视台的金鹰广告公司等，其机构设置与各自的母体广告部门重合。

（3）广告代理制在中国的推广。在中国，广告代理制的推广经历了曲折的过程，原因出自以下两个方面：一是媒体对落实代理制的态度不积极。中国媒体经济实力的增强，基本上靠的是广告经营。媒体的大量广告业务是通过与广告主的直接接洽而达成协议，媒体向广告客户提供的服务也颇为配套，媒体还是想保持自营方式，以免除在代理制下要付给代理公司的回扣。二是代理佣金问题。我国广告业还没有形成规范的佣金制度。媒体各行其是，不按照统一标准支付代理费；代理公司以回扣高低为标准来选择发布客户广告发布的媒介。

3. 自营和代理"双轨制"

媒体广告的自营与代理"双轨制"，指媒体在引入代理制的同时，将一部分广告业务留作自营。"双轨制"是媒体迈向广告代理业的一种过渡形式。进入新世纪，传统媒体运作的电视频道、广播频率增加，报纸版面扩大，新媒介也加入广告发布者的行列，传媒业的广告时间、空间、时空供应总量上涨，媒体间的竞争激烈，媒体广告经营的压力增大，媒体广告营销的专业能力受到挑战。各家媒体都在积极发展广告代理网络，优化媒体广告营销渠道结构，控制广告成本，以求缓解广告经营压力，增加广告收入，实现自身可持续发展。

（三）媒体广告营销的基本考量

媒体广告版面、时段的价格不是按照成本原则，而是按照价值原则确定的。按照"价值原则"定价，就是按照广告客户预期能够通过刊播广告所取得的促销效果来确定价格，广告价格与生产成本之间没有必然联系。制定科学合理的价格体系，采用灵活应变的价格策略，一般考虑以下几个方面的因素。

（1）媒体所在地的经济发展水平。广告价格与媒体所在地的经济发展水平密切相关。在发达国家和发展中国家刊播同等数量的广告，价格可能相差几十倍甚至上百倍，广告价格随经济发展程度的不同而有所差别。

（2）媒体的发行量和收视（听）率。媒体的发行量和收视（听）率是衡量其信息传播能力、对受众的影响力、对潜在消费者的覆盖力的最基本指标。发行量大、收视（听）率高的媒体吸引受众数量多，影响力大，传播效果较好。

（3）媒体的品牌形象。品牌形象就是从质的方面评估其价值的依据。品牌形象决定产品在消费者心目中的位置。测评产品品牌形象一般采用知名度、美誉度、满意度和忠诚度等指标。报道真实、持论公正、内容丰富且独具特色的媒介在受众心目中的威信高,品牌形象好。

（4）媒体的受众构成。广告主投放广告是为了把商品信息准确送达给目标受众。广告主购买媒体广告版面、时段要考虑媒介受众的人口学特征和消费行为特征,如性别、年龄、职业、教育程度、收入、消费能力和消费习惯等。这些特征越接近广告目标消费者,在这一媒体上发布广告的预期效果就越好。

（5）市场供求形势和竞争对手的情况。广告版面和时段定价,要看广告市场的总体供求关系的形势。媒体的广告版面、时段价格要参照竞争对手的价格,以保证在广告客户争夺战中处于有利地位。

二、广告主进行媒体选择的三种基本方法

广告主如何进行媒体选择,这可能是媒体经营者最关心的问题。媒体选择的方法通常可以简单地分为"直接调研法"和"间接分析法",比较依赖间接数据的是电波媒体,互联网和报刊媒体的第三方评估市场还远远没有成熟,因此广告主会更多依赖过往经验或者直接调研法。另外一种间接分析法是从广告竞争的角度出发的,也可称为"竞争监测法"。

（一）直接调研法

直接调研法要求广告主得到合适数量的目标消费者样本,通过问卷、访问等形式直接询问其媒体接触习惯,从而获得第一手的媒体分析数据。调研者需要首先搜集基本符合投放目标要求的初选媒体清单,并设计一系列有关消费者媒体接触习惯的问卷问题,通过这些定量问题的回答,调研者可以依媒体类型计算出最有针对性的媒体阵列。

影响直接调研法工作成效的主要难点在于基础媒体名单的选择和目标消费者的取样质量。直接调研法是一手数据研究方法,它最直接的好处就是便于质量控制,厂商完全可以根据自己的细分市场特点选择合适的样本规模,数据可信度相对更高。由于报纸、电视、广播等媒体类型存在明显的地域性,如果直接调研法需要在多个市场同时进行,执行成本也会比较高。

网络广告效果评估的一项基础工作就是获得统计数据,这是评估工作得以进行的前提。互联网服务提供商(Internet Service Provider,ISP)或互联网内容提供商(Internet Content Provider,ICP)通过使用访问统计软件获得评估数据。美国比较流行的 AdIndex 软件可以跟踪网民对产品品牌印象变化的情况。广告主希望网络广告具有针对性,这就需要获得每个网民的 IP 地址和消费习惯。Cookie 技术可以区别不同地址甚至同一地址不同网民的信息,以此来为广告主提供不同类型的统计报表。

（二）间接分析法

间接分析法首先要求获得市场上现有媒体的受众数量和质量指标,再根据自身的目标消费者群体特征分析出最恰当的媒体选择清单,从而获得更大范围的媒体选择依据。

（1）广播电视媒体。尼尔森媒体研究(Nielsen Media Research)和央视索福瑞市场研究(CSM)先后在中国提供电视收视率数据。尼尔森还提供电台收听率数据。收视(听)率的测量方法目前已经基本规范为样本家庭仪器法。受访的样本家庭通过专门的电视遥控器进行

完整的节目收视监测,收视数据通过电话线传回到数据中心,由调研企业通过电视节目表匹配获得每个电视节目的收视率数据。这些数据再和样本家庭的收视者个人社会特征数据进行交叉分析,方能被广告主用于判断目标消费者的收视(听)习惯。

(2) 互联网媒体。委托第三方机构进行监测来获得评估数据。由第三方机构独立进行评估,评估结果公信力更强。目前权威的网络广告监测公司 Double Click 和 Netgraphy 就是用一定的统计软件来获得广告曝光、点击次数以及网民的个人情况的一些数据。第三方独立于 ISP 或 ICP 之外,因此在客观程度上有所提高,使统计数据的可信度增强。国外像 Media Metrix 这样的网络调查公司,利用对网民的随机抽样,来评估网上广告行为,获得效果评估数据。

在国内市场,提供基于样本的互联网媒体评估数据的有艾瑞 iUserTracker、中国互联网协会的《中国网站排名》和亚马逊的一家子公司 Alexa Internet。另外,华瑞网标(尼尔森的合资企业)和万瑞数据提供的是基于站点服务器的访问量认证服务,它们能够提供用于证明特定媒体的访问量指标。

(3) 报刊媒体。报刊媒体的二手媒体研究数据主要来自新生代市场研究公司中国媒体与市场研究 CMMS 产品和央视市场研究的全国读者调查数据(CNRS)。这两家企业通过每年两次面向全国范围内主要城市家庭的固定样本入户调查,获得相对比较完整的媒体接触习惯数据,两家公司的样本总量估计在 3 万—5 万。CMMS 和 CNRS 的数据对于报刊媒体选择依然有一定的参考作用。除受众固定样本法外,北京的世纪华文公司还在若干主要城市进行报刊零售调查,通过对报刊零售摊点的抽样调查分析在零售渠道中报刊的销量和分布。

发达国家常用的发行量第三方审计在中国市场应用寥寥。只有在经济与管理类杂志领域约有 10 份左右的杂志获得 BPA 发行量认证。从世界范围来看,提供这样服务的公司大多来自私营领域或者非营利机构。

(三) 竞争监测法

使用竞争监测法的广告主针对竞争对手现有的媒体选择,制定攻击或防御的广告开支策略,能够有效地和竞争品牌进行定标比超。在中国市场,梅花信息、尼尔森媒体研究、央视市场研究等提供跨媒体的广告竞争监测,慧聪邓白氏还提供报刊广告监测,中天盈信提供户外广告监测,另外艾瑞市场咨询专事网络广告监测。广告主可以通过这些二手数据清楚地了解竞争对手的媒体使用策略和创意策略,从而选择适合自身的媒体进行。

第二节 传媒广告的特征与类型

按照广告的传播媒介分类,广告分为报纸广告、杂志广告、广播广告、电视广告、网络广告以及手机广告等,每一种传播媒介的传播特性不同,广告传播效果也不同,有其传播优点与缺点,计价方式也略有不同。

一、报纸广告的优缺点与类型

(一) 报纸广告的优点

报纸在编辑方面的优势:报纸的版面大、篇幅广、可供广告主充分地进行选择和利用;报纸的特殊新闻性,能够增加报纸广告的可信度;报纸的编排灵活,使得广告文稿改换都比较方便。

报纸在内容上的优势:报纸的新闻性强、可信度较高、权威性较高。

报纸在印刷方面的优势:报纸能够图文并茂,印刷成本较低。

报纸在发行方面的优势:报纸的发行面广,覆盖面宽,传播面广,读者众多,遍及社会的各阶层;报纸的发行对象明确,选择性强;报纸的发行区域和接受对象明确,发行密度较大;报纸的信息传播迅速、时效性强;报纸的出版频率高和定时出版的特性,使得信息传递准确而及时;报纸具有保存价值。

(二) 报纸广告的局限

报纸在编辑方面内容繁多,易导致阅读者对于广告的注意力分散;加之由于版面限制,经常造成同一版面的广告拥挤不堪;报纸在内容上众口难调;报纸并不是根据年龄、性别、职业和文化程度来发行和销售的,因此,广告目标受众不明确;受到印刷水平的限制,在文字和图片上质量较粗糙,在图片色彩上比较单调;报纸在发行上寿命短暂,利用率较低;由于报纸出版频繁,使每张报纸发挥的时效都很短。

(三) 报纸广告的分类

不同的报纸使用不同质地和规格的纸张,有着不同的广告设置,不同的版面、不同的广告位、不同的印刷工艺的报纸广告价格也是各不相同的。

按照广告的性质分类,报纸广告又可以分为商业广告、公益广告、插页广告、分类广告等。商业广告是直接推销商品与服务的广告,包括商品广告和企业广告。公益广告旨在传播公益观念,促进社会主义精神文明建设的非商业性广告。插页广告是夹带在报纸中的散页广告。分类广告是按照广告的内容刊出的小广告,可以是促销某种商品,或者是招聘、遗失、求职、招领、婚丧等之类的启事广告。

一般来说,报纸广告按照尺寸版式可分为以下几类:

(1) 版面广告。版面广告是指在报纸同一个版面上刊登的广告,一般根据占有版面的面积分为整版、半版、1/4版、1/8版、1/16版等形式。其中以整版广告和半版广告的效果最为理想,它们具有广阔的表现空间,可创造出理想的广告效果。

(2) 跨版广告。跨版广告即一个广告作品刊登在两个或者两个以上的版面上,一般有整版跨版、半版跨版、1/4版跨版等形式。跨版广告能够体现企业雄伟的气魄和雄厚的经济实力。

(3) 通栏广告。通栏广告是指横排版报纸中的各式各样长条形的广告,一般分为双通栏、单通栏、半通栏、1/4通栏等形式。其中,单通栏广告是报纸广告中最常见的类型,符合人们的正常视觉要求,具有一定的说服力。

(4) 报花广告。报花广告也称为栏花广告或者刊花广告,是版面中的小豆腐块,位置不固定。报花广告版面小,价格低,不具备广阔的创意空间,一般以企业信息内容为主。

(5) 报眼广告。报眼广告为横排版报头一侧的版面,面积不大,但是位置十分显著。报眼广告能够体现广告的权威性、新闻性、时效性和可信度。

(6) 报眉广告。报眉广告是指每一版顶上部的长条形小广告,其内容与报纸的版面内容一般有一定的相关度。

(7) 报缝广告。报缝广告是指位于报纸对折中间位置的广告。

(四) 报纸广告的经营战略

近年来,受到网络新媒体的冲击,报纸广告收入连续下降。根据《2019年新闻出版产业分析报告》数据,2019年,全国共出版报纸1851种,每种平均期印数9.35万份,总印数317.59亿份,总印张796.51亿印张。报纸定价总金额392.4亿元,降低0.3%;报纸出版实现营业收入576.1亿元,与2018年基本持平。利润总额38.2亿元,增长15.8%,报纸的利润保持增长得益于新媒体经营和活动经营等多元化广告收入。皮尤研究中心一份报告显示,2018年美国传统报纸媒体的发行总量已跌至1940年迄今最低水平,工作日平均发行量为2860万份,同比下跌8%,其中纸质版发行量跌幅大于12%。美国报业销量总收入下跌至110亿美元,广告收入减少13%至143亿美元。中外报纸广告收入都出现了锐减的现象,报纸需要以创新思维来对待当前激烈的竞争市场。

(1) 创新经营机制。将原来直接由经营中心负责营销和管理的广告按行业划分,以主管部为责任主体,分级考核,将原来经营中心统一管理的范围,分级下放至各行业部室。

(2) 加强经营策划。在信息时代,注意力越来越成为稀缺资源,使得常规的报纸广告的注意力效果也日渐下滑。活动策划是一个不可忽视的重要环节,大型活动策划可以有效地牵引注意力、拉动广告投放的反弹。

(3) 拓宽经营思路。经营思路的创新往往会带来意想不到的效果,比如在美国,零售商是报纸的广告大客户,长期以来,报社一直通过报纸、插页、直邮这三种印刷媒体的形式为零售商提供媒介服务。

(4) 调整分销策略。有效设计分销渠道是报业广告经营的重要策略。根据广告代理制规定,代理公司应该是媒体的合作伙伴,是产品的代理经销商,理应得到媒体的尊重,并需要获取15%的正常代理收益。

(5) 扩大有效发行。通过扩大有效发行量和控制无效发行量,来降低报纸的经营成本,追求报纸的广告效益。追求广告目标消费市场区域与报纸的读者市场区域重合,建立发行数据库,运用数据库资料,分析发行动态,及时调整发行策略。

二、期刊广告经营

(一) 期刊广告的优点

期刊广告具有接触特定目标受众的能力。多数期刊都是为某个特殊兴趣群体印刷的,使广告主能够命中购买其产品的基于人口与地理区域的细分市场。

(1) 印刷质量好。期刊通常采用优质纸张印刷而成,其印刷工艺能够提供优质的黑白或彩色效果。

（2）创作的灵活性。期刊在广告材料的形式、尺寸、位置的选择方面具有灵活性。一些期刊可提供特殊方案来加强广告的创意诉求，提高阅读率和注意力。一些广告还使用各种插页，包括反馈卡、产品样品等。

（3）持久性。期刊的另一个优势是它们较长的保存时间段，电视和广播信息变化快，留存时间短，报纸在阅读后也会很快丢弃。然而，期刊通常可阅读几天并保留作参考，期刊的传阅率较高。

（4）声誉。期刊广告可利用良好形象和声誉提升产品和服务的可信度，期刊内容质量高，消费者也会对其中的广告产生兴趣。

（二）期刊广告的局限

期刊广告也有许多缺陷，包括广告费用、有限的发行范围和到达率、广告所需的较长预留期和激烈的广告竞争以及干扰性等问题。

（1）费用较高。期刊相对费用较高。多数期刊以千人成本来表明它们接触特定目标受众的有效性，千人成本较高是因为它能最有效地到达细分市场。

（2）有限的发行范围和接触频率。期刊对家庭的渗透率较低，寻求广泛影响的广告主只能购买数种期刊媒体，这意味着要进行更多的谈判和沟通。多数期刊为月刊，最短为周刊，对于寻求广泛影响的广告，期刊必须与其他媒体联合使用。

（3）较长的预留期。许多重要刊物需要30—90天的预留期，使期刊广告不能像其他媒体广告那样具有时效性。

（4）干扰度大。许多期刊中的广告内容超过半数，这么大的干扰使广告很难吸引读者的注意。期刊也在尽力解决干扰问题，维持正文内容和广告间的平衡，采用强烈的视觉效果、醒目的标题或文案描述来抓住读者的视线。

（三）期刊广告的经营战略

2019年，全国共出版期刊10171种，每种平均期印数1.21万册，总印数21.89亿册，总印张121.27亿印张，定价总金额219.83亿元。期刊出版实现营业收入199.8亿元，增长0.2%。利润总额29.9亿元，增长11.6%，得益于新媒体经营和活动经营等多元化广告收入。期刊社广告经营额扭转营业额下跌局面，2019年期刊广告营业额为67.58亿元，同比增长15%。2011年以来，全球期刊广告投放花费呈逐年下降趋势，2019年全球期刊广告投放花费为187.6亿美元，2011年为这段时间全球期刊广告投放花费最高的一年，花费达到240.5亿美元。近年来，我国动漫、体育、育儿等类别期刊平稳过渡，主流媒体期刊表现出较强的竞争态势，市场集中度较高。文摘类期刊繁多，《知音》《读者》《青年文摘》《特别关注》市场份额靠前。《瑞丽服饰美容》《昕薇》等女性高端时尚类期刊竞争激烈。《男人装》《时尚先生》等男性时尚期刊向优势媒体集中。时政类、财经类、旅游类、女性类期刊呈现出不同程度的下降。

期刊经营战略需要向市场细分、品牌推动以及主题追随战略等方向发展。第一，细分市场战略，就是通过细分市场定位，以增强在目标市场中的影响力、话语权，以内容拉动广告，市场细分包括受众市场、发行市场以及广告市场三个层面，要增加三个细分市场的契合度。第二，品牌推动战略，期刊品牌是期刊的标识、内在品质、整体形象、自身文化、外在风格以及营销策划等要素整合而成,期刊品牌战略是提高社会影响力,提高广告收益的重要手段。期刊品牌战略需要科学定位,确立品牌的热点、趣点、视点和卖点;确立风格,内容具有可读性与创新性;通过自我推介、营销组合和广告宣传等整合营销手段塑造品牌。第三,主题追随战略,就是有意识开发与该主题相关的广告资源,借助期刊主题增强广告传播效果,例如,《财经》所做的《基金黑幕》等"揭黑"系列报道,《新周刊》所做的《中国不踢球》《飘一代》《弱智的中国电视》等选题策划,《中国国家地理杂志》所做的《中国最美地方排行榜》等策划。①

三、广播广告经营

随着现代科技不断发展和新媒体的不断出现,广播媒介受到了前所未有的挑战和冲击。但是,广播媒介还是有着它的不可替代性。

(一) 广播广告的优点

(1) 传播方式的即时性。广播广告传播速度最快,广播可使广告内容在信息所及的范围内,迅速传播到目标消费者耳中。

(2) 传播范围的广泛性。电波可以不受空间的限制,并且广播的发射技术比电视简单得多,所以广播的覆盖面积特别广。

(3) 收听方式的随意性。收听广播最为简便、自由、随意,因为它不受时间、地点的限制。对广播来说,收听媒介的多元化、收听地点的移动化、收听时间的碎片化,使人们可以在各种状态下接收广播的信息。

(4) 受众层次的多样性,不受文化水平和教育程度的影响。

(5) 制作成本与播出费用的低廉性。广播广告制作过程比较简单,制作成本也不高。收费标准低,是当今较为经济实惠的广告媒体。

(6) 播出的灵活性。因为广播广告是诸媒介中制作周期最短的。广告主根据不同的目的,可以自由选择广告播放的形式和时间段。

(7) 广播的声音魅力。广播诉诸人的听觉,容易激发情感,它能给听众带来无限的想象空间。

(二) 广播广告的局限

(1) 创意的局限性。广播作为广告传媒的主要缺点在于缺乏视觉的图像。广播广告者无法展示他们的产品、做示范或运用任何视觉的吸引信息。同电视广告一样,广播广告也是短暂的,转瞬即逝,听众无法控制其播出的进程。

(2) 分散性。电台数目众多,听众高度分散,人们调至同一个电台的比例通常是很低的。客户不得不去许多家电台购买广告时间,哪怕仅仅是为了覆盖一个地区性的市场。

(3) 混乱的购买程序。对于一个想用广播来覆盖全国市场的广告主来说,那么他的媒体计划和购买过程将会非常混乱。如在美国全国范围内播出的商业电台共 1 万多家。哪怕只对其中的一小部分收集信息、评估或与其签订合同,也是非常困难而耗时很长的。

---

① 颜景毅. 传媒广告经营与管理[M]. 郑州:郑州大学出版社,2009:165-170.

(4) 听众注意力的缺乏。广播广告很难使听众对广告保持注意力。广播节目,尤其是音乐,往往是作为听众进行其他活动的背景音乐,可能不会引起听众足够的注意。这样,他们就会错过全部或者部分的商业广告。

(三) 广播广告的经营战略

国家广播电视总局发布的《2019年全国广播电视行业统计公报》显示,2019年全国广播电视行业总收入8107.45亿元,同比增长16.62%。其中:财政补助收入801.97亿元,广播电视和网络视听业务实际创收收入6766.90亿元,其他收入538.58亿元。2019年,传统广播电视广告收入998.85亿元,同比下降9.13%,未单列传统广播的广告收入。据《2018年全国广播电视行业统计公报》数据,2018年传统广播广告收入140.37亿元。

广播具有较强的地域优势和分众优势,新媒体迅猛发展对广播的冲击较小。广播可以立足细分市场,开创多个新的增长点。第一,提升品牌形象,将广播办成精品,塑造广播在受众心目中的良好形象。第二,频率定位战略,通过广播频率在相关领域内的话语权和影响力,以吸引广告客户,我国已形成了新闻、音乐、交通等专业化频率,需要根据目标消费者的人口学特征,通过恰当的节目类型聚合和培养其最感兴趣的受众。第三,创新广告代理模式,频率代理包括分行业代理、整频率代理、分时段代理、品牌代理、频率自主经营、总台集约经营、频率与总台双向经营等模式,根据自身情况,选择合适的经营模式。第四,开发手机电台、APP、PC客户端等互联网渠道资源,丰富广告创收模式。整合广播广告资源、微博微信资源、线上线下资源,加强活动营销,提高品牌价值。

四、电视广告经营

电视广告是通过电视媒介播出,运用声画结合的表达方式来传播特定广告内容的广告形式。广告主需要充分发挥电视媒介特有的长处和优势,获取最佳广告效果。

(一) 电视广告传播的优点

(1) 直观性强。电视是视听合一、声情并茂的传播媒介,具有很强的直观性,超越了读写障碍,成为一种最大众化的传播媒介。

(2) 电视广告冲击力、感染力特别强。电视媒介用忠实地记录的手段再现商品的形态,这是其他任何媒体的广告所难以达到的。

(3) 有利于激发情绪,增加购买欲望。特别是选择性强的日用消费品,流行的生活用品和新投入市场的商品,运用电视广告,容易激发对商品的购买兴趣与欲望。

(4) 有较高的注意率。经济发达的国家和地区,电视机已经普及,观看电视节目已成为人们文化生活的重要组成部分。电视广告注意运用各种表现手法,使广告内容富有情趣,增强了视听者观看广告的兴趣,广告的收视率也比较高。

(5) 有利于不断加深印象。电视广告是一种视听兼备的广告,能够逼真地、突出地从各方面展现广告商品的个性。比如,广告商品的外观、内在结构、使用方法、效果等都能在电视中逐一展现,通过反复播放,不断加深印象,巩固记忆。

（二）电视广告传播的缺点

受收视环境的影响大，不易把握传播效果。电视机需要一个适当的收视环境，在这个环境内，观众的多少、距离电视机荧屏的远近、观看的角度及电视音量的大小都直接影响着电视广告的收视效果。

（1）瞬间传达，被动接受。全世界的电视广告长度差不多，都是以 5 秒、10 秒、15 秒、20 秒、30 秒、45 秒、60 秒为基本单位，超过 3、4 分钟的比较少。电视广告只能在短短的瞬间完成信息传达的任务，难度较大。

（2）费用昂贵。一是指电视广告片本身的制作成本高、周期长；二是指播放费用高。就制作费而言，电影、电视片本身就以制作周期长、工艺过程复杂、不可控制因素多而著称，而且为广告片专门作曲、演奏、配音、剪辑、合成，更需要花费大量的金钱。

（3）不利于深入理解广告信息。电视广告制作费用高昂，黄金播放时间收费最贵。电视广告时间长度多在 5 至 45 秒之间。要在很短的时间内，连续播出各种画面，不能作过多的解说，不宜播放需要高理解性诉求的商品。

（4）容易产生抗拒情绪。因为电视广告有显著的效果，运用电视广告的客户不断增加，电视节目经常被电视广告打断，容易引起观众的不满。

（三）电视广告的分类

对电视广告进行分类，就是从不同的角度、层次，按不同的内容、样式，对色彩纷呈的电视广告进行梳理，以便进行系统地研究，掌握不同类型电视广告的创作规律，更好地指导广告创作实践。

1. 按广告目的划分

可分为以赢利为目的的商业广告和不以赢利为目的的宣传服务性广告两大类。

（1）商业广告，包括商品广告、劳务广告、促销广告和企业广告等。① 商品广告：以传播商品信息为内容，多介绍商品的性能、特点、质量、用途等，这类广告是商业广告的主体。② 劳务广告：以提供服务信息为内容，例如，介绍旅游等服务项目的性质、特点和质量、优点等。③ 促销广告：以传播短期性、临时性或定期内特殊优惠销售手段为信息内容，如有奖销售、削价处理、打折优惠、买一赠一、展销直销、咨询服务等。④ 企业广告：也称公关广告或企业形象广告，多宣传企业经营理念、价值取向、行为规范、企业视觉标识及企业精神等，以显示企业的管理水平和雄厚实力，提高企业知名度和美誉度为宗旨。

（2）宣传服务性广告，包括公益广告、文化广告、社会服务广告等。① 公益广告涉及公共利益和社会整体长远利益，例如，中央电视台播出的"广而告之"栏目。② 文化广告：以传播科技、文化、教育、体育、文艺、新闻出版、影视信息为内容，这类广告是社会主义精神文明建设的重要组成部分。③ 社会服务广告：指为全社会提供服务性内容的电视广告，例如，征婚、寻人、挂失、招聘、求职、换房等广告，均为社会广告。

2. 按诉求方式划分

可分为理性诉求式广告和感性诉求式广告。

（1）理性诉求式广告，即采用理性说服方式来宣传某种观念、主张，或介绍产品特点、性能及服务项目的一种广告方式。它的特点是说理性强，配合屏幕画面和解说，既阐述观点、性能、特点，又有事实材料和理论依据。

(2) 感性诉求式广告。这类电视广告多采用感性说服的方法,通过生动的创意、丰富的艺术表现手法和独特的影视语言来宣传某种观念,介绍企业、商品或劳务,其特点是以情感人、以情动人,形成感性认识,引起情感共鸣。

3. 按制作工艺和方法划分

(1) 现场直播广告,即在摄影棚或转播室等电视节目现场或电视剧拍摄现场,直接拍摄、制作、转播的广告。这种广告具有真实感和现场感。

(2) 胶片广告,也称拷贝广告、电视影片广告。广告摄制人员用摄影机将广告内容拍摄在 35 mm 或 16 mm 的电影胶片上,然后再转成磁带,送到电视台播放的广告。这类广告色彩好,视觉效果理想,并可以运用电影特技和各种摄影技巧,能充分体现广告创意,艺术感染力强。

(3) 录像磁带广告。用专业摄像机将广告内容拍摄在录像磁带上,再转到电视台的播出带上播出的广告。这类电视广告,摄制过程简单快捷,制作时间少,成本也比胶片低得多,只是画面效果比胶片广告差些。

(4) 幻灯片广告。用专业照相机将信息内容拍在底片上,制成幻灯片,或将信息内容绘在纸上,再拍成幻灯片。特点是画面上的照片或图画静止不动,可以加上字幕、音乐或画外音。这类广告制作简便,投入资金少,但艺术感差。

(5) 字幕广告。将广告内容以字幕方式叠印在正在播映的节目画面下方播出。这类广告伴随节目的进程随时播映,比较灵活方便,使观众在观赏节目的同时也了解了广告信息。

(6) 电脑广告。采用电脑技术制作的广告片,先按广告创意和文案要求,绘成图形或动画的一个个瞬间造型,再通过电脑技术,使之产生运动,制成二维或三维动画,输到录像磁带上,再播映。

4. 按编排播放形式划分

(1) 节目广告。这类广告是广告主(企业)向电视台购买或赞助一个专栏节目,提供节目的制作经费。然后,在节目播映期间,穿插播映自己企业的广告。广告播映时间和期限的长短,依据赞助费用的多少和节目的长短及播放期限而定。这类广告的长处是:可作植入性广告,广告时间灵活,播放方式多样。

(2) 插播广告。这类广告是穿插于电视台编排的节目与节目之间,或某个节目中间播出的广告。因为每天在电视台规定的固定时间段内,按时播映,观众定时收看,所以又称常规广告。

5. 按电视广告的形式划分

(1) 电视广告片。电视广告片时间长的一般有 30 秒或 1 分钟,最为常见的则是 15 秒。广告主希望用 15 秒时长的广告片来负载更多的广告信息。

(2) 标版。标版时间较短,一般为 5 秒,甚至更短,通常只有一两个体现企业形象的画面和一句广告语。电视黄金时段的标版为企业所看好。中央电视台新闻联播后的 5 秒标版,连续多年成为企业争夺"标王"的标的物。

(3) 赞助形式。赞助电视晚会、赞助卫星实况转播、赞助有奖智力竞赛、赞助电视片和电视剧的拍摄等,一般在片头、片尾注上某企业赞助字样。

(4) 栏目冠名。将电视台的某些热门栏目以企业的名称或产品品牌命名,这也是一种常用的企业赞助形式,挂名"特约播出",也属于栏目冠名广告。

(5) 电视信息片。电视信息片内容大多是对产品功能进行介绍和演示,电视直销广告片就属于这一类;另有一类侧重展示产品形象。电视直销广告片与其他电视广告片不同,往往会出现产品价格,并提供热线电话供消费者订购。

(6)贴片广告。广告片本身并无什么特殊之处,但贴片广告是固定地"贴"在某一部电视连续剧的片头、片尾或片中而播出。

(7)隐性电视广告,又称植入式、嵌入式电视广告。植入式广告多数情况下只适用于知名品牌,不适于深度说服。植入式广告要注意量,否则会影响电视节目或影片效果,植入广告要与情节、内容有内在的联系性。

(8)其他形式。各种更新更独特的媒介形式不断涌现,甚至根据企业主的要求,开始量身定做其他形式的广告了。

以上是几种主要的常见的电视广告分类方式。此外,还可以按照发布方式的不同,将电视广告划分为联播广告、定点广告、点播广告。按电视媒体传播范围的不同,把电视广告划分为国际广告、全国性广告、区域性广告和地方性广告等。科学地划分电视广告的种类,有利于我们深刻地理解电视广告的基本特征,充分发挥电视媒体的优势,掌握电视广告的功能,提高电视广告效果。

(四)电视广告的经营战略

国家广播电视总局发布的《2019年全国广播电视行业统计公报》显示,2019年全国广播电视广告收入为2075.27亿元,同比增长11.30%。其中,广播电视机构新媒体广告收入为194.31亿元,同比上涨25.11%;传统广播电视广告收入为998.85亿元,同比下降9.13%;通过互联网取得的新媒体广告收入为828.76亿元,同比大增68.49%;而通过楼宇广告、户外广告等取得的其他广告收入为247.66亿元,同比下降9.41%。优质综艺节目、影视剧与新闻时事类节目成为拉动广告增长的"三驾马车"。

我国的电视广告经营具有多种模式,包括电视台购买节目,销售广告时间;出售播放时间,专业节目公司购买电视台的时间,播放自己的节目与广告,电视台收取一定数额的播放费;以部分广告时间交换节目,制作公司出售电视台给的广告时间,所得收入补偿节目制作费用,剩余的部分是公司的赢利。

比起其他媒体,电视对于广告来说尤为倚重。电视广告经营可以采取如下的战略:第一,专业化频道战略,设立受众清晰、定位准确、内容专业的电视频道,例如,美国著名的HBO(家庭影院频道)、MTV(音乐)频道、CNN国际新闻频道、ESPN(体育娱乐频道)、美国国家地理频道(National Geographic Channel)等都是专业化频道。频道专业化要做好频道定位,培育品牌栏目,加强频道标识、音乐、色彩、主持人风格以及节目编排等方面的整合营销。第二,多元化的定价策略,根据收视率、市场供求关系、招标情况等分别制定价格,同时根据时间差别、数量差别、品类差别、季节差别等调整价格,综合运用价格策略,追求效益最大化。第三,独特优势战略,通过提供与众不同的产品或者服务,形成独特的内容与核心竞争力,吸引广告客户。独特内容包括独播剧、重大赛事的独家直播权、自办节目等,打造频道、栏目、主持人等多层次的品牌。第四,跨屏整合战略,实现全媒体整合营销。例如,上海百视通收购数字营销公司艾德思奇,打通五大屏营销数据系统,安徽卫视与腾讯视频联手,与广告主三方研发广告产品,提高传播精准度。

五、网络广告经营

(一) 网络广告的优点

覆盖范围广;费用低廉,电脑网络由于节省了报刊的印刷和电台电视台昂贵的制作费用,成本大大降低;成交概率高;多媒体性,网上广告可以做成集声、像、动画于一体的多媒体广告;迅捷性,信息的发布、反馈快;互动性强,能够实现真正的双向交流;信息承载量大;受众群体消费能力强;网络可以精确掌握有关用户的数据。

(二) 网络广告的局限

网络广告的覆盖率较低,截至2021年6月,我国网民规模达10.11亿,互联网普及率达71.6%,我国手机网民规模达10.07亿,仍约有4亿人不是网民。效果评估困难,没有一家公认的第三方机构可以提供量化的评估标准和方法,数据的准确性、公正性一直受到广告主的质疑;安全隐患大,垃圾广告多,网络广告的权威性与可信度没有传统广告强。

(三) 网络广告的分类

1. 按网络广告的形式分

(1) 横幅广告。这是网上使用最多的广告,是网页上出现的一个显示静态或动态图形的矩形图像,嵌有广告主网站的链接。

(2) 弹出式广告。用户打开或关闭一个窗口时出现一个广告窗口,该窗口没有浏览器常规的控制工具,唯一关闭的办法就是点击右上角的关闭窗口。

(3) 弹底式广告。这是在弹出式广告之后紧跟一个命令恢复浏览器窗口,这样就将广告窗口放在用户浏览器之后,等用户关闭浏览器之后就会看到广告。

(4) 插页式广告。在用户点击链接打开页面时出现的不是想打开的页面,而是插页式广告的窗口(插在两个页面之间),多数插页式广告会自动关闭,接着在原浏览器窗口中显示用户想打开的页面。

(5) 媒体广告。媒体广告又叫活动式广告,指在原页面(不是新打开窗口)上浮动的图形活动。

2. 按网络广告的媒介分

(1) 网幅广告(包含旗帜、通栏、竖边、巨幅等)。网幅广告是以GIF、JPG、Flash等格式建立的图像文件,定位在网页中大多用来表现广告内容。静态网幅广告就是在网页上显示一幅固定的图片。交互式广告的形式多种多样,比如游戏、插播式、回答问题、下拉菜单等。

(2) 按钮广告。它能提供简单明确的资讯,而且其面积大小与版面位置的安排都较具有弹性,可以放在相关的产品内容旁边,是广告主建立知名度的一种相当经济的选择。浏览者只有主动点击按钮,才能了解到有关信息。

(3) 文本链接广告。它是以一排文字作为一个广告,点击可以进入相应的广告页面,比如百度推广、谷歌广告等,是一种针对性强的网络广告形式。

(4) 电子邮件广告。电子邮件广告具有覆盖面广、成本低、速度快、针对性强的特点,它可以针对具体某一个人发送特定的广告,缺点是垃圾邮件的泛滥和困扰、评价电子邮件广告效果困难。

（5）赞助式广告。广告主出资赞助网站的某个栏目,赞助式广告多种多样。这种广告放置时间较长且无需和其他广告轮流滚动,而且成本低廉。

（6）插播式广告(弹出式广告)。访客在请求登录网页时强制插入一个广告页面或弹出广告窗口。

（7）Rich Media。一般指使用浏览器插件或其他脚本语言、Java 语言等编写的具有复杂视觉效果和交互功能的网络广告。

（8）互动游戏式广告。在一段页面游戏开始、中间、结束的时候,广告都可随时出现,并且可以根据广告主的产品要求,为之量身定做一个属于自己产品的互动游戏广告。

（9）EDM 直投。定向投放对方感兴趣或者是需要的广告及促销内容,以及派发礼品、调查问卷,并及时获取目标客户的反馈信息。

（10）定向广告。可按照人口统计特征,针对指定年龄、性别、浏览习惯等的受众,投放广告,为客户找到精确的受众群。

（11）来电付费广告。"叮铃铃"是中国搜索引擎优化营销服务中心和中国搜索引擎优化营销研究所联合推出的一项网络广告。

（12）文字自动刷新广告。不同的时候浏览该网站同一个位置出现不同的广告衔接信息。

（13）漂浮广告。在网页上下左右不断飘动的图片广告。优点是可以始终保持在当前网页的位置上。缺点是很容易被关闭,失去网络效果。

（14）Web 3.0 时代的新型网络广告:博客广告、社区定位式广告、口碑式广告、体验式广告、软件广告。

（15）专栏广告。即在网站主页某一区域划分为某一品牌专属广告位,广告形式主要以文字链接加按钮广告为主,也有通栏广告的形式。

（16）对联广告。这是指利用网站页面左右两侧的竖式广告位置而设计的广告形式,以长纵形式出现在页面两侧。

（17）悬停广告。一般是指在网民拖动滚动条时,广告可以跟着移动,确保浏览过程全程可看见的广告,一般是很小的矩形或者方形。

（18）浮层广告。页面打开后进行播放,完成后收成浮动图标,可重播浮动图标,可置于页面侧缝或页面左侧。

（19）撕页广告。在网页的角落,自动撕页,展示广告诉求后收回。

（20）触动广告。在文章页面展现,超大面积,适合全面展现品牌形象。

(四) 网络广告的经营战略

由中关村互动营销实验室发布的《2020 中国互联网广告数据报告》显示,2020 年中国互联网克服全球疫情的严重影响,互联网广告全年收入 4971.61 亿元(不包含港澳台地区),比 2019 年度增长 13.85%,增幅较上年减缓 4.35 个百分点,仍维持增长态势。2020 年广告市场份额 TOP10 分别是阿里巴巴、字节跳动、腾讯、百度、京东、快手、美团、小米、新浪、奇虎 360。从广告依托的平台类型来看,2020 年,来自电商平台的广告占总量的 37%,稳居第一。视频类平台收入占总量的 18%,成为第二大互联网广告投放平台。搜索类平台广告以

11.7%的份额居第三位。新闻资讯类平台广告以10.7%的份额居第四位。社交类平台广告以9.8%的份额居第五位。网络广告技术成为网络广告市场关注的焦点,大数据与程序化购买成为市场发展的方向。网络搜索、短视频、电商直播等成为网络广告增长的动力。

随着新的网络技术与广告技术的发展,网络广告将保持高速增长的态势,品牌广告主预算将进一步向网络媒体倾斜,共同推动网络广告达到新的规模。网络广告可以在以下几个方面加强战略规划:第一,加强网络大数据的挖掘与利用,这些可用的数据,包括广告主内部数据以及官网等布码获得的数据,代理方或平台方、媒体与运营商通过广告投放获得的数据,第三方数据监测公司获得的数据等。通过大数据可以获得人群、时间、地域、频次、内容等方面的精准投放。第二,根据媒体资源库存的类型与购买资源采取的出价方式,可以采取竞价和定价两种方式,定价的方式是买方与卖方事先约定好的一个固定价格,公开竞价与受邀竞价则是通过竞价的方式对未预定的库存进行购买,RTB(Real Time Bidding)就是实时竞价。第三,运用技术领先战略,完善广告表现形态,实现广告定向投放,优化广告评估效果。

六、移动智能终端的广告经营

手机、平板电脑等移动智能终端是媒体形式中普及性与方便性较高的广告媒体平台。截至2021年6月,我国手机网民规模达10.07亿。随着5G网络的普及,移动媒体成为广告主发布信息的重要手段。

(一)移动智能终端广告的优点

(1)终端普及率高。手机将是覆盖人群最广的一种媒体形式。根据Newzoo数据显示,中国是全球智能手机用户第一大国,2019年中国智能手机用户数量达到8.51亿户,2020年达到8.74亿户。2021年上半年,全球平板电脑市场出货量为8035万台,同比增长24.4%。2021年第二季度,中国平板电脑市场出货量约为715万台,同比增长约8.3%。

(2)信息传播及时性强。手机用户可24小时随时随地在线,不受时间、地点限制,用户的黏着度好。信息可以即时反馈,广告传播效果可计量。

(3)互动性强。手机广告可以充分利用手机媒体的信息互动优势,广告主可以随时得到用户的反馈信息,从而及时测量广告效果。

(4)多媒体性。文字、图片、音频、视频等各种媒体形式的内容都能从手机上获得,消解了传统媒体(电视、广播、报纸、通信)之间的边界。

(5)广告定位投放准确,分众性强。广告商可以在掌握客户数据资料的基础上,利用数据库分析筛选手机用户的消费取向,进而发布有效信息,精准度高。

(6)广告传播成本比较低廉。广告信息具有一定的强制性,手机可以通过短信息等形式将信息强制性地传播给受众。

(二)移动智能终端广告的缺点

(1)手机屏幕很小。屏幕所能展示的信息量有限,受众想在其中筛选有用信息会非常费时费力,精确分类显得非常重要。

(2)内容不详尽。手机广告信息存在数字或篇幅的限制,很难全面展示广告的内容,广告冲击力较弱。

(3) 到达群体有限。对于有些不擅长使用手机的人群来讲,传播效果不强。

(4) 内容繁杂,影响广告注意率,大量广告容易引起用户的反感。

(三) 移动智能终端广告的类型

(1) 短信广告。短信群发广告、短信抽奖、短信促销等,在国内应用已经非常普遍。手机短信广告是指通过发送短信息的形式将企业的产品、服务等信息传递给手机用户(受众),从而达到广告目的的广告形式。

(2) WAP广告。手机WAP广告的主要形式是在既有的手机WAP站点中,增加图形Banner以及文字链接,通过链接,将用户引导到后台。这个广告形式与传统互联网站点上的广告是相同的。

(3) 手机二维码广告。手机二维码可以印刷在报纸、杂志、广告、图书、包装以及个人名片等多种载体上,用户通过手机摄像头扫描二维码或输入二维码下面的号码、关键字即可实现快速手机上网,快速便捷地浏览广告网页。

(4) 手机视频广告。这主要是通过移动GPRS网络播放视频,它可以出现在手机用户想要观看视频的片尾或片首,许多广告视频本身也是用户点击的对象。

(5) App广告,或称In-App广告。这是指智能手机和平板电脑这类移动设备中第三方应用程序内置广告。

(6) 移动搜索广告。这是指借助移动搜索服务展开的广告营销,即在网民利用智能手机、平板电脑等移动终端登录移动搜索时,广告主针对目标消费者展开的营销传播活动。

(7) 移动游戏广告。穿插在移动终端游戏中的广告。

(四) 移动智能终端广告的经营战略

移动互联网时代下,信息流逐渐成为用户获取信息的主阵地,而信息获取社群化、决策场景化和行为碎片化已成为用户典型特征,以用户为主导的信息流广告形式应运而生。根据前瞻产业研究院的数据,2014至2019年,移动广告的市场规模由375亿元增至2019年的4149亿元,复合年增长率为61.7%。2019年,美国互联网广告收入同比增长15.9%,总额达到1246亿美元。2019年美国移动互联网广告收入达到867亿美元,同比增长24%。

随着中国5G消费者快速增长,中国移动智能终端广告将迎来一个高速发展的时期。从中长期发展来看,移动广告发展战略需要在如下几个方面加强:第一,基于地理位置服务(LBS)的本土化营销模式,为部分广告主探索本地化营销服务。第二,基于数据管理平台(DMP)的精准营销得以推进,广告主与广告开发平台将提高移动广告传播效果。第三,程序化购买逐步成熟,移动终端的需求方平台(DSP)、供给方平台(SSP)不断涌现,移动实时竞价广告交易平台(Ad Exchange)逐步成熟,移动广告程序化购买各个环节逐步完善。随着移动广告品牌与效果评价监测体系不断完成,网络对移动终端依赖性的增强,App数量的持续增长,广告主对移动营销价值认同感的增强,移动广告将有很大的发展潜力。

第三节 广告效果的测量与评估

广告主选择媒体的最高原则,以最有效的成本传递到最多的目标受众,即所选的媒体在最有效的成本的基础上达到最大数目的目标人群。广告效果测量与评估是广告主选择媒体的重要依据。广告效果评估的指导和依据是广告效果指标体系,不同媒体广告差异大,效果测定的指标体系也有差异,所以,建立指标体系是广告效果测定中最难的工作。

一、报刊广告效果评估

测量报刊广告效果的指标可分为针对报刊的指标、针对读者的指标、针对报刊与读者双向作用的指标、针对版面设计的指标等。

(一) 针对报刊的指标

报刊的测量指标包括"广度"和"深度"。"广度"指信息传递范围,包括人群范围和地理范围。"深度"主要是指广告信息被阅读的程度。测量指标有"发行量""发行区域""发行密度"。

(1) 发行量。发行量指报刊发行到读者手中的份数,包括:① 宣称发行量:即报刊本身根据实际印刷份数扣除未发行份数所宣布的发行量;② 稽核发行量:即由独立的第三单位对报刊发行量查证后提供的发行量数据。

发行量根据不同特点分为:① 订阅发行量:发行量中属于长期订阅部分的发行量。② 零售发行量:发行量中属于单期购买的发行量。③ 赠阅发行量:发行量中以非收费方式发出的份数。

发行量是平面媒体制定广告价格的基础。发行量越大,刊登广告的价格就越高。广告公司在选择媒介组合时,除考虑发行量,更要考虑在特定区域的发行密度和目标群体覆盖率。

(2) 发行区域。它指报刊的覆盖范围。发行区域有农村与城市的区别、经济发达与不发达的区别,是否与目标消费群体重合,这些对于广告主也非常重要。

(3) 发行密度。通常在一个地区发行密度最大的报刊往往是该地区最有影响的报刊,也是该地区发布平面广告首选的报刊。广告商必须考虑人群发行密度,即媒体在产品目标消费者和潜在消费者中的发行密度。

(二) 针对读者的指标

在媒介选择上,广告主既要考虑报刊发行量、发行密度,更要参考特定报刊读者与产品消费者的吻合度,需要参照一系列指标。

(1) 阅读人口。这是指固定时间内阅读特定报刊的人数。阅读人口包含付费阅读人数、传阅人口、目标群阅读人口等。阅读人口=发行量×传阅率。

(2) 读者结构。它从人口学角度分析特定报刊的人口特征,是指在特定报刊读者中具有不同特征的读者相对集中的程度。

(3) 目标消费群。这是指广告产品特定的服务人群,一般根据人口学特征来划分,如性别构成、年龄结构、文化程度、职业结构、经济状况等一系列指标。

(4) 目标消费群与读者的吻合度。这是指报刊读者与广告产品目标消费群的一致程度,吻合度越高,广告越有可能有效地传递给目标消费群。

(5) 阅读兴趣与行为。目标消费群对哪些方面内容感兴趣,通常影响其阅读的选择。读者的阅读行为,包括阅读时间、地点、阅读顺序等。

(6) 读者的生活方式。生活方式在相当程度上决定了人们的消费行为,包括媒介接触与产品消费。

(三) 针对报刊与读者双向作用的指标

媒介能否有效地将广告信息传递给目标人群,需要在阅读率和阅读指数两个方面进行测量。

阅读率反映的是报刊信息传播的广度,测量的是有多少人读过报刊。在阅读率测量上有三个层次的阅读指标需要关注,即报刊阅读率、版面阅读率、广告阅读率。广告阅读率有赖于版面阅读率,而版面阅读率又以报刊阅读率为基础。

版面阅读指数反映的是读者对版面内容阅读的仔细程度,它对广告的影响表现在阅读指数高,表明读者眼球在该版面停留的时间长,阅读广告的可能性就比较大。阅读指数是相对数据,它反映的是报刊或版面被阅读的程度。

(四) 针对版面设计的指标

针对版面设计的指标包括刊登版面、版位设置、版面受众特征、版面编排、广告面积、广告色彩、干扰度等。

(1) 刊登版面。选择刊登版面的依据是各版面读者特征,主要指性别、年龄、文化及经济状况等,以及目标消费群对各版面的阅读率及阅读指数。

(2) 版位设置。这指的是广告刊登在某一版面的具体位置。

(3) 版面受众特征。根据版面所针对的受众特征,可将版面分为大众版面和小众版面。大众版面是指版面针对一般读者而设计,其内容适合所有读者,阅读率比较高,往往读者阅读的程度比较低。小众版面是专门针对某些读者而设计的版面,特别适合刊登针对某些人群的产品广告,目标读者明确。

(4) 版面编排。这是指各版面广告的编排方法,有跨版、整版、横版、竖版、井式、金字塔式等。

(5) 广告面积。广告面积大小是报刊广告发布价格的依据之一。面积越大,被注意的可能性越大。

(6) 广告色彩。广告色彩主要有黑白广告、套红单色广告、彩色广告。

(7) 干扰度。对于广告效果的干扰包括媒介干扰度和版面干扰度两个部分。媒介干扰度是指由于媒介广告的多少而形成的对广告效果的干扰,包括媒介广告比、媒介同类广告比等方面。版面干扰度包括同版面广告数量、广告产品、广告位置及色彩等。

(五) 衡量报纸广告价格水平的指标

(1) 千人成本(Cost Per Thousand, CPM)。千人成本是指以一种媒体送达1000个人或家庭的成本为计算单位,这里成本是指一个报纸广告版面的价格。千人成本可以用来评估广告的效率及其经济性。其计算公式为

千人成本 = 购买所有受众费用 ÷ 所到达的对象人数 × 1000

(2) 百万份广告费率(Million Rate, MR)。百万份广告费率是比较不同报纸的广告版面价格水平的一个指标,如果报纸的发行量达到100万份时,在其上发布广告的费用,又称为"密林率"。其公式为

百万份广告费率 = 报纸广告费 ÷ 报纸发行总份数 × 100万

另外,国外还有实效价格和购买力价格等不同价格指标。实效价格是报纸在某一广告客户选定的目标市场中的实际发行的份数。这种观点认为,只有在目标市场中的发行份数才是对实效广告主的促销目标有实际效用的发行份数。购买力价格是美国《洛杉矶时报》提出的一种广告价格比较指标,强调报纸读者在购买力方面的特征。同样的报纸,如果能够实现对较多购买力的诉求,就是较低廉的广告价格。

(六) 报刊广告效果测量的主要方法

世界主要测量系统的调查内容、调查方法差别比较大,其中绝大部分将报刊或期刊列为首要调查媒体。英国读者调查系统采取全年连续、每天访问的方式,将15岁以上人群作为访问对象;调查方法采用计算机辅助个人访问的方式,提供的数据每月更新。美国报刊媒介的调查主要涉及的方面有:阅读率调查、版面或版块阅读率调查、报刊版面设计及构成研究、发行量调查。

(1) 记忆法。这种方法主要通过让被访问者回忆去确定最近一段时间内读过哪些报刊。这是国内外使用比较广泛的方法,尤其在"媒介及广告信息传递效果"的调查中使用更多。记忆法适用于报刊媒介相对简单的市场,在区域性市场的研究或指定报刊研究中可以采用,在中国这样报刊复杂的市场操作起来比较困难。

(2) 日记法。日记法由被调查者对每天阅读情况的记录来收集报刊阅读调查资料。调查人员事先将设计好的表格或问卷送到被调查者手中。然后,接受调查人员根据每天实际的阅读情况填写表格或问卷,通常以一周为单位。调查结束后,调查人员收回表格统计分析。它有利于比较不同媒介广告投放的效率,非常适合在人口相对稳定的区域执行。

(3) "昨日首先阅读"(First Read Yesterday, FRY)法。它要求的样本容量要大于其他方法,相对而言这种方法成本比较高。

二、电视广告传播效果

电视广告传播效果的评价指标较多,主要有电视机普及率与电视媒体覆盖率。电视机普及率是指一个地区拥有电视机的家庭(或人口数)占家庭(或人口)总数的比重。电视媒体覆盖率是指一定时间内,特定地区以各种方式接触电视节目的人口占该地区总人口的比重。除了电视媒体本身的评价指标之外,电视广告还有如下的评价指标:

(一) 衡量广告收视行为的指标

1. 开机率

开机率是指特定时间内,在指定区域,打开电视机的家庭(人口)数占总家庭(人口)数的百分比。开机率可以分为总人口开机率、电视人口开机率、目标受众开机率。对于广告商来说,目标受众或者潜在目标受众是否开机是最重要的。

2. 收视率

收视率是某一时间内收看某一频道节目的人数所占的百分比。收视率是电视媒体的基础性指标,是衡量电视节目传播范围而使用最广泛的指标。收视率分为总人口收视率、电视人口收视率、目标受众收视率。其中,目标受众收视点或毛收视点,是指在确定的品牌目标对象消费群中,暴露于一个特定电视节目的人口数占所有目标对象消费人口的比率,亦称作毛收视点。

收视率可以用来比较同一市场不同频道收视率的高低,以发现一个市场收视最好的频道;收视率可以用来比较同一频道不同时段的收视表现,以发现一天中表现最突出的时段;收视率还可以用来衡量不同目标观众对某一频道或时段的收视率的高低。

3. 节目观众占有率

节目观众占有率是指特定时间内收看某一频道节目的人数占该地区该时段电视观众的百分比,是比较各频道特定时间内市场占有份额的重要指标。节目观众占有率是在"观众"群体内进行的统计,它能够清楚地展示在特定区域、特定时段各频道占有观众市场的情况,它与产品市场占有率所表达的内涵相同。

(二) 衡量广告信息传播范围的指标

1. 广告到达率

广告到达率指在一定广告播出时间内(通常指的是4周),至少接触过广告一次的人所占的百分比,它表现的是广告信息传播的广度。对于广告信息到达率,根据不同的人口基数有不同的到达率,分为总人口广告到达率、电视人口广告到达率、目标受众人口广告到达率。要想进一步提高到达率,意味着要把广告传递到媒体的轻度使用者那里。用公式表示为

$$到达率 = 总收视率 - 重复收视率$$

2. 观众暴露度

观众暴露度是暴露在一个广告排期表中的观众总人次,不考虑重复收看,每看过一次就记录一次,将每次播出时收看到该节目或广告的人数相加。视听众暴露度是一个具体数字,它是指媒介活动排期表中所有媒体的受众人数总和。用公式表示为

$$观众暴露度 = 达到率 \times 平均接触频次 \times 人口基数$$

3. 毛评点(总收视率)

毛评点是广告播出期间收视率的总和,即一个广告排期的总收视率,它与暴露度一样,对于重复观看的,采取重复记录,毛评点是百分比,毛评点可以超过100%。用公式表示为

$$毛评点 = 第一次的收视百分点 + 第二次的收视百分点 + 第n次的收视百分点$$

也可以表示为

$$毛评点 = 到达率 \times 接触频次$$

4. 广告接触频次

广告接触频次就是一定的节目排期内，观众接触广告次数的多少，又叫视听机会。广告接触频次是测量观众接触广告次数的指标，在一个广告播出期间，不同观众接触广告的次数不同。用公式表示为

$$平均接触频次 = 广告暴露度 \div 广告达到人数$$

有效接触频次也称有效到达率，是指广告暴露的最佳传播效果的程度，是对目标消费者达到广告诉求目的所需要的广告重复播出频率，是一个描述广告接触频次与广告效果关系的概念。暴露次数过少，广告信息可能被忽视，暴露次数过多，多余的刊播将是无效的，不仅增加广告的成本，而且引起受众的反感。

广告到达率、平均接触频次、观众暴露度是一套相互关联的指标。到达率考察的是广告信息传播的广度，展示了不同人群中广告的信息覆盖面；平均接触频次是考察广告被接触的次数，平均接触率高，说明受众接触次数多，了解和记住广告信息的可能性大；观众暴露度是基于到达率与接触频次两个指标而建立的综合指标，综合反映广告传播的广度与深度。

(三) 衡量广告信息传播的经济效率指标

1. 千人成本

千人成本指标在前文已有介绍，是指广告信息传给每1000个人所需要的成本。为了比较不同广告所投放的效率，或同一广告投放在同类媒体的不同载体或同一媒体不同版面、时段、不同频率的效率，千人成本能够有效地评估不同媒介广告信息传递的经济效益。其计算公式为

$$千人成本 = 广告成本 \div 特定节目时段受众人数 \times 1000$$

2. 每收视点成本

每收视点成本是用平均每个收视点需要的成本来计算，也称毛评点成本，指在广播电视媒体购买视听率每点的成本，即在特定媒体投放广告，每获得一个收视点需要的费用是多少。对于媒体购买者，计算目标受众在各频道时段的收视点成本更有针对性。其计算公式为

$$每收视点成本 = 时段广告收视费 \div 时段收视率$$

(四) 电视广告自身影响广告的效果

广告构成元素在传达信息中起着至关重要的作用，这些元素之间的关系包括以下几个方面：视觉符号与听觉符号的配合；电视符号与受众文化背景的配合；广告诉求与表现。具体来说，广告画面色彩需要很好地与广告信息相配合，增强广告信息的说服力。电视广告的构图是为了强化广告诉求，在构图中特别需要注意过分唯美主义对观众注意力的分散。"七秒原则"，就是说电视广告如不能在前七秒抓住观众，就有被转台的可能。

(五) 观众的构成要素

在选择电视媒体做广告时，首先要研究电视观众的结构，通常使用的指标包括性别结构、年龄结构、文化结构、职业结构、经济状况等。媒介计划人员需要知道各个时段、各个频道的电视观众结构。

媒介组合需要研究各频道、各时段电视观众的结构，并根据目标人群的人口学特征来寻找与媒介受众吻合度高的频道与时段，确定如何选择最佳的传播渠道，还要对当地文化、习

俗、生活习惯、媒介环境等做调查。

三、网络广告效果评估与计价模式

效果评估是衡量广告活动成功与否的唯一标尺,也是广告主实施广告策略的基本依据。网络广告效果的评估,不仅能对企业前期的广告做出客观的评价,而且对企业今后的广告活动,能起到有效的指导意义,它对于提高企业的广告效益,具有十分重要的意义。

(一) 网络广告效果评估

网络广告活动的效果,是指网络广告通过网络媒体刊登后所产生的作用和影响,或者说目标受众对广告宣传的结果性反应。网络广告效果的评估就是利用一定的指标、方法和技术对网络广告效果进行综合衡量和评定的活动,包括传播效果评估、经济效果评估和社会效果评估。

1. 网络广告效果评估的原则

(1) 相关性原则。相关性原则要求网络广告的效果测定的内容必须与广告主所追求的目的相关。举例来说,倘若广告的目的在于推出新产品或改进原有产品,那么广告评估的内容应针对广告受众对品牌的印象;若广告的目的是在已有市场上扩大销售,则应将评估的内容重点放在受众的购买行为上。

(2) 有效性原则。要以具体的、科学的数据来评估广告的效果,这就要求采用多种评估方法,多方面综合考察,使对网络广告效果评估得出的结论更加有效。

2. 网络广告效果评估的方法

(1) 单一指标评估。这是指当广告主明确广告的目标后,采取适当的单个指标来进行评估。例如,当广告主所追求的广告目的是提升和强化品牌形象时,只需要选择那些与此相关的指标,如广告曝光次数、广告点击次数与点击率、网页阅读次数等指标来衡量;当广告主所追求的广告目的是追求实际收入时,只需要选取转化次数与转化率、广告收入、广告支出等相关指标进行评估。

(2) 综合指标评估。这是指在对广告效果进行评估时所使用的不是简单的某个指标,而是在考虑几个指标的基础上对网络广告效果进行综合衡量的方法。

3. 网络广告效果评估的内容及指标

(1) 广告曝光次数(Advertising Impression)。广告曝光次数是指网络广告所在的网页被访问的次数。广告曝光次数并不等于实际浏览的广告人数,只可以从大体上反映。广告刊登位置的不同,每个广告曝光次数的实际价值也不相同。

(2) 点击次数与点击率(Click & Click Through Rate)。网民点击网络广告的次数就称为点击次数。点击次数可以客观准确地反映广告效果。而点击次数除以广告曝光次数,就可得到点击率(CTR),这项指标是广告吸引力的一个指标。点击率是网络广告最基本的评价指标,也是反映网络广告最直接、最有说服力的量化指标,因为一旦浏览者点击了某个网络广告,说明他已经对广告中的产品产生了兴趣,与曝光次数相比对广告主的意义更大。

(3) 网页阅读次数(Page View)。当浏览者点击网络广告之后即进入了介绍产品信息的主页或者广告主的网站,浏览者对该页面的一次浏览阅读称为一次网页阅读。而所有浏览者对这一页面总的阅读次数就称为网页阅读次数。这个指标也可以用来衡量网络广告效果,它从侧面反映了网络广告的吸引力。

(4) 转化次数与转化率(Conversion & Conversion Rate)。网络广告的最终目的是促进产品的销售,而点击次数与点击率指标并不能真正反映网络广告对产品销售情况的影响,于是,引入了转化次数与转化率的指标。转化次数就是由于受网络广告影响所产生的购买、注册或者信息需求行为的次数,而转化次数除以广告曝光次数,即得到转化率。但是,目前转化次数与转化率如何来监测,在实际操作中还有一定的难度。通常情况下,把受网络广告的影响所产生的购买行为的次数看作转化次数。

(二) 网络广告计价模式

网络广告通常以其庞大的用户群体和容易监测衡量的点来吸引广告主,于是在其计价体系中,常见的有CPM、CPC、CPA三种。使用最广泛的是CPM,价值最大的是CPA,CPC最易得到认同。

(1) CPM模式。每千人印象费用(Cost Per Thousand Impressions),是指为支持每1000个人的访问而支出的费用。目前,CPM已经作为"按广告每千次被展现收费"的广告模式,是运用最为广泛的模式。其实站在广告主的角度,CPM并非最为有效的,需要精准投放广告。

(2) CPC模式。每点击成本(Cost Per Click),即网络广告每次点击的费用,一般以千人作为单位。CPC也是网络广告界一种常见的定价形式。在这种模式下,广告主仅为用户点击广告的行为付费,而不再为广告的显示次数付费。但是,此类方法容易带来点击作弊,虽有限制IP等方法,但效果并不大,带来了广告主对CPC模式的信任危机。

(3) CPA模式。每行动成本(Cost Per Action),其计价方式是指按广告投放实际效果,即按回应的有效问卷或订单来计费,而不限广告投放量。CPA的计价方式对于网站而言有一定的风险,但若广告投放成功,其收益也比CPM的计价方式要大得多,采取这个指标是因为广告主要规避广告费用风险。

四、媒体广告价值评估质的标准

(1) 卷入度/接触关注度(Involvement)。受众的卷入度评估的是受众接触媒体时的注意状态,即广告被收视及记忆的程度。

(2) 干扰度(Clutter)。干扰度是指消费者在接触媒体的时候受其他广告干扰的程度。受众接触媒体的广告干扰度,例如,一份50页的杂志有10页广告,则认为它的干扰度为20%。受众接触的广告干扰度,通过在同一媒体中某产品广告受其他产品广告的干扰程度来直接分析媒体的广告发布质量,同品类竞争品牌的干扰对广告效果的影响将比其他品类高。

(3) 编辑环境(Editorial Environment)。这是指媒体所提供的编辑环境对刊播广告的品牌、广告创意、广告内容的适切性的影响。媒体本身的形象和地位,媒体本身呈现的编辑氛围,这种氛围是由媒体的编排设计和编辑内容创造的。

(4) 广告环境(Advertising Environment)。广告环境是指媒体承载其他广告所呈现的媒体自身刊播广告的状态和氛围。

(5) 相关性(Relevance)。相关性指对产品类别或广告创意内容与媒体本身、媒体内容等方面相关性质的分析、判断,即是对两者相互之间的关系是协调、兼容,还是冲突、排斥,这些需要分析判断。例如,健身器材广告刊登在健身体育杂志上,调料广告插播于烹饪节目中,这样相关性就强。

第四节 广告的管理与规制

广告是经济现象,也是文化现象;广告是行业的,也是社会的。随着经济全球化,广告在经济建设、文化建设、社会生活方面,特别是在社会规范、社会信用、社会和谐等层面的影响将越来越大。随着市场经济的发展,公然违反《广告法》的现象越来越多,如做虚假广告宣传,坑害消费者;未经审批或盗用、伪造广告批准文号发布广告;以新闻报道形式发布广告,发布国家明令禁止的治疗肿瘤、艾滋病、治疗性功能障碍及戒毒药品的广告,等等。为此,构建适合我国国情的广告规范方式,推动我国广告规范机制的建设,显得尤为必要。

一、广告与广告立法

广告是客户利用一定的媒介向公众传播商品信息和其他信息,以达到某种特定目的(如推销商品、介绍服务事项等)的宣传方式。《广告法》中所说的广告是指商品经营者或者服务提供者承担费用,通过一定媒介和形式直接或者间接地介绍自己所推销的商品或者所提供的服务。

广告法制建设始于20世纪80年代初。1982年2月6日,国务院发布了新中国第一个有关广告的行政法规《广告管理暂行条例》。1987年10月26日,国务院发布新的行政法规《广告管理条例》。1988年1月19日,国家工商行政管理局颁布《〈广告管理条例〉施行细则》。1994年10月,第八届全国人大常委会第十次会议正式通过了《中华人民共和国广告法》,自1995年2月1日起施行。

新的《中华人民共和国广告法》已由中华人民共和国第十二届全国人民代表大会常务委员会第十四次会议于2015年4月24日修订通过,自2015年9月1日起施行。

二、广告发布的原则与准则

(一) 广告发布的原则

(1) 广告应当真实。新《广告法》第五条明确规定:"广告不得含有虚假的内容,不得欺骗和误导消费者。"

(2) 广告内容要合法。不得对国家禁止生产的商品或开展的服务事项做广告;虽然属于允许生产的商品或开展的服务,但国家禁止做广告宣传的,不得在广告中去宣传上述商品或服务;广告内容与其所推销的商品或所介绍的服务相一致,不得含有虚假的成分;广告内容不得含有法律明文禁止使用的表现方式。

(3) 广告形式要合法。广告发布符合法定程序,必须通过合法的媒介或其他法律允许的形式;发布的广告应当有广告标记,不得采用有偿新闻报道形式做变相广告;广告形式本身应当符合法律允许的设置要求,如户外广告不得置于法律、法规禁止设置的场合或场所。

(4) 广告应当符合社会主义精神文明建设和弘扬中华民族优秀传统文化的要求。广告通过文字、语言、画面等形式,利用艺术与内容结合的手段,作用于人们的感官和思想,从内容到形式都反映着一定的社会意识形态。广告不仅宣传企业及其商品或服务,也在宣传生活方式,因而对社会风气与习俗、对人们的消费观念与价值观念都有感染和导向作用。

(二) 广告发布的具体行为准则

(1) 必须禁止的行为。使用或者变相使用中华人民共和国国旗、国徽、国歌;使用或者变相使用国家机关或者国家机关工作人员的名义或者形象;使用"国家级""最高级""最佳"等用语,但是依法取得的除外;损害国家的尊严或者利益,泄露国家秘密;妨碍社会安定,损害社会公共利益;危害人身、财产安全,泄露个人隐私;妨碍社会公共秩序或者违背社会良好风尚;含有淫秽、色情、赌博、迷信、恐怖、暴力的内容;含有民族、种族、宗教、性别歧视的内容;妨碍环境、自然资源或者文化遗产保护;法律、行政法规规定禁止的其他情形。

(2) 必须遵守的规则。广告中对商品的性能、功能、产地、用途、质量、成分、价格、生产者、有效期限、允诺等,或者对服务的内容、提供者、形式、质量、价格、允诺等有表示的,应当清楚、明白。广告使用数据、统计资料、调查结果、文摘、引用语等引证内容的,应当真实、准确,并标明出处,引证内容有适用范围和有效期限的,应当明确表示。不得贬低其他生产经营者的商品或者服务。应当具有广告标记,使广告具有可识别性,不得以新闻报道形式发布广告,通过大众传播媒介发布的广告应当有广告标记,与其他非广告信息相区别,不得使消费者产生误解。必须维护社会公众的合法权益,对其不得有损害行为。涉及专利产品或者专利方法的,应当标明专利号和专利种类。

(三) 特殊商品广告的特殊规定

药品、医疗器械广告不得含有不科学的表示功效的断言或者保证,说明治愈率或者有效率;不得以学者、医生、患者的名义和形象作证明等。农药广告不得使用无毒、无害等表明安全性的绝对化断言;不能含有不科学的表示功效的断言或者保证;不能含有违反农药安全使用规程的文字、语言或者图画。烟草广告必须标明"吸烟有害健康",并禁止利用广播、电影、电视、报纸、期刊、图书、音像制品、电子出版物、移动通信网络、互联网等大众传播媒介和形式发布或者变相发布烟草广告。除药品、医疗器械、医疗广告外,禁止其他任何广告涉及疾病治疗功能,并不得使用医疗用语或者易使推销的商品与药品、医疗器械相混淆的用语。麻醉药品、精神药品、医疗用毒性药品、放射性药品等特殊药品以及戒毒治疗的药品、医疗器械和治疗方法,不得做广告。禁止在依照药品管理法律、行政法规确定的药学、医学专业刊物以外的媒介发布处方药广告。禁止在大众传播媒介或者公共场所发布声称全部或者部分替代母乳的婴儿乳制品、饮料和其他食品广告。

三、广告发布的管理与监督

(一) 广告监督管理机关

广告监督管理机关是国务院直属机构国家工商行政管理局以及省、地、县三级政府所属的工商行政管理局,履行广告法规解释、广告经营登记、监督检查、接受违法广告投诉和查处广告违法案件、指导广告业健康发展等管理与监督职能。一切广告活动,都必须接受所在地工商行政管理部门的管理与监督。具体来说,国务院工商行政管理部门主管全国的广告监督管理工作,国务院有关部门在各自的职责范围内负责广告管理相关工作。县级以上地方工商行政管理部门主管本行政区域的广告监督管理工作,县级以上地方人民政府有关部门在各自的职责范围内负责广告管理相关工作。

(二)广告主体职责

广告主自行或者委托他人设计、制作、发布广告,所推销的商品或者提供的服务应当符合广告主的经营范围;委托他人设计、制作、发布广告,应当委托具有合法经营资格的广告经营者、广告发布者。

广告主自行或者委托他人设计、制作、发布广告,应当具有或者提供真实、合法、有效的证明文件:营业执照以及其他生产、经营资格的证明文件;质量检验机构对广告中有关商品质量内容出具的证明文件;确认广告内容真实性的其他证明文件;发布广告需要经有关行政主管部门审查的,还应当提供有关批准文件。

广告主或者广告经营者在广告中使用他人名义、形象的,应当事先取得他人的书面同意;如果属于有监护人的,应当事先取得监护人的书面同意。

(三)特殊广告实行发布前审查制度

《广告法》第四十六条规定,发布医疗、药品、医疗器械、农药、兽药和保健食品广告,以及法律、行政法规规定应当进行审查的其他广告,应当在发布前由有关部门对广告内容进行审查,未经审查,不得发布。

四、媒体广告经营的规制

(一)媒体广告发布的查验与监管

媒体是广告发布的最终出口,有责任对广告的发布进行把关查验。国家工商总局、中宣部、国务院新闻办等12个部门联合发布的《2010年虚假违法广告专项整治工作实施意见》指出,广告主委托媒体单位发布药品、医疗器械、农药、兽药、保健食品、医疗服务等法律法规规定应当通过行政许可的6类广告,除了提交基本证明文件外,还应当提供食品药品监督、农业、卫生等政府行政主管部门的审查批准文件(包括广告成品样件)。媒体单位在广告发布前,应当查验这些证明文件,对内容不实或者证明文件不全的广告,不得发布。

各部门联合监管。广告发布前,工商部门要加强媒体广告发布审查的行政指导;新闻出版广播影视行政部门要监督媒体单位落实广告发布审查的法定责任;党委宣传部门要把广告内容作为新闻管理的重要组成部分。广告发布中,工商部门要加强广告日常监测检查;食品药品监管部门要加强药品、保健食品、医疗器械广告发布企业的监督检查;卫生行政、中医药管理部门要加强医疗机构广告发布行为的监测监管;新闻出版广播影视行政部门要加强报刊广告审读工作以及广播电视广告监听监看。广告发布后,强化依法查处。

(二) 广播电视广告的内容规范

《广播播电视广告播出管理办法》(自 2010 年 1 月 1 日起施行)规定,禁止播出下列广播电视广告:以新闻报道形式发布的广告;烟草制品广告;处方药品广告;治疗恶性肿瘤、肝病、性病或者提高性功能的药品、食品、医疗器械、医疗广告;姓名解析、运程分析、缘分测试、交友聊天等声讯服务广告;出现"母乳代用品"用语的乳制品广告;法律法规和国家有关规定禁止播出的其他广告。

《广播电视广告播出管理办法》规定,广播电视广告禁止含有下列内容:反对宪法确定的基本原则的;危害国家统一、主权和领土完整,危害国家安全,或者损害国家荣誉和利益的;煽动民族仇恨、民族歧视,侵害民族风俗习惯,伤害民族感情,破坏民族团结,违反宗教政策的;扰乱社会秩序,破坏社会稳定的;宣扬邪教、淫秽、赌博、暴力、迷信,危害社会公德或者民族优秀文化传统的;侮辱、歧视或者诽谤他人,侵害他人合法权益的;诱使未成年人产生不良行为或者不良价值观,危害其身心健康的;使用绝对化语言,欺骗、误导公众,故意使用错别字或者篡改成语的,等等。

对电视购物短片的规范:除经批准开办的电视购物频道和经备案的专门购物时段外,其他模拟、数字和付费频道,一律不得播出电视购物节目。新闻、国际等专业频道,不得播出电视购物短片广告。教育、少儿等专业频道不得播出不宜未成年人收看的电视购物短片广告。经备案的专门购物时段播出购物节目时,须在屏幕右上角标明"购物"字样。不得使用主持人作宣传,不得以"叫卖式"夸张配音、语调、动作等宣传商品;不得使用新闻报道、新闻采访等形式以及新闻素材、资料等宣传商品。

(三) 广播电视广告播出的时限与编排

在时限方面,《广播电视广告播出管理办法》明确要求,播出机构每套节目每小时商业广告播出时长不得超过 12 分钟,其中,广播电台在 11:00—13:00、电视台在 19:00—21:00,商业广告播出总时长不得超过 18 分钟。播出机构每套节目每日公益广告播出时长不得少于商业广告时长的 3%。其中,广播电台在 11:00—13:00、电视台在 19:00—21:00,公益广告播出数量不得少于 4 条(次)。

《广播电视广告播出管理办法》规定,播出电视商业广告时不得隐匿台标和频道标识。广播电视广告播出不得影响广播电视节目的完整性。除在节目自然段的间歇外,不得随意插播广告。2013 年国家新闻出版广电总局第 66 号令《广播电视广告播出管理的补充规定》指出,播出电视剧时,不得在每集(以 45 分钟计)中间以任何形式插播广告。

在编排方面,播出商业广告应当尊重公众生活习惯。在 6:30—7:30、11:30—12:30 以及 18:30—20:00 的公众用餐时间,不得播出治疗皮肤病、痔疮、脚气、妇科、生殖泌尿系统等疾病的药品、医疗器械、医疗和妇女卫生用品广告。广播电台每套节目每小时播出的烈性酒类商业广告,不得超过 2 条;电视台每套节目每日播出的烈性酒类商业广告不得超过 12 条,其中在 19:00—21:00 之间不得超过 2 条。

第八章 传媒营销管理

每个企业的成功都是市场营销的成功,企业的营销观是企业所信奉的哲学和理念,是企业从事市场营销管理活动的基本指导思想和行为准则。传媒营销战略就是传媒组织在传媒市场或组织内部所采取的各种有利于消费者接受其产品或服务的行为,任何传媒组织都要不断更新营销策略,以满足市场需求。传媒营销有两个领域:一个是对于受众的营销,即报刊图书的发行营销,以及电视节目的营销;一个是对于广告主的营销,推销广告版面与时段。

第一节 传媒产品的市场营销

市场是商品交换的场所,是商品所有者全部交换关系的总和。市场营销意味着和市场打交道,为了满足人类需要和欲望,去实现潜在的交换。对于企业来说,目标市场、顾客需要、整合营销、赢利能力构成了市场营销的四大支柱。

一、传媒营销

一个市场是由那些具有特定的需要欲望,而且愿意并能够通过交换来满足这种需要或欲望的全部潜在顾客所构成。换句话说,市场就是"人口+购买能力+购买欲望"。市场的这三个因素是相互制约、缺一不可的,只有三者结合起来才能构成现实的市场,才能决定市场的规模和容量。

(一) 市场营销

市场营销学是一门建立在经济科学、行为科学和现代管理科学基础上的应用科学。1960年美国市场营销协会的市场营销定义:市场营销是引导货物和劳务从生产者流转到消费者或用户所进行的一切企业活动。2004年美国市场营销协会定义:营销既是一种组织职能,也是为了组织自身及利益相关者的利益而创造、传播、传递客户价值与管理客户关系的一系列过程。菲利普·科特勒认为,市场营销是个人或群体通过创造、提供出售并同他人交换产品和价值,以获得其所需所欲之物的一种社会和管理过程。

有学者指出,传媒市场营销是"在买方市场条件下,传媒凭借产品和价值,通过交换过程实现的对传媒消费者需求的预测、管理和满足,它涵盖了传媒面向市场的一切交换活动"。[①] 也有学者认为媒介营销是"传媒在市场调研的基础上,适应动态变化着的传媒市场而开展创

[①] 朱春阳.传媒营销管理[M].广州:南方日报出版社,2004:8.

造性的活动,通过媒介市场交换,实现媒介商品、服务和信息从媒介开发经营者向媒介购买者流动的综合性的经营销售活动"。① 总体而言,传媒市场营销就是在市场调研的基础上,实现传媒产品、服务以及信息从生产者向消费者流动的一切经营管理活动。

20世纪50年代美国密歇根州立大学麦卡锡教授提出了4P观点,即产品(Product)、价格(Price)、渠道(Place)、促销(Promotion)。1990年罗伯特·劳特朋基于当时的市场环境以及消费者地位的转变,提出了以消费者为中心的营销理论,认为以产品为中心的4Ps营销组织已经过时,取而代之的是以人为中心的4Cs营销组合,即客户、成本、方便与沟通,瞄准消费者需求(Customer Solution)、消费者所愿意支付的成本(Customer Cost)、消费者的便利性(Convenience)与消费者沟通(Communication)。② 劳特朋认为,新的市场营销环境所关注的应该是顾客而非传统意义上的产品。企业应更多地关注顾客的需求和愿意付出的成本,并为顾客提供方便的购买和体验环境,并建立良好的信息沟通渠道和交流过程。

20世纪90年代以后,互联网改变了沟通和营销的传播模式,随之诞生了电子商务和网络营销,有了"新4C"营销组合理论:连接(Connect)、沟通(Communication)、商务(Commerce)和合作(Cooperation)。新4C理论强调以网络为枢纽的企业营销,借助电子媒体方便快捷的特性来连接企业和消费者,在满足客户需求和信息交流的同时,有机地整合企业营销诉求和顾客的需求,这种理论促进了在线购物和网络营销的发展。

(二)整合营销理念

整合营销理念由美国西北大学商学院舒尔茨教授提出,他认为"企业需要把重点放在客户以及他们的要求和需求方面,采取由外而内的战略规划,以整体客户体验为重点,集中协调营销传播活动,强化与顾客的关系"。整合就是把各个独立的营销综合成一个整体,以产生协同效应。这些独立的营销工作包括广告、直接营销、销售促进、人员推销、包装、事件、赞助和客户服务等,战略性地审视整合营销体系、行业、产品及客户,从而制定出整合营销策略。整合营销不仅是影响目标群体行为的说服性传播活动,更是以回应、相关性、感受和关系为框架与顾客进行双向互动的交流。

整合营销要求企业所有部门共同服务于顾客利益,企业所有的营销功能、营销要素都要目标一致,综合运用多种营销手段,整合营销一般用"4C"取代"4P"。整合营销在实施中的特点:重视企业资源的最佳配置;强调要把企业建设成学习型企业;重视团队建设;对外强调整合营销沟通。

二、市场营销的环境

市场营销环境是指关系企业生存和发展,影响并制约企业营销战略的制定和实施的一切因素和力量的总和。市场营销环境的特征决定了它对企业的生存与发展、营销活动及决策过程产生着有利的或不利的影响。一方面,它为企业提供了市场营销机会;另一方面,市场营销环境也会给企业造成某种威胁。

(1) 按影响范围可分为微观环境和宏观环境。微观环境是指由公司本身市场营销活动

---

① 包国强.媒介营销:理论、方法、案例[M].北京:清华大学出版社,2005:5.
② Lauteerborn R. New Marketing litany:4Ps Passe, C-words Take Over[J]. Advertising Age,1990,61(41):26.

所引起的与公司市场紧密相关、直接影响其市场营销能力的各种行为者,包括公司供应商、营销中间商、竞争者和公众等。宏观环境是指影响公司营销的各种因素和力量的总和,包括人口环境、经济环境、自然环境、政治法律环境及文化环境等。

(2) 按控制性难易可分为可控因素和不可控因素。可控因素是指由公司及营销人员可以支配的因素。不可控因素是指影响市场营销的工作和完成情况的不能控制的因素,包括消费者、竞争、政府、经济、技术等。

(3) 按环境性质可分为自然环境和文化环境。自然环境包括各种自然资源及其他自然界方面的许多因素,如气候、生态系统的变化。文化环境包括社会价值观和信念、人口统计变数、科学和技术、政治和法律力量等。

三、不同产品生命周期的营销策略

产品生命周期可分为引入期、成长期、成熟期与衰退期。把产品生命周期划分成不同阶段,一方面反映了产品在不同时期中存在着不同的特点,另一方面说明了不同阶段应该采用不同的营销策略,这是研究产品生命周期的意义。

(1) 引入期的特点与营销策略。处于引入期的产品的销量小且销售额增长缓慢,利润低甚至亏损。完全创新的产品和含有高新技术的换代新产品在引入期的竞争者较少甚至没有竞争者。建立新产品的初级需求,努力提高新产品的知名度,乃是这一阶段的策略重点,尽量避免新产品可能夭折的风险。这一阶段重点宣传产品的利益、用途,尽快使新产品能被潜在顾客接受。

(2) 成长期的特点与营销策略。成长期产品的销售额迅速上升,是产品生命周期中销售增长率最高的阶段,利润迅速增长。产品被消费者接受且销量显著增加吸引了竞争者,使他们看到了大规模生产和赢利的机会。因此,竞争者日渐增多是这一时期的主要特点。成长期产品的营销策略重点应放在创立品牌、提高知名度与偏爱度上,进入新的细分市场,发展销售网点,扩大销售,促使潜在顾客认牌购买。

(3) 成熟期的特点与营销策略。成熟期产品的销售额大,达到整个产品生命周期的最高峰。成熟期存在行业内生产过剩的威胁,迫使每个企业都采用最有效的竞争手段来维持市场占有率,导致最激烈的市场竞争。营销策略重点应放在延长市场生命周期、提高竞争力上,通过获得竞争优势,维持大量销售。可考虑重新设计营销因素组合方案,对产品因素及非产品因素(价格、渠道、促销)加以整合,应采用竞争性价格策略或适当扩大分销渠道,增加促销费用等。

(4) 衰退期的特点与营销策略。当产品的销售额明显下降或急剧下降时,说明这种产品已进入衰退期。销售额下降的主要原因是出现了更新的产品、消费者对这种产品已不感兴趣或过度竞争所致。这一阶段营销策略的重点是掌握时机,决定退出市场的方式和时机,立即放弃或缓慢放弃。

四、传媒营销的市场定位

市场细分的概念是美国营销学家温德尔·史密斯在 1956 年最早提出的,此后,美国营销学家菲利浦·科特勒进一步发展和完善了温德尔·史密斯的理论,并最终形成了成熟的

STP 理论——市场细分(Segmentation)、目标市场选择(Targeting)和市场定位(Positioning),这是战略营销的核心内容。通过市场细分与市场定位,企业可以进一步明确竞争对手和竞争目标,从而发现竞争双方各自的优势与劣势。

(一)市场营销调研

市场营销调研就是运用科学方法有目的、有计划、系统地收集、整理和分析研究有关市场营销方面的信息,提出解决问题的建议,作为企业营销决策的依据。市场营销调研是认识市场、获得市场信息的最基本的方法,是做出科学的经营决策的基础,是发现经营和管理中存在问题的重要手段,是市场预测的基础。

市场营销调研包括如下类型:① 市场需求情况调研:市场商品需求总额及其构成调研,如需求总量、需求变化情况、普及率、顾客分布等;消费者购买心理及购买行为调研。② 市场供应情况调研:市场商品供应总额及其构成调研;产品市场占有率调研;竞争情况调研。③ 企业营销效果调研:销售效果调研;广告效果调研等。④ 分销渠道调研:中间商情况调研;本企业及对手分销渠道调研。

(二)市场细分

市场细分是指企业根据消费者需求、欲望及购买行为的差异性,将某种产品的整个市场划分为若干个相类似的消费者群(子市场)的过程。市场细分可以更精确细致地分析市场推销机会,使自己处于有利的地位;可以更好地为顾客服务,从而发挥最大的市场推销效果;有利于企业提高相对竞争力。

在消费者市场方面,细分的标准通常包括人口统计、地理、心理和行为等,每个标准下还有更细的细分变量。

按人口统计的市场细分,包括按年龄、性别、收入、民族、职业及教育状况细分;按地理状况的市场细分;按心理的市场细分;按行为的市场细分,包括按使用者的购买量、使用情况、忠诚程度细分。

例如,根据受众构成的结构主义研究方法,媒介使用可以分为不同的细分市场,这些细分市场的受众呈现出不同的收视需求。通过市场调研发现,女性观众、年轻观众、低学历观众、低收入观众偏重娱乐、生活、消遣,男性观众、老年观众、高学历观众、高收入观众更注重信息与知识。低收入观众、低学历观众白天收视行为更多,高学历、高收入的群体深夜收视行为更多。低收入观众、老年观众收视行为更加忠诚,而高收入观众、年轻观众的收视行为更不稳定。

(三)目标市场选择策略

在市场细分的基础上,从满足现实的或潜在的目标顾客的需求出发,并根据企业自身经营条件而选定的特定市场,进一步做出市场细分的决策,即决定向哪个市场或多少个市场进军,也就是做出市场覆盖宽度的决策。

目标市场营销,就是选择与本企业营销宗旨最相适应、销售潜力最大、获利最丰的那部分市场作为自己争取的目标,然后采取相应的市场营销手段,打入或占领这个市场。

如表 8.1 所示,根据各个细分市场的独特性和公司自身的目标,共有三种目标市场策略可供选择。① 无差异市场营销策略。这是指公司只推出一种产品,或只用一套市场营销办法来招徕顾客。当公司断定各个细分市场之间差异很少时可考虑采用这种市场营销策略。这种方法让不同需求的受众接受同一传媒产品,容易造成失去受众的危险。现代社会受众偏好千差万别,很难普遍接受一种传媒产品,如1990年电视剧《渴望》老少咸宜,这样的日子一去不复返了。② 集中性市场营销策略。这是指公司将一切市场营销努力集中于一个或少数几个有利的细分市场。对于中小传媒企业或者刚入市场的传媒企业,掌握的资源有限,无力在整个市场竞争,集中于某个细分市场进行专业化生产是明智的行为,但是风险较大,一些突然的变故可能使企业陷入困境或面临灭顶之灾。例如,海南卫视办旅游卫视,"澎湃新闻"客户端定位于"时政爱好者"和"都市高端人群",以时政和思想文化生活为主要内容。③ 差异性市场营销策略。这是指公司根据各个细分市场的特点,相应扩大某些产品的类别,或制定不同的营销计划和办法,以充分适应不同消费者的不同需求,从而扩大各种产品的销售量。例如,央视办有新闻、综艺、财经、体育、科教、戏曲、纪录片、音乐、社会与法、农业与军事等不同的频道,根据不同市场的受众偏好,设计相应的传媒产品。这一策略重在满足目标受众的特定偏好,力争囊括各种细分市场,至少在细分市场占领较大的份额。

表8.1 各种目标市场营销策略选择应考虑的因素

考虑因素	无差异性市场策略	集中性市场策略	差异性市场策略
产品特性	同质性	异质性	异质性
市场需求	差异性小	差异性大	差异性大
市场竞争者	少	多	多
企业实力	强	弱	强

五、传媒营销管理思想的演变

(一) 营销思想的演变

1. 生产观念

即以生产为中心的企业经营思想。顾客关心的主要是产品价格低廉和方便购买等,因而经营者主要注意力集中在追求生产率和建立广阔的销售网络上。在供不应求的买方市场时代,这种大量生产、降低价格的思想尚有其生命力。如今大多数商品已经供过于求,这种经营导向无疑已过时。

2. 产品观念

此观念是以产品为中心的企业经营指导思想。产品是最重要的因素,消费者总是欢迎质量最优、性能最好的产品。产品观念导致"营销近视症",即过分重视产品质量,看不到市场需求及其变动,只责怪顾客不识货,而不反省自己是否根据需求提供了真正需要的商品。

3. 推销观念

此观念是以销售为中心的企业经营指导思想,消费者通常有购买迟钝或抗拒购买的表现,如果听其自然,消费者不会购买本企业太多的产品。因此,企业必须大力开展推销和促销活动,刺激消费者做出购买行为。

4. 市场营销观念

此观念认为要达到企业目标,关键在于断定目标市场的需要,并且比竞争者更有效地满足顾客的需求。推销观念注重卖方需要,市场营销观念则注重买方的需要。推销以卖方需要为出发点,考虑如何把产品变成现金;而营销则考虑如何通过产品创新来满足顾客的需要。

5. 社会营销观念

社会营销观念是市场营销观念的发展和延伸,强调企业向市场提供的产品和劳务,不仅满足消费者的个别的、眼前的需要,而且要符合消费者总体和整个社会的长远利益。企业要正确处理消费者欲望、企业利润和社会整体利益之间的矛盾,统筹兼顾,求得三者之间的平衡与协调。

(二) 传媒营销的发展趋势

企业市场营销观念在经历了生产观念、产品观念、推销观念、市场营销观念、社会营销观念几个阶段之后,进入 20 世纪 90 年代以来,市场营销观念又有了新的发展。

1. 观念营销

观念营销也叫概念营销。概念营销着眼于消费者的理性认知与积极情感的结合,通过导入消费新观念来进行产品促销,目的使消费者形成对新产品及企业的深刻印象,建立起鲜明的特色概念、品牌概念、形象概念、服务概念等,增强企业的竞争性实力。世界知名报纸都善于利用观念来进行营销,例如,英国《泰晤士报》标榜"报道发展中的历史",《太阳报》坚持"独立是我们的格言",法国《费加罗报》宣称"倘若批评不自由,则赞美亦无意义",美国《基督教科学箴言报》则"帮助所有的人",日本《读卖新闻》办报方针是"敢于同左右两翼独裁思想作斗争"。

2. 文化营销

文化营销的三个层次:产品文化营销、品牌文化营销、企业文化营销。文化营销更具有人情味、地域性,更体现企业个性,从而使营销走上差别化、个性化的道路。文化营销的本质特征是价值观念的渗透与共融。文化营销关注的是与客户产生共同的期望,形成互动,并始终保持这种共同期望。传统营销主要关注客户对产品、服务等方面的满意度;文化营销则强调通过顺应和创造客户的某种价值观或价值观集合来达到客户的某种满意程度。例如,湖南卫视的快乐文化、江苏卫视的幸福文化、安徽卫视的徽派文化、河南卫视的中原文化、东方卫视的海派文化等,卫视纷纷打造文化品牌,彰显文化魅力。

3. 关系营销

关系营销是为了满足企业和相关利益者的目标而进行的识别、建立、维持、促进同消费者的关系,这只有通过交换和承诺才能实现。人们的关注重点正从以交易为中心转向以关系为中心,以吸引新顾客为目标转向以吸引顾客,尤其是以保留老顾客为目标,维护老客户比争取新客户更重要、成本更低、效果更佳。关系营销将关系从顾客关系扩展为相关利益者的关系,从顾客市场拓展到六个市场,包括供应商、推荐专家、政府、公众等影响市场,企业内部市场,以及雇员市场。关系营销将交易双方利益视为互利互补的,双方是合作伙伴关系,以保持顾客,实现顾客价值最大化为特征。粉丝文化以及各卫视粉丝网的建立莫过于关系营销的最好体现。

4. 绿色营销

绿色营销有狭义和广义之分。狭义的绿色营销是指企业在营销活动中,谋求消费者利益、企业利益与环境利益的协调,也叫生态营销或环境营销。广义的绿色营销是指企业在营销活动中体现社会价值观、伦理道德观,自觉抵制各种有害营销。绿色营销是一种新型的营销理念与营销战略,实施绿色营销的企业注重环境保护,认可绿色文化。《纽约时报》坚持"刊登一切适合刊登的新闻"与"所有的一切都是关于对话"的理念,生产一流的新闻,吸引到顶尖读者,《纽约时报》的网站留言要经过编辑的严格审核,从个人偏好出发的胡言乱语等是不被容忍的。

5. 4R组合营销

2000年前后,竞争环境、媒体技术和市场供求关系都发生了很大变化。艾登伯格等人又从不同角度提出了以关联(Relativity)、反映(Reaction)、关系(Relation)和回报(Retribution)为基础的新营销要素组合,即4R营销组合理论。4R组合强调企业要对顾客需求及时做出反应,建立长期的合作关系,使顾客成为企业营销活动的参与者,建立起企业和顾客之间的共生共存的关系,并对销售过程中出现的问题做正确的处理。

6. 大数据营销

数据量大(Volume)、数据产生速度快(Velocity)、数据种类多样(Variety)的所谓"3V"大数据在传媒营销中成为热词。社交网络及智能移动终端上的搜索、观看、消费行为都在记录用户数据,个人爱好、兴趣习惯、生活细节、地理位置、消费能力、消费选择等丰富的私人化信息都能够反映消费者的习惯。大数据的数据来源通常是多样化的,包含互联网、移动互联网、广电网、智能电视,未来还有户外智能屏等数据。

大数据时代的营销包括如下流程。首先,企业生产营销活动不断产生数据,不断收集这些数据。其次,数据分析总汇,反过来为企业生产运营提供决策支撑,生产环节洞察用户特征与需求,针对需求生产;经营环节,精确信息推送,精准营销。再次,数据聚集关联,形成大数据平台。然后,运营数据,从数据中挖掘价值,促销策略,提升用户体验,监测对手的动态,建构品牌软实力与品牌危机预警。最后,在用户多维数据与检测市场动态的基础上,预测市场走向,发掘新市场。[①]

7. 社交媒体与"6I"营销模式

"6I"营销组合是社会化媒体环境下的企业营销传播策划的基石,具体包括趣味性/娱乐化(Interesting)、利他性/价值性(Interests)、创新性/思想性(Innovation)、互动性/共鸣(Interactive)、及时性(Instant)和整合性(Integration)。具体来说,就是利用热点事件和趣味性话题来吸引市场和公众的关注;要在营销传播中展示产品(或品牌)能够为消费者带来的利益和价值;推出的营销传播策划要在思维、方法和形式上创新;鼓励客户参与、体验和互动,通过互动诱导公众对产品功能或品牌特征的关注;必要时还要以网络为枢纽来整合多种媒体展开营销传播。

社交媒体的出现改变了传统人类社会人际沟通、社群交往和信息传播的方式,也成为当今营销理论研究的焦点。受众是信息产生、接受和再传播的主体,受众群体的注意力、参与性和卷入程度成为影响传播效果的重要因素。正是社会化媒体的草根性,决定了资金、实力和投放规模等传统营销要素不再是决定营销效果的唯一基础,而"注意力"将成为争夺的重

---

① 喻国明.新闻传播的大数据时代[M].北京:中国人民大学出版社,2014:150.

要资源。例如,亲子真人秀娱乐节目《爸爸去哪儿了》不断炒作话题,例如,好爸爸、好老公、好男人以及各种育儿话题等。

第二节　传媒品牌营销

品牌效应在商品消费的时候非常明显,我们在消费商品的时候,也在消费品牌。从心理学角度看,品牌的作用可以用"光环效应"解释。在媒体过剩的时代,媒体的竞争已由国内竞争转向国际竞争,由栏目、节目、频道、版面、价格等局部竞争转向以品牌为中心的综合竞争。媒体的品牌竞争意味着品牌所代表的属性、利益、价值、文化、个性、用户等方面的综合竞争。

一、品牌的概念及品牌决策

(一)品牌的概念

品牌是用来识别产品与服务的名称、术语、标记、象征或设计、或其组合,其目的是借以辨认某个销售者的产品或服务,并使之同竞争对手的产品和服务区别开来。品牌是一个整体概念,是一个"复杂的象征",外在体现的是名称和符号,内在的还包括属性、利益、价值、文化、个性和用户等多重含义。

品牌是营销者许诺向顾客持续传递特定的利益和服务,品牌是从形象上的一个标识具化为内涵而成为全方位替换企业产品形象的表征。品牌同时也因消费者对其使用印象及自身经验而有所界定,这是基于对品牌从形象标识、内涵象征、对象感知等三个维度的理解。品牌的作用包括识别商品出处;宣传推广商品;树立企业形象;扩大产品组合;承诺产品质量;维护专用权利。

品牌与商标是不同的。商标是经有关政府机关注册登记并受法律保护的整体品牌或该品牌的某一部分。商标具有区域性、时间性和专用性的特点。品牌与商标的区别:品牌是一个商业名称,其主要作用是宣传商品;商标也可以宣传商品,但重要的是,它是一个法律名称,受法律保护。品牌与商标的联系:品牌的全部或部分作为商标经注册后,这一品牌便具有法律效力。

(二)品牌决策

品牌决策是指企业内部品牌之间关联度的决策。

(1)亲族品牌策略。这是指企业将自己生产的全部产品或同一产品线的产品,都选用同一品牌。好处:显示实力,树立企业形象;可带动新产品顺利上市;可节省广告,宣传效果好。局限性:它不适合于原有声誉、形象一般或较差的企业;它一般只适合价格、品质和目标大致相似的商品。例如,第一财经品牌。

(2)单一品牌策略。这是指一个品牌只用于一种产品的策略。单一品牌起"隔离"作用,用品牌把不同产品的特性、档次、目标顾客的差异隔离开来。

(3)多品牌策略。优点:起"保险"作用,某一产品的失败不至于影响其他产品;起"激励"作用,不断开发的新产品,可给人以蒸蒸日上的良好印象。缺点:品牌费用大,包括商标设计及品牌命名费用、注册与续展费用、宣传推广费用等。例如,南方日报报业集团包括《南方日报》《南方周末》《南方都市报》《21世纪经济报道》等品牌。字节跳动公司实行多品牌战略,其国内的旗下产品有今日头条、抖音、西瓜视频、火山小视频、皮皮虾、懂车帝、悟空问答等。阅文集团于2015年3月由腾讯文学与原盛大文学整合而成,旗下拥有QQ阅读、起点中文网、创世中文网、云起书院、潇湘书院、红袖添香、中智博文、华文天下、天方听书、懒人听书等业界知名品牌。

二、媒体品牌的概念及品牌战略

越来越多的中国媒体意识到品牌营销管理的重要性,并在实践中做出了大量有益的尝试,涌现出CCTV、湖南卫视、新浪网、《财经》、《南方周末》等众多具有明显特色和巨大影响力的媒体品牌。大众媒体的品牌营销使媒体把竞争的注意力集中到提高自身的综合素质上,并且创造了媒体的差异,避免了媒体之间低层次的恶性竞争。媒体要正确进行品牌定位,切实提高品牌形象,科学选择品牌延伸领域。

(一)媒体品牌概述

媒体品牌是指媒体的商业名称和标识,是用于区别其他媒体的文字、图形、符号、标记或它们的组合,例如,媒体的标识、台标、社标、频道和栏目的包装等。媒体品牌的基本功能包括:作为标志具有识别功能;作为沟通代码具有信息浓缩功能;作为承诺和保证具有信誉功能;作为无形资产具有价值功能。

媒体品牌具有三维空间的含义,它既可以是媒介符号"能指"的标识,也是内容、包装、结构、风格等产品形象的总和,甚至还是受众对其评价、信任、依赖、反馈等的"编读关系综合体"的简化形式。① 媒体品牌对媒体受众而言不仅仅是媒体的名称和标识,它代表着媒体的资源和能力,代表着媒体对媒体受众的承诺,代表着媒体受众对媒体的综合认识和感受,代表着媒体受众对媒体的认同。媒体品牌是媒体在产品的属性、利益、价值、文化、个性、用户等方面的竞争力。

媒体品牌具有如下特点:具有较高的知名度和满意度;强势品牌通常具有较高的市场占有率;具有强大的社会影响力,例如《中国青年报》"冰点"和央视《焦点访谈》等;强势品牌通常具有较高的广告收入;具有鲜明的个性特征,如凤凰卫视、央视《对话》《高端访问》等。

(二)媒体品牌战略

媒体品牌战略,是指媒体为了提高自身的竞争力而进行的,围绕着传媒产品的品牌而展开的形象塑造活动。品牌是媒体最重要的无形资产,知识经济时代,竞争主要体现在知识、信息、技术、品牌、设计等方面,传媒实施品牌战略,是为了顺应知识经济时代变化的要求。

实施传媒品牌战略的内容:① 质量战略:树立精品意识。② 创新战略:观念、生产、质量、管理和服务创新。③ 广告战略:广告就是实施品牌战略的翅膀,是品牌成名并腾飞的重要武器。④ 市场战略:市场战略是传媒实施品牌战略的主线,也是传媒生存与发展的出发

---

① 严三九.传媒经营管理[M].武汉:华中科技大学出版社,2013:205.

点和归宿点。⑤ 人才战略：招募具有创新性、复合型的人才，得人才者得天下。

三、媒体品牌营销

媒体品牌营销是指媒体品牌形象的塑造、品牌实力的维护和提升的过程。品牌是媒体的生命，也是媒体核心竞争力的必要组成部分。媒体品牌知名度代表着媒体的品位、标志、名气，是最宝贵的无形资产，是巨大的财富，是吸引观众并增加广告收入的重要因素。

面对新闻传播全球化的趋势，面对国际媒体巨头们的品牌竞争，国内媒体要想在激烈的竞争中取得突破，就必须学习国际上的成功经验，牢固树立品牌意识，搞好媒体品牌经营，形成整体品牌形象。

（一）媒体品牌营销

我国的传媒市场面临着加入WTO后的国际竞争和进一步改革创新的国内竞争环境，已经出现了强势媒体越来越强、弱势媒体越来越弱的"马太效应"。在这种情况下，媒体要想取得竞争优势，必须培育媒体的核心竞争力，而实现媒体品牌运作，应该说是取得媒体核心竞争力的关键一环。

从商业经营角度来讲，媒体品牌是指媒体所提供的精神产品在受众心目中的品质评价以及这种品质评价所具有的潜在商业价值。对于消费者来说，品牌代表了一个企业对消费者创造的特色价值，而媒体行业作为人们精神生活和文化消费的商品提供者，同样也可以用某个牌子代表自己特有的消费者价值。在新经济时代，品牌是媒体赖以生存和发展的"生命线"，媒体品牌浓缩的是媒体精神、节目品质和观众的忠诚与偏好。

（二）媒体品牌营销的策略

媒体品牌经营战略计划是有形的，它不仅是一种观念、一种指导思想，更是一种具体的设计、规划和管理过程。制定品牌战略的依据是对媒体品牌经营内外环境的分析，使传媒产业的资源和人才得到重新组合和不断发展与壮大。创建和培养品牌是个系统工程，需要每一个人在心中树立牢固的品牌意识。品牌意识可以说就是创新、精品、竞争、受众、宣传等意识的综合体现。就广播电视来说，这个媒体品牌可能只是一个频道、一个栏目。就报刊来讲，媒体品牌应该是指报刊的整体设计以及其整体价值取向，包括它的思想内容、语法修辞、版式栏目设计、图片效果、校对质量和读者服务等，如《南方周末》和《三联生活周刊》等都是高质量、高品位的有代表性的报刊。①

（1）从注意力经济的角度出发，以全新的媒体经营理念来运作媒体品牌。从注意力经济的角度来讲，衡量一个媒体品牌的价值主要是看媒体受众对媒体内容的行为忠诚度（媒体受众对媒体内容的接触行为）和情感忠诚度（媒体受众对媒体内容主观上的判断和评价），综合反映这两种忠诚度的一个指标就是市场占有率。以电视媒体为例，市场占有率除了体现在收视率上，还体现在欣赏指数上，不同的欣赏指数反映了媒体内容与受众之间关系的密切程度的不同，欣赏指数越高，受众与媒体内容的关系越密切，那么媒体品牌的价值也越大，吸引广告的能力也就越强。

---

① 徐秀兰,潘青山.媒体品牌经营的战略方法[J].传媒观察,2004(6):37.

（2）以5P理论为指导进行品牌创建。5P理论包括产品、价格、渠道、促销与包装，5P作为商品品牌建立过程中强有力的手段，已经被越来越多的媒体管理者借用过来促进媒体品牌的建立。① 提高媒体内容的自身品质。媒体有形品质包括新闻内容的质量、版面的编排技巧、图片的处理方式、同期声的剪接等无形品质，主要体现在一个媒体是否具备真实性原则、人文关怀、平民意识、正义良知等。② 制定合理价格。③ 畅通的发行渠道。④ 加大宣传促销力度。⑤ 注重形象包装。品牌形象是受众对媒体的系统评判，同时包装也具备促销功能。

（3）以受众为中心，准确定位，创建媒体品牌认知度。定位的主要内容是进行市场区分，区分出一群具有相同需求的目标受众，并以有利可图的方式满足这些需求。第一财经始终坚持全面财经面孔，作为目前中国最大的跨媒体、跨地域、跨行业的财经传媒，第一财经控股旗下六大平台及一个智库：第一财经电视、第一财经日报、第一财经广播、第一财经周刊、第一财经网站和第一财经经济论坛，在泛财经化的各类媒体竞争中，第一财经以专业化的竞争优势赢得了中高端受众的关注度和美誉度。

（4）以人为本，关注民生，建构媒体品牌美誉度。人文精神是媒体品牌赖以生存的基础，是媒体品牌具有可持续发展空间的内在动力，是媒体品牌的无形资产。因为媒体品牌是作用于人的心灵的精神产品，媒体的发展，归根结底不只是它的融资和挣钱的能力，媒体品牌要为人的信息和娱乐要求服务。忽视人文关怀在创立媒体品牌过程中的作用显然是对其美誉度的一种可怕的损害。

（5）从受众接受心理出发，提高品牌忠诚度。媒体的社会影响力是与其所吸引和凝聚的受众的社会行动能力联系在一起的，而社会的发展和转型相应地会造成作为"社会动力族"的社会核心人群的变动和转移。作为试图成为最具社会影响力或特定领域影响力的主流媒体，保持其主流地位的关键就是从受众的接受心理出发，力争成为服务于现阶段社会或某一特定领域内主流人群的传播媒介，成为他们所倚重的基本资讯来源、思想来源和观念来源。

（6）设计传媒CIS（Corporate Identity System）系统，塑造传媒品牌形象。CIS即企业识别系统，是从强调统一化的图形和文字符号形象来设计企业视觉识别效果的CI发展而来的，其原因是这种单纯的视觉差别，已不能适应企业发展的需要，必须有一套系统的企业标识、商标、包装、理念等全方位的、多角度的品牌形象。

传媒CIS有三大要素：传媒理念识别（Mind Identity，MI）、传媒行为识别（Behavior Identity，BI）、传媒视觉识别（Visual Identity，VI）。传媒理念是形象塑造的核心内容，必须确立具有独特个性的传媒理念，要设计具有感召力的形象口号；传媒行为识别系统一般包括仪表仪容的规范、员工素质与修养、岗位行为准则、工作规范等；传媒视觉识别系统主要是传媒识别标志，比如每个广播电视台的台标都代表了本台的理念和形象。

传媒品牌形象建构需要规划品牌识别系统。① 品牌名称：品牌名称尽可能表示传媒的产品功能与特色，使受众能从品牌上产生联想。② 品牌标志：优秀的标志能够传达品牌概念或形象，以视觉化传达传媒个性或反映差异。③ 品牌色彩：用色彩语言来表达品牌形象，既富有情趣，又令人回味。例如，凤凰卫视强调形象设计，强调企业的整体风格。在内容方面，一直追求的都是前卫的、都市的、青春的风格，充分表现出"开拓新视野，创造新文化"的特点；在形式上，以中国传统神话中的吉祥鸟——凤凰，组成上柔和的圆弧形，辅以活泼温暖的黄色，构成统一的基调，给受众一种安全、信任和美好的感觉。

第三节 报刊发行

随着互联网技术的发展,报纸在发行、广告方面经历了严峻的挑战。面临复杂与激烈的市场竞争,尤其是手机、微博、微信、视频等新媒体快速兴起,不断蚕食着报纸媒体的读者市场,报纸的读者市场发生了颠覆性的变化。报纸销量下滑主要表现在零售市场,比如报刊亭数量的减少。虽然推出了手机报、电子报等形式,打造"全媒体"概念,使报纸的发行在空间上得以延伸和补充,但是,报纸的根基仍然在纸质零售发行市场。零售市场的节节败退是报纸媒体和互联网媒体较量中竞争力丧失的致命弱点。

一、报纸发行的概念和作用

(一)报纸发行的基本概念

报纸的发行是指报纸经过编辑印刷完成后由印刷厂传递到读者受众的过程,它是办报活动的最后一个环节。我国报纸发行的各种方法,综合起来可以分为两大类:无偿发行(街头赠阅、邮寄赠阅,在创刊或改版初期,用于促销与宣传);有偿发行(订阅送报到户、零售随机送达)。

有偿发行的两种方式:一是订阅,报纸读者预交一段时间的报纸订阅费,由专门的投送人员在该时间段把读者所订阅的报纸按期投送到读者指定地点。订报对报业经营者来说是最好的发行方式,可以先期获得大笔流动资金,且发行量稳定。二是零售,由报社发行部门向报刊零售点提供报纸,没有销完的报纸,报社有责任收回。好处就是可以省去一部分投送入户的费用,减少发行支出,同时也可以通过发行量来了解读者的兴趣所在,及时调整编辑方针。缺点是发行经常受市场影响,销售量极不稳定。

(二)发行工作在报纸经营中的地位和作用

传媒机构生产产品需要成本,这需要得到经济补偿。

报纸发行是报业经营的生命线。发行是报纸利润的第一来源,是二次营销的关键资本,是报纸实力的重要体现。

报社在年度计划中对于资金、物资供应都需要建立在报纸发行的基础上。

通过报纸发行,报纸与读者形成了联系。广告客户之所以要购买报纸的广告版面,并不是想利用报纸版面的"刊发"功能,而是想利用报纸的"送达"功能。

(三)发行量核定

发行量的统计指标主要有期发行量、月发行量、季度发行量、年度发行量、年度平均发行量等。报纸发行量并不等于读者拥有量,只有读者拥有量才是报纸经营状况的试金石,它不仅是报纸社会地位及其影响力和吸引力的量化指标,同时也是报社确定报纸价格、广告价格和广告客户选择媒介的重要依据。

为了较为精确地统计出报纸的读者拥有量,有必要区分以下概念:总销售量与净销售量;自然销售量与强制销售量;重复销售量与重叠销售量;核定销售量与公告销售量;有用销售量与无用销售量。

发行量稽核是以一定的组织形式和手段对报刊所声称的发行量进行核实,以确保向相关的目标群体以及社会公众公布的报刊发行量真实可信。建立稽核制度有利于促进报纸质量的提高,规范报纸广告市场,促进报业市场竞争的规范化。

美国在世界各国中率先成立了自己的国家发行稽核局(Audit Bureau Of Circulations,简称ABC)。1914年5月,北美地区几十家广告主、广告商和报刊社联合成立了世界上第一个ABC,这是一种非营利性的会员组织。ABC的工作程序是:首先,公布由各会员单位提供的发行量报表;其次,核查这些报表;最后,向全体会员公布核查过的报刊发行量。如果不真实度超过15%就会受到惩罚。1963年5月,国际发行量稽核局联合会(The International Federation of Audit Bureau of Certification,简称IFABC)宣告成立。

二、发行网络的建立与管理

发行网络说到底是读者的网络,与读者相互联系。发行网络是潜在的广告网络,是信息收集网络。传统的报业经济由广告、发行、印务三大块构成。发行网络有利于组织报纸的收订与分发,有利于收集包括发行资料、出版资料、读者反馈资料等各种资料。

(一) 两种基本的发行网络

1. 征订-投递网

报社自建的征订-投递网有两种类型:① 发行员雇佣制,也叫直接订户制,按照固定路线由发行员送到指定地点;② 初级商人制,即小商人制,事先通过与报社发行部门达成协议,采用承包的方式负责一个地域的发行。

利用社会力量建立征订-投递网有三种类型:① 邮发合一:通过邮局;② 依托有关单位的行政部门和居民组织;③ 与专业报刊发行组织建立委托发行关系。

2. 零售网

报社发行部门向各类报刊零售网点提供报纸,由他们在市场上一份一份地随机销售给读者,由此而形成的报纸流通传递网络。

零售网有两种类型:一是报社自建的零售网:在大城市自建报刊零售店;雇佣报童。二是社会报刊发行机构零售网:邮局、个体商户、超市等商业零售点等。

发行网络管理的工作内容。加强投递质量的管理、报款管理以及发行队伍的管理。因地制宜做好组织工作,通过定期开讲座、办培训班等形式,提高发行人员的素质,建立健全奖惩机制,配备先进设施。

(二) 我国报纸发行体制的历史沿革

我国汉唐时代的《邸报》由驿站寄送,明代的《京报》由报房报送或零售。近代报纸出现后,我国报纸的发行系统分为三种类型:一是自营;二是自营与委办相结合;三是委办。按照时间顺序,报纸发行体制分为如下三个阶段。

1. "邮发交"合一体制

1950年2月15日,中央人民政府政务院第十五次政务会议正式决定全国报刊交邮局统一发行。邮发模式有其自身优点:邮政部门的邮件送达网具有点多、线长、面广的特点,具有遍布全国的庞大物流网络,特别是乡村邮政网点覆盖边远的地区,有着可以扩大发行范围、增加发行量的优点,是全国性报纸跨区域发行的优先选择;实行信函、包裹投递与报纸发行合一,全程全网运营;运营模式是总发行、中间批发、终端销售三位一体,属于第三方发行,具有社会化、专业化、大生产的特点。但是邮局发行缺点也非常明显,服务质量和运营效率一直是"软肋";不按市场观念行事,坐等读者上门征订,服务性不强;发行的种类太多,针对性不强,分发程序繁琐复杂,投递时效性差。

在较长的时间里,报纸发行完全依赖邮政既有的网络,没有建立自己的发行系统,这种单一性和行政性的报刊发行体制是计划经济的产物。邮发合一体制下报纸发行遇到的问题有:邮政部门的报刊发行亏损,报刊的增加速度超过了邮局的发展,发行费用太高了,报纸发行没有自主权,报纸竞争激烈。

2. 自办发行体制

市场经济的发展使邮政发行的缺陷逐渐凸显,自办发行便应运而生。1985年1月1日,《洛阳日报》率先实行自办发行。1988年,《天津日报》是全国第一家自办发行的省级党委机关报。1988年,成立了"全国报纸自办发行联合会",在市场法则下,很多报社选择了自办发行。1992年,全国报纸自办发行协会成立。1997年,由成都商报报社控股设立发行公司,使报纸发行走上公司制运营的道路,这是我国报纸发行史上的重要事件。

自办发行体制的特点和优势:发行针对性强,注意力集中;完全按照营销理念运作,主动出击市场,主动上门宣传征订;投递的时效性服务性好,读者满意度高;内部机制运转灵活规范,对发行量的可控性强;在收订环节上,自办发行可以做到"收投结合,上门收订",即投递员兼做收订工作;送报到户,服务质量比邮局高,可整订又可破订,可面订又可函订,报款结算及时,资金流通较快,可以有效地节省发行费用。更令报社经营者欣喜的是报社在报纸销售上终于可以掌握主动,有所作为,特别是促销方面,报社具有主动权。

在我国,自办发行的报社,在发行业务上借鉴了邮局发行报纸的一整套操作程序和运行经验。邮政部门报刊发行业务的生产过程是一个全程全网的联合劳动过程。报社自办发行时,全部生产过程由报社的发行部门统一安排进行,所以程序相对有所简化。

3. 多渠道发行

报纸发行企业经历了规模迅速扩大和劳动用工的低成本扩张,以及基于劳动力密集投入而开展的多种低附加值物流配送业务的过程。随着对企业劳动用工的要求逐渐规范,尤其是《劳动合同法》的颁布实施,报纸发行企业长期以来累积的用工和成本问题日益凸显。基于此,自办发行应当突破自我,探索新的发展道路。自办发行带来的资源浪费,发行成本过高的问题,使部分报纸开始尝试建立合作关系,形成全国性的发行网络系统。2004年8月18日"全国城市报业发行网络联盟"的成立,是全国性的发行网络合作迈出实质性步伐的标志。

解决报纸发行业务单一的出路就在于延伸发行产业链,变单一的报纸发行为多元化的物流配送,实现由"发行经营"到"经营发行"的转型,这是发行多元化多渠道化发展的根基。在整合营销理念指导下,可从两个方面着手:一是加强报纸营销工作,通过多种促销手段和品牌推广活动提高报纸发行量;二是引入"物流"理念,深入挖掘发行渠道的价值。①

多渠道发行的基本出发点是要把报纸产品的分配渠道的设置、控制、运作的权利掌握在自己手中,力图把自办发行的成功经验与邮政发行网络的优点适当利用结合起来,宜自发则自发,宜邮发则邮发,要按发行成本低的原则在自发、邮发之间进行优化组合,努力开发社会力量。

报纸发行的趋势是努力拓展报纸发行产业价值链,核心在于充分整合自办发行、邮政发行、物流等多渠道发行,以及数字发行多种模式的优势,形成新的利润增长点。借助自办发行的优势,报纸可以充分借助发行终端,开展多种多样的终端业务,如广告单投递业务、商品投递业务、社区服务工作等。除物流业务和终端业务外,还可开展信息业务来提升发行品质。报纸在开展发行工作的过程中,可以充分搜集读者的相关信息,形成一个完整的数据库,并对其进行整合与开发,从而形成多项业务,如可以实行咨询业务,开展调查研究。

我国当前报纸的发行模式。①《广州日报》邮发与自办发行相结合的发行模式,在本埠主要靠自办,在外埠主要靠邮发;②《扬子晚报》省会与地市渗透结合的发行模式;③《华西都市报》"敲门发行"模式,上门宣传、上门征订、上门投递;④《成都商报》公司分销制的发行模式,发行由公司旗下的博瑞传媒有限公司全权负责;⑤《京华时报》整合营销发行模式,综合运用市场营销多种要素,达到最佳营销效果;⑥《北京青年报》"小红帽"发行模式,物流与发行相结合,开发出文化服务、日常用品配送、信息服务等多种物流配送;⑦《南方都市报》"多版本"发行模式,既有全省的通用版,也有地方版报纸。②

三、发行推广

(一) 发行推广的目的

发行推广是报纸发行工作的重要环节。发行推广的目的:① 扩大发行量,这是报社发行工作永恒的主题。依照各种方式统计出来的发行量是衡量报纸社会影响力的重要参数,也是报纸确定销售价格、广告价格的重要参考。② 维持发行网的稳定与效率,这是实实在在的基础性工作,是扩大发行量必不可少的手段。只有保持发行网的稳定,才会保证整个报纸读者的稳定,才能为"双重出售"的正常运转提供良好的外部环境。

(二) 发行推广的方法

发行推广的方法具体包括:① 赠送礼品;② 举办读者参与的竞赛活动;③ 围绕新闻报道、特稿特刊、连载小说等传播内容进行发行推广;④ 开展投递竞赛,建立发行员的荣誉等级制度;⑤ 为学龄发行员提供奖学金。

通过有效的发行扩大了报纸的发行量,增加报纸的读者拥有量,扩大了广告客户的目标市场,带来了更多的广告资源。报社有了更多的广告收入就意味着赢利,就可以拿出更多的资金投入生产,提高办报水平,改善发行服务质量,从而赢得更多读者,实现良性循环。

---

① 冯广圣.国内报纸发行模式述评[J].现代视听,2013(1):71.
② 吴锋.当前报纸发行的七种模式[J].招商周刊,2005(5):61.

四、纸质媒体的互联网数字发行

在新媒体的冲击下,报纸要拓宽发行渠道,与新媒体合作,向专业细分化市场转身,加之网络、电子期刊、手机、微博、微信、客户端、线上线下活动、云端阅读等多种营销方式整合,形成全媒体矩阵。目前,我国大多数报纸都有自己的电子版,且多数是免费的,这虽然没有计入发行量,但电子版有助于拓展报纸的品牌影响力,也能推动广告的增长。

(一)纸质媒体在微博、微信领域发展迅猛

人民网研究院发布了《2020报纸融合传播指数报告》,人民网研究院进一步优化报纸融合传播指数指标体系,对全国275份中央、省级、省会城市及计划单列市主要报纸在2020年的融合传播情况进行了考察,其中包含党委机关报70家、都市报106家、专业报82家、对象报17家,形成2020报纸融合传播指数报告。

275份报纸微博、微信入驻率均为98.9%,已经成为报纸普遍覆盖的传播渠道;平均每个报纸微博账号拥有512.9万粉丝,同比增长12.8%。从发文情况来看,平均每个报纸微博账号每天发布微博22.5条,日均原创微博21条。272份报纸开通的323个微信公众号中,平均每个微信公众号日均发文10.1条,比2019年增长50%左右。环球时报微信公众号日均发文数最高,为38.5条。[1]

(二)纸质媒体在客户端的数字化传播

随着智能手机对人们日常生活的渗透逐步加深,各类应用程序更是增强了网民对智能手机、移动终端设备的黏性。由于众多商务类应用不断出现,用户支付手段发生了转变,线上支付越来越成为用户使用的快捷支付方式。基于互联网的微营销成为报纸期刊营销的重要途径,利用微博、微信等新媒体形态中的"朋友圈"和强大的用户分享功能,可以辐射庞大的用户群,从而借助线上的活动、服务,积累用户,赢得线下的订阅量。

人民网研究院发布的《2020报纸融合传播指数报告》数据显示,截至2020年底,275家报纸中,有126家入驻了所考察的腾讯新闻、今日头条和人民日报客户端3个聚合新闻客户端,114家入驻了其中2个聚合新闻客户端,仅有8家未入驻所考察的聚合新闻客户端。275份报纸开通了245个抖音账号,开通率为88.7%,远高于2019年的报纸抖音入驻率65.8%。报纸抖音账号平均粉丝数为196.8万,是2019年的2.6倍。人民日报开通的抖音账号"人民日报"粉丝数依旧最高,接近1.2亿。

报纸自建客户端方面,在考察的275份报纸中,有174份报纸自建客户端,与2019年相比,减少了37家,在9个安卓商店的平均累计下载量为1130.8万,比2019年增长80%。其中市级报纸安卓客户端平均下载量增长127%,增幅最大。新京报的自建安卓客户端"新京报"在9个应用商店的累计下载量为4.68亿次,首次位居报纸第一。报纸除了拥有自身的客户端以外,还为其他第三方新闻客户端提供新闻。例如,目前排名比较靠前的"今日头条""腾讯新闻""网易新闻""搜狐新闻"等新闻客户端,有大量的新闻内容仍然依赖于报纸提供。

---

[1] 人民网研究院.《2020年电视融合传播指数报告》发布[EB/OL].[2021-4-27]. http://yjy.people.com.cn/n1/2021/0426/c244560-32088670.html.

中国很多期刊企业将新媒体业务的重点放在移动互联网,纷纷推出适合移动终端的App应用、微博、微信,以增强用户体验,增强与读者的互动与交流,包括《三联生活周刊》《男人装》《时尚 COSMO》《创业家》等超过 200 家的杂志入驻微信,杂志种类覆盖了文化、时尚、生活、财经、IT 等领域,大多数是专业领域杂志,财经类杂志占到了 60%。

在数字出版方面,几个主要的应用商店,如苹果商店、安卓市场等,都有大量的数字出版产品应用程序,书刊 App 的流行,正在分流电子商务等数字内容平台电子书的红利。比如,在安卓市场内,"阅读"类应用程序就有 500 个左右,"教育"类应用程序 300 多个,既有集合了丰富的电子图书的客户端,如多看阅读、书旗阅读、91 熊猫看书等,也有《论语》《史记》《唐诗三百首》《新华字典》等单本图书的阅读软件,还有以作者名义出现的阅读软件,如村上春树作品全集、张小娴作品集等,电子书应用程序数量激增,内容丰富。[①]

第四节　电视节目营销

电视节目(包括自办栏目、电视剧、电影、大型活动等)是一种产品,将广大电视观众作为销售对象而进行的销售过程即电视节目营销。从媒介渠道看,电视节目营销的渠道由卫星、宽带、有线、网络、新媒体等组成。传统电视节目营销的渠道主要是电视频道与新媒体,观众可实现在有限的频道和海量节目资源中选择所需的节目。在媒介融合时代,电视节目营销包括网站、微信、微博、微视频、客户端、聚合音视频媒体等多元渠道。

一、电视节目的营销

我们可以用 4P(产品、渠道、价格、促销)理论分析电视节目的营销。

(一) 节目创新

我国电视节目自身的创新能力不足,反而是各档贴了"海外引进"标签的电视节目纷纷在中国热播,不断刷新电视和网络平台上的收视纪录。2013 年被业内称为中国电视的版权引进年,《爸爸去哪儿》《我是歌手》等韩国模式、《中国好声音》《中国达人秀》等欧美模式在中国的走红,使得模式节目成为中国电视行业的"现象"。模式引进丰富了荧屏,提升了电视人的制作水平,但同时也引发了人们的些许忧虑。在新媒体环境下,中国的电视节目如何实现"海外引进—本土化改造—自主创新—海外输出"的转型升级,是业界必须思考的实际问题,也是提升中国文化软实力的现实路径。一方面人们担心"江湖之战"会让电视台陷入恶性竞争的漩涡;另一方面人们又期待它们在竞争中再创收视奇迹。

(二) 电视节目的渠道营销

电视信号覆盖是节目营销的重要方式,是保证电视媒体目标受众收看电视节目以及得到广告主认可的基础。覆盖可以带来媒体自身价值的提升,同时也带来成本的增加,覆盖方

---

① 肖叶飞.电子书客户端:数字阅读终端的红海竞争[J].出版发行研究,2015(4):41.

式主要有卫星传送、微波传送、有线传送、复合传送等。

电视媒体要在全国迅速扩大影响,建立属于自己的话语权,必须做好信号覆盖问题。不同电视台有不同的覆盖策略,中央电视台的完全覆盖策略,凭借着它独特的政治背景、地位,覆盖中国最广泛的地域。安徽卫视的中心城市重点覆盖策略,在国内首创了付费落地以保证落地效果,对中心城市进行重点覆盖,然后逐步扩大到全国的二三级市场。贵州卫视的西部区域重点覆盖策略,它的覆盖策略是区域重点覆盖,集中资源在西部进行突破。凤凰卫视的酒店覆盖策略,由于凤凰卫视最初被限制落地,进行了被称为"航空覆盖"的酒店覆盖策略,直接面对最有价值人群。

我国电视媒体的覆盖方式主要有以下几个方面:

(1) 政策落地。政策落地是以前最普遍的方式,因为电视台都是各级政府的舆论宣传工具。省级电视台在本省的覆盖落地与央视在全国的覆盖落地方式一样,政策是落地的保证。

(2) 对等覆盖。省级电视台上星之后,开始向省外扩张,但出于各种原因,各地电视台之间更多的是采取对等覆盖的方式在其他省市落地。国内电视台覆盖落地境外,也往往采取对等覆盖的方式,比如CCTV9在欧美覆盖就采用进入星空传媒Star的网络,交换条件是允许Star的部分节目利用央视网络在中国大陆落地。

(3) 付费落地。国内的付费落地由安徽卫视首开先河,付费落地的收费标准一般根据媒体及落地情况进行收费。由于付费落地更接近市场化操作,其效果也远比对等落地覆盖好,目前已经是电视台落地进入地面网络的主要方式。

(4) 节目优势落地。有的电视台节目比较强,就通过观众的收视意向对有线电视网络实施压力,逼迫有线电视网出于收视压力对其进行落地,湖南卫视经常采用这样的方式落地。

(5) 广告段位切割落地。广告段位切割落地实质上是一种变相的付费落地,它的操作方式是赠送当地网络相应的广告时段进行经营,本地网络实现其落地。这种方式是早期境外媒体进入"传媒特区"广东省时最常采用的方式。

(三) 电视媒体的广告定价策略

电视媒体广告时段的价格是其广告客户达成交易的关键,出售广告时段实际上是出售受众的注意力资源,广告时段内受众的价值是广告主需要的核心资源。媒体广告时段的定价,基本上是依照媒体的覆盖率、收视率、影响力、美誉度、广告客户的认知、受众的购买力来定价,同时考虑根据自己的现实情况、行业标准与供求关系,电视媒体制定价格策略的依据具有以下几点:

1. 媒体覆盖率和收视率

覆盖率和收视率是媒体价格制定的第一标准,电视频道上星,加强在全国各地的覆盖,这是提高广告价格的前提条件。当然,不是覆盖率高就一定能够带来收入的增加。广告主还需要考虑"有效覆盖"和"有效收视"问题。同样,就算实现了对某一地区的完全覆盖,但是在这个多频道的遥控器时代,并不能获得该地区观众的关注。因此,如何提高到达率,是渠道策略的另一个重点。

2. 媒体影响力和美誉度

媒体的影响力与美誉度影响广告价格和营业额,媒体是广告商宣传产品和与受众沟通的平台,广告商通过媒体投放广告,是为了实现自身品牌的宣传和传播,因此,媒体自身的影响力与美誉度对广告商影响很大。影响力是媒体通过传播信息对社会所产生的作用与影响,美誉度的核心是媒体的品牌形象,影响力与美誉度要与自身的战略定位相一致。

3. 受众的购买力

广告商投放广告主要看受众的购买力,受众的价值就是他的购买力。一般来说,同样的报纸发行量与电视的收视率,沿海地区的受众价值大于内陆地区,城市地区要高于农村地区,经济发达地区要高于经济欠发达地区,这是由不同地区的受众消费能力决定的,一些发达地区的城市电视台一年的广告收入甚至高于一些内陆地区的省级电视台的收入。

4. 广告定价的策略

广告定价要保持一定的连续性、稳定性,否则让广告客户产生疑惑,对他进行以后的投放产生很大的影响。媒体也需要注意广告折扣策略,目前常见的折扣策略包括三种,高价格高折扣,实际上是一种高价策略,一般只有强势媒体才使用。高价低折,就是通过制定比较高的价格标准,但给予广告客户较低的折扣,比较容易获得客户满意度。低价高折,就是制定比较低的价格标准,然后给予比较高的折扣,可以在直观价格上吸引客户。

5. 与其他媒体的竞争分析

电视同类媒体之间的竞争日益激烈,广告的千人成本,媒体的影响力指数、美誉度指数、各细分人群收视指数,以及媒体的覆盖范围和媒体定位是广告商考虑的主要因素。异质媒体之间的竞争也很激烈,异质媒体有不同的战略定位、目标受众、内容风格、覆盖范围等,因此存在着激烈竞争与合作并存关系。

(四) 电视节目促销

电视节目促销包括两个方面:一是对观众的促销;二是对广告客户的促销。由于二次销售理论在电视节目促销中的存在,电视节目首先把自己的节目推销给目标受众,然后再把受众的注意力资源卖给广告商。

1. 对观众的促销

电视信号覆盖落地是做好电视媒体营销的前提,但是要使电视媒体成为有效的平台,必须追求较高的到达率与收视率,这需要主动向目标受众推销电视媒体、电视频道与电视节目。

电视媒体受众促销的手段有如下几种:① 有奖收视,这是直接刺激受众收看某个电视节目。推出"周末大放送"或"节日套餐",以超大信息量的方式,把影视剧或其他节目集中起来超长时间地播放,以便于吸引受众观看。② 节目预告与宣传,许多成功的电视频道或电视节目往往都有大量的节目预告,目的就是把节目播出的信息提前告知观众,以达到"预定"观众的效果。③ 主持人营销,主持人的形象代表着一个频道或者媒体的风格,树立主持人的形象与品牌是一种常用的促销手段。④ 提高受众的认同感与荣誉感,强化节目的受众定位与品牌形象,让目标受众有自我价值的实现感或荣誉感。

2. 对广告客户的促销

电视媒体的商业模式主要是向广告主销售广告时段,广告是电视媒体的主要收入来源,而广告客户的认知观念是影响电视媒体广告价格及广告经营收入的重要因素,因此,这需要电视媒体做好广告促销工作,提升广告客户的认知。

做好广告客户促销的主要方式有以下几种:① 黄金时段唯一资源,就是把某个节目的广告时段只卖给一家客户,这对于大品牌塑造品牌形象比较有利,例如,央视一年一度的黄金资源广告招标,受到大客户的欢迎;② 做好服务营销,关注客户企业的发展,结合媒体自身的资源及客户的情况,与广告客户合作开发、创新广告资源的利用形式,提供一些附加的增值服务,实现广告主与媒体的双赢;③ 创新广告形式与播出方式,根据客户的具体需要进行广告形式或广告播出形式的创新,通过提高客户的满意度来维持长期的合作关系;④ 成立媒体企划部和大客户服务中心,不断推出供客户发布广告的新的时间段资源,满足大客户的个性化需求,做好定制服务,保持与大客户的战略合作,使其成为忠诚消费者;⑤ 套餐广告,这是一种直接促销方式,实质上是以降低价格的方式赢得媒体之间的竞争;⑥ 广告主推广,通过召开广告招商会、媒介推广会等方式,直接与广告主沟通,例如,央视每年举行黄金资源广告招标区域沟通会,安徽卫视举行VIP大客户高峰会议,东方卫视举行优质广告资源招商会;⑦ 行业开发,一些地区或全国占据优势的媒体帮助广告客户开发某个行业市场,同时增加自己的长期的广告收入。

二、电视剧的营销

文化商品与一般商品相比,具有很大特殊性。文化产品的生产是创意性很强的过程,受到生产者个人素质的极大影响,具有很大的品质差别;仅仅测量生产时间的长短和投入的成本,不足以确定文化商品的交换价值;同时,文化商品的价格更加具有主观性,比一般商品更加依赖于特殊的文化消费及欣赏需要。

电视剧是目前主流大众娱乐形式,电视剧产业是充满生机和活力的朝阳产业;作为特殊商品的电视剧进入市场后,营销便成为首先要考虑的问题。要对电视剧营销做一个理性的分析,可以运用市场营销学的4P理论来阐释。

(1) 产品策略。电视剧项目受到很多不确定性因素的制约,如题材类型、剧本故事、演职人员的创造性工作等,是个复杂性产品。观众对电视剧收视兴趣的日益多元化,带来了电视剧题材类型的日益丰富,从原来的正剧,到现在的搞笑剧、喜剧;从原来的历史剧,到现在的秘史、戏说系列;情感剧则从原来的单一爱情题材发展到现在的家庭伦理剧、神话传奇剧等;而现实题材的生活剧更是得到了极大拓展。古装剧、武侠剧、偶像剧、农村剧、涉案剧、苦情剧等,都有特定的受众群体和相对稳定的收视。

在多元化的背景下,电视剧的受众兴趣和收视热点加快了变化速度。以2004年以来在全国普遍收视排行不错的电视剧来看,如《中国式离婚》《马大帅》《汉武大帝》《大长今》《历史的天空》《亮剑》《半路夫妻》《暗算》《婆家娘家》《家有九凤》《楚乔传》《花千骨》《三生三世十里桃花》《人民的名义》《欢乐颂》《上古情歌》《琅琊榜》《伪装者》《恋爱先生》《大明风华》《延禧攻略》等,可谓你方唱罢我登场。观众的兴趣是多种多样的,一种题材类型电视剧的流行往往是昙花一现,如何敏锐地把握受众收视潮流的变化,找出一段时期内的电视剧收视热点所在,是对电视剧生产者的一种绝对挑战。

(2) 价格策略。电视剧商品与其他的消费型商品不同,电视剧的文化产品属性决定了其必须根据消费者的需要而定价,而消费者的需要又是根据观众兴趣和收视热点的不断变化而变化的。

广告价格是随产品的关注程度上下浮动的,也就是广告价格随着电视媒体的剧场收视率的高低而波动,这是目前比较科学和公平的定价方式,对于提供播出服务的电视媒体和进行广告投放的商户双方都同时具有激励和制约。

电视剧受播出市场的杠杆作用明显:同样成本但不同类型的电视剧价格不同,苦情剧要比农村剧卖的价格高,武侠剧要比正剧卖的价格高,因为前者相对后者,具备更多的受众基础。同一类型电视剧在不同时期价格不同,所谓的不同时期是指观众兴趣和收视热点的变化所引起的阶段性潮流;同一类型的电视剧因制作阵容不同而价格不同,除了一线演员,知名导演和编剧的市场号召力也能提高单个电视剧项目的市场价格。同一部电视剧在不同的地区价格不同,导致这种情况的原因有两方面:一是受当地的经济实力和播出市场的竞争环境的影响;二是不同的地区因为文化上的差异导致观众对同一部剧产生观赏差异。

(3) 渠道策略。电视剧营销的终端是广大的电视观众,电视媒体播出机构是电视剧从企业走向消费者的必经渠道,这又和其他消费型商品有所区别。因此渠道策略对于电视剧营销十分重要。东三省喜欢小品化的电视剧,北京和华中地区钟情京味文化剧,西北地区认同苦情剧,华中地区热衷现实生活剧,福建、浙江追捧青春偶像剧,西南和华南地区善爱古装武侠剧……在这种情况下,渠道策略就应该与产品策略综合起来考虑。企业可以针对性地选择某几个地区作为今后的主攻渠道,集中资源去服务主攻渠道,以期达到理想的销售效果。

(4) 促销策略。建立定位清晰的电视剧场是促销的重要方式,例如,央视的《海外剧场》《都市剧场》、江苏台的《情感剧场》《第一剧场》、安徽台的《周末大放送》、江西台的《首选剧场》等。根据定位,剧场选择剧目实现了题材和风格的统一和延续,从而真正形成了剧场的特点,将特定的目标受众人群锁定在某一剧场内,实现了收视的延续和忠诚,真正做到了目标的有效到达。

电视剧营销中的促销策略一般可分为以下几种方式:

(1) 体验。即实现消费者与产品的互动。电视剧生产企业会通过各种方式让直接消费者和间接消费者都体验这个项目,比如,在筹备阶段邀请购买方参与电视剧的策划和剧本创作;开机时举办具有特色的新闻发布会,邀请购买者和各类新闻媒体出席;拍摄过程中邀请购买者和一些热情观众现场实地探班,了解拍摄的进度和创作的艰辛;后期制作基本成熟时,企业会邀请具备潜在购买力或是自己信任的买家先睹为快;等等。这种互动可以视为现今所谓"体验经济"的典范。

(2) 整合。企业整合有利于提高单个电视剧项目的艺术品质以及销售价格,整合手段包括知名编剧、导演的创作,一线明星阵容的参与,实力电视台的联合摄制,强势媒体的配合宣传,首播礼、见面会、娱乐节目互动提高了知名度,甚至从有关政府职能部门获取支持。

(3) 服务。即电视剧版权销售的增值服务,包括加长版权期和配合播出宣传。一般电视剧首轮销售的版权期是两年,但为了能实现一个预期价格,企业会以赠送的方式加长购买者所拥有节目的版权期,使电视台播出有足够的时间和空间。[①]

三、影视节目的智能推荐、社交化媒体营销

在移动互联时代,广电媒体的传统终端的受众在逐渐减少,广电媒体需坚持以内容为根本、技术为支撑,顺应5G等新技术发展趋势,扩大地域覆盖面、人群覆盖面、内容覆盖面,努

---

① 肖泉.从4P理论看国产电视剧市场营销[J].视听界,2007(1):12.

力构建全媒体传播格局。

(一)大数据、智能推荐成为营销新模式

大数据分析、社会化运作已经贯穿于电视内容开发、生产、传播和评估全过程,电视用户的基本资料及其收视行为变得"透明化"。随着用户数据资料的积累和数据挖掘工作的深入,电视业的"精准营销"成为可能。利用大数据、云计算等技术实现智能推荐,满足用户个性化、多样性的需求。例如,百视通交互式网络电视界面中,专门以用户收视记录数据为基础,进行"个性化""智能化"的视频节目推荐,这种类似互联网电商惯用的商品推荐的行为,其实是数据挖掘在电视媒介营销方面的一个简单应用。

广电媒体完善内容智能分发机制,满足专业化、定制化的用户需求,服务"千人千面"的融媒体屏,而不是"千人一面"的电视屏。"一云多屏"内容分发机制需要建立在大数据分析的基础之上,对内容进行智能分发,适应不同屏幕、不同网络、不同用户的需求,从单纯提供视听节目到提供以家庭娱乐为中心的智能化服务。以用户为中心必须打通内容产品与用户需要的通道,统筹内容、网络、渠道和用户四者的关系,掌握用户的个性特征和心理期望,了解受众的需求,不断改进和完善用户体验。这需要运用大数据、智能推荐技术,深化对不同产品的专业化、垂直化推荐路径。

(二)多屏互动传播与跨屏营销

在内容层面,生产符合多屏传播的内容,进行分众化的信息投送。分发层面,传播平台从电视机扩展到数字视频广播(Digital Video Broadcasting,DVB)、微信微博、IPTV、OTT、各类 App 以及网络视频。产品与服务实现融合互通与多屏互动,统一调配内容资源与生产要素,充分挖掘与分析内容资源与用户数据,达到内容、网络与用户的相互匹配。

2017 年 2 月,中央电视台倾力打造央视新闻移动网,专门搭建了"矩阵号"系统,吸引全国近 300 家省市广电机构矩阵号入驻央视新闻移动网,形成一个基于移动端的融媒体内容聚合平台。中央人民广播电台(现为中央广播电视总台)构建多终端传播体系,除广播频率之外,重点布局央广新闻、央广网、中国广播等新媒体渠道,同时着力打造微信、微博等社交媒体,建立立体化的传播渠道。

浙江广播电视集团"中国蓝"融媒体中心,打通线上线下、大屏小屏,引入音视频、新媒体等内容,传播形态多样的新闻与娱乐影视资讯,同时联合浙江之声、新蓝网等打造全媒体记者矩阵,构建全媒体产品的采集、制作与发布的生产机制。截至 2018 年 6 月,山东广播电视新媒体平台覆盖人口超过 1000 万,包含互联网电视、视频 App、手机电视、IPTV 等多终端,广播电视新老媒体互动,一次采集,多次发布,多媒联动,掌握传播的主导权。①

(三)网站、微博、微信等新媒体营销

过去电影、电视剧热衷于"全覆盖"大众营销,盛大的首映式、豪华的明星阵容、铺天盖地的广告和地毯式信息送达,但是随着影视节目消费的成熟,大众营销近年来影响力下降,更多观众依靠互联网、社交平台、口碑等综合信息做出消费的决定,互联网对观众收视行为的影响越来越大,微博、微信等社交媒体平台更是常用的电影营销推广平台。

---

① 肖叶飞,周美霞.广播电视全媒体产业生态的特征与构建[J].声屏世界,2018(9):5-8.

人民网研究院发布了《2020年电视融合传播指数报告》。人民网研究院进一步优化电视台融合传播指数指标体系,对全国34家中央级、省级电视台(含其所属的96个电视频道、474个电视栏目)的融合传播情况进行考察,形成2020年电视融合传播指数报告。2020年各家电视台收视人口均值为200.6万,较2019年下降4%。考察的34家电视台均开通了自己的网站,2020年新闻报道量平均数为43636条,比2019年增长11%。34家电视台共计开通了380个微博账号,所有电视微博账号的平均粉丝数为154.7万,较2019年增长11.6%。34家电视台共开通了238个微信账号,比2019年减少了80个。电视台微信公众号日均发文量为7.9条,高于电视频道微信公众号日均发文数6.5条及电视栏目日均发文数1.8条。①

(四) 自建客户端、入驻视频聚合类客户端、新闻类客户端等营销手段

人民网研究院发布的《2020年电视融合传播指数报告》数据显示,34家电视台均自建了安卓客户端,共计68个,其中,电视频道客户端15个,电视栏目客户端19个,均比2019年减少。虽然电视自建客户端的数量有所减少,但68个安卓客户端在9个安卓应用商店中下载量均值超过9450万次,比2019年增长186%。湖南广播电视台客户端芒果TV的合计下载量最高,共计49.3亿次,下载量过亿的还有央视影音、央视体育、央视新闻等客户端。

电视台入驻头条号情况。除西藏电视台外,33家电视台及其频道栏目,共开通了255个头条号。255个电视头条号平均粉丝量为67.6万,其中电视台头条号平均粉丝数104.7万,高于频道头条号平均粉丝数94.5万和栏目头条号平均粉丝数45.6万。央视新闻频道头条号央视新闻粉丝量为2853.3万,居所有电视头条号首位。

电视台入驻腾讯新闻平台情况。考察的34家电视台及其频道栏目,共开通了142个腾讯新闻账号,入驻率为23.5%,比2019年降低了13.7个百分点。除西藏电视台及新疆广播电视台外,其余各个电视台都在腾讯新闻开设了账号。电视腾讯新闻账号的平均粉丝数为4.8万。

电视台入驻抖音平台情况。34家电视台(包含下属频道、栏目)均开通了抖音账号,共计226个,比2019年增加30.6%。其中粉丝数最多的电视抖音账号为中央广播电视总台新闻频道的抖音账号央视新闻,粉丝数达到1.08亿。电视台抖音账号平均粉丝数为114.3万,电视频道抖音账号的平均粉丝数为380.2万,电视栏目的平均粉丝数为155.9万,均较2019年大幅增长。①

---

① 人民网研究院.《2020年电视融合传播指数报告》发布[EB/OL].[2021-4-27]. http://yjy.people.com.cn/n1/2021/0426/c244560-32088670.html.

第九章　传媒人力资源管理

传媒行业本质上是人才密集行业、智慧密集行业，不是技术密集行业，更不是劳动力密集行业。传媒行业的核心竞争力是人才，传媒的竞争本质是人才的竞争，人才的竞争是智慧的竞争。在文化体制改革与"转企改制"的背景下，传媒行业要加强人力资源的开发、培养和使用，不断创新传媒人力资源管理模式，这不仅具有深刻的理论意义，同时也具有极为深远的现实意义。

第一节　传媒人力资源及其管理

随着以网络媒体为代表的新媒体迅速崛起并发展壮大，传统媒体面临严峻的挑战，人才流失严重。在这种格局之下，使媒体在日趋激烈的新一轮竞争中立于不败之地的关键因素就是人才，谁拥有人才，谁就拥有了未来。媒体如何从容应对人才市场的竞争？媒体管理者应该把人才视为媒体最宝贵的资源与财富，千方百计承揽人才，发挥他们的潜能，把他们当作媒体发展的根本动力。

一、传媒人力资源

从经济学的角度来说，资源是与价值创造或财富创造联系在一起的。从这方面来看，我们可以将资源定义为生产过程中所使用的各种投入要素。因此，完整的资源概念应当是指在自然界和人类社会中可以用以创造物质财富和精神财富的，一切可被人类开发和利用的客观存在。而在各种资源中，人力资源是具有非常明显特殊性的一种社会资源。

广义地说，人力资源是指智力正常的人。狭义地说，人力资源包括宏观和微观两个层面的含义。从宏观层面看，人力资源是指一个国家或一个经济系统中所拥有的所有能够参与经济活动、创造价值的人口或能力的总和。从微观层面看，人力资源是指一个组织（包括企业、公共部门以及非营利机构）的全体成员所拥有的有助于实现组织战略、达成组织目标的潜在体力和脑力总和。

从国民经济角度看，人力资源是包含在人体内的一种生产能力，是推动经济和社会发展的劳动力的能力，是表现在劳动者身上的、以劳动者的数量和质量表示的资源，它对经济起着生产性的作用，使国民收入持续增长。它是最活跃、最积极的主动性的生产要素，是积累和创造物质资本、开发和利用自然资源、促进和发展国民经济、推动和促进社会变革的主要力量。

人力资源不同于劳动力资源与人才资源。劳动力资源指一个国家或地区，在一定时期内拥有一定数量和质量(劳动者的生产技术、文化科学水平和健康状况)的劳动适龄人口的总和。人才资源是具有一定的知识或技能,能够进行创造性劳动的资源,他们为推进社会主义物质文明、政治文明、精神文明建设,在建设中国特色社会主义伟大事业中做出积极贡献。

传媒人力资源是传媒生产、经营过程中的所投入的人的生产、经营能力,也就是人在传媒生产、经营活动中所运用的体力和脑力的总和。

传媒人力资源可分为不同类型:① 传播业务人才,主要指从事特定传播业务活动的记者、编辑、播音员、节目主持人、导演、编剧等人员,这类人员是传媒产品生产活动的主体;② 经营管理人员,这是传媒产业最重要的人力资源,对传媒市场有深刻的认识,熟识相关生产、经营流程的高素质经营管理人员;③ 专业技术人员,是指为传播业务活动提供专业技术支持的制版、印刷、灯光、舞美、化装人员,传输、发射节目信号的工程技术人员等;④ 市场营销人员,指报刊发行人员、节目营销人员、市场活动策划人员等。

二、传媒人力资源管理

人力资源管理是围绕组织的战略和目标,对组织的人力资源进行目标规划和管理,承担对人力资源的招、用、留和激励等各个环节的管理任务,保证组织及时得到需要的人力资源,努力对人力资源进行最佳的配置和最好的激励,并做好组织发展所需人才的储备和开发。

人力资源管理分为宏观管理与微观管理。宏观管理是对社会整体的人力资源的计划、组织、控制,从而调整和改善人力资源状况,使之适应社会再生产的要求,保证社会经济的运行和发展。微观管理是通过对企事业组织的人和事的管理,处理人与人之间的关系,协调人与事的配合,充分发挥人的潜能,并对人的各种活动予以计划、组织、指挥和控制,以实现组织目标。

传媒人力资源管理指通过一定的政策、法规和制度,合理配置、有效开发和科学使用传媒人力资源,从而影响传媒从业人员在生产、经营活动中的行为、态度及绩效,促成媒体运营目标的实现。

(一) 传媒人力资源管理的职能

传媒业是人才密集型产业,优秀的人力资源管理对传媒发展起着至关重要的作用。传媒人力资源管理在实现传媒目标的过程中,围绕选人、留人、育人、用人这一核心管理活动,发挥管理职能。具体的职能包括传媒人力资源规划、招聘和选拔、开发、绩效管理、薪酬和福利、安全和健康、劳动关系等。

传媒人力资源管理的主要职能:招聘组织需要的人员,补充"新鲜血液";有效利用媒体全体员工的技能和能力,提供训练有素、士气高昂的人力资源,帮助组织达成目标;培训员工以达到组织的要求,激励员工以组织建设优秀团队,指导员工进行职业规划;使员工的工作满意度和自我实现感得到最大限度的提高,工作生活质量不断提升,促进员工的再生产能力。

(二) 传媒人力资源管理原则

传媒人力资源的管理应坚持如下原则:① 系统原则,全面掌握情况,整体考虑问题,保证媒体组织系统目标的实现;② 能级原则,根据不同员工的能力特点,安排适宜的工作岗位和职能,做到量才而用、人尽其才;③ 协同原则,只有不同类型的员工调度得当,配合默契,媒体才能高效率地运行;④ 流动原则,用发展的眼光看待人才,允许合理流动,在不同部门、岗位上横向流动;⑤ 奖惩原则,注意奖惩并举、赏罚分明,对工作业绩优秀的员工,在物质、精神上都要给予适当的奖励。

三、我国传媒人力资源管理的问题与思路

近年来,随着文化体制改革的深入发展,传媒运营机制发生了深刻的变化,媒体由纯事业单位向事业单位与企业单位并行的"双轨制"转变,由政府主管主办向政府监管、市场运行转变,由传媒市场垄断向产业开放转变。一些"转企改制"后的媒体成为市场主体,自主经营,自负盈亏。在新的时代背景下,传媒人力资源管理要适时改革,从以事为中心转向以人为中心,人事管理让位于人力资源管理,从以管理为主转向以开发为主,从刚性管理转向柔性管理。传媒要重视团队建设,重视协作和沟通,让员工参与管理。

(一) 当前我国传媒人力资源管理存在的问题

员工是组织的宝贵财富,重视发掘员工更大的主动性和责任感,强调组织和员工之间的共同利益,这是人力资源管理始终贯彻的主题。我国传媒人力资源管理存在一些严重的问题:激励和监管机制的不合理;薪酬评价体系尚不科学;人才培养和流动体系还不健全;行政化、机关化比较严重;人力资源管理体制与用人机制不完善;高端人才进不了,优秀人才留不住,存量人才流不动,低效冗员出不去;等等。

同工不同酬,编制内与编制外收入差异大,形成媒体用人的等级制度。例如,一个电视台内部,形成了编制内正式员工、台聘、频道聘、栏目聘、临时工等不同用人机制,编制内人员可以评职称,不会随意被开除,在工资、保险、养老上都有保障。而一些临时工的待遇完全看制片人、项目负责人脸色,基本工资低,收入跟绩效挂钩,极其不稳定,但是自由度较高,可以兼职。

非专业化严重。长期以来,媒体作为事业单位,干部任免与政府机关和国有企业一样带有明显的行政色彩,岗位职责、薪酬分配与行政职位紧密相连。以电视媒体为例,许多广电集团、广电局,甚至电视台的高层领导都是在政府统一调配范围内,干部的流动性大,但是非专业化现象严重。

缺乏经营管理人才与一专多能的复合型人才,缺乏专家型人才。媒体招聘大多要求专业是学新闻、中文和传播的,21世纪新闻传播人才要求文科与理科相结合、艺术与技术相结合、理性思维与动手能力相结合。媒体需要不同学科背景的人才通力合作,各尽其才。

(二) 传媒业人力资源管理的思路

传媒业建立现代企业制度,改变政企不分的现状,要努力改革当前的人力资源管理制度,建立合理的用人机制,树立人力资源第一的战略观念,提高传媒人力资源管理水平。人力资源管理水平很大程度上决定了媒体的成功与否,胡政之在经营《大公报》期间,提出了"以共同的理想为感召、以明晰的制度为保障、以自身的言行为榜样、以人性的管理为手段"的人力资源管理思想,由于高超的人力资源管理水平,《大公报》取得很大的成功。

（1）从传统的人事管理向现代人力资源管理转变。传媒应该大力倡导"以人为本"的理念，树立"得人才者得天下"的理念，树立绩效导向、能力导向、价值创造导向的企业文化，要从观念入手，从根本上改变官本位、论身份、唯资历、唯学历、唯职称等过时的用人观念。例如，新华社全面推行并不断完善以按需设岗、按岗聘用、以岗定酬、考核调岗、合同管理为核心的全员岗位聘用，实现同岗同酬、同岗同薪，让各类人才各得其所、各尽所能。

（2）实现由身份管理向岗位管理的转变。打破编内编外的身份界限，推行全员合同聘用制。完善用人机制，公平、公开、公正地面向全社会招聘人才。从传统事业单位人员聘用机制向公司法框架内的劳动契约关系的用人机制转变，所有人员以同等的权利参加定期的双向选择，竞争上岗，然后由工作合同制规定双方的权利、责任和利益，真正落实"同工同酬"，体现薪资制度的公平性。

（3）重构人才流动和晋升渠道，构建"人才能进能出、职务能上能下、待遇能高能低"的用人制度。建立良好的人力资源管理制度，让"人才能流得进，庸才能流得出"，保持流动的机制，激励在岗人员充分挖掘自身潜力努力工作，使人才的创造力和生产力更大地释放。由传统"官本位"的升迁晋级模式向专业化多层次的职业发展模式转变，为员工提供职业生涯发展规划，营造传媒与员工共同成长的氛围，提高员工对组织的归属感和忠诚度。建立"市场化和职业化"的流动机制，对人的知识资源、能力资源实行有效的配置，促使内部人力资源合理流动，构建现代传媒组织的人才配置体系。

（4）以员工培训为依托，构建现代传媒组织的人才培养体系。一是实施"走出去"的培训战略，人才的职业培训要汇集国际传媒业发展的前沿理念、最新资讯和有效经验，通过培训获得国际化先进的管理理念和运营水平。二是增强培训的针对性和实效性，根据员工的特点和需求，有针对性地培训员工，建立高素质、专业化、分梯次的核心团队培养机制。三是建立高效、灵活、适用的激励机制和奖励机制，形成精神激励、物质激励、短期激励、长期激励等多元化的激励体制，激活传媒人才的创业和创新热情。

2017年5月，中央宣传部、中央编办、财政部、人力资源社会保障部联合印发《关于深化中央主要新闻单位采编播管岗位人事管理制度改革的试行意见》，深化中央主要新闻单位采编播管岗位人事管理制度改革；统筹配置编制资源，开展人员编制总量管理试点；深化人事薪酬制度改革，完善考核评价和退出机制；增强新闻舆论工作队伍事业心、归属感、忠诚度；为新闻事业长远健康发展提供坚实有力的人才支撑。

（三）中央电视台人力资源管理改革分析

中央电视台现在实行"频道栏目化、栏目个性化、节目精品化"的战略，面对电视节目生产社会化的趋势，央视首开中国电视传媒界的人力资源管理先河，建立了灵活高效的用人机制，实行"劳务派遣制"。

央视遵循人员分类、规范管理的指导思想，根据编外人员的不同性质，将全部编外人员按照类别分为四类，以劳务派遣制度为基本手段，以公司化管理为主渠道，进行编外人员管理。其运作的核心是由人才派遣公司根据市场的需要，依照一定的程序，招录、聘用和正式签约员工，再由公司派遣到央视工作。其间，由派遣公司与被派遣人员签约建立劳动关系。

央视以公司化管理为突破口撬动了庞大的编外人员最为关心的身份问题，劳动报酬、社会保障、档案存放、职称评审等一系列的问题迎刃而解。同时制定了编外人员培训、选择计划，在学习培训、制片人竞聘等工作中，打破身份界限，逐步拓宽编外人员在职位、职级方面的上升空间,搭建了人力资源管理的一种新的平台,捅破了以前事业单位人事制度的"玻璃天花板"。

这种公司化管理的人力资源模式,基本上改变了困扰央视十几年用工制度上的无序、混乱状态,提升了电视台的人事管理水平,实现了保障权益、理顺关系、调整结构的改革目标,标志着央视从传统的干部人事管理向现代人力资源管理的转型。当然,这次实行的劳务派遣制使央视人事制度既有企业性质,又有事业性质,但这是基于对中国传媒具有导向和产业这两个并行功能的考虑,是一种有效的符合中国传媒实际情况的渐进式的改革。①

第二节 人力资源规划与传媒人才招聘

人力资源规划是人力资源管理的重要基础和前置条件,是组织战略规划的重要组成部分,也是对人力资源数量、质量、结构的系统性规划。人才招聘关系到媒体的可持续发展问题,关系到媒体的核心竞争力,也关系到媒体的未来兴衰,理应受到管理者的高度重视。

一、传媒人力资源规划

人力资源规划是组织根据企业的人力资源战略目标以及企业内外环境和条件的变化,通过对企业未来的人力资源的需要和供给状况的分析及估计,对人力资源的获取、配置、使用、保护等各个环节进行职能性策划,以确保组织在需要的时间和需要的岗位上,获得各种必需的人力资源,保证事得其人、人尽其才。制定人力资源规划,要充分考虑人力资源的晋升、降职、退休、离职、调动、解雇等事项,既要弄清楚组织内部人才存量的情况,又要了解外部人才市场增量的供给形势,了解竞争对手的人才供给状况,确定供求之间的差距,制订人力资源净需求计划,确保企业对人力资源在数量和质量上的需求满足。

广义的人力资源规划包括人力资源战略规划、人员供求规划、培训开发规划、绩效规划、薪酬福利规划、员工关系规划,以及中高层管理人员的接班或继任计划等与人力资源有关的各种规划活动。狭义的人力资源规划即根据组织未来的人力资源需求和供给分析,找出供求之间的差距或矛盾,从而帮助组织制定未来平衡人力资源供求关系的各种相关计划。②

传媒人力资源规划就是媒体组织为了实现自己的经营目标,根据传媒组织的发展需要和内部、外部条件,运用科学的方法对传媒人力资源需求和供给状况进行分析和预测,在人员选拔、人员配置、人员培训、人员激励等方面所编制的人力资源管理的职能性计划。其实质是在组织发展方向和经营目标既定的前提下所进行的人力资源计划的管理。③

传媒人力资源规划有利于传媒战略目标的实现,有利于整体人力资源管理系统的稳定性、一致性和有效性,有利于传媒的健康和可持续发展,还有助于传媒对人工成本的合理控制。人力资源规划的目标就是优化配置人力资源,提升员工的绩效水平,增强员工的工作能

---

① 杨晓民.坚持制度创新 推行编外人员劳务派遣制度[J].电视研究,2005(5):24.
② 刘昕.人力资源管理[M].北京:中国人民大学出版社,2012:180.
③ 刘社瑞,张丹.媒介人力资源管理[M].长沙:湖南大学出版社,2006:46.

力,提高员工对企业的忠诚程度。

二、传媒工作分析

工作分析是对特定的工作做出明确规定,并确定完成这一工作所需要的知识技能等资格条件的过程,即制定职务说明和职务规范的系统过程。工作分析是一个复杂的过程,需要提取、搜集工作岗位的相关资料、信息,认真加以分析,对岗位的工作性质、内容、任职资格、考核办法、选聘上岗人员的程序等事项做出明确规定。工作分析涉及工作性质、工作环境、工作程序、工作关系、工作职责、劳动强度等诸多问题。

传媒工作分析离不开对工作的描述和对工作要求的说明,工作描述的内容形成工作说明书文件,工作要求的内容形成工作规范的文件。工作描述主要包括四个方面的内容:① 工作名称,包括工种与职称等级等;② 工作任务的描述,包括任务的性质、内容、形式、完成任务的步骤和方法,以及所要被接受的监督等;③ 工作环境的描述,包括工作的自然环境、社会环境、人文环境等;④ 工作待遇的描述,包括工资报酬、福利待遇、工作时间、晋级机会和培训提高等。工作要求是根据工作描述的结果,提出对从事该项工作的人员的特定要求,包括业务素质要求、生理素质要求以及心理素质要求等。业务素质要求包括学历、知识与技能、思维能力、工作经验等;生理素质要求包括年龄、健康状况、体力、感官灵敏度等;心理素质要求包括事业心、沟通能力、合作能力、理性与情感等。

传媒工作分析具有非常重要的意义,具体包括如下几点:① 为确定传媒的人力资源需求、制订人力资源计划提供依据;② 促使工作用语的标准化;③ 确定工作之间的相互关系,有利于合理的晋升、调动与指派;④ 为制定考核程序及方法提供依据,有利于管理人员执行监督职能及员工进行自我控制;⑤ 确定工作要求,建立适当的指导与培训内容;⑥ 工作分析也是员工职业发展、绩效管理、薪酬管理、劳动安全保障的重要基石。

三、传媒人才招聘

(一) 招聘工作

招聘就是在企业总体发展战略规划的指导下,制订相应的职位空缺计划,并决定如何寻找合适的人员来填补职位空缺的过程,它的实质就是让潜在的合格人员对本企业的相关职位产生兴趣并且前来应聘。

传媒员工招聘是指传媒根据人力资源规划和职务分析的数量与质量的要求,通过信息的发布和科学甄选,获得媒体所需的合格人才,并安排他们到所需工作岗位的活动和过程。人才招聘的目的是为缺编岗位选配合适的上岗人员,做到人与事的匹配。

招聘工作包括如下的程序:确定职位空缺,制订招聘计划,确定用工职位、用工数量、招募渠道、招募时间与地点、招募经费、具体实施方案等。选择招聘渠道,发布招聘信息,接待应聘者。回收应聘资料,对应聘者进行考察、筛选,充分考虑应聘者的知识、能力与个性是否符合岗位的要求,同时考察应聘者的求职理念、发展潜力和对媒体文化的认同。核实应聘资料是否属实,安排接受身体检查,签订劳动合同。评估招聘效果,为以后的招聘工作提供参考和借鉴。

传媒员工招聘具有重要意义,有利于人力资源合理流动,它是获取符合需要的人力资源的重要手段,是提高招聘效率与人力资源管理效益的重要起点和基础,是提高声誉和知名度的重要手段,是增添新的活力的重要途径,是增强媒体内部凝聚力和核心竞争力的重要措施。

(二) 招聘渠道

1. 外部招聘

(1) 广告招聘。媒体通过自己或其他媒体发布招聘广告来吸引和招聘员工,是一种最普遍采用的招聘方式。优点是发布迅速、影响广;应聘人员量多、选择余地大;可以减少盲目性。缺点是在其他媒体刊登广告费用高。

(2) 职业介绍机构。包括职业介绍所、就业服务中心、人才市场等。优点是招聘周期短、时间省;选择范围大;有利于择优录取。缺点是较难招聘到核心员工,增加招聘成本。

(3) 猎头公司。猎头公司是专门为委托人搜集和推荐高层次管理人员或技术人员,并设法诱使他们离开正在服务的组织。优点是针对性强,成功率高;能招聘到关键职位上的高层次员工;时间省,效率高。缺点是费用较高。

(4) 校园招聘。这是外部招聘最直接和最主要的渠道。优点是能招到成本低,潜力大的员工;选择范围广;能批量招聘;有助于宣传企业形象。缺点是由于平时沟通少,花时间和费用较多;培训开发费用高;招聘效率低。

(5) 招聘会。包括综合性招聘会和专业性招聘会。优点是快速、高效、低成本。缺点是人才质量参差不齐,需花费更多的时间和成本用于应聘者的筛选。

(6) 网络招聘。利用互联网进行的招聘活动,例如,前程无忧、智联招聘、中华英才网等网站以及媒体自身的网站,网络招聘包括信息的发布、简历的搜寻整理、电子面试及在线测评等程序。具体方法包括委托专业网站招聘,或注册成为会员;利用自己的网站建立招聘主页。优点是信息传播范围广;速度快、成本低、便利高效;双方可交互沟通;选择余地大;不受时间、地域的限制。缺点是双方搜索要花较多时间、精力;网络法制建设不健全,招聘陷阱时有出现。

(7) 熟人推荐。由本组织的员工、客户、合作伙伴等推荐的方法招聘员工。优点是相互了解迅速,成功率高;招聘速度快;招聘费用低;有利于找到紧缺人才。缺点是容易造成各方心理负担;容易形成小团体和关系网。

2. 内部招聘

内部招聘是指在组织内部寻找和吸引能够胜任空缺工作的合适候选人的过程,包括内部晋升、内部调配、工作轮换和重新聘用等途径。媒体应该建立内部员工的人力资源档案,做好职业生涯规划,记录员工的教育背景、培训经历、专业技能、工作绩效,作为选择内部晋升对象的依据,有利于培养优秀记者、编辑、主持人的接班人。

内部招聘包括如下步骤:① 发布竞聘公告,内容包括竞聘岗位、职务、职务描述书、竞聘条件、报名时间、地点、方式等;② 对应聘者进行初步筛选,剔除明显不符合要求的应聘者;③ 组织必要的与竞聘岗位有关的测试;④ 组织"考官小组"进行综合全面的"诊断性面试",对应聘者以往的工作业绩、实际的工作能力、上级主管和同事对其的评价等进行考核;⑤ 全面衡量,做出决策。

如表9.1所示,内部招聘与外部招聘各有长处与短处,媒体在人员招聘时要针对不同的岗位综合考虑,发挥各种渠道优势,招聘到最合适的人才。

表 9.1　内部招聘与外部招聘的长处与短处

	内部招聘	外部招聘
长处	① 员工熟悉媒体,媒体了解员工; ② 招聘和训练成本较低; ③ 提高内部员工的积极性与创造性; ④ 保持媒体内部的稳定性; ⑤ 提高内部员工的忠诚度	① 带来新思想、新方法、新技术; ② 对外树立组织形象; ③ 平息内部竞争者的紧张关系; ④ 来源广,余地大,利于招到一流人才; ⑤ 人才现成,节省培训投资
短处	① 引起员工为晋升而产生矛盾; ② 员工来源狭小; ③ 不获晋升可能会士气低落; ④ 容易形成企业内部人员的板块结构; ⑤ "近亲繁殖"	① 人才获取成本高; ② 新聘员工需要适应媒体环境; ③ 降低内部员工的士气和积极性; ④ 新旧员工相互适应期增长; ⑤ 对新应聘者缺乏了解

第三节　传媒的绩效管理与薪酬管理

人力资源管理的重要环节就是绩效管理与薪酬方案。对于媒体来说,最重要的课题,可能就是如何制定并执行好比较科学、合理的考评方案。国内媒体如今都在摸索自己的考评方案,报纸杂志的考评相对简便,而电视比较复杂,制定比较完善的绩效管理方案极为重要,因为业绩往往与薪酬挂钩。薪酬待遇是关系到从业人员切身利益的大事,需要建立公平公正的薪酬制度,才能有效激励员工,提高媒体的经营效益,维护员工的合法权益。

一、传媒绩效管理

(一) 传媒绩效考评与绩效管理

绩效考评就是有目的、有组织地对日常工作中的人进行观察、记录、分析和评价。媒体绩效考评是指运用科学的测量手段和方法,对员工符合组织目标的工作能力、工作态度和工作结果的综合考察和评价,也就是说,绩效是员工与媒体目标一致的工作行为、表现及结果。

媒体绩效考评包括三层含义:一是从媒体经营目标出发进行评价,并使这种评价以及评价之后的人事待遇管理有助于媒体经营目标的实现;二是运用一套系统对工作的制度性规范、程序和方法进行评价;三是对组织成员在工作中所显示出来的工作能力、工作态度和工作成绩进行以事实为依据的评价。

绩效考评的内容主要有三项:一是业绩考评,对行为的结果进行绩效考评和评价;二是能力考评,考评其在岗位工作过程中显示和发挥出来的能力,包括研究能力、理解判断能力、计划能力、领导能力和协调能力等;三是态度考评,考评员工的积极性、责任感、纪律性、独立性和协调性等。

媒体绩效考评的作用。对组织而言,绩效考评是提高组织绩效及改进工作的重要手段,有利于媒体了解员工的工作表现、素质和能力,检验员工招聘和培训的效果,收集管理信息;对员工而言,绩效考评是员工改善绩效及谋求发展的重要途径;绩效考评给人力资源计划、薪酬设立、培训、员工调配与任用、职业发展等提供参考和依据。

绩效考评与绩效管理是不同的,传媒绩效考评是对员工个人或部门的绩效的评价,而传媒绩效管理是确保员工的工作行为、表现及结果与媒体目标保持一致而进行的管理,是从战略高度对绩效进行管理,着眼于组织绩效和长远发展。绩效考评是事后考评工作的结果,而绩效管理包括事前计划、事中管理、事后考评,所以绩效考评仅仅是绩效管理中的一个环节。绩效考评侧重于判断和评估,而绩效管理侧重于信息沟通和员工及组织整体绩效的提高。绩效考评往往只出现在特定的时期,如月末、季末或年末,绩效管理则贯穿管理的全过程。

媒体绩效管理具有重要意义,为媒体的人力资源管理与开发提供了必要的依据,有助于媒体绩效的提高,支撑媒体战略的实现。绩效管理可以提升员工的工作绩效,发掘员工的潜能,提高员工素质。绩效管理促成上下级沟通,加深相互了解。绩效管理信息对媒体的多项管理都有参考价值,如提拔晋升、薪酬支付、工作调动、续聘解聘、培训工作等。绩效管理信息促使员工从自身实际出发,自我管理、自我设计,自行谋划长远的职业生涯发展。

(二) 传媒绩效考评方法

从考评的角度来看,企业组织的绩效考评方法多种多样,主要有:① 结果导向型绩效考评方法:考核重点在于产出和贡献,有比较法、强制分布法、量表评定法。② 行为导向型绩效考评方法:考核重点在于甄别和评价员工在工作中的行为表现,有关键事件法、行为观察量表法、行为锚定法。③ 品质特征导向型绩效考评方法:考核员工的个性特征,有混合标准尺度法、评语法。④ 战略导向型绩效评估方法:考核着眼于企业发展战略,有平衡积分卡法。

下面介绍几种重要的绩效考评方法。

1. 量表评定法

应用量表评定法进行绩效考核,首先要进行维度分解,并赋予权重,再沿各维度划分出等级,通过设置量表来实现量化考核。这种评价方法包括构建指标体系,确定指标数量、名称,确定各项指标的分数权重,细化评价标准。优点是评价结果客观准确,可以进行横向比较。缺点是设计难度较大,成本较高,评价指标繁琐,不适合对未来进行推断和预测。

2. 目标考核法

目标考核法是要确定总体目标和各层执行的具体目标。优点是通过目标的制定可以有效地指导与监控员工工作行为,同时加强员工自我管理意识,以目标的达成情况作为打分标准;客观性强。缺点是订立目标的过程复杂,时间多,成本高。

3. 关键事件法

关键事件法是通过对员工在工作中关键事件的观察和分析来判断员工的绩效。优点是时间跨度大,以事实为根据。缺点是费时费力,只能定性不能定量,不能区分工作行为的重要程度,难于在员工之间进行比较,易引起矛盾。

4. 行为锚定法

行为锚定法是把量表评定法和关键事件法结合起来,把从特别好到特别差的绩效按等级量化制成一个评分量表,并将一些典型行为的描述说明与量表上的评分相对应,作为评价员工表现的依据。优点是主观性少,清楚地反馈员工具体工作情形,能有效地指导和监控员工工作行为；缺点是设计复杂，难度较大。

5. 关键绩效指标

关键绩效指标（Key Performance Indication）是通过对组织运作过程的关键成功因素进行开发、分析、提炼和归纳，用以衡量绩效的一种目标式量化管理指标。关键绩效指标设有目标值和挑战值。KPI指标分为管理者和非管理者。管理者的指标与其负责的企业或部门的指标一致。非管理者个人的指标依据部门承担的指标及员工所任职岗位的职责，由员工的直接主管与其沟通后确定。

6. 平衡计分卡

平衡计分卡法是由美国哈佛商学院教授罗伯特·卡兰普和戴维·诺顿1992年创立的，关注的是企业组织绩效，以企业竞争战略为出发点，从财务、顾客、内部业务及创新与学习四个角度进行绩效考核指标设置。① 财务方面，常用的指标包括利润率、现金流量、收入增长、项目收益、毛利率、回款率、税后净利润、净现值；② 顾客角度，常用的指标包括市场份额、用户排名调查、新客户的增加、客户的保有率、客户满意度、品牌形象识别、服务差错率；③ 内部业务方面，常用的指标是产品（服务）质量、产品开发与创新、事故回应速度、安全与环境影响、劳动生产率、设计开发周期、生产周期、项目完成指标、关键员工流失率；④ 创新与学习方面，常用指标包括提供新服务与服务收入的比例、员工满意度、改善提高效率指数、关键技能的发展、领导能力的发展。

平衡计分卡法的核心思想是通过四个方面指标之间相互驱动的因果关系实现绩效考核—绩效改进以及战略实施—战略修正的目标。一方面通过财务指标保持对组织短期业绩的关注；另一方面通过员工学习、信息技术的运用与产品、服务的创新提高客户的满意度，共同驱动组织未来的财务绩效，展示组织的战略轨迹。平衡计分卡法不仅使绩效考核的地位上升到组织的战略层面，也是一种在定量评价和定性评价之间、客观评价和主观评价之间、组织的短期增长与长期增长之间寻求平衡的基础上完成的绩效管理与战略实施过程。①

（三）国内新闻媒体的绩效考核

跟国外媒体不同，我国媒体对记者编辑基本都有较为具体的考核办法，根据考核标准的不同，大体可以分为以下几种②：

（1）计件制。对编辑记者一段时间（如一个月或者一周）内必须完成的新闻条数或稿件篇数以及发稿版面做出硬性规定。这种考核办法的优点是目标明确，易于操作，但容易把记者变为"新闻民工"，不少记者甚至把新闻作为"赚钱的行业"，很难形成长期的职业追求，同时，可能造成小新闻泛滥，难以形成有影响力和深度的大稿子。

（2）打分制。对记者所采写的每篇稿件的质量、难度、反响等相关因素进行打分，记者在一个时间段（如一个月或一周）内的总得分与奖金挂钩。这种考核办法的优点在于兼顾了质和量，大体上体现了"多劳多得"的原则。但对质的衡量缺乏客观的标准，而量却是显而易见的硬指标，随着时间的推移，质在打分中的权重逐渐降低，打分制往往成为考量记者体力的计件制。

---

① 杨淑华.平衡计分法在企业战略管理中的应用[J].财会研究，2001(1)：52.
② 郑红平.新闻记者绩效考核办法探析[J].电视研究，2007(8)：28.

（3）篇幅制。对编辑记者在一段时间内必须完成的发稿字数或新闻时长做出硬性规定，比如，人民日报社主管的《国际金融报》要求记者必须在一周内发稿一万字以上，而且要有至少一个头版头条。这种考核方法的优点是目标明确，但由于以篇幅为主要的考核指标，容易造成稿件注水等短视行为。

（4）分级制。对记者进行等级划分，即分为首席记者、高级记者、记者和助理记者等，不同等级的记者有不同的责、权、利，薪酬也不同。这种考核办法考虑了不同记者的特长，但对等级评定委员会相关人员的能力、智慧提出了很高的要求，除非考核等级办法公平公正，否则难免打击部分记者编辑的积极性。

（5）分档制。这种评价办法属于事后评价，在一段时间（通常是一年、一个季度或一月）结束后，对编辑记者的表现进行总体评价，划分几个等级，比如优秀、一般、较差、差等。但是这种档次的评定无硬性的标准，基本上是由相关评定人员根据主观印象自由裁定的，要求评定者比较强势，否则就比较难运用自由裁量权，因此反而极容易导致大锅饭和平均主义。

二、传媒薪酬管理

薪酬是员工因对组织提供劳务而得到的报酬，是员工因完成工作而得到的内在和外在的奖励。薪酬一般由基本薪酬、绩效薪酬、红利、股票期权计划等构成。从不同的角度来划分，薪酬可分为：不变薪酬（基本薪酬）和可变薪酬；短期薪酬和长期薪酬；外在报酬与内在报酬。外在报酬包括货币形式的直接薪酬（基本工资、绩效工资、短期奖励、津贴）和非货币形式的间接薪酬（福利、劳动保护、培训、带薪假期）；内在报酬包括职业安全感、挑战性工作、学习机会、认可和地位、晋升机会等。

（一）薪酬管理

薪酬具有补偿功能、激励功能和调节功能。宏观层面看，薪酬管理决定着人力资源的合理配置与使用，直接决定着劳动效率，关系到社会的稳定。微观层次看，薪酬有如下作用：对员工的经济保障作用；对员工的心理激励作用；控制经营成本作用；改善经营绩效作用；塑造企业文化作用。

1. 薪酬系统的影响因素

影响薪酬系统的因素包括外部因素与组织内部因素。外部影响因素包括政策法规、行业工资水平、通货膨胀水平、当地经济发展、行业寿命周期、行业竞争、劳动力市场供应情况等。组织内部影响因素包括企业的经济实力、企业的发展目标、企业经营规模、企业经营价值观和企业文化、岗位和员工个人素质等。

2. 全面薪酬的构成

基本薪酬。在企业支付能力一定的情况下，尽量将基本薪酬水平紧密地与竞争性劳动力市场保持一致，以保证组织能够获得高质量的人才，保障企业具有战略重要性的工作和技能。基本薪酬反映员工的劳动熟练程度、工作复杂程度、责任大小和劳动强度，依据员工完成额定任务的实际体力、脑力消耗计付。基本薪酬是劳动力价值的体现，是薪酬中最主要、最稳定的部分。

可变薪酬包括经营计划利润分享、一次性奖励、群体可变薪酬、个人可变薪酬等多种方式，能够对员工所达成的有利企业成功的绩效提供灵活奖励。在企业经营不利时有利于控制企业的成本。可变薪酬不仅将员工与组织联系在一起，同时还能起到鼓励团队合作的效果。

福利是间接报酬。企业给员工提供的用以改善本人和家庭生活质量的，以非货币工资或延期支付形式为主的各种补充性报酬和服务。比如，企业给员工提供的防暑降温用品、班车、免费旅游服务、福利房等。间接薪酬只是全面薪酬管理的核心要素——基本薪酬和可变薪酬的一种补充性薪酬，而不是其替代者。

社会保险也属于间接薪酬，具体包括养老保险、失业保险、大病医疗统筹、工伤保险、生育保险等。

(二) 薪酬设计的策略

1. 薪酬设计的因素

薪酬设计必须考虑多重因素，例如职位分析、职位评价、市场薪酬调查、薪酬结构设计等。管理者必须决定企业的薪酬制度应该怎样支持企业战略，管理者也必须决定薪酬制度是以职定酬，还是以人定酬，员工的资历、能力或绩效的差别如何在薪酬中得以体现。管理者必须重视外在竞争对企业薪酬制度的重要性。薪酬水平会影响员工觉得企业现在给予的待遇是否"外部公平"。管理者应决定加薪的根据是基于绩效，还是基于员工不断增长的技能和能力，或者是基于全面性调整的准则。管理者必须决定如何结合内在报酬和外在报酬，当薪酬不能满足员工时，便应设法增加内在报酬，使员工能感到满足。

2. 薪酬模式的选择

（1）薪酬水平策略。① 领先型薪酬策略：企业所支付的薪酬高于市场平均水平，适合投资回报率较高、薪酬成本在企业经营总成本中所占的比率较低、同行业的竞争者较少的企业。② 跟随型薪酬策略：根据市场平均水平来确定本企业薪酬的一种常用做法，这是大部分企业愿意采取的策略。③ 滞后型薪酬策略：低于竞争对手的薪酬水平，具有很高的风险，只能作为一种过渡策略，帮助企业快速成长或渡过难关，一些企业赋予员工股票期权，以挽留员工。④ 混合型薪酬策略：根据职位的类型或者员工的类型来分别制定不同的薪酬水平政策。

（2）薪酬结构策略。① 高弹型薪酬模式：绩效薪酬是薪酬结构的主要组成部分，基本薪酬处于非常次要的地位，比例非常低，这种薪酬对员工的激励性很强，但缺乏安全感与保障。② 高稳定型薪酬模式：基本薪酬是薪酬结构的主要组成部分，绩效薪酬等处于非常次要的地位，这种薪酬具有很强的安全感，但容易使员工滋生懒惰情绪。③ 调和型薪酬模式：绩效薪酬和基本薪酬各占一定的比例，这种薪酬对员工既有激励性又有安全感，但需要设计科学合理的薪酬体系。④ 混合型薪酬结构策略：针对不同岗位和不同人才实施不同的薪酬结构。

3. 薪酬设计的原则

薪酬设计原则主要有：① 合法性原则，薪酬政策要符合国家有关法律、法规和政策的规定；② 公平性原则，员工对薪酬的公平比较来自组织外部、组织内部与员工个人的自我评估；③ 竞争性原则，媒体要留住优秀人才，必须为他们提供有吸引力、竞争力的薪酬；④ 激励性原则，科学合理的薪酬体系对员工产生持久的激励，为强化薪酬政策对员工的激励作用，内部各级职务的薪酬水平要适当拉开距离，体现按贡献分配的原则，使业绩突出的员工获得更多的薪酬；⑤ 经济性原则，讲究人才配置的效率，让每个员工最大限度发挥出的工作能量与其任职职位的要求匹配,不能追求超越实际的人员配置标准和相应的整体薪酬水平。

(三)薪酬体系设计

1. 职位薪酬体系

职位薪酬体系,是指按照员工在组织中的工作岗位的性质来决定员工的工资等级与工资水平的薪酬制度。适合于专业化程度较高、分工细、岗位设置固定、岗位职责明确的企业。职位评价的方法有非量化评价方法(排序法和分类法)、量化评价方法(要素比较法和要素计点法)。

优点:员工获得与其承担的工作相应的薪酬,实现了真正意义上的同工同酬。基本上只考虑职位本身的因素,很少考虑人的因素,有利于按照职位系列进行薪酬管理,操作比较简单易行。晋升和基本薪酬增加之间的连带性促使员工关心自身职位的晋升,在员工间形成竞争的氛围。

缺点:由于薪酬与晋升直接挂钩,因此当员工晋升无望时,会打击其工作积极性。由于职位稳定性较强,员工薪酬也就相对稳定,不利于对于多变的外部经营环境做出迅速的反应,也不利于及时地激励员工。

2. 技能薪酬体系

技能薪酬体系,是指组织根据员工所掌握的与工作有关的技能、能力以及知识经验支付基本薪酬的报酬制度。这是以人为基础的基本薪酬决定体系,起主导作用的是个人对组织做出贡献的能力,关注的是能力的提高。

优点:鼓励员工关注自身发展,不断开发新的知识技能;对人员安排有更大的灵活性;为员工提供了更大的薪酬增长机会;促进高度参与型管理风格的形成;雇佣关系趋向于合作的情况下,企业愿意实行技能薪酬体系。

缺点:培训投入大,周期长,收效慢;薪酬体系设计比较复杂,在确定技能模块和技能水平方面存在技术性问题;人员配置管理也有相当的难度,兼岗和工作安排调整操作起来有困难。

3. 绩效工资体系

绩效工资制度的基本特征是将雇员的薪酬收入与个人业绩挂钩,包括计件工资制与销售提成制。计件工资是按照员工生产合格产品的数量与预先规定的计件的单价来计算劳动报酬的一种工资形式,销售人员的工资一般包括基本工资、奖金与佣金,这里的佣金是指商品买卖中取得的报酬(即提成)。

优点:绩效工资有利于雇员工资与可量化的业绩挂钩,将激励机制融于企业目标和个人业绩的联系之中;有利于工资向业绩优秀者倾斜,提高企业效率和节省工资成本;有利于突出团队精神和企业形象,增大激励力度和雇员的凝聚力。

缺点:绩效评价缺乏科学依据和规范操作;绩效考核主观随意性大、流于形式;考核方法不合理,考核标准不稳定,考核人员受主观因素左右,考核执行不严谨,考核结果争议大,容易失去了绩效考核的公正性与有效性。

4. 结构工资制

结构工资制,即多元型工资制,也称为分解工资制或组合工资制。结构工资制是把影响和决定劳动者工资的各种主要因素分解开来,然后根据各要素分别设置工资标准的一种工资制度。结构工资一般包括岗位工资、薪级工资、绩效工资以及津贴补贴等。

优点：工资结构反映劳动差别的诸要素，与劳动结构相对应，并紧密联系成因果关系；结构工资制各个组成部分各有各的职能，可从劳动的不同侧面和角度反映劳动者的贡献大小，发挥工资的各种职能作用，具有比较灵活的调节功能；有利于实行工资的分级管理，从而克服"一刀切"的弊病。

缺点：合理确定和保持工资各单元比重的难度较大；由于工资单元多且各自独立运行，工资管理工作比较复杂。

（四）薪酬与激励机制

传媒人力资源管理中的激励机制，包括物质激励、精神激励、晋升激励、情感激励、环境激励等，其中物质激励的方式有如下几种：

(1) 利润分享。包括现金分享计划（用现金分配利润）和递延计划（把员工的利润计入员工的账户，延迟到员工退休时支付）。

(2) 员工持股。通过企业奖励的方式直接赠与或者参照股权的当前市场价值向员工出售股票。期股计划：公司和员工约定在某一时期内以一定的价格购买一定数量的公司股权。期权计划：公司给予员工在将来某一时间内以一定价格购买一定数量公司股权的权利，员工到期可以行使这种权利，也可以放弃这种权利。例如，2014年，百视通面向226名中高层员工实行股权激励。2015年，某省广股份面向公司高管及核心骨干在内的267人实施股票期权激励。2020年，人民网公布了股权激励计划，拟授718万股，约占公司股本总额的0.650%，首批激励对象259人，占人民网2018年年底在职员工总数的9.11%。

(3) 收益分享计划。在团队激励计划中，员工能得到的对企业收益进行分享的权利，它是因成本的降低、生产销售方面的改进、顾客满意度的提高和更良好的安全记录而带来的收益在企业与员工之间进行分配的一项计划。

(4) 团队激励薪酬。团队成员在完成了一个特定的目标时，分享一笔资金。在团队激励计划中，一组员工因生产效率提高而获得的收益。

凤凰卫视实行薪酬激励。首先，采用"人力资本产权股份化"运作理念——将企业内部成员所拥有的人力资本存量直接作资入股，使之在价值上不仅得到补偿性的回报，而且能够得到增值性或剩余性收益。特别是著名主持人持有的股票配售额仅次于凤凰卫视五位副总裁级的高级管理人员。其次，进行文化激励，倡导"无限激情酝酿更大平台"，致力追求专业主义激情，通过实施"三名战略"来打造名主持人、名评论员、名记者，以此凝聚和感召其他员工。第三，构建具有"凤凰精神"的传媒组织文化，让员工在"职业事业化、凝聚力、创新意识、危机意识"的价值观中，超常发挥自身的潜能。

（五）美国媒体的薪酬设计

美国媒体的薪酬标准一般都是由管理层与工会协商的。美国报纸一般实行采编与经营相分离的经营方式。两大系统的薪酬和分配制度一般也不同。美国报社里，编辑记者的收入是固定的，与平时发稿量和报纸的广告收入一般没有直接关系，也不存在风险奖金。美国报社内高层的资深主编，年收入有几十万美元。有5年以上工作经历的记者，年收入在6万美元以上，一些表现好的记者，收入更多。编辑的工资比记者的略高。

媒体的付酬方式主要有三种：一种是按日、按时或按件计算的工资；一种是按年、按月或按周计算的固定薪水;一种是佣金。一般而言,技术员、手工劳动人员、秘书、文员等人员,按日、按时或按件计算工资。专业人员、管理人员主要付年薪。销售人员以佣金为主,或是工资加佣金。斯蒂芬森媒体集团是一个私营的报业集团,它的广告销售部门与发行部门的员工都有经营指标,他们的收入与业绩相联系,而采编部门的记者和编辑的工资是固定的,并不与报社经营业绩挂钩。在甘乃特公司,报社总裁的收入与年终红利相结合。总编辑拿固定薪水,不参加管委会,不过这并不等于总编辑的地位低于公司的管理层。[①]

第四节 传媒人才的培训与选拔

随着数字技术的发展与全媒体时代的来临,传媒企业应该有计划、有组织地对员工进行培训,开发员工的潜能,提高员工素质,增进工作绩效,适应变化的社会环境和工作要求。同时,媒体需要不断完善人才的评价、选拔、使用、流动和配置机制,为员工做好职业规划,做到广纳贤才,人尽其才。

一、传媒人才的培训

(一)传媒培训的概念

传媒培训是通过教学或实验的方法,使员工在知识、技能和工作态度方面有所提高,达到媒体的工作要求,实现媒体的发展目标。例如,上海文广集团每年会选送优秀员工参加中欧商学院、复旦大学、上海交通大学的管理课程的学习,这一项目已经持续了三年,有上百位管理者参加了这样的培训;上海文广集团还与哥伦比亚大学签订了专门的海外培训合作项目,不定期组织高层领导出国进行学习与交流。

培训是企业的一项重要投资而不仅仅是费用,培训贯穿员工整个职业生涯而不是一次性活动。针对员工的工作绩效来说,培训能够改变员工的工作态度、工作行为、工作模式、工作方法,从而提高工作绩效;针对组织的使命而言,培训是塑造和传播媒体文化、培养价值共识的行为;针对组织发展战略来说,培训是为媒体培养和储备人才的重要途径。

(二)传媒培训的种类

传媒的培训分为入职培训与岗位培训,培训目标包括技能培养、传授知识、转变态度等各个层面。

(1)入职培训。员工在入职前所接受的对媒体和工作岗位的了解和适应性培训。主要目的是帮助员工了解工作环境和掌握岗位技能,包括两类内容:一类是知识性培训,例如,媒体的历史、传统、政策、规章、制度等;另一类是业务培训,与工作相关的基本知识、技能和能力等。

(2)岗位培训。员工在媒体工作期间所接受的各种培训,包括业务培训、管理培训和通

---

① 唐芬艳.国外媒体的绩效考核与薪酬制度[J].青年记者,2007(1):62.

识培训。例如,央视已建立起从基层管理人员(制片人、科组长)到高层管理人员(中心及频道领导)的培训模块。针对处级以上领导干部,充分利用国家权威培训机构、世界知名高端培训机构的优质资源,开展针对性强、特色鲜明的培训项目。针对制片人、科组长层级的管理培训,与北京大学、中国人民大学等国内顶尖高校合作举办制片人、科组长培训。央视还加强对中坚、骨干、核心员工的培训,针对"年度品牌栏目"制片人、"年度优秀节目"主创人员、"台长特别奖"获得者等获奖集体和个人量身定制培训课程,央视培训工作正逐步进入系统化和高端化的新阶段。[①]

(三) 传媒培训的实施

传媒人力资源管理部门要对员工的知识、技能状况进行系统评估与分析,确定是否需要培训,确定培训目标、培训内容、培训方式。设置培训目标必须与媒体的宗旨相容,与媒体战略目标相符,要现实可行,包括技能培养、传授知识、转变态度、绩效提升等。媒体培训的内容包括采编人员的采访写作培训、管理人员的经营管理能力以及技术人员的技术操作培训。培训方式多种多样,可以是长期的、中期的、短期的,也可以是在职的、脱产的。

媒体培训的作用。全方位培养员工,提高员工的工作绩效,使员工通过学习、更新从事岗位的工作的知识与技能,提高处理实际问题的能力;让员工尽快适应工作环境和工作岗位,特别是针对新员工的入职培训,使他们尽快适应媒体的报道风格;传播组织文化,增强员工对媒体精神与价值观念的认同感,提高员工的凝聚力;把媒体建设成为学习型组织,通过持续不断的学习来保证组织的持续发展,为媒体的长期发展提供人才支持。

员工培训与发展的原则。学以致用原则,从实际需要出发,提高实际工作能力;专业知识技能和企业文化并重原则,激发员工的使命感,加强员工的责任感,凝聚员工的归属感;全员培训和重点培训结合原则,对媒体的各个部门、各个岗位的所有员工进行培训,对管理人员与关键岗位进行重点培训;严格考核和择优奖励原则,加强对培训效果的考核,对进步较大的员工,实行适当奖励。

现代传媒人力资源管理必须把对培训的投入看成是资本投资,注重培训效果。首先,培训不仅仅关注如何根据媒体发展和岗位需求来培养员工,它更加注重媒体目标和员工个人目标结合起来,实现媒体与个人的共同发展。其次,培训必须紧密结合媒体的实际需要,配合媒体的人力资源开发计划,设计和制定科学的、受培训者欢迎的培训项目。媒体从业人员涉及的领域很广泛,对培训的要求也就比其他行业更高,丰富培训品种,充实培训内容,是当前培训的发展趋势。第三,媒体培训可以采取业务培训与思想政治培训相结合,岗前培训与岗中培训相结合,自主培训与委托培训相结合的方法。培训的重点是开发现有人力资源,培养员工的学习能力,开发员工的潜能和创造力。第四,媒体培训工作须将"培养人"与"用人"结合进来,为那些在培训中,能力真正得到提高的员工提供升职和发展的机会,保证内部人才的合理使用,激发组织活力。

---

① 冯夏萍. 全媒体时代电视媒体人才培训的创新发展思路[J]. 电视研究,2014(2):62.

二、传媒人才的选拔录用与职业生涯管理

(一) 传媒人才的选拔录用

传媒人才的选拔录用就是运用一定的手段对已经招募到的求职者进行鉴别和考察,区分其知识技能水平与人格特点,预测其未来的工作绩效,从而最终挑选出媒体所需要的、恰当的职位候选人。选拔录用直接决定着媒体能否正常的运转,也决定了媒体的长远发展目标。

选拔录用的主要原则:① 能力与位置对应原则,每人根据自己的能力安排在相应特点和层次的职位上;② 互补增值原则,通过个体之间取长补短,实现组织目标最优化;③ 动态适应原则,人和职位、人和组织的适应是个动态过程;④ 弹性冗余原则,人与事的匹配过程中,把握好度,工作量既不能过多,也不能过少。

近年来,我国媒体的采编人员处于饱和状态,但具有经营管理能力的领军人才匮乏。我国媒体的管理人员一般由主管部门直接任命,具有很高的政治素质与思想素质,但是部分人员缺乏足够的经营管理能力。要选拔传媒职业经理人,应该不排斥通过人力资源市场遴选媒体管理者,充分利用人才市场,按照权、责、利相对称原则,依靠职业经理人的创造性经营达到媒体的战略目标。

(二) 传媒人才的职业生涯管理

职业生涯管理就是建立一套能够识别员工发展需要和职业潜力的系统,并借助该系统引导员工的个人发展目标和组织的目标保持一致,在达成组织目标的同时帮助员工实现个人职业目标的活动。职业生涯在组织的成长、运转、发展过程中都发挥了举足轻重的作用。职业生涯规划是个人成才的有效方法,是组织开发人才的有效手段,也是组织留住人才的最佳措施。

媒体人才职业发展规划的实施。首先,要制订媒体的人力资源开发的综合计划,并把它纳入媒体总的战略发展计划之中,并与其他方面的计划协调一致。其次,要建立媒体的人力资源档案,通过日常绩效考评及专门的人才评估活动,了解员工的才能、特长、绩效、经历和志趣,评估出他们在专业技术、管理等方面的潜力,确定他们目前所处的职业发展阶段,记录在档案中,作为制订具体的培养、使用计划的依据。

第十章　传媒财务管理

企业的管理活动是全方位的,财务管理是企业管理的中心。财务管理的实质是价值管理,财务管理之价值管理的根本是资金管理。财务管理的基本问题是财务管理主体、财务管理的目标、财务管理的内容与财务管理的方法。企业财务管理的基本内容为筹资管理、投资管理和利润分配管理。财务管理是在一定的整体目标下,关于资产的购置(投资)、资本的融通(筹资)和经营中现金流量(营运资金)以及利润分配的管理。

第一节　传媒财务管理的内涵

财务管理是企业组织财务活动和处理财务关系的一项经济管理工作。理解企业财务管理的基本概念,必须了解资金运动、财务活动及财务关系等相关概念。

一、传媒财务管理的概念

传媒财务是指传媒在生产经营活动过程中客观存在的资金运动及其体现的经济利益关系。传媒财务管理是传媒组织财务活动、处理财务关系的一项综合性的管理工作,其中,财务活动包括投资、筹资、资金营运和资金分配等一系列行为;财务关系是指资金投放在投资活动、资金营运、筹资活动和分配活动中与各相关者所产生的财务关系。

(一) 传媒财务活动

传媒财务活动是指资金的筹集、运用、收回及分配等一系列行为,是以现金收支为主的传媒组织资金收支活动的总称。

(1) 传媒筹资引起的财务活动。传媒筹资管理是财务管理的首要环节,包括发行股票、发行债券、取得借款、赊购、融资租赁等都属于筹资行为,筹资是企业投资活动的基础。可供企业的资金渠道:按产权关系可以分为权益资金和负债资金;按使用的期限,可分为长期资金和短期资金。企业资金的收入:企业通过发行股票、发行债券、吸收直接投资等方式筹集资金。企业资金的支出:企业偿还借款、支付利息、股利以及付出各种筹资费用等。

(2) 传媒投资引起的财务活动。传媒投资是指资金的运用,是为了获得收益或避免风险而进行的资金投放活动。传媒的投资决策有多种分类方法。按其方式可分为直接投资和间接投资。按影响的期限长短分为长期投资和短期投资。按投资的范围分为对内投资和对外投资。对内投资即购置固定资产、无形资产。对外投资即购买其他企业的股票、债券或与其他企业联营进行投资。

(3) 传媒经营引起的财务活动。采购材料或商品，支付工资和其他营业费用，把产品或商品售出，取得收入，短期借款以筹集所需资金。

(4) 传媒分配引起的财务活动。广义的分配是指对投资收入和利润进行分割和分派的过程，而狭义的分配仅指对净利润的分配。利润分配管理就是要解决在企业获得的税后利润中，有多少分配给投资者，有多少留在企业作为再投资之用。企业与投资者之间的财务关系，是投资者向企业投入资金，企业向投资者支付股利或利润所形成的经济关系。

（二）传媒财务关系

传媒财务管理是传媒管理的一个组成部分，它是根据财经法规制度，组织传媒财务活动，处理财务关系的一项经济管理工作。一些"转企改制"成功的传媒企业，其财务关系包括如下几种：

(1) 传媒与国家行政管理者之间的财务关系。企业必须按照国家税法规定缴纳各种税款，企业与税务机关的关系反映的是依法纳税和依法征税的权利义务关系。这种关系体现为一种强制和无偿的分配关系。

(2) 传媒与投资者之间的财务关系。这主要是指企业的所有者向企业投入资本形成的所有权关系。所有者包括国家、法人单位、个人、外商投入资金，企业同其所有者之间的财务关系，体现为所有权性质的投资与受资的关系。

(3) 传媒同其债权人之间的财务关系。向债权人借入资金，按时支付利息和归还本金所形成的经济关系。企业同债权人的关系体现的是债务与债权关系。

(4) 传媒同其债务人之间的财务关系。企业将其资金以购买债券、提供借款或商业信用等形式出借给其他单位所形成的经济关系。企业同其债务人的关系体现的是债权与债务关系。

二、传媒财务管理目标

媒体的目标与一般企业的目标相比有一定的特点，从媒体具有政治属性和经济属性来看，传媒财务管理的整体目标应当是：在充分发挥政府"喉舌"作用、宣传职能，确保社会效益的基础上，经营管理好国有资产，确保国有资产保值增值，实现经济效益的最大化。①

财务管理目标是企业财务管理工作尤其是财务决策所依据的最高准则，是企业财务活动所要达到的最终目标。目前，人们对财务管理目标的认识尚未统一，主要有四种观点。

（一）利润最大化

利润最大化是指企业在预定的时间内实现最大的利润。以利润最大化作为财务目标，可以促使企业追求经济效益，有利于资源的合理配置和社会经济效益的提高，并使社会财富快速增长。这种观点认为，利润代表了企业新创造的财富，利润越多则说明企业的财富增加得越多，越接近企业的目标。

这种观点的缺陷是：利润最大化是一个绝对数指标，没有考虑企业的投入与产出之间的关系；没有区分不同时期的收益；造成管理上的片面性；没有考虑资金的时间价值；没有考虑

---

① 黄晓兰. 媒体财务管理[M]. 北京：中国传媒大学出版社，2006：5.

风险问题等。利润最大化可能会使企业财务决策带有短期行为,片面追求利润的增加,不考虑企业长远发展。

(二) 资本利润率最大化

这种观点认为:应该把企业利润与投入的资本相联系,用资本利润率或每股利润作为企业财务管理目标。其观点本身概念明确,将企业实现的利润与投入的资本或股本进行对比,可以在不同资本规模的企业或不同时期进行对比,揭示其赢利水平的差异。本质上还是以利润作为基础,企业在实行资本利润率最大化的过程中,通常会存在三个问题:一是没有考虑资金的时间价值;二是没有考虑风险问题;三是企业财务决策会出现短期行为。

(三) 股东财富最大化目标

对于股份制企业,企业价值最大化可表述为股东财富最大化。对于上市的股份公司,股东财富最大化可用股票市价最大化来代替。股票市价是企业经营状况及业绩水平的动态描述,代表了投资大众对公司价值的客观评价。

优点:股东财富最大化目标考虑了时间价值与风险因素;在一定程度上能够克服企业在追求利润上的短期行为;目标容易量化,便于考核和奖惩。缺点:只适合上市公司;只强调股东的利益,未考虑债权人及公司员工等有关方面的利益;股票价格受多种因素影响,把不可控因素引入理财目标是不合理的。

(四) 企业价值最大化

这种观点认为:企业价值最大化可以通过企业的合理经营,采用最优的财务决策,充分考虑资金的时间价值和风险与报酬的关系,在保证企业长期稳定发展的基础上,使企业总价值达到最大。

企业价值最大化的理解:企业价值不是企业账面资产的总价值,也不是企业有形资产的总价值和企业的清算价值,而是企业全部财产的市场价值。这种观点体现了对经济效益的深层次认识,是现代企业财务管理的最优目标。

企业价值最大化目标的优点有:考虑了资金的时间价值和投资的风险价值;反映了对企业资产保值增值的要求;有利于克服管理上的片面性和短期行为;有利于社会资源的合理配置。由于企业价值最大化是一个抽象的目标,在运用时也存在一些缺陷。如非上市企业的价值确定难度较大,虽然通过专门评价可以确定其价值,但评估过程受评估标准的影响使估价不易客观和标准,从而影响企业价值的客观性。

媒体不仅要提供娱乐节目,获得最大利润,更有肩负着维护公共空间、保障公民参与、提升精神文明建设的社会责任。媒体生产的不仅是商品,还是公共产品;受众不仅仅是媒体出卖给广告公司的商品,也应该是享有社会权利和义务的公民,而不仅仅是媒体的消费者。反过来说,如果媒体的社会责任方面得到受众的认可,美誉度和知名度很高,经营活动中自然也会得到裨益。

三、传媒财务管理工作环节

传媒财务管理工作环节是指财务管理的工作步骤和一般程序,也可称为财务管理循环。

企业财务管理一般包括以下几个环节：

（一）财务预测

财务预测是企业根据财务活动的历史资料，考虑现实条件与要求，运用特定方法对企业未来的财务活动和财务成果做出的科学预计或测算。

财务预测所采用的方法主要有两种：一是定性预测，即由专业人员进行主观地判断与推测。二是定量预测，是指企业根据比较完备的资料，运用数学方法，建立数学模型，对事物的未来进行的预测。在实际工作中，通常将两者结合起来进行财务预测。

（二）财务决策

财务决策是企业财务人员按照企业财务管理目标，利用专门方法对各种备选方案进行比较分析，并从中选出最优方案的过程。正确的决策可使企业起死回生，错误的决策可导致企业毁于一旦，所以财务决策是企业财务管理的核心，其成功与否直接关系到企业的兴衰成败。

（三）财务预算

财务预算是企业运用科学的技术手段和数量方法，对未来财务活动的内容及指标进行综合平衡与协调的具体规划。

财务预算以财务决策确立的方案和财务预测提供的信息为基础进行编制，是财务预测和财务决策的具体化，是财务控制和财务分析的依据，贯穿于企业财务活动的全过程。

（四）财务控制

财务控制是在财务管理过程中，利用有关信息和特定手段，对企业财务活动所施加的影响进行的调节。实行财务控制是落实财务预算、保证预算实现的有效措施，也是责任绩效考评与奖惩的重要依据。

（五）财务分析

财务分析是根据企业核算资料，运用特定方法，对企业财务活动过程及其结果进行分析和评价的一项工作。财务分析既是本期财务活动的总结，也是下期财务预测的前提，具有承上启下的作用。

通过传媒财务分析，可以掌握传媒财务预算的完成情况，评价财务状况，研究和掌握传媒财务活动的规律，改善财务预测、财务决策、财务预算和财务控制，提高财务管理水平。

四、传媒财务管理环境

传媒财务管理环境是指对传媒财务活动和财务管理产生影响作用的传媒内外部的各种条件。财务管理环境按其存在的空间，可分为内部财务环境和外部财务环境。内部财务环境主要内容包括传媒资本实力、生产技术条件、经营管理水平和决策者的素质四个方面。影响传媒外部财务环境最主要的有法律环境、经济环境和金融市场环境等因素。

(一) 法律环境

财务管理的法律环境是指企业和外部发生经济关系时所应遵守的各种法律、法规和规章。与企业相关的税种主要有所得税类、流转税类、资源税类、财产税类和行为税类等。在财务法规方面,我国目前企业财务管理法规制度有企业财务通则、行业财务制度和企业内部财务制度三个层次。其他法规,如《证券交易法》《票据法》《银行法》等。

资本进入传媒的最大风险是政策法规风险,我国制定了《非国有资本进入文化产业》的相关法规规定,报刊主办单位要为出版单位的设立提供和筹集必要的资金、设备,并创造其他必要条件,报刊的主办单位即是报刊的投资人。目前尚无可由个人、集体出资创办或拥有报刊的规定,因此,我国的报刊社均为全民所有制单位。1999年国务院有关部门对于《中国经营报》及《精品购物指南》报社的产权问题的批复是,鉴于该报社的主办单位是全民所有制单位,其形成的资产应为国有资产。批复指出,报刊创办中的企业赞助属于无偿赠与,个人与企业垫资属于借贷关系,"谁投资,谁受益"不适合报刊社。

(二) 经济环境

财务管理作为一种微观管理活动,与其所处的经济管理体制、经济结构、宏观经济调控政策、经济发展状况等经济环境密切相关。经济管理体制包括宏观经济管理体制与微观经济管理体制。经济结构指从各个角度所反映的社会生产和再生产的构成,包括产业结构、地区结构、分配结构和技术结构等。宏观经济调控政策,是指政府通过计划、财税、金融等手段对国民经济总运行机制及子系统提出一些具体的政策措施。

(三) 金融市场环境

广义的金融市场是指一切资本流动(包括实物资本和货币资本)的场所;狭义的金融市场一般是指有价证券市场,即股票和债券的发行和买卖市场。

金融市场按交易期限分为短期资金市场和长期资金市场。按交易的性质分为发行市场和流通市场。按交易的对象分为同业拆借市场、国债市场、企业债券市场、股票市场和金融期货市场等。按交割的时间分为现货市场和期货市场。

金融市场环境是企业最为主要的环境因素,金融市场为企业提供了良好投资和筹资的场所。金融市场为企业长短期资金相互转化提供方便。

在金融市场上,利率是一定时期内利息额与借贷资金额即本金的比率。实际利率指在物价不变情况下的利率。一般名义利率高于实际利率,两者之差是通货膨胀溢价。利率是资金使用权的价格,其计算公式为

$$利率 = 纯利率 + 通货膨胀附加率 + 风险附加率$$

纯利率是指没有风险和通货膨胀情况下的平均利率。通货膨胀附加率是由于通货膨胀会降低货币的实际购买力,为弥补其购买力损失而在纯利率的基础上加上通货膨胀附加率。风险附加率是一种风险补偿,包括违约风险附加率、流动性风险附加率、期限风险附加率。

第二节　传媒投融资管理

传媒投融资管理主要是指传媒投资、融资及资产项目的管理决策,包括对内投资、对外投资、对外融资、重大资产重组、对外担保事项等。传媒投融资管理目的是加强传媒内部控制,规避风险,提高经济效益,促进传媒组织规范运作,保护投资者合法权益。

一、传媒投资管理

投资就是企业为获取收益而向一定对象投放资金的经济行为。传媒投资是指传媒组织为了在未来可预见的时期内获得收益或使资金增值,在一定时期向一定领域的标的物投放足够数额的资金或实物等货币等价物的经济行为。

(一) 投资的基本类型

(1) 按照投资行为的介入程度,分为直接投资和间接投资。直接投资是指不借助金融工具,由投资人直接将资金转移交付给被投资对象使用的投资,包括企业内部直接投资和对外直接投资,前者形成企业内部直接用于生产经营的各项资产,如各种货币资金、实物资产、无形资产等,后者形成企业持有的各种股权性资产,如持有子公司或联营公司股份等。间接投资是指通过购买被投资对象发行的金融工具而将资金间接转移交付给被投资对象使用的投资,如企业购买特定投资对象发行的股票、债券、基金等。

(2) 按照投入的领域不同,分为生产性投资和非生产性投资。生产性投资是指将资金投入生产、建设等物质生产领域中,并能够形成生产能力或可以产出生产资料的一种投资,又称为生产资料投资。非生产性投资是指将资金投入非物质生产领域中,不能形成生产能力,但能形成社会消费或服务能力。例如,网络视频网站购买影视作品的版权,电视台购买国外的节目版权模式。

(3) 按照投资的方向不同,分为对内投资和对外投资。从企业的角度看,对内投资就是项目投资,是指企业将资金投放于为取得供本企业生产经营使用的固定资产、无形资产、其他资产和垫支流动资金而形成的一种投资。对外投资是指企业为购买国家及其他企业发行的有价证券或其他金融产品,或以货币资金、实物资产、无形资产向其他企业注入资金而发生的投资。中国政府支持各种所有制新闻出版企业通过与国际出版企业的合资与合作,在境外建社建站、办报办刊、开厂开店,通过上市、参股、控股等多种方式,扩大境外投资。

(4) 按照投资的内容不同,分为固定资产投资、无形资产投资、流动资金投资、房地产投资、有价证券投资、期货与期权投资等多种形式。狭义上讨论的投资,是指属于直接投资范畴的企业内部投资——即项目投资。例如,阿里巴巴投资了华谊兄弟、光线传媒、分众传媒、第一财经等 A 股传媒类上市公司,投资了陌陌、微博等美股传媒类上市公司。

(二) 投资决策及其影响因素

投资决策是指特定投资主体根据其经营战略和方针,由相关管理人员做出的有关投资目标、拟投资方向或投资领域的确定和投资实施方案的选择的过程。近年来,我国传统媒体以及互联网巨头纷纷投资影视公司、游戏公司、社交网站以及网络视频等新兴媒体,甚至投资房地产、酒店、旅游等其他行业,传媒投资决策需要考虑如下几个因素:

(1) 需求因素。需求情况可以通过考察投资项目建成投产后预计产品的各年营业收入的水平来反映。如果项目的产品不适销对路,或质量不符合要求,或产能不足,都会直接影响其未来的市场销路和价格的水平。

(2) 时期和时间价值因素。时期因素是由项目计算期的构成情况决定的。项目计算期是指投资项目从投资建设开始到最终清理结束整个过程的全部时间,包括建设期和运营期。考虑时间价值因素,是指根据项目计算期不同时点上价值数据的特征,按照一定的折现率对其进行折算,从而计算出相关动态项目评价指标。

(3) 成本因素。投入阶段的成本,它是由建设期和运营期初期所发生的原始投资所决定的。产出阶段的成本,它是由运营期发生的经营成本、营业税金及附加和企业所得税三个因素所决定的。经营成本又称付现的营运成本,是指在运营期内为满足正常生产经营而动用货币资金支付的成本费用。

(三) 投资程序

投资就有风险,对于传媒行业来说,投资要进行大量周密的市场调研,对传媒行业发展现状与前景、市场竞争格局与形势、赢利水平与企业发展、投资策略与风险预警等进行深入研究,揭示传媒市场潜在需求与潜在机会,选择恰当的投资时机。传媒投资的程序主要包括以下步骤:

(1) 提出投资领域和投资对象。这需要在把握良好投资机会的情况下,根据传媒的长远发展战略、中长期投资计划和投资环境的变化来确定。

(2) 评价投资方案的可行性。在评价投资项目的环境、市场、技术和生产可行性的基础上,对财务可行性做出总体评价。

(3) 投资方案比较与选择。在财务可行性评价的基础上,对可供选择的多个投资方案进行比较和选择。

(4) 投资方案的执行,即投资行为的具体实施。

(5) 投资方案的再评价。在投资方案的执行过程中,应注意原来做出的投资决策是否合理、是否正确。一旦出现新的情况,就要随时做出新的评价和调整。

(四) 投资项目的可行性研究

可行性研究是指在现代环境中,在一个长期投资项目之前,必须进行的有关该项目投资必要性的全面考察与系统分析,以及有关该项目未来在技术、财务乃至国际经济等诸方面能否实现其投资目标的综合论证与科学评价。它是有关决策人做出正确可靠投资决策的前提与保证。投资传媒产业必须做可行性研究,例如,投资新闻出版、广播电视、互联网、文化产业等,需要就生产环境、市场规模、受众结构、利润前景等进行可行性研究。可行性研究包括机会研究、初步可行性研究和最终可行性研究三个阶段,具体又包括环境与市场分析、技术与生产分析和财务可行性评价等主要分析内容。

(1) 环境分析。在可行性研究中,必须开展建设项目的环境影响评价。建设项目的环境,是指建设项目所在地的自然环境、社会环境和生态环境的统称。

（2）市场分析。市场分析是指在市场调查的基础上，通过预测未来市场的变化趋势，了解拟建项目产品的未来销路而开展的工作。市场分析要提供未来运营期不同阶段的产品年需求量和预测价格等预测数据，同时要综合考虑潜在或现实竞争产品的市场占有率和变动趋势，以及人们的购买力及消费心理的变化情况。

（3）技术分析。技术分析是指对项目本身所采用工艺技术、技术装备的构成以及产品内在的技术含量等方面内容进行的分析研究与评价。技术可行性研究是一项十分复杂的工作，通常由专业工程师完成。

（4）生产分析。生产分析是指在确保能够通过项目对环境影响评价的前提下，所进行的厂址选择分析、资源条件分析、建设实施条件分析、投产后生产条件分析等一系列分析论证工作的统称。生产分析涉及的因素多，问题复杂，需要组织各方面专家分工协作才能完成。

（5）财务可行性分析。财务可行性评价，是指在已完成相关环境与市场分析、技术与生产分析的前提下，围绕已具备技术可行性的建设项目而开展的，有关该项目在财务方面是否具有投资可行性的一种专门分析评价。例如，乐视网急于建立"平台＋内容＋终端＋应用"的乐视生态圈，匆忙投资乐视电视、乐视手机、乐视体育、乐视汽车、乐视电商，未进行财务可行性分析，导致资金链断裂，最终惨淡退市。

（五）投资预算的基本方法

传媒投资要获得成功，必须有科学的投资预算方法，财务管理理论关于投资预算的基本方法包括：净现值（NPV）法；内部收益率（IRR）法；获利指数（PI）法；投资回收期（PP）法；贴现回收期（DPP）法。

（1）净现值（Net Present Value，NPV）法。净现值法是指某个投资项目投入使用后各年的净现金流量的现值总和与初始投资额（或投资期内的各年投资额的现值总和）之差，即投资项目未来现金流入量现值与未来现金流出量现值之差，或者说是投资项目在整个期间内所产生的各年净现金流量现值之和。

净现值法的决策标准：如果投资项目的净现值大于0，表示该项目的收益率大于贴现率K，则该项目可行；如果净现值小于0，表示该项目的收益率小于贴现率K，则该项目不可行。

（2）内部收益率（Internal Rate of Return，IRR）法。内部收益率是指按复利计算的，使得项目净现值（NPV）等于零的贴现率。它实际上反映了投资项目的真实报酬。一般地讲，投资项目的内部收益率越高，其效益就越好。IRR法基本准则是：若$IRR>$贴现率，则$NPV>0$，项目可行；反之，项目不可行。

（3）获利指数（Profitability Index，PI）法，又称为投资成本利润率法。获利指数法是指将每期的现金流入贴现后求和，然后除以投资现金流出。计算公式为

$$PI = \frac{各期现金之贴现之和}{投资现金流出}$$

获利指数说明：每一元钱的投资能获得多少元的现值回报；如果一个项目的获利指数大于或等于1，说明该项目可以接受；如果一个项目的获利指数小于1，说明该项目不可以接受。

（4）投资回收期（Payback period，PP）法。这种方法是指回收初始投资所需要的时间。投资回收期法的决策标准：回收期越短越好。优点：强调投资收回，可促使企业尽快收回投资的资金；常用于筛选大量的小型投资项目。缺点：没有考虑资金的时间价值；忽略回收期后的现金流量；可靠性差。

(5) 贴现回收期(Discounted Payback Period,DPP)法。这种方法是指投资项目在使用期内所实现的各期净现金流入量现值总和恰巧等于投资额现值总和(或初始投资)时所需要的时间。贴现回收期法就是以贴现回收期为标准来评价和分析投资方案的方法。

二、传媒融资管理

加入世界贸易组织后,我国传媒业进入了高强度竞争和规模化发展的阶段。媒体的规模化发展势必使媒体产生增加投资的内在需求。然而,目前我国媒体普遍缺乏资金,能否有效融资便成了影响传媒业发展的关键。近年来,我国的资本市场成为媒体融资的重要渠道,一共有130多家传媒企业上市融资,解决了发展过程中的资金缺口问题。当然不是每个企业都能上市,还有更多的融资方式。

(一)长期借款

长期借款的主要特点:有规定的借款利率,可固定,也可随基准利率的变动而变动;主要是担保借款,也有信用借款;主要实行分期等额偿还方式,也有到期一次偿还方式以及分期等额还本方式。

长期借款融资的优缺点。优点:筹资速度快,筹资成本低,借款弹性好,不会稀释股东每股收益和控制权,发挥财务杠杆的作用。缺点:财务风险大,限制条件多,筹资数额有限,一般要求某种形式的抵押。

(二)租赁

对于公司来说,购买资产的目的是使用资产获取收益,也就是说资产的使用权比所有权更实际和重要。租赁就是一种获取资产使用权的融资方式,是资产购买的替代方式。租赁筹资的优点:筹资速度快、限制条款少、设备淘汰风险小、到期还本负担轻、税收负担轻、可提供一种新的资金来源。缺点:筹资成本高(租金总额通常高于设备价值的30%)。

(三)债券

债券的类型:① 利随本清债券——到期一次还本付息的债券;② 息票债券——即每年或每半年付息一次,到期还本;③ 贴现债券(零息债券)——发行时按规定的折扣率,以低于债券面值的价格发行,到期按面值偿付,不再单独计息的债券,发行价与面值之间的差额即利息。

债券还有如下分类方式:① 担保债券与无担保债券;② 可转换债券与不可转换债券;③ 固定利率债券与浮动利率债券;④ 参与公司债券与非参与公司债券。

债券有不同的评级。对投资者而言,债券评级可以减少投资的不确定性,提高市场的有效性,可以作为投资者选择投资对象的标准以及风险报酬的依据。对筹资者而言,债券评级会影响筹资成本,等级越高,成本越低,筹资能力越强。

(四)发行股票

1. 普通股融资的优缺点

优点:发行普通股票筹资没有固定的股利负担,发行普通股股票所筹资金没有偿还期,风险小,增强了公司的资金实力,有利于公司的再筹资。缺点:发行普通股股票筹资的资金成本较高,可能会分散公司的控制权,导致股价的下跌。

普通股评价。股票的内在价值就是股票带给持有者的未来现金流入的现值,即由一系列的未来股利的现值和将来出售股票时售价的现值之和构成。

2. 优先股评价

优先股就是公司在筹集资金时,给予投资者某些优先权的股票。由于股息相对固定,它不影响公司的利润分配。优先权主要表现在两个方面:优先股有固定的股息,并且先于普通股股东领取股息。公司破产清算时,优先股股东对公司剩余财产的要求权先于普通股股东,仅次于债权人。

(五) 资本结构理论

资本结构理论是研究资本结构中债务资本与权益资本比例的变化对企业价值影响的理论,它是企业财务理论的重要组成部分。随着财务管理的重心向筹资转移,在企业筹资中,如何选择资本成本最低、企业价值最大的资本结构,受到了财务经济学界的广泛关注。

1. 资本结构的影响因素

有些类型的公司固定资产比重大,而另一些类型的公司流动资产比重大,对于前者而言,权益资本可多一些;对于后者而言,债务资本可多一些。

在经济繁荣时期,公司的前景良好,就有可能溢价发行普通股,权益资本比重可能就会大些;相反,在经济萧条时期或本行业经营前景暗淡时,投资者就会偏重于购买债券,而不是普通股,因为债券有优先清偿权,所以债券资本比重就有可能加大。

公司的控制权。如果企业的所有者和管理人员不愿使企业的控制权旁落他人,则可能尽量采用债务筹资的方式来增加资本,而宁可不发行新股增资。与此相反,如果企业不愿承担财务风险,就可能较少利用财务杠杆,尽量降低债务资本的比例。

预计收益水平。如果公司收益水平将不断提高,当投资报酬率大于市场借款利率时,发行公司债券可增加普通股的收益,因为债券只付固定利息,而利息后的收益越多,或者说剩余收益越多,普通股每股收益就会越高。

其他因素。例如,证券市场行情的变化、税务负担、公司信用评级等都会影响企业资本结构。

2. 资本结构的概念

资本结构是指企业各种资本的构成及比例关系。根据企业财务管理目标的要求,企业必须合理确定并不断优化其资本结构,以达到企业价值最大化。因此资本结构决策的中心问题就是确定最优资本结构或选择目标资本结构。

资本结构中债务资本的作用。使用债务资本可以降低企业资本成本,获取财务杠杆利益,可以获得货币贬值利益。但是,债务融资有无力偿付债务的风险、再筹资风险和导致所有者收益下降的风险。

3. 资本成本的内涵

资本成本是指企业为筹集和使用资金而付出的代价。狭义的资本成本仅指筹集和使用长期资金(包括自有资本和借入长期资金)的成本。由于长期资金也被称为资本,所以长期资金的成本也称为资本成本,包括普通股成本、优先股成本、保留盈余成本、长期借款成本、债券成本。

资本成本包括资金筹集费和资金占用费两部分。资金筹集费是指在资金筹集过程中支付的各项费用,如发行手续费、律师费、资信评估费、担保费等。资金占用费是指占用资金支付的费用,如股票的股息、银行借款和债券利息等。

资本成本是企业选择资金来源、筹集资金方式的重要依据。资本成本是企业进行投资项目,制定投资方案的主要经济标准。资本成本是企业进行资金结构决策的基本依据。

我国传媒业在投资项目的过程中,筹资需要考虑资本结构与资本成本,尤其要考虑债券资本与权益资本的比例。近年来,我国的互联网行业权益资本投资较多,相互参股,共享利润,共担风险。在筹资领域,传媒业是积极上市融资,还是借贷资本、租赁或发行债券?这要考虑资本成本,对于业绩增长快,资产报酬率高,行业前景好的传媒公司,应该将上市融资作为首要目标。

第三节 传媒财务分析

财务指标分析是指总结和评价企业财务状况与经营成果的分析指标,包括偿债能力指标、运营能力指标、赢利能力指标和发展能力指标等。这些指标不是相互独立的,它们相辅相成,有一定的内在联系。企业周转能力好,获利能力就较强,则可以提高企业的偿债能力和发展能力;反之亦然。

一、流动性分析或称短期偿债能力比率

偿债能力是指企业偿还到期债务(包括本息)的能力。偿债能力分析包括短期偿债能力分析和长期偿债能力分析。

(一) 短期偿债能力

短期偿债能力是指企业流动资产对流动负债及时足额偿还的保证程度,是衡量企业当前财务能力,特别是流动资产变现能力的重要标志。企业短期偿债能力分析主要采用流动比率、速动比率和现金比率等衡量指标。

1. 流动比率

流动比率是指流动资产与流动负债的比率,它表明企业每一货币单位的流动负债有多少流动资产作偿还的保证,体现企业的偿还短期债务的能力。计算公式为

$$流动比率 = 流动资产 \div 流动负债 \times 100\%$$

一般情况下,流动比率越高,反映企业短期偿债能力越强,因为该比率越高,不仅反映企业拥有较多的营运资金抵偿短期债务,而且表明企业可以变现的资产数额较大,债权人的风险越小。但流动比率过高并不好,只说明企业的流动资产占用过多,将影响企业的资金使用效率和获利能力。

从理论上讲,流动比率维持在 2:1 是比较合理的。由于行业性质不同,流动比率的实际标准也不同。在分析流动比率时,应将其与同行业平均流动比率,本企业历史的流动比率进行比较,才能得出合理的结论。一般情况下,营业周期、流动资产中的应收账款数额和存

货的周转速度是影响流动比率的主要因素。

2. 速动比率

速动比率是指企业速动资产与流动负债的比率,它用于衡量企业流动资产中可以立即用于偿付流动负债的能力。计算公式为

$$速动比率 = 速动资产 \div 流动负债 \times 100\%$$

$$速动资产 = 流动资产 - 存货 - 预付账款 - 待摊费用$$

计算速动比率时,流动资产中扣除存货,是因为存货在流动资产中变现速度较慢,有些存货可能滞销,无法变现。至于预付账款和待摊费用根本不具有变现能力,只是减少企业未来的现金流出量,所以理论上也应加以剔除,但实务中,由于它们在流动资产中所占的比重较小,计算速动资产时也可以不扣除。

速动比率可作为流动比率的辅助指标。一般来说,企业的速动比率维持在1:1比较适宜。如果速动比率过低,说明企业短期偿债能力存在问题,企业的短期偿债风险较大。如果速动比率过高,特别是货币资金占用较大,会增加企业投资的机会成本,降低企业的效益。

3. 现金比率

现金比率是指企业现金类资产与流动负债的比率,反映企业直接偿付债务的能力。现金类资产包括货币资金与现金等价物(短期投资)。计算公式为

$$现金比率 = (现金 + 现金等价物) \div 流动负债 = (现金 + 短期投资) \div 流动负债$$

用该指标评价企业偿债能力更为谨慎,能够保障企业按时偿还到期债务。现金比率反映了企业的直接支付能力,债权人偏爱较高的现金比率企业,而现金比率过高,特别是货币资金占用较大,资金利用不充分,会降低企业的效益。

(二) 长期偿债能力比率

长期偿债能力是指企业偿还长期负债的能力。它的大小是反映企业财务状况稳定与否及安全程度高低的重要标志。影响长期偿债能力的主要因素有:必须以权益资本为基础,以长期资产为物质保证。长期偿债能力与获利能力密切相关。其分析指标主要有四项。

1. 资产负债率

资产负债率又称负债比率,是企业的负债总额与资产总额的比率,反映债务和资产、净资产关系的比率。它表示在企业资产总额中,债权人提供资金所占的比重,以及企业资产对债权人权益的保障程度。其计算公式为

$$资产负债率 = (负债总额 \div 资产总额) \times 100\%$$

一般情况下,企业负债经营规模应控制在一个合理的水平。负债比率越大,企业面临的财务风险越大。如果企业资金不足,依靠借债维持,导致资产负债率特别高,偿债风险就应该特别注意了。资产负债率在60%—70%,比较合理、稳健;达到85%及以上时,应视为发出预警信号,企业应提起足够的注意。

资产负债率高低对企业的债权人和所有者具有不同的意义。对于债权人:反映企业资产对负债的担保能力,比率越小,债权人借贷的风险越小,此时,其债权的保障程度就越高;比率越大,资产对负债的担保力不足,债权人收不回借贷本息的可能性越大。对于所有者:一定的资产负债率可以带来财务杠杆收益。对所有者而言,最关心的是投入资本的收益率。只要企业的总资产收益率高于借款的利息率,债务越多,即负债比率越大,所有者的投资收益越大。

资产负债率要结合具体情况综合分析。① 结合营业周期:周期短的企业,资金周转快、变现能力强,可适当扩大负债规模,维持较高的负债率;② 结合企业经营状况:处于兴旺期可维持较高负债水平;③ 结合宏观经济环境:市场利率较低或预计贷款利率将上升时,可适当扩大负债规模;④ 结合资产构成:资产总额中流动资产所占比重大的企业,不能支付到期债务的风险较小,负债率可适当高些。

2. 产权比率

产权比率是指负债总额与所有者权益总额的比率,也称资本负债率。反映债权人与股东提供的资本的相对比例,反映企业的资本结构是否合理、稳定,也表明债权人投入资本受到股东权益的保障程度。其计算公式为

$$产权比率 = 负债总额 \div 所有者权益总额 = 负债 \div (资产 - 负债) \times 100\%$$
$$= 资产负债率 \div (1 - 资产负债率) \times 100\%$$
$$权益乘数 = 资产 \div 所有者权益 = 资产 \div (资产 - 负债) = 1 \div (1 - 资产负债率)$$

产权比率反映了所有者权益对债权人权益的保障程度,即在企业清算时债权人权益的保障程度。该指标越低,表明企业的长期偿债能力越强,债权人权益的保障程度越高,承担的风险越小,但企业不能充分地发挥负债的财务杠杆效应。一般说来,产权比率高是高风险、高报酬的财务结构,产权比率低,是低风险、低报酬的财务结构。

3. 负债与有形净资产比率

负债与有形净资产比率是负债总额与有形净资产的比例关系,表示企业有形净资产对债权人权益的保障程度,其计算公式为

$$负债与有形净资产比率 = (负债总额 \div 有形净资产) \times 100\%$$
$$有形净资产 = 所有者权益 - 无形资产 - 递延资产$$

企业的无形资产、递延资产等一般难以作为偿债的保证,其中,无形资产包括商誉、商标、专利权以及非专利技术等,这些资产应从净资产中剔除,负债与有形净资产比率更为谨慎地反映在企业清算时债权人投入的资本受到股东权益的保障程度。该比率越低,表明企业长期偿债能力越强。

4. 利息保障倍数

利息保障倍数又称为已获利息倍数,是生产经营所获得的税前利润与利息费用的比率,是衡量企业偿付负债利息能力的指标。其计算公式为

$$利息保障倍数 = 税息前利润 \div 利息费用$$

式中,利息费用是指本期发生的全部应付利息,包括流动负债的利息费用,长期负债中进入损益的利息费用以及进入固定资产原价中的资本化利息。

利息保障倍数越高,说明企业支付利息费用的能力越强,企业债务利息压力越小。该比率越低,说明企业难以保证用经营所得来及时足额地支付负债利息。因此,它是企业是否举债经营,衡量其偿债能力强弱的主要指标。债权人通过此比率的分析,可衡量获得利息及收回本金的安全程度。一般情况下,利息保障倍数不能低于1。

二、企业营运能力比率

营运能力分析是指通过计算企业资金周转的有关指标分析其资产利用的效率,是对企业管理层管理水平和资产运用能力的分析。

（一）应收款项周转率

应收款项周转率也称为应收款项周转次数，是一定时期内商品或产品主营业务收入净额与平均应收款项余额的比值，是反映应收款项周转速度的一项指标。其计算公式为

应收款项周转率（次数）＝主营业务收入净额÷平均应收账款余额

其中：

主营业务收入净额＝主营业务收入－销售折让与折扣；

平均应收账款余额＝（应收款项年初数＋应收款项年末数）÷2；

应收款项周转天数＝360÷应收账款周转率＝（平均应收账款×360）÷主营业务收入净额。

应收账款周转率反映了企业应收账款变现速度的快慢及管理效率的高低。周转率越高，表明资产流动性强，说明其收回越快，短期偿债能力强；可以减少收账费用和坏账损失，从而相对增加企业流动资产的投资收益。周转率越低，表明营运资金过多呆滞在应收账款上，影响正常资金周转及偿债能力。存货周转速度的快慢，能够反映出企业采购、储存、生产、销售各环节管理工作的好坏。

应收账款周转天数表示企业从取得应收账款的权利到收回款项、转换为现金所需要的时间。应收账款周转率越高，说明其收回越快。反之，说明营运资金过多呆滞在应收账款上，影响正常资金周转及偿债能力。应收账款周转率，要与企业的经营方式结合考虑，例如，季节性经营的企业，大量使用分期收款结算方式。

（二）存货周转率

存货周转率也称为存货周转次数，是企业一定时期内的主营业务成本与存货平均余额的比率。它是反映企业的存货周转速度和销货能力的一项指标，也是衡量企业生产经营中存货营运效率的一项综合性指标。其计算公式为

存货周转率（次数）＝主营业务成本÷存货平均余额

存货平均余额＝（存货年初数＋存货年末数）÷2

存货周转天数＝360÷存货周转率＝（平均存货×360）÷主营业务成本

存货周转速度快慢，不仅反映出企业采购、生产、销售各环节管理工作状况的好坏，而且对企业的偿债能力及获利能力产生决定性的影响。一般来说，存货周转率越高越好，存货的占用水平越低，表明其变现的速度越快，周转额越大，企业的变现能力以及资金使用效率就越好。

（三）流动资产周转率

流动资产周转率反映流动资产的周转速度。计算公式为

流动资产周转率＝销售收入÷平均流动资产

流动资产周转率越高，资产周转速度就越快，能够相对节约流动资金投入，扩大资产的投入，增强企业的赢利能力，提高企业的短期偿债能力。如果周转速度过低，会形成资产的浪费，使企业的现金过多地占用在存货、应收账款等非现金资产上，变现速度慢，影响企业资产的流动性及偿债能力。

流动资产周转率比较高，说明企业在以下某几项做得比较好：快速增长的销售收入；合理的货币资金存量；应收账款管理比较好，货款回收速度快；存货周转速度快。这些指标的

变化会导致流动资产周转率发生相应的变化,其管理水平的高低直接影响企业的赢利能力及偿债能力。

(四) 固定资产周转率

固定资产周转率是反映企业固定资产周转情况,从而衡量固定资产利用效率的一项指标。计算公式为

$$固定资产周转率 = 销售收入 \div 平均固定资产$$

固定资产周转率高,不仅表明了企业充分利用了固定资产,同时也表明企业固定资产投资得当,固定资产结构合理,能够充分发挥其效率。反之,固定资产周转率低,表明固定资产使用效率不高,提供的生产成果不多,企业的营运能力欠佳。提高固定资产周转率,要求规模必须得当:规模太大,造成设备闲置,形成资产浪费;规模过小,生产能力小,形不成规模效益。结构合理,生产性和非生产性的固定资产结构合理有效。

(五) 总资产周转率

总资产周转率是企业销售收入与资产总额的比率,它可以用来反映企业全部资产的利用效率,反映总资产的周转速度。其计算公式为

$$总资产周转率 = 销售收入 \div 平均总资产$$

该指标综合评价企业全部资产经营质量和利用效率的重要指标,反映出企业单位资产创造的销售收入,体现企业在一定期间全部资产从投入到产出周而复始的流转速度。该周转率高,说明全部资产的经营效率高,取得的收入多;该周转率低,说明经营效率低,取得的收入少,最终会影响企业的赢利能力。

企业应采取各项措施来提高企业的资产利用效率。① 在企业赢利能力较高的前提下,通过适当降低产品售价,采用薄利多销的方法,加快资金周转速度,从而提高企业总资产周转率;② 在企业资产规模和生产效率不变的情况下,通过提高产品销售价格,增加销售收入,可以提高企业总资产周转率;③ 企业通过处置闲置的固定资产,减小资产规模,也会提高企业的总资产周转率;④ 在企业资产规模不变时,提高产能利用率,可以提高总资产周转率。

三、企业赢利能力比率

赢利是企业内部产生的资金,是企业发展所需资金的重要来源。赢利能力就是企业资金增值的能力,它通常体现为企业收益数额的大小与水平的高低。按照会计基本要素设置主营业务毛利率、主营业务利润率、资产利润率和资本保值增值率等指标,借以评价企业各要素的赢利能力及资本保值增值情况。

(一) 主营业务毛利率

主营业务毛利率是销售毛利与主营业务收入净额之比,表示销售收入的收益水平。其计算公式为

$$主营业务毛利率 = 主营业务销售毛利 \div 主营业务收入净额 \times 100\%$$

其中:

主营业务销售毛利＝主营业务收入净额－主营业务成本

主营业务毛利率指标反映了产品或商品销售的初始获利能力,该指标越高,表示取得同样销售收入的销售成本越低,销售利润越高。主营业务销售毛利率是企业销售净利率的最初基础,没有足够大的销售毛利率便不能形成赢利。

(二) 主营业务利润率

主营业务利润率指标反映了每元主营业务收入净额给企业带来的利润。该指标越大,说明企业经营活动的赢利水平较高。主营业务利润率是企业的利润与主营业务收入净额的比率,其计算公式为

主营业务利润率＝主营业务利润÷主营业务收入净额×100％

根据利润表的构成,企业的利润分为主营业务利润、营业利润、利润总额和净利润四种形式。其中利润总额和净利润包含有非销售利润因素,所以能够更直接反映销售获利能力的指标是主营业务利润率和营业利润率。通过考察主营业务利润占整个利润总额比重的升降,可以发现企业经营理财状况的稳定性、面临的危险或可能出现的转机迹象。

(三) 资产净利率

资产净利率是企业净利润与平均资产总额的比率。它是反映企业资产综合利用效果的指标。其计算公式为

资产净利率＝净利润÷平均资产总额

平均资产总额为期初资产总额与期末资产总额的平均数。资产净利率越高,表明企业资产利用的效率越好,说明企业在增加收入和节约资金等方面取得了良好的效果,整个企业赢利能力越强,经营管理水平越高;否则相反。净利率的高低与企业的资产的多少、资产的结构、经营管理水平有着密切的关系。

(四) 净资产收益率

净资产收益率,亦称净值报酬率或权益报酬率,是指企业一定时期内的净利润与平均净资产的比率。净资产收益率反映公司所有者权益的投资报酬率,是最重要的财务比率。它可以反映投资者投入企业的自有资本获取净收益的能力,即反映投资与报酬的关系,因而是评价企业资本经营效率的核心指标。其计算公式为

净资产收益率＝净利润÷平均净资产×100％

净利润是指企业的税后利润,是未作分配的数额。平均净资产是企业年初所有者权益与年末所有者权益的平均数。

平均净资产＝(所有者权益年初数＋所有者权益年末数)÷2

净资产收益率是评价企业自有资本及其积累获取报酬水平的最具综合性与代表性的指标,反映企业资本营运的综合效益。该指标通用性强,适用范围广,不受行业局限。在我国上市公司业绩综合排序中,该指标居于首位。通过对该指标的综合对比分析,可以看出企业获利能力在同行业中所处的地位,以及与同类企业的差异水平。一般认为,企业净资产收益率越高,企业自有资本获取收益的能力越强,运营效益越好,对企业投资人、债权人的保障程度越高。

(五) 资本保值增值率

资本保值增值率是企业期末所有者权益总额与期初所有者权益总额的比率。资本保值增值率表示企业当年资本在企业自身努力下的实际增减变动情况,是评价企业财务效益状况的辅助指标。其计算公式为

$$资本保值增值率 = 期末所有者权益总额 \div 期初所有者权益总额$$

该指标反映了投资者投入企业资本的保全性和增长性,指标越高,表明企业的资本保全状况越好,所有者的权益增长越好,债权人的债务越有保障。一般情况下,资本保值增值率大于1,表明所有者权益增加,企业增值能力较强。但是,在实际分析时应考虑企业利润分配及通货膨胀因素对其产生的影响。

(六) 上市公司赢利能力分析

每股收益(Earnings Per Share,EPS),是指普通股每股的净收益,它反映了普通股股东的收益水平。当公司配股或送股,由于流通在外的普通股股数增加,而利润增加滞后,将引起每股收益的下降。

$$普通股每股收益 = \frac{净利润 - 优先股股利}{流通在外的普通股股数}$$

$$市盈率(价格与收益比率) = 每股股价 \div 每股收益$$

市盈率是评价上市公司赢利能力的指标,它反映投资者愿意对公司每股净利润支付的价格,其正常值为20—40倍。

四、发展能力分析

发展能力是企业在生存的基础上,扩大规模和壮大实力的潜在能力。在分析企业发展能力时,主要考察以下指标。

(一) 销售(营业)增长率

销售(营业)增长率是指企业本年销售(营业)收入增长额同上年销售(营业)收入总额的比率。销售(营业)增长率表示与上年相比,企业销售(营业)收入的增减变化情况,是评价企业成长状况和发展能力的重要指标。

$$销售增长率 = 本年销售增长额 \div 上年销售总额 \times 100\%$$
$$= (本年销售额 - 上年销售额) \div 上年销售总额$$

该指标是衡量企业经营状况和市场占有能力、预测企业经营业务拓展趋势的重要标志,也是企业扩张增量和存量资本的重要前提。不断增加的销售(营业)收入,是企业生存的基础和发展的条件。该指标若大于零,表示企业本年的销售(营业)收入有所增长,指标值越高,表明增长速度越快,企业市场前景越好;若该指标小于零,则说明企业或是产品不适销对路,或是在售后服务等方面存在问题,产品销售不出去,市场份额萎缩。

(二) 资本积累率

资本积累率是指企业本年所有者权益增长额同年初所有者权益的比率,它可以表示企

业当年资本的积累能力,是评价企业发展潜力的重要指标。

$$资本积累率＝当年所有者权益增长额÷年初的所有者权益×100\%$$

资本积累率体现了企业资本的积累情况,是企业发展强盛的标志,也是企业扩大再生产的源泉。资本积累率反映了投资者投入企业资本的保全性和增长性,该指标越高,表明企业的资本积累越多,企业资本保全性越强,持续发展的能力越大。该指标如为负值,表明企业资本受到侵蚀,所有者利益受到损害。

(三) 总资产增长率

总资产增长率是企业本年总资产增长额同年初资产总额的比率,它可以衡量企业本期资产规模的增长情况,评价企业经营规模总量上的扩张程度。

$$总资产增长率＝本年总资产增长额÷年初资产总额×100\%$$

该指标是从企业资产总量扩张方面衡量企业的发展能力,表明企业规模增长水平对企业发展后劲的影响。该指标越高,表明企业一个经营周期内资产经营规模扩张的速度越快。但实际操作时,应注意资产规模扩张的质与量的关系,以及企业的后续发展能力,避免资产盲目扩张。

(四) 固定资产成新率

固定资产成新率是企业当期平均固定资产净值同平均固定资产原值的比率。其计算公式为

$$固定资产成新率＝平均固定资产净值÷平均固定资产原值×100\%$$

平均固定资产净值是指企业固定资产净值的年初数同年末数的平均值。平均固定资产原值是指企业固定资产原值的年初数与年末数的平均值。

固定资产成新率反映了企业所拥有的固定资产的新旧程度,体现了企业固定资产更新的快慢和持续发展的能力。该指标高,表明企业固定资产比较新,对扩大再生产的准备比较充足,发展的可能性比较大。

(五) 三年利润平均增长率

三年利润平均增长率表明企业利润的连续三年增长情况,体现企业的发展潜力。其计算公式为

$$三年利润平均增长率＝[(年末利润总额÷三年前年末利润总额)^{1/3}－1]×100\%$$

三年前年末利润总额指企业三年前的利润总额数。利润是企业积累和发展的基础,该指标越高,表明企业积累越多,可持续发展能力越强。该指标能够反映企业的利润增长趋势和效益稳定程度,较好地体现了企业的发展状况和发展能力,避免因少数年份利润不正常增长而对企业发展潜力的错误判断。

(六) 三年资本平均增长率

三年资本平均增长率表示企业资本连续三年的积累情况,体现企业的发展水平和发展趋势。

$$三年资本平均增长率＝[(年末所有者权益÷三年前末所有者权益)^{1/3}－1]×100\%$$

由于一般增长率指标在分析时具有"滞后"性,仅反映当期情况,而利用该指标,能够反

映企业资本保增值的历史发展状况,以及企业稳步发展的趋势。该指标越高,表明企业所有者权益得到的保障程度越大,企业可以长期使用的资金越充足,抗风险和保持连续发展的能力越强。

五、企业财务报表

理解企业财务报表能够帮助我们了解企业以前、现在和未来的发展状况;准确分析企业目前存在的困难;采取有效的措施,去解决企业所面临的难题;预测经营决策将会给企业带来何种财务上的影响。

(一) 资产负债表

资产负债表是反映企业在某一特定日期全部资产、负债和所有者权益情况的会计报表,是企业经营活动的静态体现,根据"资产=负债+所有者权益"这一平衡公式,依照一定的分类标准和一定的次序,将某一特定日期的资产、负债、所有者权益的具体项目予以适当地排列编制而成。它表明权益在某一特定日期所拥有或控制的经济资源、所承担的现有义务和所有者对净资产的要求权。

表 10.1 为浙数文化的资产负债表。在资产负债表中,企业通常按资产、负债、所有者权益分类分项反映。也就是说,资产按流动性大小进行列示,具体分为流动资产、非流动资产及其他资产;负债也按流动性大小进行列示,具体分为流动负债、长期负债等;所有者权益则按实收资本、资本公积、盈余公积、未分配利润等项目分项列示。

表 10.1　2016—2020 年浙数文化资产负债表①

单位:元

资产负债表	2020-12-31	2019-12-31	2018-12-31	2017-12-31	2016-12-31
流动资产					
货币资金	8.085 亿	16.46 亿	10.37 亿	7.576 亿	21.60 亿
交易性金融资产	10.03 亿	5.953 亿	—	—	—
应收票据及应收账款	2.100 亿	1.901 亿	2.042 亿	1.523 亿	3.881 亿
其中:应收票据	—	—	—	—	9081 万
应收账款	2.100 亿	1.901 亿	2.042 亿	1.523 亿	2.973 亿
预付款项	4773 万	5373 万	4625 万	6711 万	9200 万
其他应收款合计	6529 万	5007 万	1.032 亿	9847 万	2659 万
其中:其他应收款	—	—	—	9847 万	2659 万
存货	1380 万	819.4 万	714.4 万	438.5 万	5269 万
其他流动资产	4.211 亿	6.373 亿	11.64 亿	21.60 亿	1.669 亿

---

① 表 10.1 至表 10.4 数据均来自东方财富网浙数文化的财务分析,http://emweb.eastmoney.com/PC_HSF10/NewFinanceAnalysis/Index? type=web&code=SH600633#xjllb-0。

续表

资产负债表	2020-12-31	2019-12-31	2018-12-31	2017-12-31	2016-12-31
流动资产合计	25.69 亿	31.81 亿	25.61 亿	32.40 亿	28.87 亿
非流动资产					
可供出售金融资产	—	—	8.952 亿	10.66 亿	14.24 亿
长期股权投资	14.84 亿	9.210 亿	6.313 亿	4.702 亿	5.596 亿
其他权益工具投资	1237 万	1212 万	—	—	—
其他非流动金融资产	4.174 亿	4.984 亿	—	—	—
投资性房地产	732.4 万	762.0 万	—	—	3.505 亿
固定资产	5.711 亿	4.864 亿	3.792 亿	3994 万	4.993 亿
在建工程	5.716 亿	3.612 亿	3.882 亿	3.095 亿	6616 万
无形资产	10.48 亿	11.77 亿	10.41 亿	7.266 亿	5.352 亿
开发支出	56.60 万	955.8 万	2235 万	6863 万	3909 万
商誉	42.23 亿	42.23 亿	39.29 亿	38.30 亿	28.35 亿
长期待摊费用	1833 万	3562 万	5008 万	1402 万	4222 万
递延所得税资产	1266 万	1718 万	572.7 万	162.2 万	98.99 万
其他非流动资产	2.519 亿	2.755 亿	1.797 亿	1.201 亿	8116 万
非流动资产合计	86.18 亿	80.24 亿	75.21 亿	66.46 亿	64.33 亿
资产总计	111.9 亿	112.0 亿	100.8 亿	98.86 亿	93.20 亿
流动负债					
短期借款	6.227 亿	8.510 亿	—	—	2.500 亿
应付票据及应付账款	3.307 亿	2.612 亿	2.246 亿	1.194 亿	4.011 亿
其中:应付票据	—	—	—	—	5834 万
应付账款	3.307 亿	2.612 亿	2.246 亿	1.194 亿	3.427 亿
预收款项	31.27 万	3722 万	1597 万	1251 万	3.185 亿
合同负债	2.418 亿	—			
应付职工薪酬	3.001 亿	2.242 亿	1.168 亿	9073 万	2.257 亿
应交税费	8252 万	6397 万	5993 万	7693 万	2906 万
其他应付款合计	6746 万	1.361 亿	6379 万	8719 万	3.018 亿
其中:应付利息	—	—	—	—	29.36 万
应付股利	1083 万	583.5 万	418.2 万	635.5 万	1.446 亿
其他应付款	—	—	—	8084 万	1.569 亿
一年内到期的非流动负债	6254 万	3.360 亿			3840 万
其他流动负债	569.7 万	1.981 亿	1.707 亿	8367 万	5824 万

续表

资产负债表	2020-12-31	2019-12-31	2018-12-31	2017-12-31	2016-12-31
流动负债合计	17.14 亿	21.08 亿	6.519 亿	4.705 亿	16.23 亿
非流动负债					
长期借款	1.722 亿	—	—	—	—
长期应付款	1369 万	4969 万	7.037 亿	7.500 亿	—
预计负债	—	1000 万	—	—	—
递延收益	274.0 万	85.59 万	—	—	575.2 万
递延所得税负债	—	—	—	68.43 万	1391 万
非流动负债合计	1.887 亿	6055 万	7.037 亿	7.507 亿	1966 万
负债合计	19.03 亿	21.68 亿	13.56 亿	12.21 亿	16.42 亿
所有者权益(或股东权益)					
实收资本(或股本)	13.02 亿	13.02 亿	13.02 亿	13.02 亿	13.02 亿
资本公积	31.82 亿	31.88 亿	33.09 亿	32.77 亿	32.99 亿
减:库存股	3.077 亿	3.077 亿	2.363 亿	—	—
其他综合收益	−496.9 万	14.48 万	−2.178 亿	−1.474 亿	−1468 万
盈余公积	1.816 亿	1.681 亿	1.514 亿	1.439 亿	1.174 亿
未分配利润	40.65 亿	36.68 亿	35.24 亿	32.77 亿	17.70 亿
归属于母公司股东权益总计	84.18 亿	80.18 亿	78.31 亿	78.52 亿	64.74 亿
少数股东权益	8.670 亿	10.18 亿	8.955 亿	8.131 亿	12.03 亿
股东权益合计	92.85 亿	90.36 亿	87.27 亿	86.65 亿	76.77 亿
负债和股东权益总计	111.9 亿	112.0 亿	100.8 亿	98.86 亿	93.20 亿

(二) 利润表(损益表)

利润表又称损益表,是用来解释企业的利润是如何产生的。利润表是反映企业一定会计期间(如月度、季度、半年度或年度)生产经营成果的会计报表。企业一定会计期间的经营成果既可能表现为赢利,也可能表现为亏损,因此,利润表也被称为损益表。它全面揭示了企业在某一特定时期实现的各种收入、发生的各种费用、成本或支出,以及企业实现的利润或发生的亏损情况。利润表是根据"收入－费用＝利润"的基本关系来编制的,利润表项目是收入、费用和利润要素内容的具体体现。如表10.2所示,利润表是一种反映企业经营资金动态表现的报表,主要提供有关企业经营成果方面的信息,属于动态会计报表。

表10.2　2016—2020年浙数文化的利润表

单位:元

利润表	2020-12-31	2019-12-31	2018-12-31	2017-12-31	2016-12-31
营业总收入	35.39 亿	28.42 亿	19.20 亿	16.27 亿	35.50 亿

续表

利润表	2020-12-31	2019-12-31	2018-12-31	2017-12-31	2016-12-31
营业收入	35.39 亿	28.42 亿	19.20 亿	16.27 亿	35.50 亿
营业总成本	26.60 亿	23.36 亿	15.83 亿	13.91 亿	32.24 亿
营业成本	10.79 亿	8.852 亿	6.392 亿	6.268 亿	23.26 亿
税金及附加	2164 万	1726 万	1085 万	1191 万	3151 万
销售费用	5.983 亿	6.186 亿	3.885 亿	2.636 亿	3.505 亿
管理费用	4.291 亿	3.887 亿	2.762 亿	2.914 亿	5.285 亿
研发费用	5.126 亿	4.418 亿	2.766 亿	1.495 亿	—
财务费用	1962 万	−1537 万	−787.8 万	−2943 万	−4200 万
其中:利息费用	4050 万	481.8 万	44.61 万	87.31 万	—
利息收入	2664 万	2093 万	890.4 万	3115 万	—
资产减值损失	—	—	1921 万	7703 万	2970 万
其他经营收益					
加:公允价值变动收益	−1.420 亿	1.251 亿	—	—	—
投资收益	6337 万	1.153 亿	2.734 亿	15.16 亿	5.921 亿
其中:对联营企业和合营企业的投资收益	−79.05 万	−202.9 万	844.4 万	1405 万	744.1 万
资产处置收益	2.753 万	−19.06 万	2.491 万	−103.1 万	1.093 亿
资产减值损失(新)	−815.2 万	−745.2 万	−1923 万	—	—
信用减值损失(新)	−1255 万	−666.3 万	—	—	—
其他收益	4213 万	3183 万	1265 万	3219 万	—
营业利润	8.216 亿	7.636 亿	6.038 亿	17.83 亿	10.27 亿
加:营业外收入	1593 万	168.9 万	147.3 万	1142 万	6572 万
其中:非流动资产处置利得	—	—	—	—	1.099 亿
减:营业外支出	1536 万	1282 万	542.9 万	138.0 万	284.8 万
其中:非流动资产处置净损失	—	—	—	—	73.57 万
利润总额	8.222 亿	7.525 亿	5.998 亿	17.93 亿	10.90 亿
减:所得税	1.130 亿	7163 万	2719 万	6267 万	6478 万
净利润	7.092 亿	6.809 亿	5.726 亿	17.31 亿	10.25 亿
(一)按经营持续性分类					
持续经营净利润	7.235 亿	6.476 亿	5.830 亿	5.170 亿	7.960 亿
终止经营净利润	−1430 万	3331 万	−1037 万	12.14 亿	2.291 亿

续表

利润表	2020-12-31	2019-12-31	2018-12-31	2017-12-31	2016-12-31
（二）按所有权归属分类					
归属于母公司股东的净利润	5.116 亿	5.002 亿	4.783 亿	16.57 亿	6.116 亿
少数股东损益	1.976 亿	1.807 亿	9432 万	7370 万	4.135 亿
扣除非经常性损益后的净利润	5.717 亿	3.352 亿	2.355 亿	1.983 亿	2.491 亿
每股收益					
基本每股收益	0.4000	0.4000	0.3700	1.2700	0.5147
稀释每股收益	0.4000	0.4000	0.3700	1.2700	0.5147
其他综合收益	−563.5 万	13.65 万	−1.601 亿	−3.009 亿	−3472 万
归属于母公司股东的其他综合收益	−511.4 万	13.02 万	−7042 万	−1.327 亿	−1509 万
归属于少数股东的其他综合收益	−52.13 万	6288	−8963 万	−1.682 亿	−1963 万
综合收益总额	7.036 亿	6.810 亿	4.126 亿	14.30 亿	9.904 亿
归属于母公司股东的综合收益总额	5.065 亿	5.003 亿	4.079 亿	15.24 亿	5.965 亿
归属于少数股东的综合收益总额	1.971 亿	1.807 亿	469.2 万	−9449 万	3.939 亿

表 10.3 是浙数文化的主营业务构成表，其中包括主营收入、主营成本以及主营利润等。从表中可以看出，2020 年，浙数文化的主营利润是在线游戏运营收入，利润是 21.45 亿元，占利润的 87.21%。技术信息服务收入 6.72 亿，占比 12.48%。说明浙数文化不是主要依靠广告、印刷、发行为主的报业集团。2017 年，公司全盘剥离新闻传媒类资产，由"浙报传媒"更名为"浙数文化"，全面向互联网数字文化产业集团转型。

表 10.3 2020 年浙数文化按行业分类的主营业务构成分析

2020-12-31	主营构成	主营收入（元）	收入比例	主营成本（元）	成本比例	主营利润（元）	利润比例	毛利率
按行业分类	其他（补充）	836.2 万	0.24%	758.8 万	0.70%	77.42 万	0.03%	9.26%
	技术信息服务业务	6.729 亿	19.02%	3.658 亿	33.92%	3.071 亿	12.48%	45.64%
	在线游戏运营及增值服务业务	28.00 亿	79.13%	6.549 亿	60.72%	21.45 亿	87.21%	76.61%
	商品销售业务	3817 万	1.08%	3608 万	3.35%	208.4 万	0.08%	5.46%
	其他业务	1900 万	0.54%	1421 万	1.32%	479.8 万	0.19%	25.25%

续表

2020-12-31	主营构成	主营收入（元）	收入比例	主营成本（元）	成本比例	主营利润（元）	利润比例	毛利率
按产品分类	其他（补充）	836.2万	0.24%	758.8万	0.70%	77.42万	0.03%	9.26%
	融媒体业务	4.300亿	12.15%	2.719亿	25.21%	1.581亿	6.43%	36.77%
	分部间抵销	−2.031亿	−5.74%	−1.451亿	−13.45%	−5798万	−2.36%	—
	综合文化业务	2407万	0.68%	217.2万	0.20%	2189万	0.89%	90.98%
	大数据业务	2.273亿	6.42%	1.437亿	13.33%	8355万	3.40%	36.76%
	数字文化业务	29.26亿	82.68%	7.146亿	66.25%	22.11亿	89.89%	75.58%
	公用部分	1.262亿	3.57%	8376万	7.77%	4243万	1.72%	33.62%
按地区分类	国内地区	34.75亿	98.20%	10.52亿	97.51%	24.23亿	98.51%	69.74%
	其他（补充）	836.2万	0.24%	758.8万	0.70%	77.42万	0.03%	9.26%
	国外地区	5522万	1.56%	1929万	1.79%	3594万	1.46%	65.07%

（三）现金流量表

现金流量表是财务报表的三个基本报表之一，反映在一定会计期间内企业现金和现金等价物流入和流出的报表，体现了企业资产的流动性。作为一个分析工具，现金流量表的主要作用是决定公司短期生存能力，特别是缴付账单的能力。它是反映一家公司在一定时期现金流入和现金流出动态状况的报表，其组成内容与资产负债表和损益表相一致。通过现金流量表，可以概括反映经营活动、投资活动和筹资活动对企业现金流入流出的影响，对于评价企业的实现利润、财务状况及财务管理，要比传统的损益表提供更好的基础。现金流量表遵循的会计等式为

$$现金净流量＝现金流入－现金流出$$

在资本预算中使用现金流量，充分体现资金时间价值，能避免利润计算的主观性，更为客观，在投资分析中，现金流量状况比盈亏状况更重要。

如表10.4所示，现金流量表的出现，主要是要反映出资产负债表中各个项目对现金流量的影响，并根据其用途划分为经营、投资及融资三个活动分类。现金流量表可用于分析一家机构在短期内有没有足够现金去应付开销。在表10.4中，2020年12月，浙数文化的经营现金流量净额是10.35亿元，投资活动产生的现金流量净额是−13.53亿元，筹资活动产生的现金流量净额是−5.03亿元，期末现金及现金等价物余额为−8.277亿，投资活动与筹资活动现金流净额以及期末现金余额均为负数，说明浙数文化总体的现金流量存在一定问题。

表10.4 2016—2020年浙数文化的现金流量表

单位：元

现金流量表	2020-12-31	2019-12-31	2018-12-31	2017-12-31	2016-12-31
经营活动产生的现金流量					
销售商品、提供劳务收到的现金	37.53亿	30.68亿	20.89亿	17.80亿	36.54亿

续表

现金流量表	2020-12-31	2019-12-31	2018-12-31	2017-12-31	2016-12-31
收到的税收返还	2291万	2524万	5464万	512.0万	1057万
收到其他与经营活动有关的现金	1.286亿	1.988亿	1.486亿	1.471亿	3.743亿
经营活动现金流入小计	39.05亿	32.92亿	22.92亿	19.32亿	40.39亿
购买商品、接受劳务支付的现金	10.50亿	8.662亿	6.400亿	6.704亿	22.51亿
支付给职工以及为职工支付的现金	8.022亿	7.064亿	5.127亿	5.273亿	8.194亿
支付的各项税费	2.939亿	2.390亿	1.620亿	9571万	2.122亿
支付其他与经营活动有关的现金	7.237亿	6.944亿	5.288亿	4.415亿	3.739亿
经营活动现金流出小计	28.70亿	25.06亿	18.43亿	17.35亿	36.56亿
经营活动产生的现金流量净额	10.35亿	7.863亿	4.489亿	1.977亿	3.822亿
投资活动产生的现金流量					
收回投资收到的现金	40.04亿	37.25亿	91.80亿	91.18亿	1.032亿
取得投资收益收到的现金	5521万	6009万	1.096亿	1.645亿	867.7万
处置固定资产、无形资产和其他长期资产收回的现金净额	154.2万	188.8万	32.41万	1970万	1196万
处置子公司及其他营业单位收到的现金	827.8万	3615万	324.1万	11.39亿	21.90万
收到的其他与投资活动有关的现金	2000万	4702万	886.1万	94.42万	7.469亿
投资活动现金流入小计	40.89亿	38.70亿	93.02亿	104.4亿	8.710亿
购建固定资产、无形资产和其他长期资产支付的现金	2.965亿	3.766亿	6.407亿	7.333亿	3.303亿
投资支付的现金	47.55亿	35.19亿	81.29亿	108.5亿	2.435亿
取得子公司及其他营业单位支付的现金净额	3.712亿	5.956亿	2.229亿	2.621亿	2415万
支付其他与投资活动有关的现金	2000万	—	—	—	7.010亿
投资活动现金流出小计	54.43亿	44.92亿	89.93亿	118.5亿	12.99亿

续表

现金流量表	2020-12-31	2019-12-31	2018-12-31	2017-12-31	2016-12-31
投资活动产生的现金流量净额	−13.53 亿	−6.214 亿	3.096 亿	−14.07 亿	−4.280 亿
筹资活动产生的现金流量					
吸收投资收到的现金	2629 万	3680 万	337.0 万	690.0 万	19.86 亿
其中:子公司吸收少数股东投资收到的现金	2629 万	3680 万	337.0 万	690.0 万	4953 万
取得借款收到的现金	8.210 亿	11.50 亿	—	2.935 亿	7.500 亿
收到的其他与筹资活动有关的现金	1569 万	—	1369 万	—	5834 万
筹资活动现金流入小计	8.630 亿	11.87 亿	1706 万	3.004 亿	27.95 亿
偿还债务所支付的现金	8.505 亿	3.000 亿	—	2.500 亿	11.00 亿
分配股利、利润或偿付利息支付的现金	4.674 亿	2.861 亿	2.646 亿	2.034 亿	4.782 亿
其中:子公司支付给少数股东的股利、利润	3.255 亿	1.811 亿	3022 万	605.0 万	2.368 亿
支付的其他与筹资活动有关的现金	4857 万	1.695 亿	2.363 亿	3853 万	116.4 万
筹资活动现金流出小计	13.66 亿	7.557 亿	5.009 亿	4.919 亿	15.79 亿
筹资活动产生的现金流量净额	−5.035 亿	4.311 亿	−4.838 亿	−1.915 亿	12.15 亿
汇率变动对现金及现金等价物的影响	−550.9 万	58.77 万	3.232 万	−28.03 万	264.9 万
现金及现金等价物净增加额	−8.277 亿	5.967 亿	2.747 亿	−14.01 亿	11.72 亿
加:期初现金及现金等价物余额	16.36 亿	10.39 亿	7.618 亿	21.59 亿	9.868 亿
期末现金及现金等价物余额	8.083 亿	16.36 亿	10.37 亿	7.575 亿	21.59 亿
补充资料					
净利润	7.092 亿	6.809 亿	5.726 亿	17.31 亿	10.25 亿
资产减值准备	815.2 万	745.2 万	1923 万	7703 万	2970 万
固定资产和投资性房地产折旧	5508 万	4012 万	2222 万	3137 万	7449 万
其中:固定资产折旧、油气资产折耗、生产性生物资产折旧	5508 万	4012 万	2222 万	3137 万	7449 万
无形资产摊销	1.224 亿	1.101 亿	7974 万	5069 万	3249 万
长期待摊费用摊销	2379 万	761.8 万	987.2 万	667.4 万	1431 万

续表

现金流量表	2020-12-31	2019-12-31	2018-12-31	2017-12-31	2016-12-31
处置固定资产、无形资产和其他长期资产的损失	−2.753万	19.06万	−2.491万	103.1万	−1.131亿
固定资产报废损失	45.32万	1.855万	22.49万	26.38万	16.01万
公允价值变动损失	1.420亿	−1.251亿	—	—	—
财务费用	4563万	365.6万	44.08万	110.6万	3148万
投资损失	−6337万	−1.153亿	−2.734亿	−15.16亿	−5.921亿
递延所得税	452.2万	−1143万	−466.7万	−1411万	1535万
其中:递延所得税资产减少	452.2万	−1143万	−398.3万	−88.84万	144.5万
递延所得税负债增加	—	—	−68.43万	−1322万	1391万
存货的减少	−734.4万	−484.6万	−275.9万	−950.5万	509.2万
经营性应收项目的减少	−1.182亿	−2131万	−5618万	−6.555亿	265.9万
经营性应付项目的增加	9701万	2.029亿	8162万	4.943亿	−1.434亿
其他	275.5万	472.0万	−3.961万		
经营活动产生的现金流量净额	10.35亿	7.863亿	4.489亿	1.977亿	3.822亿
现金的期末余额	8.083亿	16.36亿	10.37亿	7.575亿	21.59亿
减:现金的期初余额	16.36亿	10.39亿	7.618亿	21.59亿	9.868亿
现金及现金等价物的净增加额	−8.277亿	5.967亿	2.747亿	−14.01亿	11.72亿

第四节　传媒财务风险控制

风险是指在一定条件下和一定时期内可能发生的各种结果的变动程度。风险是事件本身的不确定性,具有客观性。风险可能给投资人带来超出预期的收益,也可能带来超出预期的损失。

一、传媒财务风险的概念与风险来源

(一)传媒的财务风险

传媒财务风险是指在各项财务活动过程中,由于各种难以预料或控制的因素影响,财务状况具有不确定性,从而使传媒有蒙受损失的可能性。影响财务风险的因素主要有:资本供求变化;利率水平的变化;获利能力的变化;资本结构的变化,即财务杠杆的利用程度。任何

公司财务结构不合理、融资不当使公司都可能丧失偿债能力而导致投资者预期收益下降的风险,财务风险最后表现形式是资金链条断裂而崩溃。

传媒财务管理宏观环境的复杂性,传媒财务管理人员对财务风险的客观性认识不足,财务决策缺乏科学性导致决策失误,传媒内部财务关系不明等各种原因都可能造成传媒在投资、融资或者资本运营等方面出现财务风险。

财务风险按可控程度分类,可分为可控风险和不可控风险;按风险来源,可分为内部财务风险和外部财务风险。内部财务风险具有一定的可控性,主要是在强化会计基础工作的基础上,通过技术性方法和完善内控制度的方法来化解与防范。外部财务风险一般采用动态系统的方法予以规避和转移。

(二)传媒财务风险的来源

外部宏观风险。由于外部经营环境变化,影响传媒正常的生产、投融资活动等,造成预期战略目标难以达到的风险,例如,经济周期、利率波动、汇率变动、宏观经济、金融政策的失误、金融监管不力等均可引发金融风险。在金融一体化的今天,传媒必须尽快提高对金融风险的管理技能和方法。

内部微观风险。传媒发生资金周转困难而难以实现持续运营,进而不能偿还到期债务的风险。传媒微观操作是财务风险的主要成因:媒体的经营、融资、投资以及合作方的信用均影响媒体的财务状况和偿债能力,因此微观财务风险管理包括对经营、融资和投资风险等方面的管理。内部微观风险的表现:资产流动性下降,资金周转困难,经营资金不足,资产负债率过高,即期或远期债务负担沉重,媒体赢利能力下降。

传媒微观操作主要财务风险种类:债务风险、流动性风险、信用风险、投融资风险、财务内控失效风险、财务合规风险、衍生产品使用不当或使用过度风险、财务报告风险或成本风险等。

(三)传媒财务风险管理的架构与目标

降低传媒财务风险,找出控制财务风险的最佳策略。完善传媒战略规划,创造企业价值,将传媒财务风险控制真正当成价值创造的手段,并贯穿于媒体管理全过程,延长媒体寿命,维护媒体安全经营。

财务风险管理的目标:外部风险的预警与及时提示;内部风险的控制;突发事件和财务危机的正确面对。

财务风险管理不等同于财务管理。按照财务流程的分段风险管理:筹资风险管理—投资风险管理—经营风险管理—资金回收风险管理—收益分配风险管理。按照风险全环节的管理:风险的识别—风险的评估—风险的计量—风险的管理。

二、传媒财务风险管理的流程

(一)传媒财务风险的识别

基于内控制度的识别:媒体内控制度的有效性;媒体相关财务、审计制度的健全性;媒体风险管理制度与机构的重要性。

基于财务报表的识别。三大常见的财务分析方法：比率分析法、趋势分析法、因素分析法；三大报表的隐含性信息分析；媒体其他相关报表的分析。

基于财务指标的识别。根据现有财务数据（真实数据），细化分解各相关财务指标，再根据指标异动，识别潜在的财务风险。

（二）传媒财务风险的计量

报表量化分析法是重要的传媒财务风险计量方法，此方法就是根据一定标准，通过媒体各时期的各类报表资料对其财务风险进行计量分析。它的分析主要在表与表之间进行的，特别是注意时间的连续性。分析评价赢利能力及其稳定性；分析评价偿债能力及其可靠性；分析评价资本结构及其稳定性；分析媒体成长能力及其持续性；分析评价媒体生产经营管理的薄弱环节及其潜在风险。根据媒体财务核算、统计核算和其他方面提供的数据，对媒体财务风险的相关指标数值进行计算、对比和分析。

（1）变现能力比率指标分析，包括流动比率、速动比率等，体现媒体的偿还短期债务的能力，如果变现能力弱，则有短期偿债风险。

（2）资产管理能力指标分析，包括存货周转率、应收账款周转率、应收账款周转天数、流动资产周转率、总资产周转率等，如果媒体的资产赚取利润的能力弱，管理能力不强，也值得高度警惕。

（3）负债比率指标分析。负债比率是反映债务和资产、净资产关系的比率。它反映媒体偿付到期长期债务的能力，包括资产负债比率、产权比率、有形资产净值债率、利息保障倍数等。如果媒体资金不足，依靠欠债维持，媒体面临的财务风险就大。

（4）赢利能力比率指标分析，包括销售净利率、销售毛利率、资产净利率、净资产收益率等。如果赢利能力过低，说明媒体经营能力出现了问题。

（5）现金收益性指标分析，包括销售现金比率、每股营业现金流量、全部资产现金回收率等指标。如果这些比率越高，媒体的收入质量越好，资金利用效果越好，资产获取现金能力越强。

（三）传媒财务风险的分散

财务风险分散的基本策略包括风险规避、风险分担、风险改善、风险转移或对冲、风险分散、风险应对等。例如，风险规避法，即媒体在选择理财方案时，应综合评价各种方案可能产生的财务风险，在保证财务管理目标实现的前提下，选择风险较小的方案，以达到回避财务风险的目的。

（1）内部资产风险分散。内部资产风险分散的原理是：不要把鸡蛋都放在同一个篮子里，持有多种资产的风险一般要小于持有任何单一资产的风险；资产组合能降低风险的根本原因在于不同资产的收益率有不同的概率分布而且不完全相关；资产收益率之间的相关系数越小，资产组合分散风险的效应就越大。当然，资产组合能分散非系统性风险，但无法降低系统性风险。

（2）外部投资风险分散。又称分配法或风险共担法，即对于风险较大的投资项目，媒体可以与其他企业共同融资，以实现收益共享、风险共担，从而分散投资风险，避免媒体独家承担投资风险而产生的财务风险。选择共担方的条件是：对共担方比较了解，对方实力雄厚，能够和共担方实现优势互补，与共担方的产业关联度低或者无关联。

(四) 传媒财务风险的控制

财务风险的控制有两个方式：一个是对既定无法消除的财务风险，将其维持在一定水平上，待媒体发展壮大，风险自然降低；另一个是结构改善型降低，即改变媒体目前的管理模式、资产负债结构等降低财务风险。

例如，媒体可以在保证资金需要的前提下，适当降低负债资金占全部资金的比重，以达到降低债务风险的目的。在生产经营活动中，媒体可以通过提高产品的质量、努力开发新产品及开拓新市场等手段，通过融合新闻生产，提高产品的竞争力，降低因产品滞销、市场占有率下降而产生的财务风险。

媒体筹措资金时，应根据媒体所处的行业特点与发展的不同时期，既要充分考虑经营规模、赢利能力及金融市场状况，又要考虑媒体企业现有资金以及未来的财务收支状况，选择使综合资金成本最低的融资组合，确定银行融资规模与结构，动态地平衡短期、中期与长期负债比率，实现企业价值的最大化，使财务风险降到最低水平。例如，目前整个视频网站的行业竞争已经趋近白热化，投资视频网站是一个风险性很高的游戏，版权费用、宽带运营维护成本的水涨船高让视频网站依赖广告收入的模式难以为继，2020年，网络视频平台爱奇艺亏损70亿元，连续多年亏损，还是看不到盈利的希望。

(五) 传媒财务风险的转移与利用

通过市场转移财务风险最常见的是购买保险和衍生金融工具。保险是实施风险转移的一种常见工具或是一种分摊损失的方法，是风险发生时的经济补偿手段。企业在管理财务风险时，有时也可选择购买保险，例如信用保险、财产盗窃保险或项目投资保险等。

衍生金融工具指由存款、贷款、货币、债权及股票等基础金融工具衍生而出的金融工具。衍生工具是企业实施风险对冲策略选用的工具，而企业对冲财务风险往往更经常地选择金融衍生工具。

(1) 远期合约。于当期签订而于未来交割的一种契约。买方同意在未来某特定日期，支付固定的金额给卖方，以买进某特定数量的外汇、商品或收取某特定利率的利息；未来交割所适用的价格称为远期价格。

(2) 期货合约。合约双方承诺在未来某特定日期，根据固定价格买进或卖出某特定数量的资产，交割以实物或现金进行，只有极少数合约会被持有到到期日，大多数都会通过反向交易而平仓。

(3) 期权(又称选择权)。其持有者(买方)有权利在特定日期或之前，根据特定的价格买进或卖出某特定资产。期权持有者可以选择是否在特定期限内实施其买进(或卖出)资产的权利，而期权卖出者在持有者决定实施权利时有按条款卖出(或买进)资产的义务。

第十一章 传媒公共关系管理

公共关系学是协调处理组织与公众之间各种关系的学科,它主要研究社会组织如何运用各种信息传播以及双向沟通等手段,为自己创造良好的社会关系环境,使自己和有关公众保持良好关系,求得生存和发展。作为一门现代管理科学,公共关系在西方已有近百年的历史,成为组织管理的重要领域。现代组织要生存和发展,必须树立良好的组织形象,大众传媒也不例外。媒体广泛获得内外公众的信任和支持,必须掌握处理媒体与公众之间关系的方法和技巧,搞好公共关系。

第一节 传媒与公共关系

公共关系指组织与公众之间的沟通传播行为,从某种程度上说,组织的成功与否取决于它与公众的关系如何。组织公共关系的主要职能就是树立信誉,建立良好形象;搜集信息,为组织提供科学决策;协调纠纷,化解组织危机。媒体作为信息传播的组织,既需要搞好与公众的关系,同时也是其他组织开展公共关系的中介,因此,在公共关系管理过程中,媒体有特殊的地位和作用。

一、传媒公共关系

(一)传媒公共关系概念

每个人的认识角度不同,对公共关系内涵的理解也各异,于是就形成了许许多多的公共关系定义,主要有如下三种类型:

(1)公共关系是一种管理职能。社会组织用传播手段使自己与相关公众之间形成双向交流,使双方达到相互了解和相互适应的管理活动。国际公共关系协会曾经下过这样的定义:"公共关系是一项经营管理的功能,它是一种连续性和计划性的工作,社会组织通过它来赢得并保持与其相关公众的理解、同情和支持,分析、把握公众的意见,使本组织的政策和措施尽量与之配合,并依靠有计划的、广泛的信息传播,获得有效的合作,实现共同利益。"

(2)公共关系是一种信息传播活动。公共关系是一个组织与相关公众之间的传播管理。《大英百科全书》中是这样定义的:公共关系是旨在传递有关个人、公司、政府机构或其他组织的信息,并改善公众对其态度的种种政策或行动。英国人弗兰克·杰夫金斯认为:公共关系是由为达到与相互理解有关的特定目标而进行的各种有计划的沟通联络组成的,这种沟通联络处于组织与公众之间,既有内向的,也有外向的。①

(3) 公共关系是一门社会科学和艺术。公共关系是社会组织在运行中,为使自己与公众相互了解、相互合作,采取传播、沟通手段争取公众的科学与艺术。例如,1978年在墨西哥城召开的世界公共关系协会大会所作的定义:"公共关系的实施是分析趋势、预测后果,向组织领导人提供咨询意见,并履行一系列有计划的行动以服务于本组织和公众共同利益的艺术和社会科学。"

综上所述,公共关系,简称"PR"或"公关",就是社会组织为了塑造良好形象和信誉,以获取社会公众的信任与支持,通过传播、沟通手段与相关公众建立起相互了解、理解和信赖的关系,谋求组织与公众实现共同利益的传播管理活动。公共关系是一种传播活动,也是一种管理职能。媒体作为一种特殊的社会组织也需要公共关系。媒体的公共关系就是媒体为了塑造良好形象,通过沟通、传播来获得公众支持的传播管理活动。

(二) 传媒公共关系的主体与客体

公共关系的主体是具体的组织机构,包括政治组织、经济组织、文化组织、宗教组织等具体的机构。传媒公共关系的主体就是媒体,传媒公共关系是媒体的一种有目的、有意识的组织行为。

公共关系的客体是公众,公众是公关行为主体的沟通对象,是与组织机构的目标和发展具有实际的或潜在的利害关系或影响力的个人、群体和组织的总和。传媒公共关系的目标就是树立良好的公众形象,主要客体是受众、广告客户、政府部门、各种社会知名人士以及竞争对手等。受众是传媒内容的消费者,是最主要的客体,传媒已经从"传者为中心"时代进入"受众为中心"时代,传媒要生产受众喜闻乐见的产品。广告客户是媒体的主要广告收入的来源,要处理好与广告客户的关系。政府是媒体信息的重要来源,也是媒体的直接管理者,需要与政府处理好关系,争取良好的政策环境与法律保障。专家权威、知名人士是媒体的重要资源,需与他们建立良好的关系。

传媒公众有不同的类型。根据对组织的影响程度,分为非公众、潜在公众、知晓公众、行动公众;根据对组织的态度,分为顺意公众、逆意公众、独立公众;根据对组织的重要性,分为首要公众、次要公众、边缘公众;根据组织的内外区别,可分为内部公众、外部公众。

联结公共关系主体与客体的纽带是传播、沟通手段,社会组织、公众、传播是构成公共关系的三大要素。它们是公共关系的基本范畴,传媒公共关系的理论研究、实际操作和运行发展都围绕这三者的关系层层展开。

二、公共关系与宣传、广告、营销的区别

公共关系就是研究探求组织与相关公众之间的良好关系。公共关系的基本原则是实事求是与互惠互利。公共关系是一种双向传播活动。公共关系与宣传、广告、营销都有显著的不同。

---

① 熊源伟.公共关系学[M].合肥:安徽人民出版社,2002:3.

（一）公共关系与宣传

公共关系与宣传在性质上都是一种传播过程，但是公共关系与宣传是有区别的，表现在：① 工作性质不同。传统的宣传工作属于政治思想工作范畴，是政治思想工作的手段和工具，目的主要是改变和强化人们心理状态和精神状态，获取人们对某种主张或信仰的支持。公共关系作为一种特殊的管理职能，其目的是塑造组织形象，建立组织与公众的良好关系，除了宣传、鼓动以外，其工作的主要内容是信息交流、协调沟通、决策咨询、危机处理等。② 工作方式不同。宣传工作是单向传播过程，带有灌输性和强制性。公共关系工作是一种双向传播过程，必须尊重事实，及时、准确、有效地向公众传递组织信息。公共关系除了向公众解释、说服工作外，重要的职能在于向组织的决策层提供信息和咨询。

（二）公共关系与广告

公共关系是为了塑造组织的良好形象，它向公众发布的任何信息都是真实、可信的，不能夸张、渲染，更不能隐瞒、欺骗；广告是广告主花钱购买传播媒介时段与版面的使用权，利用它对公众进行自我宣传的一种传播活动，广告为了吸引公众的注意，促使公众购买行为的产生，可能会采用一些艺术性夸张手法，主观性比较强。公共关系是一种长期性、战略性和整体性的工作，在传播手段上要比广告广泛得多，而广告是一种短暂性、具体性和功利性的工作。

（三）公共关系与营销

公共关系与市场营销有着密不可分、相辅相成的关系，成功的市场营销，既满足了消费者的需求，又塑造了良好的组织公共关系形象。但两者有明显区别：公共关系是一种信息传播活动，营销是一种纯粹性的商业行为；营销是企业独有的一种经济活动，通过这种活动，可以直接满足公众的物质需求，促成买卖双方的交易，公共关系是任何组织都可以开展的工作，也可以看作满足公众需求的交换活动，但它满足的不是物质需求，而是相互了解、理解、信任的需求。

三、传媒公共关系的产生与发展

（一）公共关系的产生

公共关系是商品经济高度发展的产物，现代化的交通工具和大众传播媒介及技术的发展，为公共关系的发展提供了物质技术条件。公共关系的产生和发展同现代管理思想与经营观念的发展也是密不可分的。

"报刊宣传运动"是公关职业的雏形，代表人物是巴纳姆，他的宣传思想是"凡是宣传皆好事"。促成公共关系职业产生的催化剂是"清垃圾运动或扒粪运动"，一些企业为了扩大影响，雇用报刊宣传员、新闻代理人在报刊上进行宣传活动，往往不择手段，损人利己，被称为"公共关系黑暗时期"。公共关系职业的开创者是艾维·李，他是一名新闻记者，1903年他辞去报酬低廉的记者工作，成立了世界上第一家"宣传顾问事务所"，开始了他的公共关系生涯。他的宣传思想就是说真话，使公共关系进入科学发展时期。1906年，被称为"现代公共关系之父"的艾维·李向报界发表著名的《原则宣传》，阐述了公关活动的宗旨："我们的责任是代表企业单位及公众组织，就公众关心并与公众利益相关的问题，向新闻界和公众提供迅速而真实的消息。"

公共关系学科的奠基人是美国著名的公关专家爱德华·伯内斯。1919年，他开办公关公司。1923年，他受聘于纽约大学并首次讲授公共关系课程，同年出版了他的代表作《公众舆论的形成》，这本书在公共关系学史上被称为第一本公关教科书。1925年，他又编写了《公共关系学》教材。1952年美国著名的公共关系学家卡特利普和森特等提出并论述了"双向传播"的公关模式，即主张组织和公众的利益并重、平衡，这是现代公共关系学成熟的重要标志。

（二）我国公共关系的发展

改革开放以后公共关系学传入我国。20世纪80年代初，广州白天鹅宾馆开创企业公共关系之先河，广州白云山制药厂开创国企设置公关部的先例。1988年，我国第一份公共关系专业报纸——《公共关系报》在杭州创办。1986年，国内出版了第一本公共关系著作——《塑造形象的艺术：公共关系学概论》；同年，中山大学成立了中国第一个公共关系研究会。

近年来，公共关系发展迅速，服务范围和功能不断扩大，员工的素质和社会地位日益提高，公共关系的教育研究日益发展，职业化与国际化程度越来越高。例如，奥美公关公司、伟达国际公关公司、博雅公关公司等许多国际性的公关公司在大陆设立分支机构，业务涵盖形象维护、企业变革、危机管理、媒体关系、产品销售、员工和政府关系等范畴。国内公关公司蓝色光标2010年正式登陆创业板，成为中国内地首家上市的公共关系企业。

现阶段，我国公关急需解决的若干问题：营利性机构重公关，非营利性机构轻公关现象普遍；公关队伍不断发展壮大，但优秀的公关机构和公关人才严重缺乏；公关职业发展迅速，而公关理论发展滞后；国内知名的品牌公关公司不多；公关行业相应的法律、法规及行业规则不够完善。针对这些问题，中国公共关系要遵循职业专业化、操作规范化、活动全球化的发展要求。

（三）传媒公共关系的兴起与发展

现代公共关系的产生为传媒领域开展公共关系提供了理论基础，商品经济的发展与传媒市场的形成又成为媒体公共关系产生的催化剂。1833年，世界上第一份成功的便士报《太阳报》在纽约创刊，这份商业化的报纸经营上完全商业化，通过与各类受众的沟通，塑造媒体形象，成为早期媒体公共关系的雏形。从20世纪50年代开始，公共关系理论日臻成熟，公共关系公司陆续建立，公共关系从业人员不断增多，媒体的公共关系进入发展与成熟阶段。无论是公共广播电视，还是商业广播电视；无论是报纸期刊，还是图书出版，都非常重视塑造品牌，注重公关。营销专家科特勒更是将公共关系纳入市场营销领域，树立"大营销"理念。迪斯尼、维亚康姆、新闻集团等传媒集团利用品牌效应，强化公关营销。

改革开放以前，媒体没有经营方面的压力，也没有公共关系意识。20世纪80年代，我国媒体来自财政的拨款逐渐减少，经营上自负盈亏，逐渐有了公共关系理念。到了90年代，晚报、都市报的创刊热潮，增版、扩版发展迅猛，省级卫视纷纷上星，竞争加剧，传媒集团开始出现，民生新闻初出端倪，频道频率开始专业化，这些传媒界的新变化说明媒体的公共关系意识逐步增强。21世纪，我国媒体开始从规模数量向优质高效转变，从粗放式经营向集约化经营转变,从行业内经营向跨媒体跨行业转变,从国内竞争到参与国际竞争转变,从事业单位向企业转变。这些新变化使媒体的公共关系理念更加先进,公共关系技巧更加娴熟。媒体纷纷加强沟通协调、信息传播,更加重视形象管理与品牌传播。例如,创办品牌栏目,开展活动营销,参与公益事业,积极参与危机管控,通过微信、微博、客户端等新兴媒体加强与受众的沟通,使公共关系管理逐步走向科学化与规范化。

四、传媒公共关系的职能

传媒公共关系不但是一种信息传播活动,而且也是传媒组织内求团结稳定、外求和谐发展的经营管理艺术。它的主要职能包括塑造形象、收集信息、协调关系、咨询建议、危机处理等。

(一)塑造形象

组织形象就是社会公众对某一个具体的组织机构的整体印象和评价。媒体形象由公众对其传媒产品内容、人员素质、履行社会职责情况的认知与评价等构成,具体包括产品形象(组织形象的基础)、人员形象(组织形象的化身)、标识形象(展示组织形象的个性)、文化形象(体现组织形象的内涵)。

良好的组织形象可以给组织创造一个良好的外部环境。良好的形象可以给传媒提供可持续发展动力。良好的形象可以为组织吸引众多的优秀人才,可以提高组织的整体素质,为组织的发展创造良好的基础。良好的形象使媒体能提高受众收视率与发行量,增强受众的忠诚度与美誉度。

知名度和美誉度是衡量组织形象的两个基本指标。知名度就是一个组织被公众知道和了解的程度,它是衡量一个组织名气大小的客观尺度,侧重于"量"的评价。美誉度是指一个组织获得公众赞许、信任、接纳、合作的程度,它是评价组织声誉好坏的社会指标,侧重于"质"的评价。知名度与美誉度的关系是:知名度需要以美誉度为客观基础,才能产生正面的积极效果;美誉度又需要以一定的知名度为前提,才能充分显示其社会价值。

$$知名度 = \frac{知晓公众人数}{接受调查人数} \times 100\% \qquad 美誉度 = \frac{赞美组织的公众人数}{知晓公众人数} \times 100\%$$

优质的传媒产品与服务是塑造媒体形象的基础。例如,《纽约时报》坚持"报道一切适合刊登的新闻"的办报理念,向读者保证"本报不会污染早餐的桌布",良好的风格奠定了良好的形象。塑造媒体的形象要坚持长期性原则,可以通过赞助文体运动、教育事业,以及各种社会福利事业,提高知名度和美誉度。此外,如对公共节日庆典活动的参与、赞助,精心设计和实施CI战略,也能够提高组织的知名度和美誉度。

(二)收集信息

公共关系主要是围绕组织形象这一核心问题而收集和传播各种信息。具体包括产品形象信息、组织形象信息、公众需求信息、竞争对手信息以及其他各种信息。例如,受众对传媒产品的内容、价格、质量、品位等意见与态度。

收集和掌握相关信息是公共关系最基础的工作,任何公关工作都离不开这个"源头活水"。收集信息、监测环境和预测趋势,可以使组织对复杂、多变的社会环境保持高度的敏感性，维持组织与整个社会环境之间的动态平衡。

（三）协调关系

协调媒体与内部公众的关系。具体包括：培养组织成员的主体意识和形象意识，增强组织成员的向心力和凝聚力；搞好员工关系，尽量满足员工在物质和精神上的需求，重视员工在工资、奖金、福利、工作条件上的合理要求；吸收员工参与民主管理，提供员工成长机会；减少组织内耗，增强群体动力，发挥员工的积极性与创造性；加强内部的信息沟通，确立协商对话制度；加强组织文化建设，使组织文化成为实现组织与个人共同发展的精神武器。

协调媒体与外部公众的关系。特别是保持与受众的交流与沟通，赢得受众对媒体的理解与支持；协调媒体与订阅者、广告主等客户关系，建立客户档案，进行跟踪服务；保持与政府、社区以及其他组织的良好关系；收集来自各方的反馈信息，及时、诚恳、负责地处理各种意见。

（四）咨询建议

咨询建议就是由专门业务人员就某个或某些问题向决策层提供可靠的情况说明和意见。公共关系部门必须就媒体环境以及相应的公众问题向媒体决策者提供咨询建议，并参与决策实施。咨询建议可以为决策者提供各种信息，协助决策者拟定和选择决策方案。这些信息包括提供环境信息，参与确定组织行为目标；站在公众利益和社会正义的立场，综合评价组织目标，修正、调整组织目标；协助拟定、选择行动方案。

（五）危机处理

公关危机是指组织与公众发生冲突或出现突发事件，使公众舆论反应强烈，组织形象受到严重损害而陷入困境的情况，包括组织纠纷与突发事件。

组织纠纷包括组织内部纠纷、组织外部纠纷。外部纠纷又包括组织与顾客、组织与社区、组织与政府有关机构以及组织与合作单位之间的纠纷。处理纠纷坚持实事求是、公众至上、及时负责的原则，听取意见、查清事实、妥善处理。组织在处理与公众之间矛盾和冲突时，应采取交流、协商、对话等柔性手段，尽量避免使用行政、法律等刚性手段。

传媒突发危机事件常有发生，例如，虚假新闻引起强烈不满、新闻报道引起法律纠纷、媒体刊播虚假广告、记者有偿新闻或有偿不闻，某报记者非法接受贿赂，炮制新闻，某电视台记者制造"纸包子"，耸人听闻，等等。这些恶性突发事件具有影响广、传播快、危害大的特点。处理恶性突发事件的一般操作程序，迅速成立处理事件的专门机构，及时查明事件真相与处理事件，避免事态蔓延，设立新闻发布机构，开展信息传播工作，妥善解决问题。

新闻发布机构处理危机事件的具体工作有：搜集有关危机事件及其处理的一切信息，并及时整理，分类存档，以备查用；分析各种信息的真实性、可靠性；快速反应、掌握发布信息的主动权；对发布的信息高度负责，不发布不真实的信息，不发布不准确的信息；准备好背景材料，并不断根据最新情况予以充实；确定新闻发言人，宣布召开新闻发布会的时间，尽可能地减轻公众电话询问的压力，做好新闻发布会的准备，公布事实真相和处理结果。

处理突发危机事件以后，组织重塑工作的目标是恢复或重建组织的良好声誉，再度赢得社会公众的理解、支持与合作。重塑组织形象的方式包括：与公众进行广泛的信息沟通；参与或组织各种社会公益活动并提供赞助，热心赞助各种社会福利事业和慈善事件，以表明组织的社会责任感和义务感；在组织内部进一步完善各项规章制度和措施，有效规范成员的行为；拿出一些过硬的产品和服务项目在社会公开亮相，提高组织的美誉度，改变公众对组织的不良印象。

五、传媒公共关系活动的类型

（一）宣传型公共关系

具体方法包括作公关广告、发新闻稿、印发小册子、设立标识和板报、进行演讲、举办展览会、召开记者招待会、制作视听材料等。这种模式的特点是传播面广，主导性强，能有效地与公众进行沟通。

（二）交际型公共关系

具体方法包括召开座谈会、招待会、茶话会，举办娱乐体育活动、慰问活动、宴会，举办庆典活动与知识竞赛，进行电话沟通，接待应酬，等等。这种类型的公共关系的特点是直接沟通、人情味浓，信息反馈快，对于加强组织与公众之间的情感联系，效果很好。

（三）征询型公关关系

具体方法包括设立热线电话、公众意见箱，开办各种咨询业务，建立来信来访制度和合理化建议制度，举办信息交流会，分析新闻舆论，制作调查问卷，广泛开展社会调查，等等。这种类型公关的特点是以输入信息为主，对民意及时反应，保持组织与公众之间的平衡状态。

（四）服务型公共关系

具体方法包括提供义务教育和培训、义务消费指导、义务咨询，免费上门服务，扶持社区企业等。这种公关的特点是以实际行动感化人心，使组织与公众之间关系更加融洽和谐。

（五）社会型公共关系

具体方法包括赞助各种文化、教育、体育、卫生等方面的事业，支持社会或社区的福利事业、慈善事业，参与国家、社区重大活动并提供赞助，为灾区捐款，赞助艺术创作与学术研究，等等。这种类型公关的特点是侧重于组织的长远利益和整体形象，影响力强，但形象投资费用也较高。

第二节　媒体在公共关系中的角色与规范

媒体在公共关系活动中扮演角色特殊，媒体是企事业单位的公共关系的对象，需要通过媒体这个渠道来开展公共关系，媒体成为公共关系的中介。媒体本身作为组织也需要公共关系，维护良好的形象。因此，对大众传播媒介在公关活动中的角色问题进行分析、探讨，以明确在此过程中他们应充当什么角色,应采取什么行为,减少盲目性,增强规范性,具有十分重要的意义。

一、媒体在公关活动中的角色特征

媒体在公共关系的活动过程中具有多重属性,既是社会组织公共关系的客体,"为他人作嫁衣"。同时也是公共关系管理的主体,媒体自身也需要维护形象,树立品牌,"为自己作嫁衣"。

(一)媒体掌握传播渠道

社会组织要与社会公众之间建立联系,沟通信息,除了人际传播与组织传播之外,一条重要的渠道就是运用大众传播媒介。大众传播媒介包括报纸、杂志、书籍、广播、电视、互联网、移动媒体等,大众传播媒介是实现社会组织与公众之间沟通的渠道。一方面,媒体把组织的宗旨、经营理念、服务范围、发展战略传播出去;另一方面,媒体又把公众对组织的赞赏或批评等情况反映出来,大众传播媒介成为组织与公众交流感情、协调关系的平台。

在信息化社会,传播技术快速发展,传播媒介的渗透力、影响力大为增强,人们对世界的感知和认识、思想观念、生活方式在相当程度上被媒体所左右。社会组织的成功,不能缺少媒体的助力。

(二)媒体具有相当大的话语权

在信息传播的过程中,大众传播媒介的权力是相当大的,特别是作为"把关人"的新闻工作者。新闻工作者对信息进行选择、加工、编辑、制作和传播,决定传播的内容、形式、渠道与时间,在信息传播的过程中起到把关、过滤作用。任何关于组织的信息传播或形象评价只要通过大众传播媒介报道,新闻工作者都拥有很大的话语权。一些组织的正面新闻经过媒体的广泛报道,就会很快成为社会关注的焦点,获得很高的知名度和美誉度。相反,若企业的负面消息在媒体得到曝光,轻则销售量下降,重则引起企业的倒闭。例如,2001年南京知名食品企业冠生园被中央电视台《新闻30分》节目揭露用陈馅做月饼,公司危机处理不当,舆论生态恶化,最终宣布破产。2008年,《东方早报》刊登《甘肃14名婴儿疑喝"三鹿"奶粉致肾病》一文,第一次点出了该企业的名字,随后在其奶粉中发现化工原料三聚氰胺,企业被关闭。2020年,中央电视台"3·15"晚会曝光了一些企业的违规违法行为,包括海参养殖业池子里放敌敌畏,国家市场监督管理总局立即严查央视"3·15"曝光的企业违法行为。

特别是针对企业的负面新闻,新闻媒体是否曝光,曝光次数的多少,很大程度上决定了企业的兴衰存亡。例如,中央电视台新闻频道的《每周质量报告》,是一档以消费者为核心收视人群的新闻专题栏目,致力于产品质量和食品安全领域的调查报道,以打假除劣扶优,推动质量进步为第一诉求,对于一些生产假冒伪劣产品的企业具有生杀予夺的权利。

(三)媒体要维护公共利益

媒体跟其他营利性的企业组织不同,除了满足消费者需求,获取商业利益之外,还需要维护公共利益,平衡好商业利益与公共利益的关系,发挥媒体在公共领域的作用。作为党和人民的喉舌,要在思想上保持与党中央的一致,自觉宣传党的路线、方针与政策,坚持正确的舆论导向,维护社会和谐稳定。作为环境的监测者,要成为船头上的社会瞭望者,对于随时出现的暗礁,要及时预警,对社会上的违法犯罪、假恶丑的现象要及时进行舆论监督。作为文化传播者,要传承文明,传播文化,剔除消极有害的信息。作为社会信息的载体,媒体具有公共服务性和社会共享性,被视为一种公共事业,称为"社会公器",媒体一直要维护社会的公共秩序与捍卫社会公共利益。

二、媒体在公关活动中的界限

媒体作为社会组织,需要维护自身的形象,提高收视率、收听率、发行量与点击率,媒体是公共关系的主体。在社会分工中,媒体是专门从事向社会公众传播信息的,媒体自然成为社会组织的公共关系对象,即客体。媒体负有将社会组织的信息传播给公众的责任,而媒体自身的人力资源和获取信息渠道有限,也需要公共关系提供各类组织的信息,按照新闻价值与编辑思想有选择地刊登,媒体成为公共关系的渠道,即中介。为了避免因角色错位与行为偏差带来的负面效应,新闻工作者在涉足公关事务之前必须明确几个界限。

(一) 公共关系和新闻媒体的关系

1. 媒体是公共关系的客体,公共关系离不开媒体

在公共关系传播过程中新闻媒体起到了重要作用,组织要想提高知名度、美誉度、和谐度,必须通过新闻媒体。社会组织传递信息、协调公众行为、塑造良好形象等公共关系目标的实现也离不开传播。报刊、广播、电视等新闻媒体不仅能够满足受众的信息需求,还能够引导舆论、影响社会心理,是组织开展各类公共关系活动的关键。组织公关人员一个重要的职责就是撰写公关稿提供给大众媒体,用以介绍组织情况、宣传组织业绩、弘扬组织传统,在危机时说明真相、争取公众的理解与同情,大众媒体成为媒体公关的重要客体。

2. 公共关系与新闻媒体互为中介

媒体是传播信息、监视环境、反映舆论、提供娱乐的社会组织。因此,在复杂的社会公共关系网络中,媒体的重要角色就是成为各种公关主体和公关客体之间的中介。从公共关系的角度来看,可以把媒体当作专门为各类社会组织提供实现与社会公众的信息交流、意见沟通的一种重要渠道。社会组织的新闻事件策划、形象宣传片、公关广告、危机公关、参与慈善公益事业等都需要借助媒体这个中介,离开了媒体,如何开展公共关系传播难以想象。

媒体的信息传播同样离不开公共关系机构。特别是随着社会分工的专业化和信息技术的发展,各种新兴技术与有价值的信息层出不穷,而新闻记者由于知识的限制以及人力、物力、财力的有限性,无法深入报道每一个领域或行业,这就需要相关组织的公共关系人员提供相应的信息。目前,公共关系在报道社会各个领域特别是新兴科学和领域中,已经成为不可或缺的补充。据统计,在美国,各种新闻媒体中新闻报道的25%,报纸新闻中的60%,都是由公共关系部门和人员提供的;在地方报纸、电台、电视台的新闻报道中,这种比例更大。[①]

3. 媒体是公共关系的主体,媒体自身也需要公共关系

社会组织开展公共关系的活动目的,一般都是在于树立良好的社会形象,造成有利于自己的社会舆论,形成良好的社会环境,并求得最合适的生存和发展环境。媒体作为真正的市

---

① 丁光梅.媒体公共关系研究[M].北京:经济管理出版社,2013:18.

场主体,也同样需要运用公共关系手段,树立自身形象,宣传媒体品牌。不同于其他公关主体的是,媒体本身拥有传播渠道,在公关上具有天然的优势,但是这种优势却是一把双刃剑,要在不同属性范围内适度进行,否则极有可能适得其反。

(二) 新闻工作者与公关员的界限

新闻工作者与公关员有显著的区别与界限。新闻工作者是代表党和人民的利益,公关员代表社会组织的利益。新闻工作者的职责是本着客观、真实、公正的原则进行新闻报道,满足公众对信息的需求,而公关员的职责是本着对组织有利的原则进行正面信息的采集与传递,树立组织良好的形象,为组织发展创造良好的环境,最终达到组织赢利的目的。两者相比较,新闻工作者与公关员的目标任务多有抵触,也就是说,以社会利益为最高目标,就不能同时以企业利益为最高目标,反之亦然。这就决定了其角色的不相容性和不可替代性,是新闻工作者就不能是公关员,是公关员就不能是新闻工作者。如果新闻工作者以公关员的身份出现,那么在他身上便会发生双重角色的冲突,其最终结果必然是损害了社会利益,维护了组织利益。

对于新闻工作者的职业理念,西方新闻专业主义理念对此作了系统的梳理,并提出了新闻专业主义的基本内核:传媒是社会的公器,新闻工作必须服务于公众利益,而不是仅仅服务于任何政治或经济利益集团;新闻从业者是社会的观察者、事实的报道者,而不是某一利益集团的宣传员;他们是信息流通的"把关人",采纳的基准是以中产阶级为主体的主流社会的价值观念,而不是政治、经济利益冲突的参与者或鼓动者;他们以实证科学的理性标准评判事物的真伪,服从于事实这一最高权威,而不是臣服于任何政治权力或经济势力;他们受制于建立在上述原则之上的专业规范,接受专业社区的自律,而不接受在此之外的任何权力或权威的控制。这五条原则从社会责任、身份识别、社会功用、职业价值取向与专业自律上对新闻专业主义做出了相对明晰的判断。[①]

(三) 为自己做公关与为他人做公关的界限

为自己做公关,是指为所在组织自身形象的完善进行策划与宣传;为他人做公关,是指为另一个组织形象的完善进行策划与宣传。事实上,两者的界限并不难以区分。然而在我国的公关实践中,却出现了一种令人费解的现象:某些新闻媒体全力以赴为企业做公关策划。

首先,如果媒体内部的所谓公关部门是营利性质的机构,以创收为主要目的,那么它尽可能按照国家的有关规定,合理、合法地收取其他社会组织的广告费用(当然包括公关广告费用),开展其广告业务。事实上,在大部分的新闻媒体中,这个角色多由广告部门担任。

其次,如果该部门确实是媒体内部负责公关事务的机构,那么它的职权范围仅限于媒体内。也就是说,它应像其他社会组织机构的公关部门一样把工作重点放在加强媒体内部部门的协作、增进内外信息交流上,即公关部门的核心任务是内求团结、外求发展,以便更好地树立自身良好的形象。

再者,如果有新闻工作者对以赢利为目的的企业策划情有独钟,那么按照有关规则,他

---

① 陆晔,潘忠党. 成名的想象:中国社会转型过程中新闻从业者的专业主义话语建构[J]. 新闻学研究,2002(71):17-59.

们应当主动放弃新闻单位享有的"特权"(对记者来说就是放弃记者证),像当年的艾维·李一样,退出新闻界另立门户。只有这样,才能从根本上维护公众的利益和保护新闻媒体的自身形象。①

三、新闻工作者在公共关系中的规范

作为我国社会主义新闻事业的重要组成部分,媒体是党、政府和人民的喉舌,有别于一般的企业,及时、权威地发布信息,维护公众的知情权。记者要有职业理想,以客观、真实、准确的态度去报道事件,挖掘事件的真相,把事件的原生态展现在读者面前。媒体要正确处理媒体利益、组织利益与社会利益的关系,坚持社会利益至上原则,在公共关系活动中规范自己的行为。

(1)加强思想道德教育。新闻机构领导应对其成员进行马克思主义新闻观教育,进行行业法规、职业道德以及世界观、人生观、价值观的教育,增强新闻工作者的责任心、使命感和道义感,自觉抵制金钱至上等腐朽思想的侵蚀,以保证党的新闻事业的纯洁性。

(2)加强新闻法制建设。在市场经济条件下,新闻工作者容易受到金钱的诱惑。政府部门需要制定相应的法律法规,并把新闻工作者的全部活动纳入法制轨道,强化监督机制,在保护新闻工作者正当权益的同时,对滥用新闻媒体职权的行为进行严厉打击,从源头上防止消极、腐败的现象发生。

(3)加强行业自律。媒体要确保新闻报道的公正,最重要的是切割一切利益关系,避免利益间的冲突,以免有人凭借新闻工作者的名义牟取私利。我国新闻工作者职业道德准则分为七个方面,包括全心全意为人民服务、坚持正确舆论导向、坚持新闻真实性原则、发扬优良作风、坚持改革创新、遵守法纪、促进国际新闻同行的交流与合作。新闻工作者要将这些准则当成新闻报道的基本标准,用自律去换取自由。

第三节　传媒公共关系的策划与运作

近年来,媒体公共关系出现一些问题,媒体片面追求商业利益,"三俗化"严重,虚假新闻时有发生,新闻敲诈屡见不鲜,新闻炒作层出不穷,媒体的形象受到一定的损害。媒体组织要增强公共关系意识,加强公共关系的策划与运作。

一、媒体公共关系存在的问题

媒体内容娱乐化、低俗化、媚俗化以及同质化现象严重,而公共性功能式微。特别是电视节目娱乐化、低俗化严重,各种娱乐选秀充斥着整个荧屏,从全民唱歌、全民相亲,到全民跳水。炒作明星绯闻,渲染色情暴力,注重感官刺激。节目创新能力不足,相互抄袭模仿。与此相反,电视的新闻节目、纪实类的节目、文化教育类的节目、信息服务类节目等呈现边缘

---

① 黎敏.论新闻工作者在公关活动中的角色定位[J].岳阳职业技术学院学报,2004(12):83.

化趋势，甚至有媒体对本地区的重大突发灾难性新闻不能及时报道，闭目塞听，受众不满意程度逐渐增加。

媒体片面追求商业利益，低俗广告、违法广告大行其道。一些涉及药品、医疗器械、保健食品的广告涉嫌违法，欺骗性与误导性的宣传使消费者的身体健康与生命安全受到威胁。有的广告含有低级趣味，配有暗示性画面，让人产生性联想。有的广告有价值观偏见，例如，南方某报刊登一位离异男士征婚广告，要求对方"体态婀娜，健康丰腴；才韵内敛，温柔可人；生俱母爱，惜子敬夫；天性忠贞，贫富不惊"，明显具有歧视女性与男尊女卑的封建遗留思想。

媒体虚假新闻时有发生，媒体的公信力下降。一些记者乐于"网来网去"，当"鼠标记者"，不深入调查研究，自然虚假新闻就屡见不鲜。例如，2014年7月，某报用半版的篇幅报道《女司机遇碰瓷男开车轧了过去》，此新闻视频最初来自国外网站，作者省略"5W"，炮制出新闻。2014年10月，某报用一个整版刊载了一条新闻《95后女子"用身体换全国游"每到一地征临时男友》，这种在网络里出现的"95后萌妹"的故事，实际上是一家软件公司企图利用色情影响进行新闻炒作以推广其开发的社交软件。2019年，第二届世界顶尖科学家大会在上海举行，某知名报纸的微博报道15岁高一的谈某同学参加，蝉联中国最年轻科学家，并介绍她的研究成果是菲波那契数列与贝祖数的估计，后被专家证明这只是一个试题的证明，早就有定论，并不是独立的研究成果，媒体报道不实。

媒体记者"新闻敲诈"时有发生，媒体危机处理能力差。自从2013年新闻出版广电总署开展的"打击新闻敲诈和假新闻专项行动"以来，截至2014年4月，全国共受理新闻报刊领域举报案件400余件，查处违规报刊216家，停办报刊76种，记者站注销49个。例如，某报记者接受"利益输送"，非法炮制某上市公司商业性的批评性报道，而媒体组织没有查清事实前，袒护记者，危机管理失当，严重损害媒体的声誉与形象。

二、媒体公共关系的传播实务

媒体公共关系传播实务主要包括新闻事件策划、公关广告、组织识别系统（CIS传播）等方面。

（一）新闻事件策划

新闻事件策划是组织在真实的、不损害公众利益的前提下，有计划、有组织地举办有新闻价值的活动、事件，制造新闻热点，使组织成为新闻报道的主角，达到扩大组织影响的目的。新闻策划有几种情况：企事业单位以公关活动方式策划出适合于传媒报道的新闻事件，是"新闻事件策划"；新闻机构或新闻工作者先策划出新闻事件再作报道，是"新闻+事件"式策划；新闻传媒将策划理念引入新闻报道工作而形成的"新闻报道策划"；新闻传媒把策划理念引入经营管理工作而形成的"传媒经营策划"。媒体公关中的新闻事件策划主要是指第二种情况，媒体是新闻事件的主角，策划的目的是进行自身宣传，提升媒体形象。①

媒体新闻事件策划主要是参与社会赞助、救助等公益性活动。例如，1991年5月《中国青年报》刊登《我要上学》的"大眼睛"照片，引起社会对希望工程的关注。2003年《北京青年报》策划了"天使基金"活动，募集资金近600万元用于抗击"非典"。2009年《南方都市报》推

---

① 董天策，等. 新闻·公关·广告互动研究[M]. 广州：暨南大学出版社，2008：26.

出"慕思·南都爱心基金",每年注入50万元用于赈灾、助残、疾病救助等领域。2014年8月,《大河报》用3个整版的篇幅报道了该报"鸡蛋换学费 为爱马拉松"活动,募集善款160多万元,最终使270名贫困大学生受益。原文汇新民联合报业集团连续7年的"书送希望"捐书助学活动累计收集市民和出版社图书近20万册,先后送到安徽、浙江等地的希望小学。媒体新闻策划活动还可以与庆典活动,评奖、颁奖晚会,以及组织受众参加比赛、竞技活动等联系在一起。

(二) 公关广告

现代广告分为商业广告与公关广告,商业广告是为赢利而做的广告,公关广告就是组织利用广告形式,向社会公众传达有关信息,促使社会公众更多地了解组织,争取公众的好感,以达到提高组织的知名度、美誉度,树立良好组织形象的目的。商业广告是让大家买我,公关广告是要大家爱我。

媒体公关广告以介绍媒体的整体情况或特色为主,如媒体的经营理念、实力水平、媒体文化、发展历史、获得的荣誉、为社会作出的贡献等。公关广告包括实力广告、信誉广告、观念广告、公益广告、声势广告、祝贺广告、倡议广告、致谢广告、致歉广告、响应广告等类型。例如,中央电视台的"传承文明、开拓创新"的观念广告,彰显央视的历史担当与精神追求;"焦点访谈"栏目以"用事实说话"的理念作为栏目的宗旨,追求新闻的真实性;《南方周末》以"正义、良知、爱心、理性"为基本理念,反映社会,服务改革,贴近生活,激浊扬清;《南方日报》以"高度决定影响力"为理念,体现了权威、可靠与政治高度。

(三) CIS 传播

CIS 是英文 Corporate Identity System 的简称,中文意思是组织识别系统,一般简略为CI。CI 主要是一种视觉形象传播系统,即对组织的一切可视事物进行统筹设计、管理和传播,使组织的形象识别要素个性化和统一化,以达到强化整体视觉形象的传播目的,提高组织整体形象的宣传力度。完整的 CI 系统由三要素构成:理念识别(Mind Identity),简称MI;行为识别(Behavior Identity),简称 BI;视觉识别(Visual Identity),简称 VI。

理念识别(MI)是企业经营理念的定位,例如《大河报》以"采缤纷天下事,入寻常百姓家"的办报理念,强调了报纸的人文关怀,《新京报》的"负责报道一切"则显示了报纸的责任感与追求。行为识别(BI)是企业在其独有的经营理念指导下,形成有别于其他企业的经营活动、管理活动和社会公益活动等。2014年江苏卫视从"情感"升级为"幸福",提出"情感世界 幸福中国"的品牌口号,并推出了号称"幸福三部曲"的周末黄金档综艺节目,分别是周五晚《时刻准备着》、周六晚《周末不加班》以及周日晚《非诚勿扰》。视觉识别(VI)是对企业形象的一切可视要素进行系统、标准化设计,从而使社会公众能够识别某一固定的企业形象。视觉识别基本要素包括企业名称、品牌名称、企业标志、商标、标准字、标准色彩、象征物、专用图案以及音乐、歌曲等。湖南台台标是简单流畅的椭圆形轮廓,左下方自然形成一个缺口,形成鱼的"大写意",中心的镂空则是一粒米的样子,象征着有"鱼米之乡"美誉的湖南。

三、媒体公共关系的策略

在全媒体时代,媒体竞争日趋激烈,公共关系成为维护品牌形象的利器,是媒体应对竞争的必要手段,是加强国际传播能力建设,成为国际一流媒体的基石。媒体公共关系管理是一个系统工程,需要树立全员公关意识,使媒体对公共关系管理的认知达到系统化、科学化的程度。

(一)强化意识,完善机制

媒体公共关系涉及面非常广泛,既包括广大受众,也包括上级主管部门和政府;既包括产业链上下游的合作伙伴,也包括存在竞争关系的对手。媒体需要强化公关意识,做好公关工作,主动展示自身的品牌形象,扩大和丰富与外界的沟通和相互了解,建立良好的公共关系,这将为媒体创造积极有利的外部发展空间。新媒体为传播对象提供了表达、参与和交流的平台,从而改变了传播主体和客体的关系,改变了传统的传播手段。为此,要熟悉新媒体的传播特点,采用恰到好处的方式来推进公共关系工作。

(二)监测环境,决策参谋

媒体公共关系对环境信息进行监测,发挥预警功能,就要充分掌握环境信息,这是预测和决策的基础。媒体环境信息由公众及其他影响媒体生存与发展的社会、政治、经济、文化等因素组成,包括媒体产品形象、受众需求信息、组织形象和其他社会信息等。媒体通过对环境信息评价与分析,达到掌握党和政府决策趋势、监测社会环境变化、了解竞争对手发展状态,并实现掌控形势的目标。公共关系在帮助媒体监测社会环境(社会舆论、意识、态度和行为等)的基础上,收集社会对媒体的各种反映,向决策层提供信息和决策咨询,从而确定组织行动目标,依据公众需求和社会价值规范,调整公关目标。

(三)塑造品牌,维护形象

品牌是媒体综合实力最集中的体现,媒体品牌不仅是名称、符号、风格、形象的简单集合,而且是舆论引导力、社会公信力、市场号召力、产品竞争力的综合体现。越来越多的媒体已经意识到打造自身品牌的重要性和紧迫性,媒体自身也需要公关以塑造品牌的观念得到普遍认同。

媒体品牌形象建设是一项长期、复杂、系统的工程。媒体品牌形象的核心部分在于媒体自身的行为,明确自身标识和定位,遵循传播内在规律,不断创造优秀内容,不断提升员工素质和水平,确保清正自律的职业操守,才能推动品牌形象深入人心。媒体必须将自己的传播理念、文化价值以及经营活动有效地传达给受众,使社会公众认同媒体的传播和经营理念,增强受众对品牌的忠诚度与美誉度,从而提高媒体的市场竞争力。

(四)沟通内外,协调关系

公共关系是一种日常的、长期的、例行的工作形态,常用的沟通方式有座谈会、联谊会、研讨会、节日庆典、上门拜访、公益服务、社会赞助等。保持与公众的交流与沟通,以联络感情和维护关系,这是建立公众对媒体的感情,赢得理解和支持的重要环节,可以避免或减少媒体与外部公众间的摩擦和冲突。公共关系管理还需要协调媒体内各类人员、各个部门之间的关系,使媒体的组织内耗减小,群体动力增大,并激励媒体员工的积极性和创造性。

(五) 度过危机,重塑形象

对于突发事件的应急能力,是评估一个媒体成熟与否的重要指标,也是媒体品牌在危机公关中获得提升的机遇。危机既是风险,又是机会,危机公关要善于把风险转化成机会。危机公关要帮助媒体控制危机局面,减少危机对媒体的伤害,维护媒体声誉。

对于各种突发事件,要建立完善而灵活的危机公关管理机制,完善危机预案,及时化解各种消极事件的影响。另外,要注重网络危机公关,网络民意常常成为舆论场的风向标,注重在危机事件中第一时间发出自己的声音,避免社会上各种不实的猜测,最大限度挽回不利影响;开设专门聆听批评建言的网络窗口,对其中的舆论进行合理的引导与回应,形成良性的互动机制;重视互联网民意,建立网上舆论动态与分析研判机制,为媒体决策服务;考虑建立节目网络人气指数,通过分析网民收视行为,为提高节目的网络影响力提供参考。①

近年来,媒体已经意识到了危机公关的重要性,如中央电视台制定了《中央电视台突发公共事件处置办法》,遇到突发事件及时做出应急反应;设立中央电视台新闻发言人,出台了《中央电视台新闻发布管理办法》等制度,建立舆情监测预警机制,定期向领导呈报涉台舆情监测情况,对打着中央电视台旗号、从事有损中央电视台声誉和形象的行为,及时向社会澄清,必要时采取法律手段等。

传媒公共关系管理是一个系统工程,包括调查、策划、实施、评估等工作程序。首先,公关调查可以为媒体决策提供充分的依据,也是公关人员解决危机事件的重要环节。其次,制订策划方案,确定活动主题,编制预算,选择公共关系模式,确定目标受众。再次,实施公共关系方案,掌握进度,调整计划。最后,评估公共关系效果,评估媒体美誉度的变化情况,检查公众的来信、来访和投诉的记录等,从中分析公关工作的好坏。

---

① 冯雪松.全媒体环境下中国电视媒体公共关系需求趋势[J].电视研究,2011(7):42.

第十二章 传媒战略管理

传媒战略是基于外部环境和内部资源进行综合评判而做出的发展道路的选择。战略为传媒的行动提供了清晰的远景,同时这一远景应根据不断变化的外部环境和内部条件进行修正,战略具有时间特性上的长远性和空间特性上的全局性。随着我国经济社会的快速发展,传播新技术的影响越来越大,传媒业和电信业高度融合,互联网以及移动网络媒体已经成为传媒业发展的推动力。在这种大背景下,传媒业必须审时度势,结合自身的核心能力,选择最适合自身的发展战略。

第一节 传 媒 战 略

战略管理指的是一系列的管理过程:制定战略远景,设定目标,精心制作战略,执行和实施,然后主动在远景、目标、战略、实施中做合适的纠正性调整。战略管理是将一个组织的日常业务决策和长期计划相结合的一系列经营管理业务。传媒战略应该针对产业和竞争环境量身定做,一个设想周全的战略就要抓住传媒最有利的增长机遇,而且要防御对其安全和未来行动构成威胁的外部力量,保证传媒长期竞争优势,降低长期的行为成本。

一、传媒战略概述

(一) 公司战略的定义

美国哈佛大学教授波特对战略的定义堪称公司战略传统定义的典型代表。他认为:"战略是公司为之奋斗的一些终点与公司为达到它们而寻求的途径的结合物。"波特的定义概括了20世纪60年代和70年代对公司战略的普遍认识,它强调的是公司战略的一方面属性——计划性、全局性和长期性。[①]

加拿大学者明茨伯格在1989年将战略定义为"一系列或整套的决策或行动方式",这套方式包括刻意安排(或计划性)的战略和任何临时出现(或非计划性)的战略。美国学者汤姆森1998年指出,战略既是预先性的预谋战略,又是反应性的适应性战略。换言之,战略制定的任务包括制订一个策略计划,即预谋战略,然后随着事情的进展不断进行调整。一个实际的战略是管理者在公司内外各种情况不断暴露的过程中规划和再规划的结果。

公司战略意味着企业要采取主动态势预测未来的影响变化,而不仅是被动地对变化做

---

① 王中亚.企业战略分析[J].经济研究导刊,2014(2):12.

出反应。企业只有在变化中不断调整战略,保持健康的发展活力,并将这种活力转变为惯性,通过有效的战略不断表达出来,才能获得并持续强化竞争优势,构筑企业的成功。

(二)公司战略的功能

战略是企业的较长期目标以及围绕目标所做的行动规划,战略管理是对企业战略活动进行计划、组织、领导、控制以确保其有效。战略远景是企业努力经营要达到的长期目标,表明了管理层对组织的期望,提供了关于"我们想从事的业务,我们的前进方向,我们公司试图建立的公司类型"的全局观念。战略远景能够成为企业长期方向的灯塔,帮助引导组织努力和战略创新沿着战略远景的方向前进。

第一,公司战略指明了企业的发展方向。通过对经营环境的研究,公司战略将企业的成长和发展纳入变化的环境中,为企业指明方向。在公司战略的指引下,企业能够增强其经营活动对外部环境的适应性,正确地选择公司合适的经营领域,提高决策能力和水平,推进企业为实现共同的终点不断前行。

第二,公司战略是整合和优化企业资源能力的依据和动力。公司战略建立了企业目标系统,使企业能够根据需求对其资源和能力进行整合和优化。公司战略又是整合和完善企业资源能力的动力,企业只有不断提升资源管理能力与水平,才能保证公司面对变幻莫测的经营环境选择和实施最有效的战略。

第三,公司战略是提升企业管理效能的前提和保障。公司战略将企业长期目标和短期目标结合在一起,可以调动各级管理人员参与战略管理的积极性,有利于充分利用企业的各种资源并提高协同效果。公司战略重视战略的评价与更新,这就使企业管理能不断进行连续性探索,增强创新意识。

(三)传媒战略的定义

传媒战略是媒体从整体利益和长远利益出发,在分析外部环境和内部资源现状及其变化趋势的基础上,为传媒设定总目标以及相应实施方案的计划,并依靠传媒内部资源与能力将这些谋划和决策付诸实践的动态过程。传媒战略管理的核心是动态的管理,重点是制定战略和实施战略。

我国传媒的发展经历了由计划经济向市场经济的转变,传媒的收入依靠财政拨款为主转变为以经营创收为主,这给传媒的生存环境带来极大的冲击。传媒被推向市场后,传媒的竞争日趋激烈,受众的注意力成为稀缺资源。传媒战略的任务就是充分利用所占有的资源,实现传媒的成长与发展战略目标。特别是要追求渠道和终端的齐全,通过"全媒体战略"实现影响力与效益的增长。

二、传媒战略类型

媒体战略需要分别在公司层、业务单位层和职能层设立,管理者需开发和评价不同战略选择,然后选定符合三个层次的战略。

公司层战略:主要回答的是拥有什么样的事业组合,每种事业在媒体中的地位。公司层战略指宏观层面的战略,包括发展战略、稳定战略和收缩战略。

业务单位层战略:对于拥有多种事业的媒体,每个单元都有自己的战略,包括成本领先战略、差异化战略和集中化战略等。

职能层战略：职能部门如研发、生产、市场营销、人力资源和财务部门应当如何与公司层宏观战略保持一致。职能战略是主要职能活动的管理规划，包括市场营销战略、生产运营战略、研发战略、人力资源战略、财务战略和信息战略等。

三、传媒战略管理的过程分析

如图12.1所示，媒体战略过程分析包括战略分析、战略目标选择、战略实施和战略控制四个基本环节。传媒战略管理的步骤：确定传媒组织当前的宗旨、目标和战略，分析环境以及SWOT分析，实施战略，评价结果。

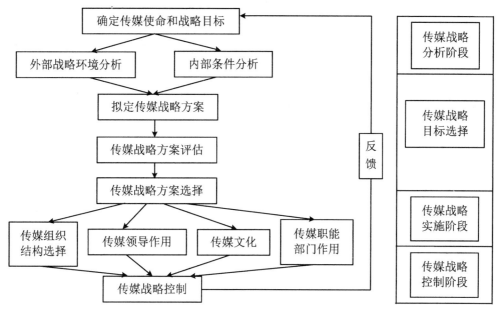

图 12.1 传媒战略管理基本过程

（一）传媒战略分析

战略的形成同时基于外部环境和内部资源的考虑。环境是管理活动的主要制约因素，环境分析是战略过程的关键因素。环境变化对传媒而言，究竟是机会还是威胁，取决于该传媒控制的资源。主要的外部考虑包括社会的、政策的、规则的因素；竞争环境和整体产业吸引力；以及公司的市场机遇和威胁。主要的内部考虑因素有：传媒实力，劣势和竞争力，传媒报道理念，以及传媒文化和价值观。传媒的战略越符合其内部和外部环境，越是能够保持竞争优势。

（二）传媒战略目标

战略目标就是确定传媒发展的大方向和长远目标，指明传媒的未来业务组成和目标，传媒选定的受众细分市场，传媒尽力占领的市场位置，以及传媒的各种业务。传媒的战略目标体系应该以竞争对手为焦点，打败有一定实力与自己竞争的同类媒体。

目标体系由两方面构成:财务目标和战略目标体系。财务目标包括收入增长率、赢利率、良好的现金流等,传媒还要确定投资回报率、股利增长率、股票价格评价。战略目标体系在于为传媒赢得下列结果:获取足够的市场份额(包括受众市场和广告市场),获得持久的竞争优势;在传媒品质、受众服务或创新能力等方面压倒竞争对手,使整体成本低于竞争对手的成本,产品与服务比竞争对手更多或者更有吸引力,覆盖面比竞争对手更广;提高传媒的知名度、美誉度、权威性,建立行业中的领导地位,占领国际市场。

(三) 传媒战略实施

战略实施关系到推行一个新选定的战略的管理实践,进而关系到监督随后的战略运行,提高它执行的能力。实施战略时,传媒要在战略目标与组织结构之间创建强大的"协调性"。根据战略目标配置资源,改变组织结构,分派管理工作,并且通过规划、预算、流程等形式落实既定的战略。传媒战略的实施的主要原则:对战略方案要进行层层分解;战略要由相应的组织来完成;传媒资源配置必须支持战略目标的完成和战略任务的实现。

传媒战略的实施需要明确组织结构和管理人才的构成,高效的组织结构包括目标明确、和谐、授权合理三要素。传媒各项战略的具体实施主要由中层和基层管理人员承担,高层管理人员负责统筹规划,协调各方面关系,指导和检查战略执行情况,安排实施战略和行动计划的具体工作程序,详细说明执行某项工作任务的顺序、步骤、方法,通过这一系列工作将战略目标落到实处。

(四) 传媒战略控制

按照传媒既定的战略,监控方方面面的工作,对实施战略的情况及其成果进行评价和控制,以保证传媒战略的顺利实施,重估绩效、检测环境变化、适时调整是战略管理过程中正常和必要的部分。

高层管理人员通过贯穿于整个管理过程的信息反馈系统,将战略制定阶段确定的各项战略目标与战略实施阶段的实际成果进行比较,监控传媒战略计划的执行情况,正确评价战略实施的成果。在评估的过程中,管理人员要总结前一阶段战略管理工作的经验,指明缺陷,以便修改原有的战略,或者制定、实施新的战略,推动下一阶段战略管理过程的开始。传媒战略的评估标准:战略在内部具有统一性;战略与环境具有适应性;战略执行中的风险性;战略中的实践性;战略与资源的配套性;战略的客观可行性;传媒战略的控制。

因为传媒战略环境的复杂性与不确定性,战略管理的复杂性,以及管理失误的不可避免性,传媒战略控制非常必要。传媒战略控制的类型:回避控制,包括集中管理,风险共担,转移和放弃;活动控制,包括行为规范和限制,明确岗位职责,经济责任制,奖惩,事前审查;绩效控制,根据效益奖惩;人力资源控制,对员工行为控制和防止人才流失,根据能力与绩效确定奖惩和职位升降。

第二节 传媒战略环境与 SWOT 分析

传媒战略环境指决定或影响传媒经营管理活动的发生、进行及其成效的外部环境和内部条件的总和。战略分析要把握环境的现状与发展变化,利用发展机会,避免环境可能带来的威胁,综合外部与内部的环境因素对传媒进行 SWOT 分析,即根据内部的优势与劣势以及外部环境的机会与威胁进行分析。

一、传媒战略环境内涵

传媒战略环境包括内部环境与外部环境。外部环境是指存在于传媒组织周围、影响传媒经营管理活动及其发展的各种客观因素与力量的总和,包括宏观环境和微观环境两种。内部环境是指传媒在一定的经济技术条件下,从事生产经营管理活动所具备的内在客观物质条件和主观工作状况。

从整体传媒经营管理活动来说,内部条件相当于事物发展的内因,起决定性作用,可控且可调整;外部环境相当于事物发展的外因,是必不可少的条件,通过内部条件而起作用,是不可控的因素。

传媒环境具有如下的特点:① 多变性。环境要素变化导致了复杂情况的出现,于是管理者就需要调整方案、思路和方法,以适应不断变化的环境。② 复杂性。环境要素千姿百态、千差万别,不易分辨和把握。③ 系统性。环境要素彼此相关,构成多层次、多视角、多元化的大系统,要素之间彼此制约与影响。

传媒战略环境分析可以充分了解环境各要素的特征,确保经营活动方案或计划的科学性和正确性;认真分析环境要素是为寻找、发现外部环境与内部条件的差异和不协调状况,根据外部环境的变化调整内部条件的不适应因素;从现存环境中寻求、预测可能发生的问题或危机,便于及时应对与顺利解决。

二、传媒外部环境分析

(一) 宏观环境分析

传媒发展的宏观环境发生了很大的变化,外部生存环境有所宽松,传媒开始按传播规律和市场规律经营,相关管理法规逐步健全,新传播技术对媒介的影响力加大,受众从被动接受到主动选择和参与。传媒 PEST 分析图[①],如图 12.2 所示。

1. 政治环境

政治环境是指一个国家的政治制度、体制、形势与方针政策等以及有关的法律法规等因素。政治制度决定大众传媒的传播体制与管理制度,对传媒生存和发展具有决定性影响,政治制度决定了传媒的经济制度,进而影响传媒组织的经营管理。

法律环境指一个国家或地方政府颁布的法律、法规、法令和条例等,包括国家立法和行业管理法规。完善的法律法规是传媒经营与竞争规范的保障,立法越完善,传媒的经营与管理越规范。传媒法律法规既可保证传媒自身严格依法管理和经营,也可运用法律手段保障自身权益。我国与新闻活动有关的重要法规有:《出版管理条例》(1997 年)、《广播电视管理条例》(1997 年)、《期刊管理暂行规定》(1998 年)、《互联网信息服务管理办法》(2000 年)、

---

① P 是政治(Politics),E 是经济(Economy),S 是社会(Society),T 是技术(Technology)。

《中华人民共和国广告法》（2018年修正）。

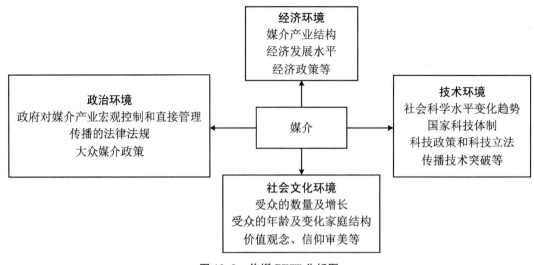

图12.2 传媒PEST分析图

2. 经济环境

经济环境是指传媒经营过程中的各种经济发展水平、产业结构、经济联系以及经济政策等因素。宏观经济政策决定了政府对媒体的经济政策，例如，经济体制、财政金融政策、政府预算规模、收入水平、消费倾向和模式、地区发展差异等都影响媒体的运营成本和收益。

2019年中国的GDP超过了14.36万亿美元，人均约为1.03万美元，这就意味着中国消费规模还将持续整体扩大，消费升级也将持续推进。2020年是决胜全面建成小康社会、决战脱贫攻坚之年，也是"十三五"规划收官之年。人均收入水平持续提升，为决胜全面建成小康社会、决战脱贫攻坚打下坚实基础。据国家统计局数据，2019年全国文化及相关产业增加值为44363亿元，比上年增长7.8%，占GDP的比重为4.5%。收入增加将促进文化消费，在文化产业比较发达的国家，文化产业的产值占国内生产总值的10%以上，而我国不到5%。中央提出把文化产业发展为支柱性产业，一方面可以满足人民的多样化的文化需求；另一方面，对于培育新的经济增长点、经济结构的战略性调整、转变经济发展方式等都有重要意义。

3. 社会文化环境

社会文化环境是指一个国家或地区的社会结构、人口结构、家庭结构、价值观念、宗教信仰、风俗习惯、民族特征、教育水平、文化传统、生活方式和消费观念等。人口老龄化、贫富差距、城乡差别等社会结构因素影响传媒的发展。传播媒介是文化传承的中介，是社会文化的组成部分，一方面，传播媒介促进文化的传递、发展与繁荣，另一方面，社会文化的变迁反过来影响传播媒介。社会的文化水平、教育程度以及生活方式等影响了人们对媒介的参与程度与消费模式，媒体人员的理念、思维方式、审美情趣都打上了社会文化的烙印。

4. 技术环境

技术环境指传媒发展过程中的科技发展水平、科学技术政策以及科技发展趋势等。传播技术的发展与突破对媒介的发展非常重要，从某种程度上说，媒介就是科技的产物，是技术的附属品。人类发展史上五次传播技术革命都催生了新媒介，不断改变传播的格局。

传播技术的发展改变了传媒与受众的关系，为媒介的运营提供了技术平台，改变了媒介的商业模式,扩大了传播范围,增强了传播的自由度,同时,也强化了传播效果。例如,随着互联网的诞生,基于互联网的博客、播客、微博、微信、客户端等新媒介层出不穷,人工智能、区块链、大数据、云计算、VR等技术改变了传播形态与渠道。为了在激烈的竞争中获取较好的经济效益,媒体必须充分考虑技术环境,做好数字时代的媒体战略规划。

(二)产业环境分析

传媒行业是知识密集型产业,范围经济与规模经济效益明显,从大众传媒整个行业的发展周期来看,传媒正身处高速发展阶段,可以称为"朝阳产业"。我国传媒产业环境出现了如下几个特点:

传媒的市场功能确立,由原来单一的"喉舌功能"发展为传播信息、传承文明、娱乐消遣、舆论监督和产业经营等多元化功能并存。政治上,大众传播媒介具有上层建筑的属性,是党和政府的喉舌以及政策、方针的传达者与宣传者。经济上,传媒产业本身就具有经济属性,是社会经济活动的一部分,只不过它的产品比较特殊,具有鲜明的精神性和文化性,同时它又是传播经济信息、推动经济发展的重要因素和强大力量。文化上,传媒产品是大众化的、深受老百姓欢迎的文化,同时它又是大众文化的有力推动者和扩展者。

媒体呈现出非均衡发展态势,东西部媒体之间、不同级别媒体之间、城乡媒体之间的发展差距较大。2019年年底,我国期刊数量达到10171种,出版社585家,报纸1851种,媒体呈现出数量大、实力弱的特点。媒体投入资本由单一封闭向多渠道融资转变,其中广告成为媒体的主要经济支柱,社会资本可以进入除新闻采编等核心业务以外的其他传媒领域。

媒体之间的竞争加剧,产品差异化不强,广告市场趋向理性回归,经营成本逐年上升。特别是随着互联网的发展,传统媒体的广告收入增长趋缓,报纸广告收入甚至大幅度下降,同类媒体之间、不同媒体之间的竞争加剧。技术创新与产品创新引起行业变化,市场技术的创新、效率提高、生产能力的扩大、产品创新等都导致传媒产业结构的变化。

产业的生命周期。分析产业发展状况的常用方法是认识产业所处的生命周期。产业的生命周期阶段可以用产品的周期阶段来表示,分为开发期、成长期、成熟期和衰退期四个阶段。只有了解产业目前所处的生命周期阶段与整体发展状况,才能决定企业在某一产业中应采取进入、维持或退出,才能进行正确的投资决策。例如,录像带已经进入衰退期,报纸杂志、广播影视已经进入了成熟期,数字电视、社交媒体则刚进入成长期,手机电视还是开发期。

市场需求状况。可以从市场需求的决定因素和需求价格弹性两个角度分析市场需求。人口、购买力和购买欲望决定着市场需求的规模,而产品价格、差异化程度、促销手段、消费者偏好等影响着购买欲望。影响产品需求价格弹性的主要因素有产品的可替代程度、产品的重要程度、该产品支出在总支出中所占的比重、替代品的转换成本、对商品的认知程度以及对互补品的使用状况等。

市场结构有助于对市场竞争者的性质加以正确的估计。经济学中对市场结构的四种分类:完全竞争、垄断竞争、寡头垄断和完全垄断。我国传媒市场结构大部分属于垄断竞争与寡头垄断市场结构,在特定的细分市场或区域市场有垄断的市场结构出现。

(三)竞争环境分析

如图12.3所示,根据波特教授从产业组织理论角度提出的产业结构分析的基本框架——五种竞争力分析,可以从潜在进入者、替代品、购买者、供应商与现有竞争者之间的抗衡来分析产业竞争的强度以及产业利润率。①

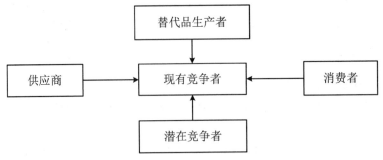

图 12.3　波特产业结构理论五种竞争力分析

(1) 现有竞争对手。报纸、杂志、广播、电视、互联网以及手机媒体之间是一场看不见硝烟的争夺战,受众数量是固定的,媒体内容质量下滑会导致受众的流失,而受众的流失就会导致广告商投放广告额度的减少。

(2) 潜在进入者的竞争。传媒行业每年都有新进入者,他们希望获得一定市场份额。新进入者往往会分流一部分受众注意力,甚至引发价格大战。潜在进入者的进入威胁在于减少了市场集中,激发了现有企业间的竞争,并且瓜分了原有的市场份额。

(3) 替代品的竞争压力。现在电视节目的制作模式不受法律保护,模仿、克隆现象十分普遍而又异常迅速,使得原创的节目经常陷入被克隆的尴尬处境。替代品作为新技术与社会新需求的产物,对现有产业的替代威胁的严重性十分明显,例如,网络视频对传统电视的替代,综合性新闻网站对传统报纸的替代。替代品之间的竞争规律仍然是价值高的产品获得竞争优势。

(4) 供应商、消费者带来的"力":与我讨价还价。购买者、供应者讨价还价的能力取决于各自的实力,比如卖(买)方的集中程度、产品差异化程度与资产专用性程度、纵向一体化程度以及信息掌握程度等。对于媒体来说,受众注意力资源非常重要,受众对内容、形式、质量、服务等要求越来越高,传媒的经营管理必须适应这种变化趋势。

三、传媒内部环境分析

(一) 企业资源与核心能力分析

1. 企业的资源分析

企业的基础是资源,资源是能力的载体,要强化企业的能力,首先必须获得优质资源。企业资源是指企业在经营活动中所需要的各种各样的有形和无形资源。

有形资源是指具有固定生产能力特征的实体资产以及可自由流通的金融性资产。金融性资源包括融资能力、企业内部产生现金流的能力。物理性资源包括设施及设备的性能和地理位置、获得原材料的渠道和价格。人力资源包括管理者及员工的素质、技术水平、骨干

---

① 迈克尔·波特. 竞争战略[M]. 陈小悦,译. 北京:华夏出版社,2005:5.

队伍情况、员工忠诚感。

无形资源是指那些根植于企业的历史、长期以来积累下来的资产。无形资源包括技术资源和专利、专有技术、贸易秘密、商标等知识产权；还包括创新资源、高水平的管理人员及研发人员，商誉（在用户中的声誉），品牌级别和名次，市场对质量和可靠性的印象，在供应商中的声誉等。

2. 核心竞争力分析

核心能力是指企业在竞争能力和竞争优势基础上的多方面技能、互补性资产和运行机制的有机融合，是不同技术系统、管理系统及技能的有机组合，是识别和提供竞争优势的知识体系。核心能力是资产、人员和组织投入产出过程的复杂结合，表现在整合一组资源以完成任务或者从事经营活动的有效性和效率。

核心能力可使企业拥有进入各种市场的潜力，它是差别化竞争优势的源泉。核心能力具有原创性、专有性，所以只要保护得好，它是不易被对手模仿的。核心能力是企业开拓市场的"引擎"。应将企业看成一个核心能力的集合体，而不是产品的集合体。培育企业的核心能力是有利于企业持续经营的战略选择。

第一层：开发与获得构成核心能力的技术与技能之争。其竞争的目标是获取、开发构成核心能力的技术或技能，以形成一定的核心能力。该层次的竞争主要发生在技术、人才、结盟伙伴和知识产权方面。

第二层：整合核心能力之争。各企业在聘用关键人才、争取独家许可、结交合作伙伴方面会短兵相接、正面交手。但在把分散的技能整合为核心能力，则是比较间接的竞争。

第三层：核心产品市场份额之争。核心能力与最终产品之间的有形联结即为核心产品，它是企业一种或几种核心能力的实物体现。例如，英特尔的微处理器、丰田的发动机、台积电的芯片生产技术都是核心产品。许多企业以原始或垄断技术、设备供应商的身份，向其他企业销售其核心产品，以取得具有辐射强度的高市场份额。

3. 传媒核心竞争力

传媒核心竞争力主要体现在新闻媒体的内在机制、新闻作品内容、媒介品牌和人力资源四个方面，这四个方面是传媒核心竞争力的关键要素。[①]

机制创新是打造传媒核心竞争力的制度保障。随着政府机构改革与职能的转变，文化体制改革的深入发展，政府对媒体的管理体制实行"政企分开""管办分开"，新闻宣传业务与产业经营业务相对独立、分类运行，遵循媒体发展规律来进行制度创新。传媒集团成为市场主体，通过市场力量配置资源，从传统事业单位走向企业化管理的现代传媒集团。

品牌战略是打造传媒核心竞争力的有效手段。传媒品牌是市场发展的产物，随着传媒内容产品的同质化的发展，传媒之间的竞争日益成为品牌竞争，依靠品牌来争取广告。例如，南方日报报业集团形成了系列品牌报纸并确立了"高度决定影响力"的品牌理念；《南方周末》以深度报道、舆论监督以及高质量的主流新闻在知识分子中赢得了良好的口碑；《南方都市报》深入都市生活、引领时代风尚、紧密追踪经济热点、快速反应大众焦点，受到大众的喜爱。

独特的新闻内容是打造传媒核心竞争力的核心基础。传媒产业的本质是内容和创意，内容是媒体的核心资源，对内容的开发和再利用以获得受众的眼球资源和广告收入。媒体

---

① 沈正赋.传媒核心竞争力及其影响要素解读[J].新闻大学,2004(4):65.

就是通过采集或整合相关内容资源,形成比较有竞争力的内容产品。像《华尔街日报》《金融时报》《纽约时报》等报纸,他们将很多有价值的专栏文章和报道、评论、图片,通过特稿的方式在全世界实现有偿授权刊用。《财经》杂志凭借其拥有独特的资源渠道、政策吹风、内幕揭发等题材形成自己独特的风格和优势,在同行和读者中获得一致好感。

雄厚的人力资源是打造传媒核心竞争力的智力支持。知识经济从一定意义上来说就是人才经济,通过知识精英的合理开发和优化配置来实现效益的最大化,从而将知识资本、人力资本转化为社会生产力。传媒产品是一种精神产品,完全靠参与其中的人的创造力、智慧和活力,依赖一个优秀、高效、新锐的智力密集型团队去运作和实施,才能提供密集的知识、技术和管理。

(二) 价值链分析

波特认为企业每项生产经营活动都是其创造价值的经济活动,那么,企业所有的互不相同但又相互关联的生产经营活动,便构成了创造价值的一个动态过程,即价值链。一个价值链显示了对于消费者来说产品生产的整体价值,它是由价值活动和利润两部分组成。

企业考察自己的价值链结构并将它同竞争对手的价值链结构进行比较,对制定战略以消除成本劣势和创造成本优势起着至关重要的作用。竞争企业之间的重大成本差异可能发生在三个主要的领域:行业价值链的供应商部分、企业自己的活动部分和行业价值链的前向渠道部分。如图 12.4 所示,价值链分析的基础是价值,各种价值活动构成价值链,价值活动分为主体活动和辅助活动。

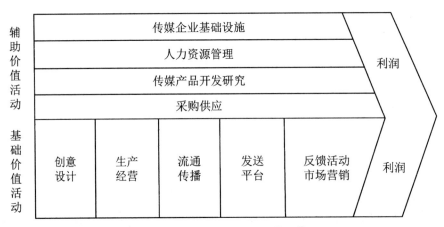

图 12.4 传媒企业价值链模型①

(1) **主体活动(基础活动)**。① 内部后勤:与产品投入品的进货、存储、分配有关的活动;生产运营:各种输入转换成最终产品的活动;② 外部后勤:与最终产品的库存、分送给顾客有关的活动;③ 市场营销:提供一种使顾客意识到产品或服务,并促进其购物的活动,取决于销售团队素质、销售渠道选择、市场分析与预测等三大要素;④ 服务:安装、维修等所有能保持或提高产品价值的活动。

(2) **辅助活动(支持活动)**。① 企业基础设施:指企业的计划、财务、质量控制等体系,以及承载企业运营的组织结构和惯例体系;② 人力资源开发:指企业员工的招聘、雇佣、培训、提拔等活动；③ 技术开发：指可以改进企业产品和工序的一系列技术活动，既包括生产性技术，也包括非生产性技术；④ 采购：指获取企业生产所需投入品的过程，既包括生产用原材料的采购，也包括其他资源品（如咨询等）的投入。

国际上成功的传媒集团都有一个特点，就是传媒集团内部各项业务，已经形成了一个资源共享、优势互补、相互支撑、共同发展的产业链条，各项传媒资源通过内容共享、经营经验共享及技术共享实现高度共享与互补，从而增强了竞争优势，降低了经营成本，提高了资源利用率。产业链是产业关联程度的表达，产业关联度越强，链条越紧密，资源利用率越高，同时，产业链也是资源深度加工的表达，产业链越长，资源越可以深度加工。传媒价值链是指传媒所从事的设计、生产、营销、广告及支持性活动等各项活动的集合体，形成了上游开发、中游拓展、下游延伸的产业集群。产业链各环节要在竞争合作中求得发展，寻求内容生产、渠道传播、平台延伸的价值增值点，发挥传媒产业链的整体价值能力。

（三）业务组合分析

价值链分析有助于对企业能力进行考察，这种能力来源于独立的产品、服务或业务单位。但是，对于多元化经营的公司来说，还需要将企业资源和能力作为一个整体来考察，也就是说保证业务组合的优化是公司战略管理的主要责任。波士顿矩阵与母合优势理论就是对业务组合分析的主要方法。

1. 波士顿矩阵分析

人们习惯于用市场增长和市场份额矩阵图——波士顿矩阵图来解决业务组合的平衡问题。该方法区分出四种业务组合（图12.5）：明星业务（Stars，指高增长、高市场份额）；问题业务（Question Marks，指高增长、低市场份额）；现金牛业务（Cash Cows，指低增长、高市场份额）；瘦狗业务（Dogs，指低增长、低市场份额）。这一工具通过市场份额和市场增长速度（市场生命周期）对业务单元进行分析，是一种考虑业务组合平衡和发展的方式。

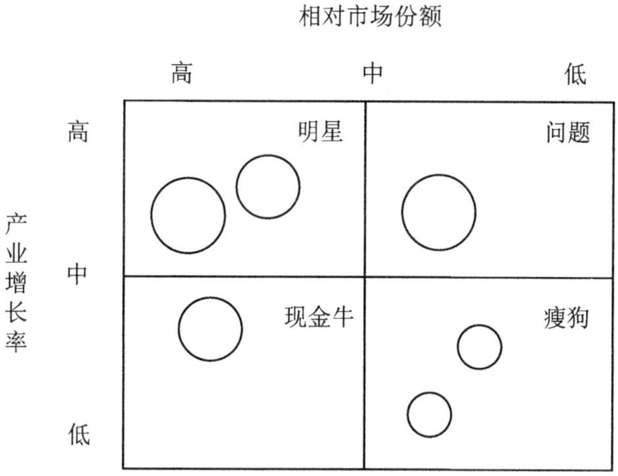

图12.5 波士顿市场份额矩阵

（1）明星业务，是高增长、强竞争地位的业务。此业务是企业资源的主要消费者，需要大量的投资，企业应该优先给它们所需要的资源，支持它们发展。积极扩大经济规模和市场机会，提高市场占有率，加强竞争地位。

（2）问题业务，是高增长、低竞争地位的业务。一方面，市场的增长率很高，企业需要大量的投资支持其生产经营活动；另一方面，市场占有率很低，能够生成的资金很小，现金流量很差。企业要对问题业务进行具体分析，判断其成为明星业务所需要的投资量，未来赢利能力如何，是否值得投资等，对于有希望成为明星业务的可在一定时间内采取扶持政策。

（3）现金牛业务，是低增长、强竞争地位的业务。此类业务处于低速增长的成熟市场之中，市场地位有利，赢利水平很高，不需要投资，反而能够为企业提供大量资金，用以支持其他业务的发展。此类业务的增长率下跌是不可阻挡的趋势，要把设备投资和其他投资尽量压缩，采取收获战略，即所投入资源以达到短期收益最大化为限。

（4）瘦狗业务，是低增长、弱竞争地位的业务。此类业务处于市场饱和状态，竞争激烈，利润很低，不能成为企业资金的来源。企业采取的策略应该是撤退战略：依次撤退，对于暂时还能够维持的业务，缩小经营范围，加强内部管理；对于市场占有率与增长率都极低的业务应该立即淘汰，将剩余资源转移到其他产品，或者将瘦狗产品与其他事业部合并，统一管理。

波士顿矩阵认为决定产品结构及基本要素有两个，即市场引力与企业实力。市场引力包括市场增长率、目标市场容量、竞争对手强弱及利润高低等。其中最主要反映市场引力的综合指标——市场增长率，是决定企业产品是否合理的外在因素。

这种分析方法也有局限性，确定市场占有率与增长率有一定困难，划分过粗，企业的市场份额与投资回报不一定成正比的，一些市场占有率很低的业务获得很高的利润，没有解决企业如何选择新业务的问题，等等。

2. 母合优势理论

母合优势理论主要是解决如何将总部的战略技能或核心能力与业务单元取得竞争优势所需的关键成功因素结合起来。这一方法建立的基础是：公司应当发展适合总部母合优势的业务组合；反过来，公司总部也应该发展适合其业务组合的母合优势。这个理论的前提是，业务单元的成功关键因素是与公司总部的技能、资源和特性之间的适合度，业务单元能够在总部的帮助下提升业绩。

（1）核心区业务：是指那些总部能够增加其价值而不会损坏其价值的业务，它们是未来战略的核心。核心区业务有改善业绩的机会，公司对其业务的关键成功因素理解也比较彻底。在业务组合中，公司应优先发展核心区业务。

（2）核心区边缘业务：是指该业务与有些总部特征匹配，与另一些总部特征不匹配。也就是说，总部既可以增加价值也可能使价值受损。所以需要公司决策层做出准确的分析和判断，并尽可能使他们转化为核心区业务。

（3）压舱区业务：是指那些总部清楚理解但无法提供帮助的业务，虽然关键成功要素具有匹配性，但是缺乏母合的机会，所以压舱区业务进一步创造价值的可能性比较小。压舱区业务的价值创造活动增长缓慢，而且一旦环境发生变化，这种业务就有转化为异质性业务的风险。经理人员应该有将压舱区业务需求转化为核心区边缘业务或核心区业务的母合机会，否则公司应该放弃该项业务。

（4）价值陷阱业务：总部提供的增值服务与业务单元所需的关键成功因素不适合，而且总部的关注可能会给业务单元带来更多的负面影响。这类业务暂时的高收益往往使决策者不能做出明确的判断，从而使公司未来陷入价值困境。

（5）异质型业务：是指明显不适合的业务，这些业务没有什么增值机会，而且它们的行为与总部有着很大的差异,这些业务应该坚决退出。

四、传媒 SWOT 分析

SWOT 分析是根据企业的目标列出对企业生产经营活动及发展有着重大影响的内部及外部因素,并且根据所确定的标准对这些因素进行评价,从中判定出企业的优势和劣势、机会和威胁,从而选择最佳经营战略的方法。进行 SWOT 分析时,要分析出公司所处的各种环境因素,即外部环境因素和内部能力因素。外部环境因素包括机会因素和威胁因素,它们是外部环境对公司的发展直接有影响的有利和不利因素,属于客观因素;内部环境因素包括优势因素和劣势因素,它们是公司在其发展中自身存在的积极和消极因素,属主观因素。

内部优势(Strengths)是组织机构的内部因素,具体包括:有利的竞争态势,充足的财政来源,良好的企业形象,技术力量,规模经济,产品质量,市场份额,成本优势,广告攻势等。

内部劣势(Weaknesses)也是组织机构的内部因素,具体包括:设备老化,管理混乱,缺少关键技术,研究开发落后,资金短缺,经营不善,产品积压,竞争力差等。

外部机会(Opportunities)是组织机构的外部因素,具体包括:新产品,新市场,新需求,外国市场壁垒解除,竞争对手失误等。

外部威胁(Threats)也是组织机构的外部因素,具体包括:新的竞争对手,替代产品增多,市场紧缩,自然环境变化,行业政策变化,经济衰退,客户偏好改变,突发事件,消费者消费兴趣转移等。

如图 12.6 所示,SWOT 分析可以作为企业战略制定的一种方法,它提供了四种可选的战略。

	外部环境	
	机会	威胁
内部环境 优势	增长型战略(SO)(Ⅰ)	多元化战略(ST)(Ⅲ)
内部环境 劣势	扭转型战略(WO)(Ⅱ)	防御型战略(WT)(Ⅳ)

图 12.6 企业战略的 SWOT 分析

第一种 SO 战略:利用企业内部优势去抓住外部机会的战略,企业具有很好的内部优势以及众多的外部机会,应当采取增长型战略,如开发市场、增加产量等。

第二种 WO 战略:利用外部机会改进内部劣势的战略,企业面临着巨大的外部机会,却受到内部劣势的限制,应采取扭转型战略,充分利用环境带来的机会,设法清除劣势。

第三种 ST 战略:利用企业的优势去避免或减轻外部威胁打击的战略,企业面临一定的内部优势,但外部环境存在威胁,应该采取多元化战略,以对抗竞争对手的威胁。

第四种 WT 战略:直接克服内部劣势和避免外部威胁的战略,企业内部存在劣势,外部面临强大的威胁,应该采取防御型战略,进行业务调整,设法避免威胁和消除劣势。

例如,传播方式的变革导致了省级卫视与网络视频之间的博弈,它们各自有自己的优势、劣势、机会与威胁，可以分别制定针对性强的战略。以优酷土豆、爱奇艺 PPS、搜狐视频为代表的网络视听产业快速发展，以快速、便捷、多样化以及适应信息碎片化的优势获得大量的受众，争抢电视产业的广告份额。

省级卫视的 SWOT 分析。优势：内容资源，创意能力，成熟的产业链与产业环境。劣势：传播方式固化，互动性弱，条块分割，政策裹挟。机会：产业升级，抓住新的市场时机。威胁：网络视听生力军，同业竞争。省级卫视要加强内容创新、渠道创新与形式创新：一方面，加强内容创新，利用大数据获取受众的内容偏好、收视习惯，制作高水平的节目；另一方面，加强渠道与形式创新，拓宽移动互联网传播渠道，开发 App 应用软件，把优质化的内容按照互联网的传播规律，制成快捷与生动的内容，满足受众碎片化的信息需求。例如，湖南卫视推出在线视频媒体平台"芒果 TV"，能与湖南广播电视总台内容形成互补，整合节目、内容与渠道资源。2020 年芒果超媒公司营业收入为 140.02 亿元，同比增长 12.01%；净利润为 19.63 亿元，同比增长 69.79%。2020 年末，芒果 TV 有效会员数达 3613 万，实现了广告与会员的双增长。

网络视听新媒体的 SWOT 分析。优势：渠道优势，观众年轻化，碎片化消费，互动性强，技术先进，市场竞争活跃，多屏传播。劣势：内容缺乏，侵权频发。机会：互动传播时代到来，国家政策的推动。威胁：传统媒体，同业竞争。网络视听新媒体要加强内容创新，与内容渠道合作共赢，或开发自制节目。网络自制节目是指网站自身策划、选题、拍摄、剪辑、制作出来的栏目，比如网络自制剧、网络微电影、网络访谈、脱口秀及综艺节目等。例如，优酷土豆推出《优酷全娱乐》《老友记》等娱乐资讯与脱口秀节目，增强节目自制能力。爱奇艺 PPS 加大优质内容独播权的投入，继续发力包括大型综艺节目、自制剧等多项自制内容。

第三节 传媒总体战略

总体战略是企业最高层次的战略，它需要根据企业的目标，选择企业可以竞争的经营领域，合理配置企业经营所必需的资源，使各项经营业务相互支持、相互协调，主要类型包括发展型战略、稳定型战略和收缩型战略。

一、传媒发展型战略

发展战略强调充分利用外部环境的机会，充分发掘企业内部的优势资源，以求得企业在现有的基础上向更高一级的方向发展。发展战略分为密集型战略、一体化战略与多元化战略。

（一）密集型战略

密集型成长战略，也称加强型成长战略，包括市场渗透战略、市场开发战略和产品开发战略三种类型。这种战略对于具有较强核心竞争力的传媒企业或者传媒集团非常适合，例如，新闻集团推出 iPad 版电子报纸 The Daily。

1. 市场渗透战略

市场渗透战略是基于企业现有产品和现有市场组合成的战略,针对现有市场尚未饱和、企业没有新的发展机会的情况,增加现有产品或服务的市场份额。

市场渗透战略:扩大使用者人数;发掘潜在顾客、吸引竞争对手顾客;扩大使用频率和每次使用量;增加使用量;提高产品质量;改进产品的式样。

优点:投入少,见效快;风险最小;短期利润增长较快。风险:竞争加剧,易错过更好的发展机会,顾客兴趣改变以及技术突破等。

2. 市场开发战略

市场开发战略是由现有产品和相关市场组合而产生的战略,将现有产品或服务打入新市场的战略,开辟其他区域市场和细分市场。实行这种战略有三种途径:开发国际、国内新市场;寻找现有产品的潜在用户;通过增加直销、连锁等新的销售渠道开辟新市场。

市场开发战略主要适应以下几种情况:存在未饱和的市场;可得到新的、可靠的营销渠道;企业现有经营领域十分成功;企业拥有扩大经营的资金与人力资源;企业有过剩产能,等等。例如,迪士尼集团已拥有六个世界顶级的家庭度假目的地:加州、奥兰多、东京、巴黎、香港、上海等迪士尼度假区。

优点:发现新顾客,开辟新市场;投入少,风险小;易被消费者接受。风险:比渗透战略风险大;需重新确定营销组合;是一个短期战略;仍然面临顾客减少或技术落后。

3. 产品开发战略

产品开发战略是新产品与现有市场相结合的战略,对企业现有市场投放新产品或利用新技术改造现有产品,以此扩大市场占有率和增加销售额的战略模式。这种战略可以延长产品的寿命周期,提高产品的差异化程度,满足市场新的需求,从而改善企业的竞争地位。实现的途径:对现有市场投放新产品,利用新技术增加产品的种类。产品开发的主要途径:质量改进、特点改进、式样改进。

该战略适用于以下几种情况:企业产品具有较高的市场信誉度和顾客满意度;原有产品处于成熟期;所在产业正处于高速增长阶段,属于创新的高新技术产业;具有较强的研究与开发能力。

优点:具有一定程度的创新性,有助于提高竞争力。风险:投资较多,开发难度增大,风险较大。

(二)传媒一体化战略

一体化战略又称为企业整合战略,是指企业对具有优势和增长潜力的产品或业务,沿其经营链条的纵向与横向延展业务的深度和广度,扩大经营规模,实现企业的成长。一体化战略包括纵向一体化战略和横向一体化战略。纵向一体化分为两种情况:获得对经销商或者零售商的所有权或对其加强控制,称为前向一体化;获得对供应商的所有权或对其加强控制,称为后向一体化。获得与自身生产同类产品的企业的所有权或加强对他们的控制,称为横向一体化。

1. 纵向一体化战略

纵向一体化战略,又称为垂直一体化战略,是生产企业与原材料供应企业,或者生产企业与产品销售商联结在一起的组织形式。从理论上看,纵向一体化战略有利于节约与上下游企业在市场上进行购买与销售的交易成本,控制稀缺资源,保证关键投入的质量或者获取新客户,但是也增加企业的管理成本。

(1) 后向一体化战略。后向一体化,指生产企业与供应企业之间的联合,将企业的价值链进一步反向延伸,目的是确保产品或劳务所需的全部或部分原材料的供应,加强对所需原材料的质量控制。

后向一体化战略主要基于以下考虑:当企业自己生产所需的原材料后,能够较外购降低成本时,后向一体化才是应该考虑的;可以产生以差别化为基础的竞争优势,将供应品自己生产后,能提高产品和服务的质量,改善公司对客户服务的能力;可以排除依靠供应商提供关键产品与服务所带来的不确定性。

(2) 前向一体化战略。前向一体化,指将企业的价值链进一步向前延伸,生产企业与用户企业或销售商之间的联合。其目的是促进产品销售,增强市场控制能力;降低产品成本;提高产品的差别化能力;增加生产经营的稳定性;提高进入障碍。

前向一体化战略的适用性:现在利用的销售商成本高昂或不能满足企业销售需要;可利用的高质量的销售商数量有限,采取前向一体化的企业将获得竞争优势;所处的行业正在明显快速增长或预计将快速增长;具备进行前向经营的资金和人力资源;需要保持生产的稳定性。

纵向一体化提高公司在本产业的投资,增大风险,同时有一个保持在价值链的各阶段生产能力的平衡问题。纵向一体化的核心在于:企业要想取得成功,哪些能力和活动应该在自己内部展开,哪些可以安全地转外部的企业,是否能够创造竞争优势。《北京青年报》是纵向一体化战略的实践者,前向整合:成立小红帽物流公司,提供报、书、水、奶和票,直接销售;后向整合:给造纸厂提供纸浆,拥有PS版生产厂家富士公司北京代理权。

2. 横向一体化战略

横向一体化也叫水平一体化战略,是指将生产相似产品的企业置于同一所有权控制之下,兼并或与同行业的竞争者进行联合,以实现扩大规模、降低成本、提高企业实力和竞争优势。

采取横向一体化战略的好处:减少竞争对手;能够形成更大的竞争力量去和竞争对手抗衡;能够取得规模经济效益。劣势:不同公司的历史背景、业务风格、企业文化、管理体制方面存在较大的差异,协调工作困难。可能会使合并后的企业处于垄断地位,这对消费者和行业的发展都是极为不利的。

传媒企业实施横向一体化战略的条件:① 希望在某一地区或市场中减少竞争,获得某种程度的垄断,以提高进入障碍;② 传媒在一个成长着的行业中竞争;当竞争者是因为整个行业销售量下降而经营不善时,不适于用横向一体化战略对其进行兼并;③ 需要扩大规模经济效益来获得竞争优势;④ 传媒具有成功管理更大的组织所需要的资本和人力资源。⑤ 传媒需要从购买对象身上得到某种资源。

(三) 多元化战略

多元化战略,是指一个企业同时在两个或两个以上的行业中进行经营,向不同的行业市场提供产品或服务的战略。多元化战略是企业最高层为企业制定多项业务的组合,是为公司涉足不同产业环境中各业务而制定的发展规划。

1. 多元化战略的概念

传媒多元化战略是指传媒向外部其他行业或部门的渗透和扩张,同时生产和提供两种以上不同的产品或劳务,达到以传媒产业为主,涉足多个行业或部门,以期实现规模优势、降低经营风险、营造持续竞争优势的战略行为。

多元化战略的好处:获得范围经济效益;品牌、经验、有效管理共享,传递核心竞争力;资源多重利用;融资成本降低;增加处理多余资金的渠道;多个利润中心,降低生存风险;合理利用企业的资源;协同效应和企业风险的降低。

多元化战略的缺点:分散企业资源;加大管理难度;提高运作费用;加剧人才缺口。

多元化战略实施需注意的问题:不盲目跟风,进入完全陌生的行业,同时经营多种不同领域的产品;主营产品规模不经济,行业跨度过大。

2. 多元化战略的类型

多元化战略分为同心多元化与离心多元化。同心多元化也称为相关多元化,是以现有业务为基础进入相关产业的战略。当企业在产业内具有较强的竞争优势,而该产业的成长性或者吸引力逐渐下降时,比较适宜采取同心多元化战略。离心多元化也称为不相关多元化,增加新的与原有业务部相关或不相关的产品或服务,从财务上考虑平衡现金流或获取新的利润增长点。

(1) 相关多元化战略,是指企业为了追求战略竞争优势,增强或扩展已有的资源、能力及核心竞争力而有意识采用的一种战略。实行这种战略的企业增加新的相关的产品与服务,这些业务在技术、市场、经验、特长等方面相互关联。相关多元化战略实现方式:探求密切相关的技术和专有技能;将技术秘诀和专有技能,从一种经营业务转移到另一种经营业务;将组织的品牌名称和在顾客中建立起的信誉转移到一种新的产品和服务;进入能够共享销售队伍、广告、品牌和销售机构的经营领域;并购非常有助于增强公司目前经营的新业务。

(2) 不相关多元化战略,是指公司进入与原有行业不相关的新业务,公司经营的各行业之间没有联系,优势就是分散经营风险,通过投资任何有最佳利润前景的产业可以使公司的财力资源发挥最大的作用,公司的获利能力更加稳定。不相关多元化战略的弱点是管理难度很大,不存在战略匹配利益。不相关多元化战略的适用性:当企业所在行业逐渐失去吸引力,企业销售额和利润下降;企业没有能力进入相邻产业;企业具有进入新产业所需的资金和人才;企业有机会收购另一个有良好投资机会的企业。

二、稳定型战略

稳定型战略也称为防守型战略,是指企业遵循与过去相同的战略目标,保持一贯的成长速度,同时不改变基本的产品或经营范围。它是对产品、市场等方面采取以守为攻,以安全经营为宗旨,不冒较大风险的一种战略。

(一) 稳定型战略的适用条件

稳定型战略的内部适用条件:企业高层领导对过去的经营业绩感到满意,希望保持和追求与过去大体相同的业绩和目标,从而稳定和巩固企业现有的竞争地位,企业缺乏对新产品和新市场的必要认识。外部适用条件:宏观经济增速缓慢导致产业增长速度降低;产业技术相对成熟,技术更新速度较慢;消费者无明显需求变动;行业或产品进入成熟期,新产品或新技术开发困难;寡头垄断行业内竞争格局已经形成,一般采用稳定型战略。

稳定型战略的优点:企业的经营风险相对较小。能避免因改变战略而改变资源分配的困难。能给企业一个较好的修整期,使企业积聚更多的能量,以便为今后的发展做好准备。缺点:稳定型战略也会使企业的风险意识减弱,甚至形成害怕风险、回避风险的企业文化,这就会大大降低企业对风险的敏感性、适应性和应对风险的能力,从而增加了风险的危害性和严重性。

(二) 稳定型战略的类型

(1) 无变化战略,是指基本没有什么变化的战略。

(2) 维持利润战略,是指为了维持目前的利润水平而牺牲企业未来成长的战略。

(3) 暂停战略,就是在一段时期内降低企业目标水平,放慢快速成长的步伐,使企业能够将各种资源合并在一起使用。

(4) 谨慎前进战略,如果外部环境中的某一重要因素难以预测或变化趋势不明显,就要有意识地降低实施进度,步步为营,这就是所谓的谨慎前进战略。

三、紧缩型战略

紧缩型战略也称为撤退型战略,是指企业从目前的战略经营领域和基础水平收缩和撤退。紧缩型战略是一种消极的发展战略。有时只有采取收缩和撤退的措施,才能抵御竞争对手的进攻,避开环境的威胁和迅速地实行自身资源的最优配置。可以说,紧缩型战略是一种以退为进的战略。

(一) 紧缩型战略的特点

紧缩型战略,是企业为了适应外界环境而采取的一种战略。这种外界环境包括经济衰退,产业进入衰退期,对企业的产品或服务的需求减小等情况。在这些情况下,企业可以采取紧缩战略来度过危机,以求发展。

紧缩型战略的特征:对企业现有的产品和市场领域实行收缩、调整和撤退,企业规模缩小,利润率和市场占有率会有较为明显的下降。控制削减各项费用支出,只投入最低限度的经济管理资源。这种战略具有明显的过渡性,其根本目的并不在于长期节约开支,停止发展,而是为了今后发展积蓄力量。

紧缩型战略的优点:能帮助企业在外部环境恶劣的情况下,节约开支和费用,顺利地度过不利的处境;能在企业经营不善的情况下最大限度地降低损失。缺点:实行紧缩型战略的尺度较难以把握,因而如果盲目地使用紧缩型战略的话,可能会扼杀具有发展前途的业务和市场,使企业的总体利益受到伤害。一般来说,实施紧缩型战略意味着不同程度的裁员和减薪,会引起企业内外部人员的不满,从而引起员工情绪低落。

(二) 紧缩型战略的类型

转向战略是一种重要的紧缩型战略,指当企业现有经营领域的市场吸引力减弱、失去了发展活力而趋向衰退,企业市场占有率受到侵蚀,经营活动发生困难时,或者发现了更好的领域和机会时,为了从原有领域脱身、转移阵地,所实行的收缩战略。另外,紧缩型战略还有如下几种:

(1) 失败型紧缩战略。这种战略是指企业由于经营失误造成企业竞争地位虚弱、经营状况恶化,如产品滞销,财务状况恶化,投资已无法收回等情况。只有采用紧缩型战略才能最大限度地减少损失,保存企业实力。

(2) 调整型紧缩战略。调整型紧缩战略的动机既不是经济衰退,也不是经营的失误,而是为了谋求更好的发展机会,使有限的资源分配到更有效的使用场合。因而,调整型紧缩战略的适用条件是企业存在一个回报更高的资源配置点。

(3) 放弃战略。这是在企业采取选择性收缩战略和转向战略均无效时而采取的紧缩战略。放弃是指将企业的一个主要部门转让、出卖或者停止经营。这个部门可以是一个经营单位或一条生产线等。

(4) 清算战略。清算战略指企业受到全面威胁、濒于破产时,通过将企业的资产转让、出卖或者停止全部经营业务从而结束企业的生命。

例如,上海报业集团成立以后,《新闻晚报》于2014年1月1日成为旗下第一张正式休刊的报纸,它的生命在15周岁这一天戛然而止。《新闻晚报》与《新民晚报》过于同质化,而后者品牌更好,办的时间更长。

四、公司战略实施手段

(一) 内部创业

内部创业是指企业通过内部投资或创新进入一个新的业务领域。内部创业的应用条件:行业发展不平衡,竞争结构没有完全建立起来;企业进入该领域的成本较低;有利于发展企业现有的经营内容。

内部创业应考虑的问题:是否有足够的财力形成最基本的有效生产规模;是否有能力克服新产业的进入障碍;现有企业的反应;研制或开发新产品所支付的费用;新业务能提供多少利润及现金流。内部创业失败的原因包括企业进入规模过小、商品化程度过低、战略实施不当等。

南方日报报业集团采取"龙生龙,凤生凤"的内部创业型发展模式。由名牌主流报纸带出名牌子报,再由名牌子报派生出新的子报。南方报业首先利用南方日报的人力资源、新闻资源、发行与广告资源、技术设备和资金优势创办《南方都市报》,《南方都市报》成功之后,又从它的体育采编部门选出部分骨干和利用南方都市报的各种资源,创办了《南方体育》,使其迅速打开市场。

(二) 收购与重组战略

收购指的是一家公司通过购买另一家公司的部分或全部股权,将被收购公司的业务纳入其战略投资组合,从而达到更加有效地利用其核心竞争力的目的。收购是企业获得外部经营资源、谋求对外发展的战略。收购包括横向收购、纵向收购与混合收购三种类型。

实施收购的原因:增强市场力量,越过市场进入壁垒,降低新产品开发成本和加快进入市场的速度;与自主研发新产品相比,风险更小;为适应产品多元化的需要,重构企业的竞争力范围,了解和发展新的能力。

实施收购的风险:整合的困难;对收购对象评估不充分;巨额或超正常水平负债;难以形成协同和合力;过度多元化;公司过于庞大。

重组是公司对其业务框架或财务体系进行改变的战略。企业实施重组战略有两个动机。① 生产与经营动机：实现资源互补以提高利润创造能力；获得稳定的原材料供应或产品销售渠道；获取无形资产。② 发展与战略动机：扩大市场份额，提高市场优势；进入成长性的新行业；进入发展中的新市场。

（三）合作战略

合作战略是一种通过企业间合作以实现共同目标的战略，是企业间超越竞争之上的合作来获得竞争优势或战略价值的一种战略。战略联盟是一种重要的合作战略。战略联盟是两个或两个以上的企业为了实现特定的战略目标而采取的任何股权或非股权形式的共担风险、共享利益的长期联合与合作协议。

战略联盟的特点：从组织角度看，具有边界模糊性和组织松散性的特点；从相互关系看，具有战略一致性、合作竞争性、地位平等性和相对独立性的特点；从合作范围看，具有范围广泛性特点；从管理角度看，有管理复杂性、机动灵活性特点；从合作成效看，具有利益共享性和协同高效性特点。

战略联盟的优点：获取稀缺资源；开拓新的市场空间；提升核心竞争力；降低交易成本，分担经营风险；获取规模经济效益；获取关系资本；促进知识共享，有利于企业创新；获得协同效应；形成行业壁垒，缓解激烈竞争。

战略联盟的风险：缺乏战略一致性与机会主义风险；信誉风险；缺乏文化兼容性，冲突风险；培养竞争对手的风险；依赖风险；套牢风险。

战略联盟的形式：产权战略联盟，成员企业按照投资不同的比例建立一家新的企业，且通过资源和产能联合获得新的竞争优势；非产权战略联盟，两个或两个以上的企业通过发展企业间的契约关系，以达到它们之间共享独特资源和产能，实现提升竞争优势的目标。

战略联盟的适用条件：① 从进入新领域角度看，前景好的新领域，研发价值、创新度高的新产品会带来巨大的赢利能力和市场空间。各具优势的企业联合在一起，不但能及时捕捉市场机遇，而且能发挥各自的核心优势，提高专用资产的使用效率，显著减低资金风险、研发风险和专用资产的沉没风险。从竞争角度看，两家或多家小公司，难以同大公司竞争，为了摆脱大公司的"钳制"，可以采取联盟战略扩大市场，寻求规模经济效应和范围经济效应。

例如，2008年，南京等八个省会城市电视台建立城市广告联盟，拓展城市电视台的生存与发展空间，决定在广告经营中互利互惠、精诚合作，相互代理本地广告品牌，联合谈判。2013年，"大东北城市电视联盟"成立，整合了44家地方城市电视台的资源。同年，来自全国的第一批32家城市电视台共同发起成立了"全国城市电视台品牌代理合作联盟"，这个电视台联盟打造了广告品牌连锁经营平台，共抗风险，共享利润，与省级卫视和央视展开正面竞争。2017年，全国县级电视台联盟大会本着"创新、合作、共赢"的发展理念，进一步强化全国县(区)电视台联盟的力量，依托互联网思维、信息化技术，义务为联盟成员提供地方新闻节目输出、广告资源分发投放、优质影视节目输入等全方位服务，促进联盟成员间优势资源共享，双向互动传播，打造多方共赢的沟通机制和广阔的发展平台。

第四节 传媒竞争战略

总体战略是公司宏观层面的战略,竞争战略是单位业务战略,而涉及财务、人事、生产、技术等职能战略将在其他章节详细论述。波特提出了三种一般竞争战略,它们分别是成本领先战略、差异化战略和集中化战略。

一、传媒成本领先战略

传媒成本领先战略也称为低成本战略,其核心就是在追求规模经济效益的基础上,通过加强成本控制,在新闻生产过程各环节把成本降低到最低限度,成为行业的成本领先者,并获得高于行业平均利润水平的一种战略。

控制成本的驱动因素:利用规模经济效益、学习经验曲线效应降低成本;生产相对标准化的产品;建造有效规模生产设施,采用先进的生产设备、工艺与流程,对生产成本实行严格控制;尽可能减低研发、生产、销售和服务的成本,简化流程;改造企业的价值链,省略或跨越一些高成本的价值链活动。

成本领先战略的优势:获得价格领先的竞争地位,提高企业的议价能力;可以抵御竞争对手的进攻;具有较强的对供应商的议价能力;形成了进入壁垒;增强企业抵抗价格风险能力,降低替代品的威胁。

成本领先战略的适用条件:市场需求具有较大的价格弹性;所处行业的企业大多生产标准化产品,价格因素决定了企业的市场地位;实现产品差异化的途径很少。成本优先战略也存在一定的风险,例如,技术的变革可以消除成本优势;竞争者模仿价值链,降低成本;采取降低成本战略可能忽略消费者的偏好与需求。所以,在获得成本领先地位的时候,企业的管理者不能为了降低成本而不加区别地降低产品的功能、特色以及服务标准。

传媒成本领先战略要传媒建立起有效规模的传播能力,集团化经营,需要发挥规模经济与范围经济效益,严格控制内容资讯的制作、传播成本,以及最大限度地减少服务、推销、广告等方面的成本费用,提高各职能部门的工作效率,强调传媒产品的"有效发行"和"有效覆盖"。

凤凰卫视实行低成本高效益战略。员工相对较少,节目制作的成本较低。《有报天天读》,杨锦麟仅靠读别人的新闻就获得成功;《娱乐串串 SHOW》,对新闻进行有效地二次利用,从全新的角度进行阐释和解读。

二、传媒差异化战略

传媒差异化战略亦称差别化战略,是指传媒向市场提供与众不同的产品和服务,生产一些全行业范围中具有独特价值与差异性的东西,用以满足受众的特殊需求,从而形成竞争优势的一种战略。差异化战略包括实物产品差异化、服务差异化、人员差异化、渠道差异化、形象差异化等不同层面。

采取差异化战略的风险包括：竞争者可能会模仿，使得差异消失；保持产品的差异化，往往以高成本为代价；与竞争对手的成本差距过大；企业要想取得产品差异，有时要放弃获得较高市场占有率的目标。

传媒差异化可以建立受众对企业的忠诚度，降低顾客对价格的敏感度，获得价格溢价，形成在目标市场中独具特色的吸引力，有效抵御潜在进入者和替代品的威胁。增强了传媒对供应商与客户的讨价还价能力，使得客户缺乏与之可比较的产品选择，降低了客户对价格的敏感性，从而提高了传媒的边际收益。

省级卫视在与央视与城市电视台的激烈竞争中，往往采取差异化战略，获得受众的忠诚度。湖南卫视秉持"快乐中国"的核心理念，打造"中国最具活力的电视娱乐品牌"，《我是歌手》《声临其境》等热门综艺节目创下综艺收视传奇。安徽卫视在电视剧方面一直引领中国电视剧制作及播出的潮流，从"中国最好的电视剧大卖场"到"看电视看安徽卫视"再到"剧行天下"。海南旅游卫视是覆盖全国的专业旅游卫星电视频道，以旅游资讯为主线，时尚、娱乐并重。浙江卫视树立"中国蓝"品牌，"海阔天空一路是蓝""梦想天空分外蓝""春来江水绿如蓝"，以抽象的颜色为主题定位与其他卫视区别，推出了《中国好声音》《中国好舞蹈》《中国梦想秀》《奔跑吧兄弟》《爸爸回来了》《王牌对王牌》《我爱记歌词》等一系列知名娱乐节目。

《中国经营报》《21世纪经济报道》《经济观察家》等财经类报纸也实行差异化战略。《中国经营报》以相对中观、微观的新闻视角为切入点，关注新闻的背景、发展和深层次原因，偏重于满足中小企业的经营者在生产、经营、投资上的需求，突出实用性，和中国中小企业在一起成长。《21世纪经济报道》更加注重与国际接轨和注重商业、企业文化。突出权威性和世界眼光，版面简单朴实，标题制作差异化很强，很长而且有煽动性，大量使用跨栏标题。《经济观察家》以24版对开全新印刷的形象出现在经济类报刊中，具有理性与建设性，力图通过有选择的信息、有冲击力的图片和制作来吸引读者，强调整体设计和包装，增加产品的附加值，满足受众的心理需求。

三、传媒集中化战略

集中化战略亦称为目标聚焦战略，就是把经营战略的重点放在一个特定的目标市场，为特定的地区或客户群提供特殊的产品或服务。集中化战略实施途径包括产品线的集中、顾客集中与地区集中。集中化战略的驱动因素包括大企业可能会忽略的一些小的利益市场，企业可能缺乏在整个产业范围内竞争资源，可以将有限的资源集中到特定行业或客户群以建立竞争优势。

集中化战略的适用条件：企业资源和能力有限，难以在整个产业实现成本领先或者差异化，只能选定个别细分市场；目标市场具有较大的需求空间或增长潜力。

集中化战略的优势：从事单一业务和服务，企业的目标与方向更加明确，能够充分利用人员的专业知识，发挥学习效应；可以防御行业中的各种竞争力量，使企业在本行业中获得较高的利益。

集中化战略的劣势：产品销量可能变小，产品要求不断更新，造成生产、研发费用的增加，使得成本优势得以削弱；当目标细分市场与其他细分市场的差异过小，大量竞争者涌入细分市场；当市场发生变化、技术创新或新的替代品出现时，产品需求量下降，企业面临较大的风险。

传媒目标集中战略本身不是一种独立的竞争战略,仍然要通过成本领先和差异化两个基本战略获得竞争优势,从而形成有特色的目标集中战略。《南方周末》对市场进行了有效的心理细分,并进行集中性营销,占领城市中的知识型读者,"弱水三千,只取一瓢饮",它的读者是在中国最有购买力和舆论影响力的群体,这是《南方周末》进行市场细分的成功之处。《南方周末》刊登的广告与它的读者更加贴近,找到了对应点。

目标集中化战略不仅体现在报纸的分众化传播、广播电视频率频道的专业化,而且在出版领域,一些科技出版公司集中于科技出版,取得了很大的成就。例如,励德·爱思唯尔集团由英国的励德国际公司(Reed International PLC)和荷兰的爱思唯尔公司(Elsevier NV)合并组成,分设了出版集团和金融集团两家公司,其中出版集团是一家主导科技、法律和商业信息的出版公司,拥有《柳叶刀》《细胞》等 2000 多种世界一流的科技、医药期刊,每年出版 STM(Science,Technology,Medicine)、法律、商业等专业类书籍 2 万种,在全球学术期刊出版领域市场份额占 25%—30%,排名第一。爱思唯尔依托专业内容资源优势,将 200 年来出版的 400 多万篇论文全部电子化,以 B2B 的模式把科技成果以数据库形式销售给科研与教学单位,其数字出版收入占总收入的比例达 66%。

施普林格是德国著名集中化经营的 STM 出版集团,致力于医学、生物、物理、化学等方面图书的出版。1996 年推出全球第一个电子期刊全文数据库 Springerlink,2006 年升级成为集成功能更大的 Springlink 2.0,这个数字出版平台共提供 2000 多种期刊的 509 万篇文献,5 万种电子图书,约 303 万篇数字文献,以及 3.8 万种参考书和 3.5 万种实验室指南。

四、传媒蓝海战略

蓝海战略(Blue Ocean Strategy)最早是由钱·金(W. Chan Kim)和勒妮·莫博涅(Renee Mauborgne)于 2005 年 2 月在两人合著的《蓝海战略》一书中提出。"蓝海"就是尚未开发的新的市场空间,蓝海战略的两个重要理念就是超越产业竞争与开创全新市场,本质是宏观战略理论,探讨如何在新的市场寻求发展空间与进行价值创新。"红海"就是充满"血腥竞争"的已有市场空间。如表 12.1 所示,蓝海战略就是重建市场和产业边界,把视线从市场的供给一方转移到市场需求一方,从向对手的竞争转向为买方提供价值的飞跃,跨越现有竞争边界看市场,开启巨大的潜在需求,摆脱"红海"竞争,开辟一个全新的、非竞争性的市场空间,实现差异化与低成本的价值追求。开创蓝海战略的背景:产品的价格战愈演愈烈,利润空间不断收窄;产业生产率提高,产品数量增加,供大于求;细分品牌愈加困难;产品与服务的流通加速。

表 12.1 红海和蓝海的战略比较

红海战略	蓝海战略
在已经存在的市场内竞争	拓展非竞争性市场空间
参与竞争	规避竞争
争夺现有需求	创造并攫取新需求

红海战略	蓝海战略
遵循价值与成本互替定律	打破价值与成本互替定律
根据差异化或低成本的战略选择,把企业行为整合为一个体系	同时追求差异化和低成本,把企业行为整合为一个体系

红海战略的惯性做法:用类似的方法定位自身;用普遍接受的业务分类方法;专注于同样的客户群;用类似的方法提供产品或服务;接受所处行业在功能性或感性上的导向;在同样的时间点上制定战略。

如表12.2所示,蓝海战略有六种方式分析框架:① 放眼替代性行业,一些卖方仅仅对行业内竞争对手的反应强烈,对替代性行业的行动往往忽略。② 放眼行业内的不同战略类型,从战略类型中开创蓝海的关键就是去了解哪些是决定客户从一个业务类别转换到另一个业务类别的主要因素,分析不同的战略类型,各取所长。③ 放眼客户链。对目标客户群体的传统观念提出挑战就可以发现新的蓝海,例如,彭博资讯将客户群由以往的IT经理转向交易员和分析师,并为他们提供特别服务。④ 放眼互补性产品或服务。思考除自身的行业范围之外都存在哪些互补性产品或服务?从相关互补性产品和服务中挖掘蓝海。⑤ 放眼客户的功能性或情感性诉求。⑥ 放眼未来,考虑新的市场空间。预测到未来正确的发展趋势,这一趋势如何影响客户价值与企业业务模式。

表12.2 从肉搏式竞争到蓝海战略

	肉搏式竞争	开创蓝海战略
行业	关注行业内的竞争者	放眼替代性行业
战略业务类别	在某个战略业务类别中建立竞争优势	放眼同一行业中的不同战略类型
购买者群体	为既定的购买者群体提供更好的服务	重新定义行业内的购买者群体
产品或服务的范围	在行业既定范围内最大化产品或服务的价值	放眼互补性产品或服务
功能导向和情感导向	在行业既定导向下提高价格竞争力	重新思考行业的导向
时间	等外部趋势出现后被动地适应	采取行动改变外部趋势

《三联生活周刊》《南方周末》寻求差异化战略,寻求属于自己的蓝海。这两家周刊以深度报道、角度新颖、阐述问题透彻等见长,读者主要是受过高等教育、关心时代发展进程的新型知识分子,他们是在推动社会发展进步中起积极作用的主流人群,有较宽的视野,敏感于社会变革。1995年,时逢邹韬奋先生100周年诞辰,生活·读书·新知三联书店继承《生活》周刊的传统,恢复出版了《三联生活周刊》,其定位是做新时代发展进程中的忠实记录者,办刊宗旨是"以敏锐姿态反馈新时代、新观念、新潮流,以鲜明个性评论新热点、新人类、新生活"。《南方周末》是中国具有较强公信力的严肃大报,是中国发行量最大的新闻周报,核心读者群为知识型读者,以"反映社会,服务改革,贴近生活,激浊扬清"为特色,以"关注民生,彰显爱心,维护正义,坚守良知"为己责,将思想性、知识性和趣味性熔于一体,寓思想教育于谈天说地之中。

第十三章 传媒资本运营

资本运营是企业实现价值增值的重要手段,也是企业发展壮大的重要途径。在媒介融合的背景下,我国传媒企业既要重视生产经营,也要注重资本运营,应该把资本运营纳入经营发展战略,依靠资本运营和生产经营共同促进传媒业的发展。我国鼓励业务相近、资源相通的传媒业并购重组,实现跨媒体、跨行业和跨地区的发展,这些都需要传媒业的资本运营,实现价值增值。

第一节 传媒资本运营的理论分析

20世纪90年代,传媒企业开始上市融资和多元化经营。例如,1994年,东方明珠上市,传媒企业进入寻求融资上市的开端。随后,大量的传媒企业通过资本运营进入资本市场,有的借壳上市,有的通过IPO上市,有的通过并购重组逐渐向跨媒体、跨区域的综合性传媒集团转型,通过资本运营来实现企业资本增值。

一、传媒资本运营的基本内涵

资本运营是以资本增值和利润最大化为目的,以价值管理为特征,通过价值成本的流动、兼并、重组、参股、控股、交易、转让和租赁等手段,实现生产要素的优化配置和产业结构的动态调整,达到资产增值的一种经营管理方式和经济活动。广义的资本运营包括金融资本运营、产权资本运营与无形资本运营,又包括产品的生产和经营,既有存量资本运营,又有增量资本运营。狭义的资本运营主要指企业在资本市场所进行的各种交易,包括企业股份制改造和上市、资产重组、企业的并购与分立、资产的剥离与出售、产权投资等。[①]

传媒企业的资本运营就是把资本运营的原则和方法运用到传媒企业的生产经营管理当中去,把企业所拥有的资产转变为可以增值的资本,或通过传媒资产的优化配置提高企业的运行效率和获利能力,或在资产市场进行重组和扩张,以实现价值增值。例如,对于新闻出版企业来说,可经营性资产既包括无形资产,也包括有形资产。有形资产包括采编设备、出版、发行、广告、印刷、厂房和信息等,无形资产包括专利权、书号刊号资源、版权、品牌、销售网络等。

资本运营的目的是资本增值最大化,通过价值管理,对企业全部资本和生产要素进行优化配置,对产业结构进行动态调整,实现对企业的全部资本进行综合有效的运营。宏观上

---

① 曾江洪.资本运营与公司治理[M].北京:清华大学出版社,2010:8.

说,资本运营通过资本层次的资源流动优化社会的资源配置。微观上说,企业通过资本运营实现资本增值和效益增长。一般来说,常见的资本运营包括如下几种类型:

(1) 并购重组。并购重组是资本运作的重要形式,可以通过低成本实现大规模扩张,能够使企业在短时间内迅速实现生产集中和规模化经营,降低进入行业成本,减少行业过度竞争,优化资源配置,调整产业结构。

(2) 上市融资。上市融资可以实现低成本融资,这也是当前我国IPO(Initial Public Offering,首次公开募股)之所以博得众多企业青睐的原因。

(3) 跨国投资经营。在全球经济一体化的背景下,我国企业开始了走出去战略,通过对外合资经营、合作经营、独资经营和合作开发等手段,实现对外投资,但是我国企业通过并购、控股、参股等手段实现资本运营过少,资本运营还缺乏技术性。

(4) 战略联盟。为达到共同拥有市场、共同使用资源等战略目标,两个或两个以上实力对等的企业,通过各种契约而结成的优势相长、风险共担、要素双向或多向流动的松散型网络组织。

二、传媒企业资本运营的动因分析

我国传媒企业在资本运营过程中展现出巨大的发展潜力和活力,资本运营在提高资源配置效率、优化产业结构、提高传媒产业竞争力、推动产业跨越式发展等方面都起到重要作用。对于资本运营的动因,资本运营主要有以下的相关理论来支撑:

(1) 产权理论认为,私有企业的产权人享有剩余利润占有权,资本运营降低了企业的交易费用,实现企业的协同效应、提高联合生产效率、降低固定成本。产权人有较强的激励动机去不断提高企业的效益,在利润激励上私有企业比传统的国有企业强。资本运营可以直接实现企业的多元化经营,为企业寻找新的利润增长空间。

(2) 效率理论认为,不同公司的管理效率是不同的,资本运营可以改善公司的治理结构,能够实现企业内部的高效管理。目标公司管理的非效率可以经过外部经理人的介入而改善;资本运营给并购企业带来经营协同效应和财务协同效应;资本运营可以实现生产要素的自由流通,促进管理创新和制度创新,为企业构建核心竞争力创造极好的平台;资本运营可以盘活资产,调整经营结构,提高经营效率,实现资源的有效配置;企业经过资本运营可以降低进入新行业或新产品的成本,获取新的营销渠道,获取新产品的设计制造和新技术等。[①]

(3) 市场势力理论认为,资本运营可以增强企业对市场的控制力,减少竞争对手,增强企业长期的获利能力。企业通过外部资本运营,在扩张中获得实力。例如,在企业并购过程中,并购方在竞争中消除或控制对方来提高自身的竞争力,吸收对方的有利因素以便扩大自己的经营规模,有效削弱产业内的竞争压力,从外部获取竞争优势。但是,并购往往造成行业集中度的提高,容易导致垄断,对此要进行公正的评价与审批。

(4) 代理理论认为,公司管理人员的报酬是公司规模的函数,因此,管理者往往采用较低的投资回报收益率,而不断对外收购以扩大企业的规模。许多并购不是由股东发起的,而是由并购公司的董事会或者经理代表股东发起的,并购的过程可能"肥"了管理人员,而亏了股东,并购更多体现的是管理人员的利益。

---

① 李曜.公司并购与重组导论[M].上海:上海财经大学出版社,2010:41.

三、传媒企业资本运营的类型

资本运营的内容包括资本的筹集、资本的投入、资本的运营与增值以及资本运营增值的分配等。资本筹集是首要环节,就是企业根据生产经营、对外投资和调整资本结构的需要,通过各种筹资渠道和金融市场,有效地筹集资金的活动。投资就是把筹集到的资本投入使用,从事生产经营和资本经营活动,以获取良好的经营效益。企业投资的目的就是追求利润,投资包括实业投资、金融商品投资和产权投资等。资本投资以后,就在资本运动中实现资本增值,以及制定增值部分的分配方案。①

从资本运营的状态来看,包括存量资本的运营和增量资本的运营。存量资本的运营就是对企业现有的资产进行运营与经营活动,通过资本运营促进存量资产的合理流动、重组和优化配置,充分发挥存量资产的作用,盘活存量资产。存量资本的运营方式包括联合、并购、出售、资产剥离、企业分立、股份制、租赁、承包、托管和破产等方式。增量资本的运营包括投资决策、投资方向的选择、投资管理等。

从资本运营的方式来看,包括外部交易型资本运营和内部管理型资本运营。外部交易型资本运营是通过资本市场对资本进行买卖,实现资本增值,包括企业产权的交易、股票发行与交易以及企业的部分资产的买卖等。内部管理型资本运营是通过整合内部资源,实现资本增值,包括开发新产品、拓展新市场、调整组织结构、提高生产效率、加快资本周转、降低资本耗费等,提高资本运用效率,维护并发展企业的竞争优势。一般在企业的创建和成长期间,加强内部管理,完成自身积累,成熟期以后,通过兼并和重组等外部交易策略,实现跨越式发展。

企业的资本运营包括资本扩张式和资本收缩式两种模式。资本扩张式就是在现有的资本结构的前提下,通过内部积累、并购与重组、追加资本等形式,使企业实现资本规模的迅速扩大,包括横向资本扩张、纵向资本扩张和混合资本扩张。收缩型资本运营包括资产剥离、公司分立和股份回购等行为。资本收缩式是指为了追求企业价值最大化,以及提高企业运行效率,企业把自己拥有的部分资产或子公司转移到公司之外,缩小公司的规模。

四、传媒企业资本运营的路径

(一)传媒企业股份制改造与上市融资

上市融资是当今最主要的融资方式。随着我国文化体制的改革,传媒企业"转企改制"顺利推进,大部分新闻出版、广播影视单位已完成"转企改制",成为市场主体,并进入资本市场。以新闻出版为例,自从 2006 年 10 月上海新华发行集团首先实现借壳上市,至今有 20 多家新闻出版类企业上市融资。例如,新华文轩、出版传媒、皖新传媒、凤凰传媒、中南传媒、读者传媒、山东出版等先后实现 IPO 上市,时代出版、中文传媒、大地传媒、长江传媒、浙数文化、杭报集团等实现借壳上市。另外,2017 年,中国出版集团、中国科技出版传媒集团等"国字头"出版集团成功 IPO 上市。相比直接上市而言,借壳上市手续简单、节省时间、避免了复

---

① 肖叶飞.新闻出版企业的资本运营:理论与实践[J].新闻研究导刊,2014(7):4.

杂的财务和法律障碍。如果公司具有足够的实力,当采取新股上市难以被市场看好时,选择买壳上市更具有优势。

(二)传媒企业的并购

并购是一种以产权为对象的交易行为,是企业资本运营最普遍的经营方式,也是企业形成核心竞争力的有效途径,包括横向并购、纵向并购和混合并购。

横向并购指交易双方属于同一个产业或部门,产品相同或相似,为了实现规模运营而进行的产权交易,可以迅速扩大生产规模,节约生产与管理费用,提高生产要素的利用率,增强市场控制力,发挥规模经济效应。它不仅减少了竞争者的数量,增强了企业的市场支配能力,增加行业集中度,而且改善了行业的结构。例如,在报纸领域,粤传媒收购上海香榭丽广告传媒股份有限公司100%股权,实现跨区域经营。在出版领域,时代出版对中国文联直属的中国文联出版社、大众文艺出版社实施资产重组;工信部旗下两大出版集团重组为中国工信出版集团。在广告领域,2013年华闻传媒收购了广告公司国广光荣100%股权。在影视领域,华谊兄弟收购浙江常升影视制作公司;华策影视并购克顿传媒、最世文化、合润文化、高格影视等;光线传媒收购新丽传媒、蓝狐文化,等等。

纵向并购就是交易双方处于生产、经营不同阶段的企业之间的产权交易,产权交易的双方往往是原材料供应商或产成品购买者,形成产供、产销或供产销纵向一体化。纵向并购重组可以降低交易成本,有利于生产的不同阶段相互融合,形成完整的产业价值链。例如,乐视网购买花儿影视100%的股权,实现渠道与内容的纵向一体化,有力提升乐视网精品剧制作能力;华策影视收购海宁华凡60%股权,介入艺人经纪市场;凤凰传媒以增资扩股和股权收购的形式,整合产业链下游民营制版公司和印刷公司;奥飞动漫出资9000万元收购广东嘉佳卡通影视有限公司60%股权,嘉佳卡通拥有"嘉佳卡通卫视"30年的经营权,构建了内容生产与渠道传播相结合的产业链。

混合并购主要是生产不同产品的企业之间的并购,而并购方与被并购方非客户和供应商关系。混合并购重组可以提高赢利水平,优化企业的经营结构,扩大企业规模,提高企业存量资产的使用效率,防范经营风险,发挥范围经济效应,但可能提高企业的管理成本。传统出版发行企业的图书、发行、印刷收入等增长乏力,赢利模式与产品结构单一,而一些互联网企业和影视公司则发展迅猛,亟须通过混合并购改变经营风险。跨媒体并购主要是传统媒体对新媒体企业的并购,特别是收购手机游戏和页面游戏公司的较多。例如,博瑞传播以10亿元收购腾讯旗下页游公司漫游谷70%的股权;浙报传媒收购东方星空,涉足影视与旅游演艺业,收购游戏企业杭州边锋网络和上海浩方在线100%股权。

(三)传媒企业的重组

资产重组就是通过联合、合并、分离、出售和置换等方式,实现资产主体的重新选择和组合、优化企业资产结构的行为。我国传媒企业通过重组调整经营结构,实现单一业务形态向多元化业务形态转变,以重组的方式实现低成本的跨地区和跨行业的扩张,优化资源配置效率。例如,中文传媒重组了新华联合发行有限公司,中南传媒重组了北京博集天卷图书发行有限公司,时代出版与北京幸星公司合资成立了新公司,并收购了安徽人民出版社,皖新传媒重组了江苏大众书局,新华文轩重组了四川出版集团的出版业务,等等。

从国际上看,强强联合是国际出版集团之间重组的通行法则,每次整合都是两个巨头整合成一个新的行业巨头,例如,2013年,贝塔斯曼集团与培生集团签署合同,合并各自旗下的图书出版公司兰登书屋和企鹅出版集团在全球的业务,成立新的公司企鹅兰登书屋,其中贝塔斯曼拥有53%的股份,培生集团拥有47%的股份。合并以后,可以节约成本,整合在世界范围内的业务,以更大的规模投资于多样化的内容、纸质书和电子书采购、制作、市场推广和经销等整个过程,培养和支持作者与出版人才。

根据企业上市重组的形式分类,可分为分拆重组、整合重组和内部优化重组。分拆重组是指采取一定的形式剥离非上市部分的重组行为。分拆重组的分拆内容可以是原有企业的子公司、事业部门,也可以是原有企业的某一个非独立部分,如企业下属的分厂等。整合重组是指在原有实体的基础上吸收某一些经济实体后进行重组的行为。例如,阅文集团由腾讯文学与原盛大文学2015年重组整合而成。内部优化重组是指对一定的重组实体按照提高运行效率的要求进行优化组合的重组行为。

根据企业上市重组的内容分类,可分为资产重组、业务重组、债务重组、股权重组等。资产重组是指对一定重组企业范围内的资产进行分拆、整合或优化组合的行为,它是企业上市重组的核心。业务重组是指对被改组企业的业务进行重新划分,从而决定哪些业务进入上市公司的行为,它是企业上市重组的基础,是资产重组和其他重组的前提。企业的债务重组一般以"负债随资产配比"的原则进行重组,"债权转股权"就属于债务重组。股权重组是指对企业股权结构的调整,是企业上市重组的内在表现。

(四) 传媒企业的剥离与分立

剥离与分立也是资产重组的重要手段,属于收缩性战略。剥离主要是剥离非相关业务,调整经营战略,达到主业清晰,获取较高的价值评估;分立主要是提高企业资产定价,发挥公司核心成员的积极性,提高管理效率、资产质量和使用效率,提升投资回报率。例如,华闻传媒积极进行战略架构调整,与控股子公司先后收购辽宁盈丰传媒、天津华商广告等公司股权,并将所持海口汇海典当、深圳金兆典当行股权转让出售,完成了新一轮扩张与退出。2019年2月1日公告,公司以1.72亿元将海南椰德利房地产开发有限公司100%股权转让给天涯客,剥离房地产业务,拟重点发展以车音智能为主,涵盖车联网、智能、数据等概念在内的特色信息和数据服务业务,加快拓展以海南为主的创新文旅业务。

2013年6月,美国新闻集团把娱乐产业和新闻出版产业分离,提高专业化管理水平,增强业务运营的灵活性。原来新闻集团旗下收益更高的影视娱乐业务部分,包括好莱坞的电影制作公司,统归到21世纪福克斯公司。而旗下增长缓慢的出版业务部分,包括英国的《太阳报》和《泰晤士报》,以及美国《华尔街日报》《纽约邮报》《星期日时报》等仍将保留在新闻集团的旗下,新的出版部门还将囊括澳大利亚的业务。拆分之前澳大利亚方面的业绩在新闻集团的年度销售额中占了约三分之一,其中包括澳大利亚最大的报纸发行商、有线网络澳大利亚福克斯运动、澳大利亚最大的付费电视运营商Foxtel一半的股权,以及在线地产服务商REA集团。另外,默多克任两家公司的董事长,并以首席执行官的身份执掌负责娱乐业务的21世纪福克斯。

第二节　传媒企业上市重组与案例分析

企业上市重组是指企业以公开发行股票并以上市为目的而设立股份有限责任公司的重组行为。具体地讲，企业上市重组是指按《公司法》《证券法》及有关法律、法规对企业资产进行重新组合，目的是使企业的资产结构、组织架构和管理模式符合股份公司的运作要求。

企业上市重组是企业进行规范性上市公司运作和走向资本证券市场的关键一环。任何企业在改组转化为上市公司时，都要按照证券市场的定量和定性要求进行涉及资产、负债、业务、组织等诸多方面的重新设置和组合。

一、传媒企业上市重组的动因及目的

企业上市重组，既是公司上市的必要条件，也是世界各国通常的做法。由于我国各类企业的特殊情况，特别是国有企业的特殊情况，上市前的资产重组更有其特殊的重要性。由于历史的原因，国有企业的资本构成、资产结构、组织机构的设置、经营方式、经营机制等诸多方面都具有浓厚的历史特征，不进行上市前的重组很难符合上市公司的要求。具体表现在：企业资产负债率普遍偏高，赢利水平较低，企业往往达不到股票发行与上市的标准；企业产权关系不明晰，政企不分现象严重，不重组难以实现产权社会化的目的；中国国有企业的经营机制是在传统计划经济模式下形成的，与市场经济所要求的公司制法人治理结构和经营机制无法兼容；有相当多的国有企业承担着较重的社会职能。

上市重组要实现以下目的：通过企业上市重组，满足法律、法规和政策对企业股票发行和上市的要求，这些要求包括赢利水平、负债水平、净资产收益率、资产规模、股权结构等方面；通过企业上市重组，理顺公司内外的各种关系，体现股份制企业的生产经营系统和其他实体的非生产经营系统的分离，使上市公司的产供销具有比较完整的运营体系；通过企业上市重组，优化企业资产质量，提高资本利润率，使股份制企业有较好的投资回报率。这是上市重组的重要直接目标，直接影响企业上市的成败。为此，就必须剥离亏损性和无用的经营性资产、剥离非经营性资产、剥离非经营性机构和人员，把最有效益的生产经营性资产分拆改制上市，以保持公司的良好形象。

文化传媒企业如何上市、将哪些业务上市是个难题。我国传媒产业是一个敏感性产业，资产可进入的领域具有很强的政策指导性，资产进入面临行业主管部门的层层审批。由于我国传媒行业的政策不同，上市难度也不同，依次为广告经营、发行行业、有线传输、图书出版、报纸、电视等，越往后越难。报纸可经营性资产主要是广告、印刷、发行等，电视可经营性资产主要是广告与电视信号传输，上市时采编业务与可经营性资产"两分开"，上市公司获得广告、印刷、发行经营代理权。采编与经营分离使传媒编辑业务的控制权不致丧失或遭受冲击，也使采编人员专心致志地圆满完成舆论宣传任务。企业执行的是利润最大化原则，以销定产，什么卖得好生产什么。新闻记者和编辑不能为市场所轻易左右，他们需要恪守的是"真实、全面、客观、公正"的职业理念和不为金钱所动、服务于公众的职业道德。难就难在传媒生产精神产品承担社会责任，同时又不可避免地带有赢利性，它是带有企业性的特殊事业或带有事业性的特殊企业。①

大部分传媒类公司先通过股份制改造,再实现上市融资。但是,一些借壳上市的传媒类上市公司,改制重组与上市重组同时进行,例如,上海新华传媒是一家上市公司,前身是"华联超市股份有限公司"。2006年,上海新华发行集团有限公司受让华联超市公司总股本的45.06%,成为本公司第一大股东,经过资产置换,公司主营业务由经营连锁超市业务变更为经营文化传媒业务。新华传媒拥有《解放日报》《申江服务导报》《新闻晨报》《人才市场报》等多家知名报刊的独家经营权。2008年,公司完成定向增发,新华传媒在以图书发行业务为主业的基础上,增加报刊经营、报刊发行、报刊广告代理等业务,实现从传统的都市报与新华书店定位转变为营销、数字媒体、院线、电子商务、文化地产等全媒体板块。安徽出版集团有限责任公司成立于2005年,是全国第一家集团组建同时完成"转企改制"的国有大型文化企业。2008年,战略重组科大创新,组建时代出版传媒股份有限公司,在全国率先以出版主业整体上市。2014年,禾欣股份将拥有的除2.5亿元现金以外的全部资产和负债作为重大资产重组的拟置出资产,与马中骏、王玫等37名交易对方所持慈文传媒100%股权的等值部分进行置换。拟置入资产与拟置出资产之间的差额部分,由禾欣股份向马中骏、王玫等37名交易对方发行股份购买,慈文传媒实现借壳上市。

二、传媒企业上市重组的基本要求

企业上市重组应围绕着明晰企业产权关系,改善企业的资产结构,提高资本利润率,增强资本筹资能力,分离企业的社会职能,促进企业的经营机制的形成和规范运作,提高企业的竞争能力,并以清除企业发展及上市中可能出现的法律障碍来展开。

(一)业务重组是决定企业上市重组模式的重要方面

1998年证监会《关于股票发行工作若干问题的补充通知》规定,为了保证上市公司的质量,上市备选公司必须主营业务突出,公司主营业务(指某一类业务)收入占其总收入的比例不低于70%,主营业务利润占利润总额的比例不低于70%。因此,要将与主营无关且对公司利润影响不大、甚至有负向作用的业务剥离出来。在企业重组上市时,必须对企业原有的业务进行全面的分析比较,其中主要包括:① 企业的主营业务是什么,它的效益情况如何;② 集团内控股子公司与控股公司的业务连带关系;③ 各个业务经营实体的效益情况;④ 非主营业务与主营业务的关系,辅助生产系统与主营业务的关系;⑤ 非营利性业务的情况。

(二)避免同业竞争,使股份制企业满足上市要求

要求避免的同业竞争,指上市公司与"相关联公司或人士"之间,就同一产品或可替代产品的生产及市场不要出现竞争关系。这里所说的"相关联公司或人士"是指控制上市公司股份的母公司,属于上市公司的"相关联人士";在上市公司母公司控制下的各个子公司,也属于上市公司的"相关联人士"。它们如果从事与上市公司同类产品的生产经营,则会产生利益冲突,从而被认为不宜上市。避免同业竞争的处理方法有:将与计划上市公司主营产业有关的、并且是控股股东下属的同业经营系统,一并投入上市公司的重组架构里去;或者,因股

---

① 严三九.中国传媒资本运营研究[M].上海:上海文化出版社,2007:122.

权比例及规模和利润回报限制不可投入的,应将这部分同业经营系统划拨、出售给其他投资者,从而与上市公司控股股东无利益上的关系。

(三) 减少关联交易,符合国际惯例

关联交易是指有决策权的股东同时控制与股份公司主营产业相配套且提供这些配套产品的公司,这些公司是以营利为目的。按照国际惯例,必须通过资产重组,尽可能地减少关联交易,并把"不宜上市的关联交易"转为"不影响上市的关联交易"。股份公司存在同业竞争、关联交易,被认为是不符合上市条件,上市公司与控股股东所属企业存在商品、劳务方面的业务往来,如果不予以限制,大股东在这种业务往来过程中,就可以通过自己的控制权力,造成不公平的交易,转移利润,侵占小股东的利益。

(四) 把不宜进入上市公司的资产分离出来

这种做法是要使股份制企业的生产经营系统和其他实体的非生产经营系统区别开来,把非生产经营系统分离出去,使上市公司的产供销具有比较完整的运营体系。这是针对我国企业普遍存在的"企业办社会""企业办政府"型机构进入上市公司的资产。例如,幼儿园、学校、医院、食堂、职工宿舍等"企业办社会"型机构占用的资产,这部分资产也要从拟上市公司中分离出来。此类资产不产生利润,只会增大资产规模,降低利润率。在现行股票发行的体制下,不利于最大限度地募集资金,同时,亦不利于保护其他投资者的利益。

三、传媒上市公司的行业分析

如表 13.1 所示,截至 2020 年 10 月 1 日,据不完全统计,我国各类传媒类上市公司有 127 家,分属报业经营、图书出版、有线网络、影视动漫、广告营销、互联网等不同的传媒领域,其中在美国上市的互联网公司有 25 家。

表 13.1 我国传媒类上市公司的行业与名称(截至 2020 年 9 月)

行业分类	公司名称
报业经营	1. 博瑞传播;2. 华闻传媒;3. 新华传媒;4. 粤传媒;5. 浙数文化;6. 华媒控股;7. 北青传媒(香港);8. 财讯传媒(香港)
图书出版	9. 凤凰传媒;10. 中文传媒;11. 时代出版;12. 皖新传媒;13. 出版传媒;14. 中原传媒;15. 长江传媒;16. 新华文轩;17. 中南传媒;18. 天舟文化;19. 读者传媒;20. 中信出版;21. 中国出版;22. 山东出版;23. 中国科传;24. 南方传媒;25. 城市传媒
有线网络	26. 华数传媒;27. 吉视传媒;28. 电广传媒;29. 湖北广电;30. 天威视讯;31. 歌华有线;32. 广电网络;33. 广西广电;34. 贵广网络;35. 江苏有线
影视动漫	36. 华录百纳;37. 光线传媒;38. 鹿港文化;39. 华谊兄弟;40. 印纪影视;41. 华策影视;42. 新文化;43. 奥飞娱乐;44. 唐德影视;45. 保利文化(香港);46. 横店影视;47. 金逸影视;48. 中国电影;49. 万达电影;50. 上海电影;51. 幸福蓝海;52. 北京文化;53. 中广天择;54. 凯撒文化;55. 文投控股;56. 慈文传媒;57. 祥源文化;58. 欢瑞世纪;59. 骅威文化;60. 当代东方;61. 阿里影业(香港);62. 猫眼娱乐

续表

行业分类	公司名称
互联网	63. 人民网;64. 新华网;65. 芒果超媒;66. 中青宝;67. 掌趣科技;68. 生意宝;69. 焦点科技;70. 三六五网;71. 东方财富;72. 顺网科技;73. 中文在线;74. 新媒股份;75. 完美世界;76. 阅文集团(香港)
广告营销	77. 因赛集团;78. 省广集团;79. 蓝色光标;80. 华谊嘉信;81. 思美传媒;82. 新经典;83. 分众传媒;84. 华扬联众;85. 米奥会展;86. 宣亚国际;87. 壹网壹创;88. 龙韵股份;89. 科达股份;90. 万润科技;91. 腾信股份;92. 引力传媒;93. 电声股份;94. 吉宏股份;95. 天下秀
综合	96. 东方明珠;97. 安妮股份;98. 号百控股;99. 中视传媒;100. 北巴传媒;101. 万达院线;102. 当代文体;103. 视觉中国
互联网（美国上市）	104. 58同城;105. 爱奇艺;106. 哔哩哔哩;107. 人人网;108. 搜狐;109. 阿里巴巴;110. 京东;111. 微博;112. 新浪;113. 百度;114. 网易;115. 陌陌;116. 凤凰新媒体;117. 世纪互联;118. 金融界;119. 虎牙;120. 斗鱼;121. 携程;122. 欢聚时代;123. 搜狗;124. 拼多多;125. 唯品会;126. 趣头条;127. 奇虎360

我国以报纸为主体的上市公司有8家。因为传统纸媒的受众与广告收入下降严重,这些上市公司不断拓宽文化产业经营领域和发展空间,深入推动媒体融合战略,大力推进产业结构性改革,提升公司的核心竞争力。这些上市公司业务范围包括文化创意产业的投资、开发、管理及咨询服务;互联网技术的开发、咨询、服务;广告设计、制作、代理、发布;教育投资;游戏产业、投资管理。公司主要以代理及提供劳务、产品等模式运营传统媒体经营业务,包括印刷、发行投递、报媒广告等。例如,成都博瑞围绕《成都商报》的优质媒体经营业务等文化传媒领域,以"传统媒体运营服务商、新兴媒体内容提供商、文化产业战略投资者"的发展战略为指导,实施了多轮并购工作,在新媒体游戏研发行业布局"端游 + 页游 + 手游"的全产品,加快产业转型升级步伐。粤传媒以《广州日报》经营性资产为依托,主要业务包括广告业务、发行物流及电商业务、新媒体业务、印刷业务、系列媒体经营业务及持续布局的各类新业务等。浙数文化脱胎于浙江日报报业集团中的媒体经营性资产,全面向互联网数字文化产业集团转型,进一步推进新闻传媒、数字娱乐、智慧服务和文化产业投资"3 + 1"大传媒产业平台建设。华媒控股公司以《杭州日报》为核心,经营范围包括设计制作代理发布各类广告,新媒体技术开发、实业投资、会展服务和进出口业务经营等。

我国出版发行领域的上市公司有17家,大部分是国有企业,有少量是民营出版企业。从总资产规模来看,2019年,凤凰传媒、中文传媒、中南传媒等三家总资产超过200亿元,山东出版、新华文轩、皖新传媒、中国出版、中原传媒、长江传媒、南方传媒等几家总资产超过100亿元。营业收入方面,2020年,凤凰传媒以121亿元居首,近年来在巩固传统业务优势的基础上,加大转型升级力度,积极完善产业布局,在智慧教育、数据中心、影视、职业教育等产业积极拓展,形成了新旧媒体有效融合、新老业务相辅相成的产业布局。除了中国出版和中国科传,其余公司教材教辅出版收入均大于一般图书出版收入。随着教育信息化的发展及新技术、新媒体的涌现,传统教辅出版已不能满足广大用户的多样化、个性化需求,亟须寻求在"互联网+"时代下转型升级的数字出版发展之路。数字出版利用数字技术对内容编辑加工,并以网络作为新的传播方式,具有内容生产数字化、管理过程数字化、产品形态数字化和传播渠道网络化的特点。

我国有线电视上市公司 10 家。随着 5G 的建设与发展,家庭宽带进一步发展,智能电视全面普及,面对 IPTV、OTT 等新兴媒体的冲击,有线网络的用户流失、市场份额减少、缴费率下降已经成为有线电视网络的行业性问题。数据显示,2020 年全国有线电视实际用户为 2.10 亿户,有线电视上市公司全面提升智慧网络,坚持转型升级。例如,2019 年上半年,歌华有线大力推进融媒体和智慧广电建设,全力实施"一网两平台 2.0"战略规划,以用户体验为核心,以业务创新为导向,提升网络价值变现,保存量促增量。陕西广电网络以智慧新广电为战略定位,以"新网络、新媒体、新平台、新生态"为引领,坚持产业结构的优化升级,以"秦岭云"进万家为核心,推进雪亮工程、融媒体全覆盖、5G 试点、文创 IP 基地建设"1+4"重点项目,大力实施效益投资、产品管理、用户价值、服务能力"四大提升工程"。华数传媒面对激烈的市场竞争,在"新网络+应用""新媒体+内容""大数据+开发"三大战略指导下,全面建设"智慧化新网络""融合化新媒体"和"数据化新平台",加快向智慧广电运营商和数字经济发展主体转型。

我国影视类上市公司 27 家。随着国内物质文化水平的提高和精神生活的不断多元化,影视行业作为文化娱乐产业的有机组成部分迎来了新一轮的契机。近几年我国影视行业飞速发展,我国已是全球第二大电影市场,银幕数量、观影人次均位居世界第一。但在影视产业整体收益与产业链完善度等方面,我国影视产业与世界影视强国仍有不小差距,同时也拥有巨大的提升空间与发展潜力,行业迎来新机遇。2019 年,我国电影票房收入 642.7 亿元,票房收入增长率为 5.4%,观影人次达到 17.3 亿人次。同年,放映场次 12736.5 万场,同比增长 1641.9 万场,增长率 14.8%。2020 年,受到新冠疫情的影响,多家影视上市公司均出现净利润同比下滑的现象,观影人数急剧减少。

我国互联网上市公司主要在沪深股市、香港股市和美国纳斯达克股市上市,包括新闻、电子商务、网络视频、网络直播、网络社交、网络文学、网络游戏、网络金融类等不同类型的公司。互联网百强的企业主要分布在北京、上海、杭州、深圳和广州这 5 个一线城市。在美国上市的互联网企业总市值最高,中国最大的搜索引擎企业百度,中国电子商务领域的旗帜性企业京东、阿里巴巴,中国四大门户网站网易、新浪、搜狐、腾讯等,均在美国纳斯达克上市。借助庞大的资本优势,腾讯、阿里巴巴和百度三家企业在投资并购、技术研发、模式创新等方面也建立了明显优势。截至 2020 年 10 月 1 日,中国互联网前十大上市公司,市值全部突破百亿美元,其中,阿里和腾讯市值更是突破 5000 亿美元。

四、传媒类公司重组上市的几种常见形式

在我国资本市场上,除了直接发行股票(IPO)以外,还存在几种其他上市的形式。

(一)大股东注入资产实现整体上市

这种方式可以解决同业竞争和关联交易问题。2013 年,大地传媒收购大股东中原出版传媒集团旗下 4 个控股公司 100% 股权,包括中原出版传媒集团下属河南省新华书店发行集团有限公司、河南出版对外贸易有限公司、河南人民出版社有限责任公司、河南省郑州市新华书店有限公司等,上述资产预估值为 28.54 亿元。通过资产重组实现大股东出版、印刷、发行、物资供应等整个产业链的主营业务的整体上市。

(二)向第三方发行股份购买资产

2011年,中国证监会发布的《关于修改上市公司重大资产重组与配套融资相关规定的决定》进一步明确,上市公司为促进行业或者产业整合,增强与现有主营业务的协调效应,在其控制权不发生变更的情况下,可以向控股股东、实际控制人或者其控制的关联人之外的特定对象发行股份购买资产。上市公司以发行股份作为支付方式向特定对象购买资产,分别可以实现整体上市、引入战略投资者、挽救财务危机、增强控股权等目的。同时,与现金认购的证券发行方式形成互补,进一步丰富了上市公司做优做强的手段。例如,2019年10月,华数传媒控股股份有限公司筹划发行股份及支付现金购买浙江华数广电网络股份有限公司及宁波华数广电网络有限公司股权。

(三)借壳上市

2011年,中国证监会发布了《关于修改上市公司重大资产重组与配套融资相关规定的决定》,规范、引导借壳公司。在监管条件方面要求,拟借壳对应的经营实体持续经营时间应当在3年以上,最近2个会计年度净利润均为正数且累计超过2000万元;在监管方式方面,借壳上市主要关切上市公司与标的资产之间的整合效应、产权完善以及控制权变更后公司治理的规范,明确要求在借壳上市完成后,上市公司应当符合证监会有关治理与规范运作的相关规定。目标上市公司直接向重组方增发,重组方置入资产,实现间接上市的目的。这种方式在国外又称为反向收购,是指通过"上市壳公司"控制权的转移,非上市公司将其旗下的优质资产注入上市公司,从而间接完成该优质资产的上市。"借壳上市"将上市需求与退出需求相结合,使得那些经营业绩不佳的原上市公司资产退出资本市场,取而代之以新的优质资产,帮助资本市场进行新陈代谢。例如,2008年发行人科大创新向安徽出版集团发行股票购买其持有的出版、印刷等文化传媒类资产,通过本次向特定对象发行股票购买资产改善科大创新的赢利水平和持续经营能力,同时实现主营业务向文化传媒类的转变。安徽出版集团实现借壳上市,科大创新改名为时代出版。2014年,高金食品推出借壳重组方案,将置出公司目前周期性较强且盈利能力较弱的生猪养殖及屠宰加工业务,同时注入估值逾60亿元的印纪影视娱乐传媒有限公司100%股权。印纪传媒实现借壳上市,其主营业务为整合营销服务,并通过兼营影视剧和电视栏目的投资、制作、发行及衍生业务,为客户提供品牌化的娱乐营销服务。同年,华智控股向杭报集团所属杭州日报报业集团有限公司和都市快报社发行股份,购买其下属传媒经营类资产,资产估值约为22亿元,股票发行规模约为5.23亿股,杭州日报报业集团借壳华智控股实现整体上市,此次重组不包括报纸采编类资产。

(四)资产置换

上市公司体内资产重组方以部分资产与上市公司进行资产置换,换出资产与换入资产的差额以发行股份购买资产的方式注入上市公司,重组方以置换出来的资产作为对价收购上市公司原大股东的一定量股份,上市公司原大股东回购上市公司体内资产。例如,长城影视通过资产置换借壳江苏宏宝实现上市融资,江苏宏宝以拥有的全部资产和负债作为置出资产,与长城集团等61位交易对方拥有的长城影视100%股份的等值部分进行置换,差额部分由江苏宏宝向长城集团发行股票方式购买,重组完成后,江苏宏宝的主营业务转变为电视剧投资、制作与发行及其衍生业务,长城集团成为新的大股东。

(五) 上市公司之间的换股合作

2012年3月,优酷(纽交所上市)和土豆(纳斯达克上市)宣布将以100%换股的方式正式合并。合并后,优酷股东及美国存托凭证持有者将拥有新公司约71.5%的股份,土豆股东及美国存托凭证持有者将拥有新公司约28.5%的股份。合并后的新公司将命名为优酷土豆股份有限公司,联合打造中国网络视频行业领军公司,成为建立在庞大用户群、多元化内容及强大技术平台基础上的优酷土豆股份有限公司。2020年10月12日,斗鱼和虎牙共同宣布,正式接受大股东腾讯提出的合并邀约,进行战略合并。根据换股比例,斗鱼将在现有市值基础上溢价后,以与虎牙相对等的1∶1市值水平兑换新股,斗鱼现有股东和虎牙现有股东将在合并后公司中各占50%的经济权益。

(六) 收购上市公司,战略控股上市公司

百视通于2014年11月发布收购书,宣布以新增股份换股吸收合并东方明珠。交易完成后,百视通作为存续方,东方明珠将注销法人资格,其全部资产、负债、权益、业务和在册人员并入百视通,上海文广集团只保留一家上市公司。百视通和东方明珠的合并重组方案分为三步走:吸收换股合并、发行股份购买资产、募集配套资金。整合后的百视通公司,牌照资源、内容资源和渠道资源更加丰富,更有利于实现转型。

第三节 传媒企业的并购与重组

一个企业由小到大的发展不外乎采用两种发展模式,采用内部扩张的方式与外部扩张的方式,前者将其中的一部分或全部追加投资以利生产与经营规模的扩大,后者能在短时间内迅速地扩大生产规模和经营规模形成巨型企业。从企业并购发展的历史观察看,在市场经济条件下企业发展模式与企业并购手段互为依存。美国经济学家、诺贝尔经济学奖得主施蒂格勒对此有过精辟的描述:"没有一个美国大公司不是通过某种程度、某种方式的兼并而成长起来的,几乎没有一家大公司主要是靠内部扩张成长起来的。"①

一、传媒企业并购重组的相关理论

并购与重组是资本运营最普通的形式,也是资本运营的核心。企业并购重组是市场经济发展的一种必然现象,对生产的社会化和劳动生产率的提高起着积极的推动作用。并购与重组是企业外部交易型资本扩张的有效途径,使企业能够降低进入新行业和新市场的成本,优化企业的经营结构和资产结构,也可以使企业迅速扩大规模,提高市场份额,增强资本的扩张能力。由于企业所处经济发展的不同时代以及研究的切入点的不同,形成了企业并购重组的七大理论。

第一,效率理论。企业并购能提高企业经营绩效,增加社会福利。包括五个子理论:规

---

① 刘阳.企业并购与核心竞争力[J].江西社会科学,2001(10):127.

模经济理论,经营规模扩大可以降低平均成本;管理协同理论,强调管理对经营效率的决定性作用;互补理论,在技术、市场、专利、管理方面产生优势互补;交易费用理论,为节约交易成本,用企业来代替市场交易;财务协同理论,不同时间的现金流量差异及合理避税手段产生并购动机。

第二,代理理论。由于存在道德风险、逆向选择、不确定性等因素的作用而产生代理成本。包括三个子理论:降低代理成本理论,企业并购提供了解决代理问题的一个外部机制;经理理论,所有权和控制权分离后,作为经理的代理人的报酬由公司规模决定并借此提高职业保障程度,经理人不追求利润最大化,而是追求企业稳定而长期地发展;闲置现金流量理论,闲置现金流量的减少有利于减少公司所有者和经营者之间的冲突。

第三,市场价值低估理论。目标公司股票市场价格低于其真实价格时企业并购便会发生,衡量标准为托宾 q 值,q 值等于公司的市场价值除以实际价值,q 值大于1,发生并购的可能性小,q 小于1时,发生并购的可能性大。

第四,市场势力理论。借并购活动达到减少竞争对手以增强对企业经营环境的控制力,增大市场份额提高市场占有率,增加长期获利的机会。

第五,财富重新分配理论。由于投资人所掌握的信息与评估不一致,导致对股票价值不同的判断,从而引起了并购公司股价的波动,发生并购公司与目标公司财富的转移。

第六,竞争战略理论。采用领先一步的竞争战略,企业并购是实施此战略的较好手段,企业因此获得高效率的扩张。

第七,控制权增效理论。由于并购取得了公司的控制权,而产生公司效率增进和价值增大的效果,并以此来解释和预测参与企业并购活动的买卖双方在不同条件下的行为选择。[①]

二、传媒企业并购重组的具体路径

在数字化和网络化的背景下,传媒企业并购重组有助于拓展业务,实现业务的优势互补,发挥协同效应;有助于降低成本和费用,共享科技成果,削减研发开支,使企业快速获取自己所需要的能力和资源,建立核心竞争力。

第一种路径是兼并。兼并是指企业通过产权交易获得了其他企业的全部产权,使被并购企业丧失法人资格,进而获得实际控制权的经济行为。兼并分为吸收合并与新设合并,吸收合并就是一家公司从此消失,另一家公司为续存公司;新设合并为两家公司合并,成立一家新公司。[②] 例如,天舟文化收购神奇时代的100%股权,从传统媒体向新媒体转型,构建出版发行、新媒体、教育服务、文化创意投资四大业务板块。奥飞动漫收购了广东原创动力以及方寸科技和爱乐游100%的股权,增强公司动漫形象品牌影响力。2013年,华闻传媒收购了国广光荣100%股权,国广光荣是中国国际广播电台国内三套广播频率的广告经营的总代理和经营实体,收购就是为了打造全媒体业务架构。同年,百度爱奇艺以22.4亿元的交易金额购买PPS视频的100%股权。

第二种路径是收购。收购是一家企业用现金或有价证券购买另一家企业的股票或者资产,包括资产收购与股份收购,获取该企业的全部资产或者某项资产的所有权,或者该企业

---

① 张维,齐安甜.企业并购理论研究述评[J].南开管理评论,2002(4):22.
② 上海国家会计学院.企业并购与重组[M].北京:经济科学出版社,2011:2.

的控制权,但是两家企业的法人资格均保留。收购的支付方式包括现金支付、股票互换和混合支付,特别是发行股份购买资产、换股并购等丰富了并购手段,降低了交易成本。例如,阿里巴巴布局传媒业,2013年以5.86亿美元购入新浪微博18%的股权,2014年斥资10.88亿美元收购优酷土豆16.5%的股权,斥资8.05亿美元收购文化中国60%的股权,文化中国更名为阿里影业。江苏凤凰数字传媒以2.77亿元收购上海都玩网络55%的股权,进军页游行业;用3.1亿元收购上海慕和网络64%的股权,进军手游行业,从而凤凰传媒成为出版、影视和网游为主业的跨媒体公司。江苏凤凰出版传媒集团分别参股南京证券和江苏银行,成为两家金融机构的第二大股东,开始积极涉足金融业。华媒控股拥有地方新闻门户网站杭州网、萧山网,专业房地产门户网站快房网,2015年,子公司杭州网以约2.13亿元获得快点传播51%股权,快点传播主要从事移动端视频运营业务。

第三种路径是重组。公司重组是对公司所有权或控制权结构的一种重新安排,包括资产重组、负债重组和股权重组。重组一般是基于战略的考虑,实现资源、市场和技术的统一,拓展产品的市场空间,优化资源配置效率。通过资产重组可以实现业务转型与资产整体上市,从专业化向多元化、综合化转变。例如,粤传媒实际控制人广州日报社将主要经营性资产注入上市公司,大幅提升公司资产质量,通过重组完成业务转型,主营业务在广告代理、印刷等业务基础上增加了广告经营、报纸发行、网络服务等业务。

加拿大汤姆森整合路透集团成立汤姆森路透公司,成为全球最大的金融新闻与数据提供商,其所占市场份额提升至34%,比第一位的美国彭博社高出一个百分点。以前汤姆森专注北美市场,而路透专注欧洲市场,重组后带来业务互补,实现资源整合,形成世界性的销售网络,两者的合并可以实现用户、市场和业务的全覆盖,并在与对手彭博新闻社竞争中形成优势。

三、传媒产业并购重组的效应

为了促进资源的合理流通和综合利用,通过并购重组实现资源的优化配置,推动传媒资源和生产要素向优势产业集聚,实现产业转型升级。[①]

(1) 并购重组可以提高核心竞争力,发挥规模经济效应。并购重组可以降低企业的运营成本、增强企业的市场竞争力。例如,电影巨头华谊兄弟收购浙江常升影视制作公司70%的股权,加强了自己在电视剧制作方面的能力。粤传媒并购上海香榭丽广告公司,香榭丽是中国领先的大型LED户外广告运营商,屏幕资源优势明显,策划创意能力突出,收购能提升整体的赢利水平,又可丰富媒体形态,扩大资源的商业价值。上海解放报业集团和文汇新民报业集团合并,增强在新媒体环境下的核心竞争力。

(2) 并购重组可以实现资源互补,发挥协同效应。并购产生的协同效应分为四类:市场力量协同,通过提高市场集中度,从供应商那里获取更低的买价或从顾客那里获取更高的卖价;经营协同,通过联合经营,获取经验,降低生产和营销成本;财务协同,通过财务市场力量和内部资本市场,实现资本运营成本的下降;管理协同,通过分享和相互交流不同单位的管理诀窍、技术和能力,实现管理协同。例如,华策影视收购克顿传媒就是实现资源互补,克顿传媒拥有国内领先的影视行业数据挖掘和分析能力,以及先进的影视行业数据库。并购可

---

① 肖叶飞.新闻出版企业并购重组的路径、效应与风险[J].编辑之友,2014(12):18.

以在版权资源、创作和制作资源以及营销团队方面深度融合和战略协同,推动华策影视向"内容+渠道+受众"循环联动的经营模式发展。

(3)并购重组以建立全产业链,实现"全介质、全流程"发展战略。传统媒体需要在数字技术领域有所开拓,打造全媒体内容业态和全媒体终端平台,达到内容的一次生产、多层开发、多元增值。例如,德国贝塔斯曼集团用2亿美元收购巴诺网上书店50%股份,获得了与亚马逊竞争的网络渠道支持,通过与大型电子商务企业进行战略合作和资源整合,构建线上和线下相结合的出版物流通体系。江苏凤凰出版传媒集团通过整合民营制版公司、印刷公司,致力于打造图书、影城、动漫、网游和玩具等全产业链经营模式。博瑞传播以10亿元收购腾讯旗下页游公司漫游谷70%的股权,在游戏产业链上基本形成了"端游+页游+手游"的全产品模式。

(4)并购重组可以调整产品结构,发挥范围经济效应。范围经济效应不仅出现在信息的采集、制作、发行、广告和营销等领域,而且在人力资源、技术开发、品牌资源和生产要素等多个领域也可以发挥整合效应。对于新闻出版企业,并购广播影视、互联网和移动媒体,可以构建新的运营与传播平台,将不同的内容进行整合传播,降低生产成本,化解经营风险。例如,浙报传媒通过兼并重组等资本运作打造互联网时代枢纽型传媒集团,突破传统媒体单一广告营运模式,向数字出版、影视、网络游戏、动漫和高端包装印刷等领域拓展,使公司真正成为全媒体、全产业链的大型文化传媒企业。博瑞传播、时代出版、中文传媒、出版传媒等已开始涉足动漫、影视、视频等领域,加大向视听领域的投资。

四、传媒企业并购重组的风险

虽然并购是低成本扩张的有效方式,有利于完善产业链,提高市场占有率,但是在业态融合、公司治理、金融财务和规模控制等方面也存在着一定的风险。

(一)经营风险

并购导致赢利能力下降、成本高涨、净利润减少、效率低下等经营风险。特别是并购一些与主营业务关联度低的企业,消化不良,无法产生互补与协同效应,甚至可能拖垮原有的业务。我国报业出版业并购大部分是区域内并购或强弱并购,实际上只有通过高质量的强强联合式的并购重组才能发挥规模经济效应,实现跨越式发展。蓝色光标是A股中并购较为成功的公司,它的并购项目涉及公关、广告等业务,而这些业务对其并购后的业绩增长有很大贡献。出版企业要并购新媒体企业,积极投资网络出版、数字出版、版权贸易、网上书店、按需出版等相关领域,完善产业价值链。

(二)管理风险

管理风险主要是管理者片面追求规模,进行非理性投资,缺乏综合管理能力,追求扩大管理者的利益和权限,盲目多元化,发展战略不明。专业化和多元化要保持一定的平衡,多元化也要有核心竞争力。例如,一些报刊出版企业为了集中精力专业化生产,甚至出售、拆分和转让非主营业务,进行战略调整。贝塔斯曼购得美国大型大众读物出版公司兰登书屋的同时,出售赢利能力很强的学术出版公司斯普林格,将其精力集中在大众读物市场上。

(三) 文化风险

如果不同企业之间的经营方式、管理制度、企业文化、组织结构不能进行整合,会导致企业低效率运转,造成了文化风险。并购只是手段,而整合才是目的,企业并购后需要在经营、机制、文化、财务和团队等方面加强整合。例如,美国在线和时代华纳的并购失败的重要原因是文化冲突,前者是网络新媒体,后者是传统媒体,无法在发展目标、管理方法、资源整合方面达成一致,反而增加了经营与管理成本,合并十年,2009年终于分开。所以并购重组后,要加强文化整合,发挥协同效应。

(四) 财务风险

企业的并购重组对业务结构、成本结构和财务结构都会产生影响,可能导致资金流断裂风险和偿还债务能力风险。特别是对于举债收购,当负债率过高,出现到期不能偿还本息,甚至丧失偿还能力,导致企业破产。企业的并购还由于信息不对称造成财务风险,例如,被并购企业的负债多少、财务报表是否真实、有无资产抵押担保、有无诉讼纷争等因为信息不对称引起的财务风险。企业要对目标公司进行财务状况和经营能力的全面分析,防止并购方高估了目标企业的发展前景、赢利能力,以及低估了并购后的整合成本等。例如,2010年8月12日,乐视网在中国深交所创业板上市。2014年,乐视云、乐视体育、乐视移动、乐视汽车相继成立。2015年5月12日,乐视网股价达到179元的历史高点,市值突破1700亿元。12月,乐视网认购TCL多媒体新股3.49亿股,成为TCL媒体的第二大股东。2016年5月,乐视网收购花儿影视100%股权。2016年10月,乐视体系资金链危机爆发,股价开始一路下跌。2020年5月14日,深交所宣布乐视网股票终止上市。

并购重组面临各种风险,需要加强战略协同整合;业务活动的整合,包括采购、产品开发、生产与营销等方面;另外,还包括管理活动的整合、组织机构整合、人事整合、文化整合,实现价值整合的乘数效应。

第十四章　传媒集团化经营

近年来,我国传媒产业按照专业分工和规模经营要求,运用联合、并购、重组等手段,以结构调整为主线,向集团化、规模化方向发展,组建了一批主业突出、品牌名优、综合能力强的大型集团。这些以新闻出版、广播影视以及网络传媒为主的跨媒体产业化集团,推动产品结构、产业结构调整,促进跨地区发展和多媒体经营,提高产业集中度,提供全媒体服务。但是在经济上容易造成大媒体垄断,在媒体内容上造成同质化,影响了不同观点的多元化呈现。

第一节　传媒集团化经营的理论分析

传媒集团指由若干具有独立法人地位的传媒企业为提高劳动效率、形成规模效益,通过协作、联合、并购、重组等方式,把具有生产技术经济联系的各个独立的法人单位,以股权持有、资产联结和契约合同为纽带而建立起来的一种大规模、多种形式、多层次结构的企业法人联合组织。

传媒集团具有如下三个特征。第一,传媒集团组织结构的多元化,传媒集团是由多个法人传媒企业的联合体,不是单一的法人经济实体。例如,广州日报报业集团由1张主报、15张系列报、5家杂志社、1家出版社和2个网站组成,在法律上,组成传媒集团的每个企业仍是独立法人,能独立承担民事责任。第二,传媒集团组织的多层次性,一般由核心层、紧密层、半紧密层、松散层等多个层次组成。南方日报报业集团是以报业为核心的经济联合体,以《南方日报》《南方都市报》《21世纪经济报道》《南方周末》等为核心,确立了广告、发行、印刷、信息、出版五大支柱,以报为主,兼营其他。第三,以资产联结纽带和契约纽带为主。例如,江苏凤凰出版传媒集团2001年成立,通过并购重组、参股控股等资本运营手段,产业领域涉及图书出版、图书发行、报刊印刷、网络出版、文化酒店、文化地产、金融投资和艺术经营等多个产业板块。

一、传媒集团产生的背景

传媒集团的成立既来源于内部的竞争,也来源于外部的压力。20世纪90年代,党报的地位受到都市报、晚报等其他类型报纸的挑战,这些非党报的发行量与广告收入都超过了党报。但是,党报不能完全市场化运作,公费订阅量不断下降,地方性报纸之间的同质竞争升温,这些都需要党报开发新的发展模式,联合非党报,改变"各自作战"的内讧局面,以获取更大的利润,实现经济效益和社会效益的统一,扩大其舆论影响力。

传媒集团的成立也是外部压力的结果。中国加入世贸组织以后,国外的传媒集团凭借强大的规模与资本实力逐渐进入中国市场,我国媒体很难单打独斗与其竞争。我国传媒企业要与西方传媒企业竞争的话,要更多地按照企业运作方式来运作,建立传媒集团,发挥规模经济效益。对报纸来说,能够兼并一些报纸,进一步扩大自己的经济实力,让集团内部不同的报纸做好分工,减少资源浪费,避免恶性竞争,发挥集约化经营的效益,增强市场竞争力。

从经济上说,建立传媒集团,可以整合资源,实现规模化生产,减少经营风险,有利于不同传媒之间的优势互补、结构优化,可以改变我国传媒业的分散经营、小而全、同质化严重的局面,促进规模化、集约化经营,提升整体竞争力。从政治上说,传媒通过并购重组等资本运营手段,通过金融资本控制传媒资源,建立庞大的传媒行业,有利于与西方传媒集团的竞争,有利于报纸的政府管理,提高舆论引导力,维护国家的文化安全。

二、传媒集团的类型

传媒集团化实际上就是某种形式的一体化,包括横向一体化、纵向一体化与混合一体化。传媒一体化是指在不同层次上的立体组合,包括广播、电视、报纸、杂志、出版社以及网络等在内的多种传媒形态联合起来的传媒集团。

横向一体化是指通过并购同类产品,水平扩张或在单一业务范围内扩张而形成的传媒集团,例如,报业集团、广电集团、出版集团等。横向一体化的战略是为了扩大生产规模、减少竞争对手、降低生产成本、巩固市场地位以及提高市场竞争优势的一种战略。横向一体化也存在一定的风险,导致"大企业病",不同的企业文化导致管理成本的增加,协调关系复杂,横向一体化后的巨大生产能力对市场需求规模和企业销售能力都提出了较高的要求。

纵向一体化包括后向一体化和前向一体化战略。后向一体化就是下游环节向上游环节扩张,企业自己供应生产或服务所需要的原材料或半成品,如报业集团自己建立造纸厂,一些广播电视台并购影视节目制作公司,生产"自制剧",减少交易风险。前向一体化就是上游环节向下游环节拓展,是企业对本公司的产品进行深加工,或者建立自己的销售组织来营销本公司的产品或服务,例如,报纸、杂志的出版商向其印刷行业、发行行业扩张。

混合一体化是指处于不同部门、不同市场之间的企业联合。在混合一体化情况下,传媒集团所涉及的行业已经不仅仅是传媒行业自身,而是在跨行业的范围内寻找和链接有利于自己的资源,并整合成了一个集团。混合一体化可以减低企业的生产不确定性和经营风险,强化传媒集团各环节的控制力。世界上著名的传媒集团都是混合一体化的传媒集团,业务范围基本涵盖广播影视、新闻出版、游戏娱乐、有线网络等各种传媒领域。

三、传媒集团的规模经济与范围经济效应

随着经济全球化的发展,我国企业要在经济全球化中保持一定的竞争力,必须保持一定的规模,而实际上我国传媒产业的集中度低,平均规模小,国际竞争力弱,我国传媒产业的集团化和经营的集中化将提高企业的国际竞争力。

(一) 传媒集团的规模经济效应

规模经济是指由于生产专业化水平的提高而使企业的单位成本下降,从而形成企业的长期平均成本随着产量的增加而递减的经济。也就是说,企业由于扩大生产规模而使经济效益得到提高,相反,当生产扩张一定规模后,企业继续扩大生产规模,会导致经济效益下降,这就是规模不经济。

规模经济的理论基础在于固定资产的不可分割性和固定成本的可分摊性,因为机械、设备和厂房等形式的固定资产是一个整体,作为固定成本无法分割,只有当产量达到一定的规模后,固定成本可以分摊到更多的产品中去,平均成本才能下降,这种因扩大规模形成的成本节约就是规模经济。另外,规模经济也被认为是分工和专业化生产带来的单位成本的节约。规模经济的原因还包括有效的承担研发费用、运输和订购原材料的经济性,以及价格谈判上的强势地位。

根据一个企业内规模经济产生的范围,可把规模经济分为生产规模经济与经营规模经济。生产规模经济是指随着人员、设备的增加,生产能力的扩大以及生产技术的提高,使得传媒企业规模不断扩大而单位成本逐渐下降的趋势。生产规模经济是就企业内生产环节而言的,是从设备、生产工艺过程、技术等角度提出,因此可以称为生产技术规模经济,其形成原因是技术经济规律。[①] 其主要原因有:一是满足最小技术效率的要求,因为只有达到一定规模才能采用效率更高的技术设备,只有达到一定的产出量才能有效摊薄平均成本。例如,报业集团采取办公自动化网络系统,采取更先进的印刷设备,降低新闻纸的价格,实现大规模批量生产,降低单位产品成本。二是规模扩大有利于实现产品标准化、专业化,分工更加明确,促进技术发展。三是能够促进辅助生产业务效率的提高,如规模扩大后能够实现仓储、运输等自动化,从而提高整个生产的效率。四是学习曲线效应的存在而增加熟练程度等从而降低生产成本。经营规模经济则是一个企业内除去生产环节以外的部分所产生的,其产生原因有:采购成本、销售成本、管理成本、融资成本的降低以及可获得技术开发规模效应等,节约大量的管理人员和工程技术人员的成本,促进企业有更多的资金用于产品研发,具有更强的竞争力。

传媒产业具有明显的规模经济效应。传媒产品的规模效益体现在固定成本大而变动成本小,媒体发行量或收视率的提高将增加可变成本而摊销固定成本。对于广播电视媒体而言,成本的构成包括了固定成本与可变成本,以电视节目的制作与播出为例,电视节目的制作成本包括设计、调查与制作成本,属于固定成本,这部分成本构成的产品被称为"母带",母带的成本与收视率没有关系,也就是说,电视节目的固定成本较高,可变成本在广播电视中占有比较小的比例,增加或减少受众对成本影响较小。但是,随着收视率的提升,受众规模增加,其单位时间的广告收入就越高,增加单位产品的附加值和整体的广告收入。

对于纸质媒体而言,从生产流程的角度来说,企业成本主要有以下构成:一是收集信息、生产产品的成本,这部分成本不随着发行量变化而变化,即固定成本,但单位报纸固定成本随印刷、发行量的增加而减少。二是印刷和发行成本,这部分成本由固定成本和变动成本组成,设备折旧、管理人员费用等构成固定成本,报纸的印刷、发行人员的劳动力费用则形成变动成本,发行量越大,这部分成本越大,变动成本随报纸发行量的变化而变化。发行量越大,

---

① 张辉锋.传媒业中的规模经济与范围经济[J].国际新闻界,2004(6):58.

广告收入越多,广告的单位收益越高,规模效益显著。

追求规模经济、研究取得最佳经济效益的合理规模及其制约因素,揭示经济规模结构的发展趋势,寻求建立最佳规模结构的主要原则和对策,对于发展社会生产力具有极为重要的意义。许多世界性的大型跨国企业是自主成长起来的,发展过程比较平稳,虽然也都经历过高速增长的阶段,但进入成熟期以后比较注重企业结构、产品结构、投资结构的调整,注重企业管理水平和技术水平的提升,而不是停留在原有水平上简单地扩张规模。①

当然,一些超大规模企业未必就有很强的竞争力,特别是一些行政性强的垄断企业,不具有应有的竞争机制和优化机制。随着企业规模的不断扩大,企业的边际效益却渐渐降低,出现了规模不经济现象,造成这种现象的原因是内部结构因规模扩大而趋复杂,这种复杂性会消耗内部资源。企业要获取规模经济效益要确定最佳的经济规模,通过生产要素的合理配置来使企业获取最高经济效益。

(二) 传媒集团的范围经济效应

跨媒介集团主要是发挥范围经济效应,就是组合多种相关产品的生产比把这些产品彼此独立地分开生产更为经济。范围经济不仅源于不同产业在采购、生产、销售和售后服务价值链上发挥协同效应,而且在人力资源管理、技术开发和生产要素等多个领域发挥整合效应。②

1. 准公共产品的范围经济效应

文化产品是准公共产品,可以一次生产、多次使用,也就是消费上的非竞争性,比如,一条信息可以多重开发,在不同载体上传播,或者从不同角度进行传播,从而使信息增值。在报纸上是文字信息,在电视上是图像信息,在CD光盘上则是声音信息,发挥了范围经济效应。例如,"第一财经"频道、频率和日报可以资源共享,实现财经信息资源的多重利用,达到多次增值。也就是说,一旦共同要素资源为生产一种产品而投入,无需增加太多的费用就可以用于其他产品的生产,降低了生产多种产品的成本,产生了范围经济效应。在这一点上,文化产品有别于竞争性和排他性的私人产品,私人产品只能一人消费而不能共同消费。

2. 节约运营成本的范围经济效应

分享有形资源与无形资源可以节约成本。有形资源包括机器、厂房和人员,还包括剩余的生产能力、营销、分配和服务体系,技术开发与创新体系等。无形资源包括商标、数据库、企业商誉、管理技能、公关营销、技术知识与诀窍等。多数高级管理层的经营技能具有一定的通用性,蕴藏在企业的组织、管理系统和文化中,可以以比较低的成本在不同的产品或业务之间转移。

3. 资源互补的范围经济效应

资源互补出现在不同的方面,首先是信息的采集、制作、销售、发行等资源互补,例如,牡丹江传媒集团对广电和报业等媒体资源进行了第二次整合,成立了新闻总社,把《牡丹江日报》和广播电视的时政类节目归口,把通讯社的功能与集团化的平台有机结合起来,旨在实现对意识形态内容的统一管理,通过采编分离,实现新闻信息采集成本最低化和利用的最大

---

① 张晖明,邓霆.规模经济的理论思考[J].复旦学报,2002(1):29.
② 肖叶飞.跨媒体经营的路径选择与范围经济效应[J].新闻研究导刊,2012(3):64.

化。① 其次是广告和营销资源互补,跨媒体经营的广告的交叉效应,通过套装广告、打折广告和组合广告等营销方式,可以使客户以较低的投入获得多媒体的规模性发布,达到更好的宣传效果。

4. 战略协同的范围经济效应

战略协同是指在工艺技术、劳动力、供应商等不同业务方面战略协同,或在管理方法、销售策略等经营管理方面战略协同。传媒产品是内容和渠道互补的产品,不同的传媒有着相似的受众和盈利方式,协同效应存在于生产资源、广告资源、网络资源和其他经营资源,是对有形资源和无形资源的整合,实现对核心资源和优势资源的多层次和多形式的深度开发,延伸了产品价值链。例如,一些畅销书籍被拍成影视剧,知名的影视剧又促进书籍的出版,"指环王""哈利·波特"系列的巨大成功,这就是文学与电影的战略协同。《南方都市报》报系提出多媒体新闻采集储存、多通道信息编辑发布、多平台流程融合、多平台信息共享的理念,通过利用品牌、核心技术、服务、营销占领相关市场,呈现出战略协同的竞争优势。

5. 品牌共享的范围经济效应

企业的发展已经从产品营销进入到品牌营销的高级阶段,与此同时,我国的传媒产业也步入了品牌竞争的新阶段。品牌经营的一个重要战略就是品牌延伸,指利用已经获得成功的品牌推出新的产品,使得新产品投放市场能够获得原有品牌优势的支持。强势品牌可以成为无形的资产,在新产品创新扩散中发挥着重要作用。

现阶段传媒竞争的战略新趋势是从规模经济到范围经济。在不同的发展阶段,为传媒产业带来最大利润的价值支点是不同的:最初是内容产品的品质,接下来是市场拓展的规模,到现在则是全方位客户价值的挖掘,这就进入了范围经济的范畴。② 追求市场占有率与规模数量的价值逻辑是把受众当成"单向度"的人,这种市场逻辑缺点在于媒介只是在一个特定方面开发和利用受众的价值,成为单一产品与功能的提供者。全方位客户的价值挖掘就是以客户的需求为本位,发现与挖掘客户的关联需求,尽可能为这种关联需求提供完整的解决方案。

第二节 我国传媒集团化经营

中国传媒业已进入集团化发展时代,据不完全统计,截至2019年,我国传媒业已组建有报业集团47家、出版集团40家、发行集团28家、广电集团18家、电影集团6家,共有传媒集团134家。这些传媒集团中,这几年报业集团因发行量与广告收入双双下降,经营面临很大的困难。根据中国人民大学发展战略研究院发布的《5G时代中国网民新闻阅读习惯的量化研究》数据,2018年全国47家报业集团广告收入超400亿元,仅仅相当于今日头条1家移动互联网平台的广告收入。

---

① 严三九.牡丹江新闻传媒集团发展与改革的产业经济学分析[J].现代传播,2010(12):100.
② 喻国明.从规模经济到范围经济:现阶段传媒竞争的新趋势[J].当代传播,2007(6):1.

一、我国报刊出版传媒集团

我国的传媒集团化的过程不仅是一种市场行为,也是一种行政行为,它与西方国家传媒集团化纯市场行为不同。西方国家的并购重组都是基于市场行为的资源整合,目的是提高信息内容的质量,降低成本,我国传媒集团化有政治与经济两方面的考虑。

(一) 我国报业集团的建立与发展

随着媒体规模和数量迅速膨胀,许多媒体内容同质化很强,受众较少,财政出现严重下滑的状况,造成了媒体资源的很大浪费,需要用集团化整合的方式进行治理和整顿。1994年6月由国家新闻出版总署主持召开的"杭州会议",进一步为各地组建报业集团确定了一些硬性指标,这些指标包括传播实力、经济实力、人才实力、技术实力、发行实力。会议提出,组建报业集团应以党报为主开展试点工作,报业集团必须具备以下5个基本条件:第一,在媒体影响力方面,集团应有一张有影响的主报,并至少拥有4个子报或子刊;第二,在经济实力方面,拟组建集团的报刊依据地区不同而有差异,沿海地区拟建集团的报社年税利不少于5000万元,中西部地区不少于3000万元;第三,在人才资源方面,报社具有高级职称的采编人员不少于20%,管理和技术人员中的中级职称比例要达到15%以上;第四,在技术装备方面,集团应拥有独立的印刷厂,拥有现代化的激光照排和胶印设备,具备彩色胶印能力;第五,在发行市场方面,报业集团的母报、子报和子刊的期发行总量应在60万份以上,或在本地区每150人以下拥有一份报纸。集团应有畅通的发行渠道,并有逐步建立自办发行网的可能。

此期间报业集团的数量迅速增加,适时建立以党报为龙头的报业集团,实现我国报业由粗放型向集约型、规模数量型向优质高效型转变,报业集团基本完成在全国的布局。我国报业集团的发展大体可以分为三个阶段。①

1. 1996—2002年是报业集团发展的起步期

经国家新闻出版总署的批准,1996年1月,中国第一个报业集团——广州日报报业集团正式宣告成立,集团共拥有《广州日报》1张主报、《信息时报》等15张系列报、《南风窗》等5家杂志社、1家广州出版社和大洋网、VRHR求职广场网。随着广州日报报业集团的实践取得成功,1998年5月,国家新闻出版总署先后批准了光明日报、经济日报、南方日报、羊城晚报牵头组建的报业集团。同年7月,批准上海新民晚报与文汇报联合成立文汇新民联合报业集团。

我国报业集团是通过两种方式建立起来的:第一种是由母报出资、出人创办的新型报纸;第二种是母报通过收购、兼并或行政手段将其他报纸纳入自己的旗下。在我国,由于媒体市场机制还没有完全建立,往往是通过由母报另起炉灶创办子报的方式组建报业集团的。例如,《解放日报》报业集团就是通过由母报衍生的方式,创办了《新闻晨报》《新闻晚报》《申江服务导报》等十多家子报。

1998年2月,新闻出版总署制定了我国《新闻出版业2000年至2010年发展规划》。规划明确提出,要扶持有影响力的党报通过兼并、重组等资本运营手段,建立起以党报为龙头,

---

① 柳剑能,余锦家.中国报业集团的发展历程和转型策略[J].传媒,2014(4):12.

以报业及带有报业外延性质的实业为主体,兼容非报业经营实体的产业联合体。这个规划的出台促进了各地报业集团的建立。1999年,批准深圳日报社、辽宁日报社、沈阳日报社、四川日报社、浙江日报社、哈尔滨日报社和大众日报社成立报业集团,到2002年全国报业集团就有39家,其中,中央级报纸2家、省级报纸24家、市级有13家。这些报业集团总体是以省市党委或国家重要部门的机关报为核心,有经济实力的晚报或都市报为补充,跨越中央、省、市三级,依托大城市,向邻近地区辐射。

2. 2002—2005年是报业集团的拓展期

这个阶段报业集团的主要特征是控制数量、注重质量、深化改革、塑造市场主体、优化资源配置。在2002—2005年,39家报业集团迅速成长为中国报业的主导力量。2002年,39家报业集团的营业额平均达到5.45亿元。2004年,39家报业集团拥有的报纸数量占全国报纸总量的17%,总印数占41%,总印张占56%。这些数据说明报业集团的市场规模与影响力都代表了当时我国报业发展的最高水平。为了控制集团数量,此期间,经新闻出版总署批准挂牌成立的报业集团只有贵州日报报业集团1家。2003年,新闻出版总署为了加强宏观调控,盘活存量资源,先后批准4种报纸进行跨地区联合办报试点,促进报纸跨地区和跨媒体发展,提高产业集中度。如《光明日报》和《南方日报》两大报业集团合办的《新京报》,以及由原上海文广新闻传媒集团、广州日报报业集团、北京青年报社跨地区跨媒体联合创办的《第一财经日报》等。

2002年,党的十六大提出了深化文化体制改革的战略任务。2003年,全国文化体制改革试点工作会议把新华日报报业集团、大众日报报业集团、河南日报报业集团、深圳报业集团4家报业集团列入文化体制改革试点集团,此次试点改革主要目的在于集团内部推行采编系统与经营系统"两分开",旨在明晰产权、转企改制,以资产为纽带建立现代企业制度等改革事宜被提上日程。

3. 2005年至今是报业集团发展的转型期

2005年是我国报业发展的转折年。当年,全国报业广告增长率开始出现下滑,据中国人民大学传播媒介管理研究所的抽样统计,2005年上半年中国报业集团广告实际收入下跌10%—30%,平均跌幅超过15%。学界和业界关于"报纸衰亡论"开始彼此伏起。报业集团努力应对危机,各显神通。2006年8月,我国正式启动"数字报业实验室计划",拉开了报业数字化的序幕。2008年,在打造国际一流媒体、提高国家文化软实力的政策指引下,一些报业集团开始多元化经营,在内容生产、品牌运作、投资收购、资本运作等层面纷纷推出改革举措。博瑞传播、粤传媒、新华传媒、浙报传媒、杭报集团等一些以报业资产上市的公司凭借资本市场,开始进军游戏、影视、出版发行、房地产等其他行业,向融合媒体转型。2013年10月,以上海报业集团的成立为标志,报业集团之间的区域整合成为新动向。

(二)我国报业集团的发展趋势

(1)党报集团为代表的事业集团与非时政类报刊集团为代表的企业集团将同时存在、并行发展。事业性质与企业性质的传媒集团属性不同、功能不同,将在产权制度、法人治理、运营模式、激励制度、内部管理等方面形成差异,并将沿着各自轨道独立发展。党报集团是事业集团,以党报为核心,聚合时政类报刊,在此基础上形成事业集团或事业法人报系。党报传媒集团明确为公益性事业单位,职责是提供公共信息产品、满足受众基本信息需求,通过政府采购、政府补贴形式对事业集团进行扶持。非时政类报刊集团是企业集团,以非时政类报刊、专业化报刊为基础,组建企业集团,自主经营,并依照市场规律进入或退出,职责是发展传媒产业,提供丰富多样的信息产品,满足人民群众多元化的文化生活。

(2) 采取多元化经营,延伸产业链。例如,广州日报报业集团除经营报业、广告、印务、书店、摄影等行业以外,其业务还包括房地产、金融、商业、旅游、民航等。其中,"广州日报连锁店"经营模式是国内一大创新。广州日报连锁店有限公司是集团下属的全资机构,拥有独立法人资格,已在全国发展到150多家。其经营范围主要包括:《广州日报》等报刊和图书的收订与零售;经营文化用品、音像制品和生活百货用品;开展广告业务,承接展览业务,代办《广州日报》等媒体的分类广告;代办民航、铁路、酒店、旅游等订票业务,开展相关服务;开办各种文化与产业培训班,等等。

(3) 加强资本运作,利用资本市场筹措资金。通过兼并、重组、参股、控股、交易、转让、租赁等方式优化资源配置,提高市场占有率。例如,2011年,浙报传媒实现了经营性资产整体上市,其发展理念为"传媒控制资本、资本壮大传媒",以投资、参股等方式快速拓展网络游戏等新媒体市场。2014年,杭报集团借壳"华智控股"实现上市融资,以《杭州日报》为核心,聚合《都市快报》《每日商报》《萧山日报》等10余种报刊,杭州网等20余家网站,现在已经形成了以传媒业为依托,户外广告、文创综合体、商务印刷、物流配送、商贸连锁、艺术品产销六大重点产业的文化创意产业体系。

(4) 报业集团之间的整合成为发展趋势,共同迎接新媒体的挑战。2013年10月,经中共上海市委批准,由解放日报报业集团和文汇新民联合报业集团整合重组的上海报业集团正式成立,上海报业集团保留《新民晚报》,停办《新闻晚报》,避免同业竞争,这是面对新媒体挑战的战略选择。

我国的报业集团具有多种竞争模式,例如,在北京,由于特殊的政治文化中心地位,形成了混合竞争模式,已成为全国报业必争之地,人民日报系列报纸、光明日报报业集团、北京日报报业集团、经济日报报业集团等各大报业集团与众多大小报纸的分散竞争并存。在广州,形成了寡头传媒集团竞争模式,《广州日报》《南方日报》《羊城晚报》三大报团和《人民日报·华南版》4家大报之间的集团竞争,同时与渗入的港台报纸展开竞争,集团竞争激烈,市场开发程度较高。在一些经济实力较强的大省,形成了两两竞争模式,例如,浙江日报报业集团与杭州日报报业集团、安徽日报报业集团与合肥报业传媒集团、辽宁日报报业集团与沈阳日报报业集团之间的竞争。随着数字媒体的发展,报业的发行量与广告收入双双下跌的情况下,同城的报业集团"抱团取暖"式的整合或许是必然趋势。

(5) 传统报业与新兴媒体的融合发展,达到转型升级的目标。首先,由平面媒体向全媒体转变,形成融合新闻生产能力。例如,烟台日报传媒集团启动"全媒体数字采编发布系统",通过文字、图片、音频和视频等多媒体素材的采集,实现了一次采集、动态整合、多个渠道、多次发布的数字化传播,形成了包括纸质报、手机报、多媒体数字报、电子纸移动报、户外视屏等比较完备的全媒体产品与服务方阵。其次,由单向传播向全方位互动传播转变,以互联网为核心,利用即时新闻、网络问政、微博、微信、微视频等传播媒介,提升互动效果。再次,提高融合运营实力,实行数字化战略。如南方报业传媒集团,以"融媒战略"为指引,推出了包含平面媒体、网络媒体、移动媒体、广电媒体、户外LED媒体和电子阅报栏在内的六大生产线,具备覆盖所有介质的传播能力。

除了报业集团通过与新媒体融合实现转型升级,我国的出版发行集团也走在数字化转型的路上,纷纷在电子商务、多元业态、数字教育、资本运作等方面谋求突破。例如,皖新传媒开拓"教育与科技融合"的新方向、新业务,基础教育云平台的应用和传统教育项目向数字出版、互联网和互动多媒体等新载体演变,搭建数字出版平台和"电子书包"。中南传媒利用筹集到的资本进行数字化改造,与华为技术战略合作,打造数字出版平台和电子书包基地;与中国联通合作,推进悦读平台基地建设;与中国移动合作,构建县级手机报网络。

二、我国广播影视传媒集团

(一) 我国广电集团的建立与发展

1999年6月,全国第一家广电集团——无锡广播电视集团正式挂牌成立。无锡广电集团是广电局和集团合一的体制,典型的行政与业务混合体制。2000年11月27日,我国第一家省级广播电视集团——湖南广播影视集团宣布成立,继湖南之后,上海、北京、浙江等地广电集团陆续宣告成立。

2001年8月,中宣部、国家广电总局、国家新闻出版总署发布了《关于深化新闻出版广播影视业改革的若干意见》,对组建广电集团的指导思想、原则、体制、融资等做了全面规定,第一次明确要求积极推进集团化建设,实行跨媒体、跨地区经营,把集团做大做强,这对推动集团化产生了重要作用。

2001年12月,中国广播电影电视集团正式成立,集团以中央电视台(CCTV)、中央人民广播电台(CNR)、中国国际广播电台(CRI)、中国电影集团公司(CFGC)、中广广播影视传输网络有限责任公司(CBN)等中央级广播影视媒体为主体,从事广播、电视、电影、传输网络、影视艺术、广告经营、广电网站、报刊出版、科技开发、物业管理等业务,这种行政力量撮合的中国影视集团成为当时中国规模最大、实力最强的传媒集团。在这样的背景下,杭州、南京、长沙、福建、重庆等地广电集团也先后获得广电总局批准。

2003年9月,中央文化体制改革试点工作领导小组审核批准了国家广电总局《广播影视体制改革试点工作实施方案》。随后,国家广电总局就试点单位实行经营性单位的改制、市场化运作、深化集团改革等进行部署。2004年底,国家广电总局决定不再批准组建事业性质的广电集团,允许组建事业性质的广播电视台或总台。在这之前5年时间里,经过国家广电总局批准组建的广播电视集团已经有20多家,这些广电集团大部分都是事业性质的集团,全部资产属于国有资产,广电集团的领导机构(如董事会等)由国家有关主管部门授权组建,董事长、总经理等主要领导成员由党政机关委派或任命,这是因为广电集团必须接受党的领导,负有舆论宣传和经营创收的双重任务,在社会效益与经济效益冲突的情况下,要首先保障社会效益和国家利益。

(二) 我国广电集团的模式

无锡广电模式:实行"局台合一"。无锡广电集团从开始组建,采取"一套班子,两块牌子"的做法,集团领导既是广电局领导,也是董事会成员,既当"运动员"又当"裁判员",既承担自我监管的职能,又作为投资的主体参与市场运作。这种模式固然强化了广电局对台乃至对频道的直接领导,增强了配置资源的力度,无疑也带来一些政企不分、企事不分、产权不清等先天性的问题。

上海广电模式:集团与广电局相对分离,是"两块牌子、两套人马和两套领导班子",但是集团与广电局领导实行交叉任职。

江苏广电模式：实行局台分设，明确局台关系，严格分清局台职能。这种集团（或总台）与广电局相对剥离模式，实行"两块牌子、两套人马和两套领导班子"。省广电局作为政府职能部门对全省广电系统实行行业管理。广电集团（总台）作为省级广电媒体的运行实体，接受省委宣传部的领导和省广电局的行业管理，承担新闻宣传和确保国有资产的保值增值。

三、我国传媒集团化建设中的问题与策略

从集团属性来说，我国传媒集团可分为不同的类型，报业集团、广播电视集团仍属事业性质，出版集团、发行集团和电影集团大部分属企业性质。而事业性质的传媒集团缺乏真正市场运作的观念和方法，经营管理的机制、人力资源管理与市场机制不相适应，这些成为困扰媒体集团进行下一步发展的现实问题。

（一）传媒集团化经营存在的问题

我国传媒集团大部分是行政撮合而成，产权不清，不是市场主体。媒体的创办者、投资者、主办单位虽然参与传媒的经营管理，却不拥有媒体的所有权。作为政府管理部门也只是在政治方向和舆论导向上对传媒集团的领导和监督，并不拥有对传媒集团资产的所有权、支配权、处置权和使用权。传媒核心企业与子企业间没有建立规范的产权关系，核心企业的综合协调功能不强。传媒集团不按照市场规律运营，不利于我国媒体在世界传媒市场的竞争。

集团化运作程度不高，整体缺乏竞争力。我国传媒集团的集团化运作，远远没有达到资源共享和一体化运作的程度，没有充分开发和利用集团内的资源，各子媒体之间分工不合理，合作不协调，有些传媒集团甚至处于"有规模无效益"的状态。虽然已经有部分传媒集团开始向跨媒体、跨地区、跨行业方向发展，但是，集团的建设遭遇了地方保护和行业保护的各种不同类型的抵抗，集团总体上还是表现为单一媒体的集团形式，而且融资方式简单，主要依靠媒体自身内部的积累，资本运作少有突破，制约了传媒集团的做强做大。

我国传媒集团实行的是多头管理、行业所属、部门所有、条块分割的体制。由于我国传媒管制政策长期以来就限制了地区发展与地区竞争，导致传媒集团之间的过度竞争，难以实现低成本的扩张局面，因而也就很难有效地发展规模经济。由于传媒集团的人事与资源配置方面还存在着许多行政行为，因而生产要素在集团内的配置实际上处于分割状况，不能实现最优组合。

传媒集团内部管理体制滞后，最主要的体现是缺乏有效的激励和约束机制。传媒集团在选拔管理者时，仍习惯于按行政方式选聘主要领导成员，全部由政府组织人事部门直接任命和委派，而不会单凭业务等硬性指标选拔。这种缺乏激励机制的后果是难以形成优胜劣汰的机制。多数传媒集团沿袭了传统事业单位模式，内部管理体制、组织结构、运行机制等与现代企业的要求相去甚远，表现为体制不顺、机制不活、管理不科学。这是传媒集团发展的管理体制障碍。

传媒产品同质化，营销手段行政化。传媒产品结构不合理，受众定位缺少差异化特色；内容同质化严重，产品质量不高；销售形式大同小异，相互模仿克隆成风；习惯于行政化的营销方式，不擅长市场化的营运；盈利模式单一，广告创收占大头。传媒集团化使得部分集团过度商业化，使得新闻不再纯粹，导致新闻软化、娱乐化、庸俗化。

传媒人才结构不合理,经营管理人才紧缺。传媒业的人才结构不适应集团化发展的需要。一般的采编人员和业务人员已饱和,但具有市场观念的优秀采编人才紧缺,既懂新闻又懂经营的复合型人才更是奇缺。

(二)提高传媒集团核心竞争力的路径

(1)传媒集团要推行现代企业制度,成为真正意义上的企业法人。让传媒集团放开手脚,以真正意义上的企业经营方式参与市场竞争。以产权制度改革为核心,以资产为纽带,以现代企业制度为框架组建传媒集团。处理好统与分的关系,有效整合传媒集团内部资源,通过转换机制以调动内在的积极性与创造力,改革人事制度、财务制度与分配制度。

(2)实现统分结合的组织结构创新,是打造核心竞争力的先决条件。我国传媒集团要培育核心竞争力,先决条件是要打破原有的组织链条,按照现代企业组织创新理论,重构组织结构。遵循组织结构扁平化的变革趋势,削减中间管理层,以便迅速地响应市场,更快、更有效率地服务受众。同时,要让市场原则进入集团内部,构造内部资源市场化使用的运行机制,各经营主体之间的业务关系,由原来单纯的行政机制的被动执行型管理,转为平等的买卖、服务、契约关系,形成同外部市场有效接轨的内部市场订单式的组织机制。

(3)坚持实现以品牌塑造为重点的产品创新,是打造核心竞争力的关键。媒体的竞争力,关键在于其提供的信息内容是否吸引受众注意的能力,内容成为传媒集团竞争中一个关键因素,内容上具有原创性的传媒核心竞争力更强。因此,在产品同质竞争的情况下,不断创新内容产品,塑造差异化品牌、彰显个性、彰显特色、彰显优质,是培育和提升我国传媒集团核心竞争力的有效途径。媒体要把增强主导产品质量作为第一目标,应该确立本身所熟悉与擅长的主营业务、核心业务在市场上的领先地位,使新开发的业务或产品能够进一步巩固原有的核心业务在市场上的竞争优势。①

第三节 西方传媒集团化经营

西方传媒集团化是从报业开始的。1889年,世界第一家报业集团斯克列普斯-麦克雷报业集团在美国成立,到了2000年,经过进一步的兼并重组,报业集团股份公司已经控制了美国70%的日报及更多的周报,美国日报总发行量的50%掌握在10家最大的报业集团手中,而全国三分之一的日报被报业集团所控制。西方国家的传媒集团发展迅速,已经成为传媒产业发展的中坚力量。

一、西方传媒集团的建立与发展

总的来说,西方传媒集团化大致经历了三个阶段。②

第一阶段是从19世纪70年代到20世纪20年代,传媒的集团化仅限于报业领域。这

---

① 方卫英.中国传媒业的集团化与核心竞争力[J].新闻战线,2006(4):33.
② 何景生.西方传媒集团发展历史研究[J].理论学习,2009(6):46.

一时期,工业革命正如火如荼地进行,社会生产力得到极大提高,生产和资本日趋集中,西方资本主义社会开始了由自由资本主义向垄断资本主义的过渡。为了在竞争激烈的市场中站稳脚跟,减少所承担的生产成本与竞争风险,实现资源的共享与合理化配置,各报业公司通过合并、收购,组成了规模更大实力更强的报业集团。

国外的传媒产业集团化经营最早出现在19世纪末。1878年,美国人爱德华·斯克列普斯创办了《克利夫兰新闻报》,之后,又创办了《圣路易纪事报》和《辛辛那提邮报》等。1889年,斯克列普斯与朋友麦克雷合伙成立了斯克列普斯-麦克雷报业集团,该报团可以说是世界上最早的媒体集团。

1910年,美国已经出现13个报团,下辖63家日报,其中最大的是赫斯特报团。1927年,赫斯特报团已经在7个城市拥有25家日报、17家周报、24种杂志和著名的"国际新闻社",此外,赫斯特报团还拥有一个特稿辛迪加和一家电影公司。19世纪末20世纪初,英国的北岩报团、日本的《朝日新闻》报团也开始逐步形成并不断发展壮大。

第二阶段是从20世纪20年代至50年代,这一时期出现了广播与电视两大新兴媒体。1920年,具有合法经营权的第一家电台KDKA在美国匹兹堡成立,1929年,第一家电视台在英国试播,1936年11月2日,世界上第一家电视媒体在英国亚历山大宫诞生。随后,众多电台、电视台相继出现,并形成了数个影响巨大、覆盖面广阔的广播电视网。这个阶段,报业集团的决策者们打破陈规,突破了单一纸质媒体的局限,将广播电视纳入经营范围,从而形成了跨媒介传媒集团。

二战后,西方传媒集团的势力范围已经不仅局限于报纸和杂志,开始向广播、电视、出版、电信、唱片公司和通讯社等领域大力扩张。有的传媒集团还向主题公园、俱乐部、零售业、体育业等行业渗透。它们的视野也不再仅仅局限于本土,而是将分支机构撒向全球各地,逐渐演变成了跨媒介、跨行业的国际性传媒集团。

20世纪50年代至今属于第三阶段。随着垄断资本主义的发展,西方传媒集团开始将目光转向国外广阔市场,跨国传媒集团成为这一时期呈现出来的又一个特点。20世纪80年代互联网的出现,西方传媒集团又开始成为跨越报纸、广播、电视、互联网的全媒体跨国集团,传媒集团之间的竞争更加激烈。

纵观西方传媒集团的发展历程,传媒集团的出现具有其必然性,根本原因是资本家对利润的追逐,传媒业带来的丰厚利润吸引了大量财团投资,为了实现利润最大化,增强竞争力,传媒企业通过不断兼并、联合扩大自身规模,大鱼吃小鱼的情景屡见不鲜,这是传媒集团出现的内部因素。

另外,传媒集团的出现与社会生产状况的变化密切相关。随着工业革命的出现,城市化进程的加速,交通运输和通信技术的发展,文化教育水平的提高使得传媒业有了稳定集中的受众,社会分工日渐明确,专业化程度提高。在这种情况下,组建传媒集团有利于资源的合理配置,促进了传媒业的兴盛壮大。这些都是导致传媒集团出现的外部因素。

二、西方传媒集团化的利与弊

西方传媒集团化给世界带来了深远的影响,传媒集团化经营是世界经济全球化在传媒业的具体表现,顺应了世界发展的大趋势。传媒集团化对传媒事业的发展既具有积极性,也具有消极性。

(一) 西方传媒集团化的积极性

传媒集团化可以实现范围经济效应,即企业通过生产或经营两种产品与劳务时,平均成本会下降,经济效率会提高。传媒产品在生产的过程中,投入的生产要素具有某些关联性和通用性,传媒通过并购重组或联合协作等方式进行集团化生产与经营,可以充分利用资源,降低成本,实现最大的经济效益。

传媒集团化经营可以使资本更加集中,资金实力的雄厚与多元化的文化建设使得传媒集团具有小媒体无法比拟的优势,当危机来临时,传媒集团具有更强的承受能力,多元化的传媒集团不会因个别行业的兴衰起伏而受到过多影响。

传媒集团可以共享品牌,而在商品经济高度发达的今天,建立一个好的品牌需要花费大量的财力和时间。品牌是在竞争激烈的市场中抢占先机的重要砝码,传媒集团可以利用已有的知名品牌进入一个新的行业,实现品牌资源的共享,迅速建立起自己的优势。

(二) 西方传媒集团化的消极性

首先,传媒市场逐渐被少数几个实力雄厚的传媒集团所掌控,影响到了观点的多元化,这与西方所追求的新闻自由相背离。受雇于传媒集团的作者往往只能表达与集团价值观念相一致的言论,使得不同的声音越来越少。传媒集团会以自身的价值取向为准绳,突出地议论这一话题,传递大量的信息,为公众构造一个外部世界,在公众当中形成相似的价值观,甚至不顾公众的利益,丧失客观公正的原则,因此也就无从承担媒体应有的职责与义务。

其次,传媒集团凭借其雄厚的财力,采用最先进的科技手段与设备,大幅提升了传媒业进入门槛。这就使平民与实力弱小的资本家创办媒体几乎成为不可能,使得弥尔顿提出的自由市场观点成了一句空话,言论自由似乎已经被传媒集团的垄断经营重新束缚起来,公民接近权遭到削弱。

最后,传媒集团在不断进行规模扩张的同时,也带来了扩张的危险。兼并重组并不是总能带来收益,有时也可能导致集团整体赢利能力下降,出现规模而不经济的现象,扩张后整体规模有了大幅提升,但没有取得与实力相符的效益,还时刻面临着来自内部组织结构、文化认同与财务上的风险。

三、西方传媒集团经营的特点

(一) 兼并、重组、联合是西方传媒集团发展壮大的主要途径

并购是跨国媒介集团迅速扩张的有效途径。国际性的传媒集团都在实施吞并中小传媒公司的战略,以迅速扩张自己。传媒经济的丰厚利润像磁石一般吸引着财团的投资,传媒集团本身对利润的追逐使兼并进一步加剧。当今世界主要的媒介集团无不是经过多次并购才形成今天这样规模的。通过产权交易、兼并和破产,不良资产抛向市场,再把优良资产组合进来,达到迅速提高资产效益的目的。例如,并购在20世纪90年代呈现出上升趋势,美国的25家大型传媒集团控制了全美的传统传媒产业,传媒的竞争在"媒介巨头"之间展开。

（二）跨媒体、跨行业、跨区域、跨国界是集团化经营的主要特征

传媒集团可以通过资本运营将自身的触角延伸到书籍出版、期刊、音像制品、电影、电视、有线电视网络以及体育俱乐部、零售商店、主题公园、休闲娱乐公司、旅游、地产、咨询、会展等领域，使原来的集团业务更加多元化。多元化经营带来收入的多样化，同时也在实现规模效益的同时有效规避了经营风险，又通过交叉促销等降低费用、扩大影响，凸显规模经济的优越性。并购趋势从传媒业内的合并扩展到跨行业的兼并，形成传媒业与电信业、电脑业、出版业相互融合、相互渗透的新格局。另外，发达国家的传媒企业为了谋求丰厚的经济利益，不断向发展中国家倾销大量影视节目，扩大其卫星电视覆盖网，使得媒体强势国家与媒体弱势国家之间的不平等传播加剧。

（三）数字化、网络化是集团化经营的发展趋势

20世纪90年代中后期，美国出现了媒体业与网络业相互融合的浪潮。传媒集团兼容报纸、广播、电视、电影、图书等多种传统媒介类型，还包括网络媒介，形成了各种媒介类型的自由联合。例如，美国微软、雅虎、谷歌与美国在线等新媒体"四巨头"更是掀起了并购大战。在多媒体时代，无论是何种形态的信息，经过数字技术的处理，都可以整合为统一的数字化信息，过去不同形态的媒体信息的壁垒已被打破，各种信息在同一个平台上得到了整合，传媒一体化的趋势日趋明显，媒体之间的融合得到了可靠的技术保证。

（四）政策扶持、法制完善是西方传媒集团发展壮大的制度保障

西方传媒集团能发展到今天这样的一个规模，尤其是20世纪80年代以来的集中化变革，与政府扶持本国传媒企业扩张，不断修正、补充法律，提高市场竞争力有关。例如，1996年美国《电信法》废除了传媒业与电信的界限，可以实现跨行业的并购重组。欧美发达地区的传媒集团化趋势是传媒业发展成熟之后的产物。在传媒业经过多年的发展逐步走向规范化之后，政府开始对其放松管制，造就了如今风起云涌的巨型传媒集团扩张格局。

第四节　世界知名传媒集团案例分析

维亚康姆、新闻集团、迪斯尼、时代华纳、贝塔斯曼五大传媒集团堪称全球传媒界的巨头，各有特色，每个传媒集团的经营理念、发展轨迹、品牌特征、发展战略都不同，它们的成功经验值得研究与借鉴。

一、维亚康姆集团（Viacom）——坚持"内容为王"的理念

维亚康姆原首席执行官（CEO）是萨姆纳·雷石东，1954年雷石东继承家族式企业汽车影院连锁店。1986年，维亚康姆开始并购有线电视网，之后公司走上急剧发展道路。维亚康姆的历史其实就是一部兼并史。其重要的收购活动有：1986年，雷石东从美国运通和华纳公司手里以5.13亿美元收购了MTV全球电视网；1987年，雷石东收购维亚康姆；1994

年,维亚康姆收购百视达和派拉蒙影业公司;1999年,维亚康姆斥资370亿美元收购哥伦比亚广播公司;1999年,收购斯派灵娱乐公司全部上市股票;2001年,收购BET黑人娱乐电视网。目前,维亚康姆已经成为全球著名的传媒集团,其大小子公司遍布全球160多个国家和地区,所属员工12万人。维亚康姆年收入的33%来自它的电影制片厂,33%来自音乐、录像租赁业务以及主题乐园,18%来自广播,14%来自出版业。

维亚康姆拥有MTV、尼克隆顿儿童电视频道(Nickelodeon)、VH1(Video Hits One)、黑人娱乐电视台(Black Entertainment Television,BET)、派拉蒙(Paramount)、无限广播公司(Infinity)、国家广播公司(TNN)、乡村音乐电视(CMT)、娱乐时间(Showtime)、西蒙和舒斯特出版公司(Simon & Schuster)等知名公司。

维亚康姆在娱乐、新闻、体育、音乐等方面一直走在世界前列。其主要经营特征是内容为王、品牌建设、重视版权保护与特许经营、全球市场战略、本土化经营、技术领先等。第一,维亚康姆重视大肆收购,力图用滚雪球的方式做大做强。维亚康姆虽然积极扩张,主动收购,但是其主营方向是明确的,即无线电视和电影一直是其核心业务,并没有在业务范围上遍地开花。第二,积极推行全球化战略,努力把产品和服务范围扩展到全世界,该公司在国外的销售收入大约占到其全部销售收入的40%。第三,维亚康姆在向海外扩张的时候,注重采取"本土化"策略,使推广的品牌内容与当地人的文化品味与感受相吻合。音乐电视频道MTV为全球不同地区、不同种族、不同信仰的2.5亿受众提供着廉价的本土化节目。第四,维亚康姆特别重视品牌经营,通过品牌建设最大限度提升内容的影响力和在不同媒体平台上的渗透力,重视对自身形象、产品和品牌的宣传。第五,通过严格的版权保护避免内容资源的流失,通过多样化遍及全球的传媒组合扩大内容的赢利空间。第六,利用新技术,积极发展互动式新媒体平台,为手机、个人数据辅助设备和个人电脑提供内容服务。

二、新闻集团(News Corporation)——坚持跨国并购重组策略

新闻集团经营的核心业务涵盖电影、电视节目的制作和发行、无线电视和有线电视广播、报纸、杂志、书籍出版以及数字广播、加密和收视管理系统开发,其主要股东和首席执行官是鲁伯特·默多克,他的家族控制着集团30%的股份。鲁伯特·默多克于1931年出生在澳大利亚墨尔本的乡下,其父基思·默多克爵士拥有澳洲4家报纸。1952年,老默多克死于心脏病,正在牛津大学读书的默多克回到家乡,创办了澳大利亚第一家全国性报纸《澳洲人报》,1960年默多克收购《星期日镜报》。默多克进军世界的第一站选择了英国。1968年,默多克接手英国最大的星期日周报《世界新闻报》。20世纪70年代,默多克买下左翼报纸《太阳报》,又完成了对英国第一主流大报《泰晤士报》的收购。1989年,默多克在英国创办了拥有4个频道的天空卫星电视台,如今,这家电视台已成为新闻集团在英国的支柱产业。1988年,收购英国著名的威廉·科林斯出版公司。2004年,新闻集团的总部由澳大利亚的阿德莱德,搬迁到美国的特拉华州。2005年,默多克花了5.8亿美元购得社交网络MySpace,却因经营不善血本无归。默多克投入巨资推出iPad版报纸The Daily,期望在新媒体上分到一杯羹。2011年7月,《世界新闻报》陷入窃听丑闻后被迫停刊。2013年,新闻集团正式分拆,新的新闻出版公司仍命名为新闻集团,旗下资产包括众多知名报纸以及图书出版公司;另一家公司是21世纪福克斯公司,旗下资产主要是影视企业。

新闻集团是一家多样化的、国际化的媒介和娱乐公司。默多克庞大的传媒帝国覆盖五

大洲、70多个国家和地区,业务版图覆盖传媒各个领域。在英国,40%的报纸都由他控股,拥有发行量排名前六的报纸,其中《泰晤士报》《每日电讯》《镜报》《卫报》等日总发行量达到2500万份;在澳大利亚,新闻集团控制2/3的报纸,拥有澳大利亚最大的卫星和有线电视提供商——澳洲福斯电信公司(Foxtel)的25%的股份;在美国,它拥有20世纪福克斯电影公司、福克斯广播电视网络和35家电视台,占全美电视台总数的40%;在拉美,默多克与3家电视台合作,通过卫星播送150套节目;在欧洲,默多克有天空电视台;在印度,拥有EETV以及印度空际广播数字通信卫星公司;在亚洲,拥有40多个电视频道的星空传媒,可以用7种语言向亚洲53个国家和地区提供娱乐和信息节目。

新闻集团是全媒体传媒集团。在电影方面,拥有福克斯影业公司;在电视方面,拥有FOX电视台、TV Guid、日本NBJ、亚洲Star TV和Channel TV;在有线电视经营网方面,拥有FOX电视网(FOX新闻频道、国家地理频道);在直播卫星电视方面,拥有英国BSkyB(天空卫星电视台),以及北美洲及南美洲DirecTV(直播卫星电视公司)等;在报纸方面,拥有英国《太阳报》《泰晤士报》、美国《纽约邮报》《华尔街日报》、澳大利亚《先驱太阳报》与《每日电讯报》等;在图书出版方面,拥有Harper Collins(哈泼柯林斯图书出版公司)等。另外,还拥有道琼斯、休闲胜地、滑雪场、橄榄球队等。

新闻集团的经营采用如下几个战略:① 并购战略,进入英美市场主要靠并购战略;② 一体化战略,在产业链横向与纵向拓展与延伸,例如,1974年买下美国三角发行公司,为报纸提供发行业务;③ 多元化战略,拥有的媒体类型多样,甚至涉足体育娱乐、石油、博彩等行业;④ 技术领先战略,将最前沿的技术应用于传媒领域,推出宽频互动数字卫星电视业务;⑤ 本土化战略,最短时间熟悉对方国家的人文环境,了解市场需求与消费心理,尽快融入对方的经济社会;⑥ 全球化战略,默多克的新闻集团已经渗透到全球的三分之一地区与三分之二人口;⑦ 联盟战略,收购了许多公司的股份,如果不能战胜,就设法成为对方的一员。

三、迪斯尼传媒集团(Disney Company)——品牌拓展战略

迪士尼取名自其创始人华特·迪士尼,是总部设在美国伯班克的大型跨国传媒集团,创立于1922年,主要业务包括娱乐节目制作、主题公园、玩具、图书、电子游戏和传媒网络等。旗下公司有皮克斯动画工作室(PIXAR Animation Studio)、点金石电影公司(Touchstone Pictures)、米拉麦克斯电影公司(Miramax)、惊奇漫画公司(Marvel Entertainment Inc)、博伟影视公司(Buena Vista Home Entertainment)、好莱坞电影公司(Hollywood Pictures)、卢卡斯电影有限公司(Industrial Light and Magic)、ESPN体育、美国广播公司(ABC)等。迪斯尼自诞生以来,在娱乐和动画片制作行业保持着强大的实力,还涉及包括电影、公园旅游、广播电视、网络以及基于上述内容而延展的商品连锁店、歌舞剧演出、唱片出版等其他业务。

迪斯尼是一个"品牌乘数型企业",通过特许经营与品牌授权获得最大的利润。迪斯尼公司在全球拥有几千家品牌授权企业,其产品包括文具、服饰、化妆品、家具产品等,这种多样性在市场上形成了密集的品牌渗透。这种多元化经营使大部分利润彻底转向影视产品制作之外。迪斯尼集团下设电影与动画制作部、电视制作部、迪斯尼主题公园、网络媒体部、印刷出版部、迪斯尼商品部、迪斯尼国际部等,迪斯尼在快乐文化的背后附加上了完整的商业文化,收购美国广播公司与ESPN之后,通过交叉营销将艺术彻头彻尾的商业化。

迪斯尼经营特征包括销售欢乐、多领域混合经营、品牌经营、全球化与本土化相结合、适时并购等。迪斯尼集团充分利用品牌在消费者中的影响力，以产品示范效应带动相关新领域的开发，在四个主要领域谋取利益：第一，通过发行拷贝和录像带，或在其他媒介上推销产品，如电影在电视上播放，来赚取利润；第二，后续产品的推广，服装、玩具、饰物、软件甚至各种家居用品随之而走红；第三，主题公园及旅游业；第四，经营连锁零售商店。

四、时代华纳（Time Warner）集团——营造全媒体产业链

1903年，时代华纳最初创始人华纳兄弟二人开始从事电影放映生意，1917年建立华纳公司摄制影片。1990年，时代公司和华纳传播公司合并成立时代华纳。1996年，时代华纳完成对特纳广播公司的并购，取代迪斯尼再次成为世界最大的传媒集团。2001年，全球最大的互联网服务商美国在线与时代华纳合并，宣布组成"世界上第一家面向互联网世纪的完全一体化的媒体与传播公司"，这是到当时为止世界上最大的企业合并案例。2009年，时代华纳宣布董事会已授权管理层执行拆分美国在线AOL的计划，至12月9日拆分计划完成后，AOL成为一家独立的上市公司。2014年，美国最大的有线电视公司康卡斯特收购第二大有线公司时代华纳有线（即时代华纳子公司）。从此，时代华纳有线、美国在线以及时代出版公司正式从时代华纳集团中整体剥离。

时代华纳是美国一家跨国媒体企业，总部位于纽约，其事业版图横跨出版、电影与电视产业，包括时代杂志、体育画报、财富杂志、生活杂志、特纳电视网、CNN、HBO、DC漫画公司、华纳兄弟等具有全球影响力的媒体皆为旗下事业。时代华纳集团资产主要集中在如下三个方面：在影视娱乐业务方面，它在故事片、电视、家庭录像、动画等方面一直居于全球领先地位，旗下包括华纳兄弟影业、DC漫画公司、华纳兄弟游戏、CW电视台等；在有线电视业务方面，它包括美国有线电视新闻网（Cable News Network，简称CNN）、特纳广播系统股份有限公司（Turner Broadcasting System，简称TBS）、美国家庭影院频道（Home Box Office，简称HBO）和Cinemax电影频道、卡通电视网（Cartoon Network）、特纳电视网（Turner Network Television，简称TNT）和CW电视网（The CW Television Network）；在期刊业务方面，其发行的杂志超过了64种，全美最畅销5本杂志中，时代华纳公司就占据了4本，分别为《时代周刊》《人物》《体育画报》和《财富》，此外还包括娱乐周刊等著名杂志。

时代华纳的组织结构有7个分支，包括互动服务系列、网络、出版、音乐、电影娱乐、有线系统，以及它们的互动录像部分，每部分都有自己的董事会主席和首席执行官，他们都向总公司董事会负责。从盈利模式看，时代华纳的业务有三大收入来源，主要是内容产品销售和版权许可收入，其次是收取用户订阅（收视）费与广告经营收入。时代华纳经营策略包括并购与联盟、全球化策略、多媒体互动、塑造核心竞争力、数字化战略等，构建全媒体产业链，利用优质原创内容，分发到宽带和移动等新媒体平台上，利用了新媒体扩大品牌影响力。

五、贝塔斯曼集团——跨媒体的出版集团

1835年，卡尔·贝塔斯曼在德国维斯特法伦州创建了C.BertelsmannVerlag，主要出版神学方面的书刊。1910年，成为著名传教出版商。1950年，建立了"书友会"这种销售模式。1956年，建立"乐友会"，进军唱片市场。1964年，购入德意志银行的股份，进入电影和电视

行业。1969年,以25%的股权参股汉堡出版社古纳雅尔,进入杂志领域。1997年,进军中国,建立上海书友会。1997年,子公司环球电影股份公司(UFA)与卢森堡广播电视公司(CLT)合并,成为欧洲最大电视公司。1998年,接管兰登书屋。2000年,又与英国皮尔逊公司合并成立卢森堡广播电视集团(RTL)。2002年,接管世界最大独立音乐公司Zomba,使之成为世界第三的音乐发行公司。2004年,集团音乐部门贝塔斯曼音乐BMG同索尼音乐合作,成立索尼BMG音乐娱乐公司。

贝塔斯曼的全球发展是以其全球性音乐销售网络和全球性书籍、音乐俱乐部为基础的,通过强化音乐市场份额称雄全球。在经营策略方面,贝塔斯曼选择并潜心于专业出版领域、有针对性地开展区域经营。贝塔斯曼传媒集团业务涵盖广播电视、图书出版、杂志报纸出版、音乐唱片及发行、印刷媒体服务、图书和音乐俱乐部等。其中,卢森堡广播电视集团(RTL)是欧洲最大的娱乐内容制作和传播公司,拥有网络覆盖欧洲11个国家的45个电视频道和31个广播电台,并在全球拥有众多实力雄厚的节目制作公司。兰登企鹅书屋是全世界最大的大众图书出版集团,是一家在文化和商业两方面都取得巨大成就的、充满创意和活力的公司。印刷与出版公司古纳雅尔是欧洲最大的期刊出版商。欧唯特集团是世界上较大的全球联网的媒体和沟通服务供应商。贝塔斯曼印刷集团(Be Printers)是贝塔斯曼集团向出版下游进行业务拓展的重要实践,是高技术国际印刷集团。

第十五章 媒介融合与融合新闻生产

媒介融合是在数字技术、网络技术的发展和放松规制的语境下,不同传媒产业通过并购、重组和整合,达到渠道、组织、内容和终端融合,实现集约化、数字化、多元化的融合新闻生产的过程。媒介融合使媒介的生态环境和产业价值链发生根本性的变化,新的媒介生态环境需要再造编辑流程和组织架构,创新新闻生产的流程,建构新的新闻生产模式。

第一节 媒介融合的内涵与类型

我国关于媒介融合的研究始于2005年,媒介融合是作为舶来品概念被引入国内的。知名学者蔡雯教授系统介绍了美国媒介融合的现状以及媒介融合给传媒业带来的变化,并依据我国的现实情况对媒介融合下了定义。她认为,媒介融合是指在以数字技术、网络技术和电子通信技术为核心的科学技术的推动下,组成大媒体业的各产业组织在经济利益和社会需求的驱动下通过合作、并购和整合等手段,实现不同媒介形态的内容融合、传播渠道融合和媒体终端融合的过程。[①]

一、媒介融合的发展历程

数字技术的发展催生了媒介融合。一旦文字、图形、图像、声音、视频和动画等各种信号被数字化,以二进制数的形式记录、处理、传播、获取信息,在计算机中用0和1表示,可以以无数种方式来改动和处理它,并把它传给数不清的终端,就产生了媒介融合,这就是我们生活的数字化环境。

1978年,尼古拉斯·尼葛洛庞帝在麻省理工大学做演讲时,用三个相互交叠的圆圈表示广播与动画业、电脑业、印刷与出版业,他认为,这三种行业正在走向融合,三个圆圈交叉的部分成长最快、创新最多。1983年,美国马萨诸塞州理工大学传播学者伊契尔·索勒·普尔在他的《技术自由》一书中提出了"传播形态融合",认为数码电子科技的发展是导致历来泾渭分明的传播形态聚合的原因,这从某种意义上揭示了各种媒介呈现出多功能一体化的趋势。

1994年,《纽约时报》在报道圣荷西水星报与美国在线共同推出名为《水星中心新闻》电子报服务的小标题是"一次媒介融合",被《纽约时报》称为一次"媒介融合"。1995年,奈特-

---

[①] 蔡雯.媒体融合与融合新闻[M].北京:人民出版社,2012:6.

里德报业、《论坛报》、《时报-镜报》、先进出版公司、考克斯公司、甘乃特报业、赫斯特、《华盛顿邮报》和《纽约时报》各出资100万美元组建了新世纪网络公司，通过互联网获得读者和在线广告。

我国的媒介融合是一个不断演进的过程，可以分为如下三个阶段。

第一个阶段——传统媒体建设新兴媒体阶段。这个阶段，传统媒体直接把内容搬到互联网，处于"翻版阶段"。信息的传播是单向性的提供，受众被动理解。传统媒体是主要的信息提供商，互联网仅仅是一个新兴载体。报纸等传统媒体纷纷开设自己的新闻网站，提供电子版报纸，报纸开始实施数字化战略。例如，央视网1996年建立并试运行，是我国较早发布中文信息的网站，各省级卫视陆续申请自己的网站。1997年人民网创立，开始了报网互动的新时代。

第二个阶段——传统媒体与新兴媒体互动发展。网络成为媒体与受众的互动平台，用户既是网站内容的消费者，也是网站内容的制造者，博客（Blog）成为这个阶段的互联网新应用。传统媒体与新兴媒体在技术和平台上完美融合，交互性是融合媒体的显著特征。网络媒体开始利用网络传播的特点来进行内容和形式的取舍；报纸网站的内容与印刷版有了较大区别，新增了针对网络读者对象并利用网络优势服务的内容；广播电视网站除了介绍广播电视台的新闻外，开始提供自己编辑的新闻。2007年，国家新闻出版总署公布了"数字报业的创新方向"，包括报纸网站、手机报、多媒体数字报刊、数字化平台、手机二维码、电子商务、户外数字媒体、电子阅读器、移动采编系统共九大类。

第三个阶段——传统媒体与新兴媒体融合发展。人工智能、关联数据、云计算、物联网和语义网络构建，促进了人和网络以及网络与人的沟通，提高了人与人、人与物之间传播的便利性。微博、微信、客户端等新兴媒体与传统媒体从内容、平台发展到了产业上的全面融合。基于互联网的新兴媒体综合了包括声音、图像、影像、动画等多种媒介形式，同时还是一个综合的信息服务者，开展商业、娱乐、网上社区等其他服务项目。

二、媒介融合的案例与内涵

媒介融合的最早案例是美国媒介综合集团在佛罗里达州坦帕市建立的坦帕新闻中心（Tampas News Center）。2000年，该集团投资4000万美元在坦帕市建造了一座传媒大厦，将《坦帕论坛报》、网站Tampa Bay Online、电视台WFLA-TV一起搬入办公大厦，虽然这几家媒体都有各自独立的人员、办公区域和运作机制，但很多资源实现了共享。大楼内部设有统一的突发新闻指挥台，能在第一时间将突发新闻传递给分布在其四周的三家媒体，并有专人指挥、协调对新闻的采访。

2007年，BBC开始着手重组编辑部，将电台、电视台和网络三大部门整合成两大"超级编辑部"——多媒体新闻编辑部和多媒体节目部。新闻资源在这个"超级编辑部"里得到了有效的循环利用。甘乃特报业集团通过报纸出版部门、广播电视部门、数字部门三个业务分部来实现其战略和管理其业务，甘乃特的数字化转型是整体的战略转型，而不是把传统业务和数字业务拆开。

随着媒体技术的发展和一些藩篱的打破，电视、网络、移动技术的不断进步，各类新闻媒体融合在一起。针对媒介融合的生动实践，美国学者从不同的角度界定了媒介融合。美国南加州大学安利伯格传播学院教授拉里·普莱尔（Larry Pryor）说："融合新闻发生在新闻编辑部中，新闻从业人员一起工作，为多种媒体的平台生产多样化的新闻产品，并以互动性的内容服务大众，通常是以一周7日、每日24小时的周期运行。"美国新闻学会媒介研究中心主任安德鲁·尼其森（Andrew Nachison）将融合媒介定义为"印刷的、音频的、视频的、互动性数字媒体组织之间的战略的、操作的、文化的联盟"。他强调的"媒介融合"更多是指各个媒介之间的合作和联盟。①

2003年，美国西北大学教授李奇·高登（Rich Gordon）根据不同传播语境下融合所表达的含义归纳了美国当时存在的5种"融合新闻"的类型：① 所有权融合：大型的传媒集团拥有不同类型的媒介，因此能够实施这些媒介之间的内容相互推销和资源共享，如美国佛罗里达坦帕市的媒介综合集团，美国俄亥俄州的新闻电讯集团，都是将各自在同一地区所拥有的报纸、广播电台、电视台和网站进行了融合。② 策略性融合：指所有权不同的媒介之间在内容上共享，如分属不同媒介集团的报社与电视台之间进行合作，相互推介内容与共享一些新闻资源。③ 结构性融合：与新闻采集与分配方式相关，如报纸新闻加工打包后出售给电视台，这种融合与新闻采集与分配方式有关，如美国《奥兰多哨兵报》决定雇用一个团队做多媒体的新闻产品，使报纸新闻能够加工打包后出售给电视台。在这种合作模式中，报纸的编辑记者可能作为专家到合作方电视台去做节目，对新闻进行深入报道与解析。④ 信息采集融合：新闻报道层面上一部分新闻从业者需要以多媒体融合的新闻技能完成新闻信息采集，兼文字、摄影、视频等多项技能于一身的"超级记者"的工作便属此类。⑤ 新闻表达融合：记者和编辑需要综合运用多媒体的、与公众互动的工具与技能来完成对新闻事实的表达。②

美国鲍尔州立大学的戴默（Lori Demo）等几位学者在《融合连续统一体：媒介新闻编辑部合作研究的一种模式》中提出了"融合连续统一体"这个新概念，具体包括5个方面：① 交互推广，指作为合作伙伴的媒介相互利用对方推广自己的内容，如电视介绍报纸的内容。② 克隆，指作为合作伙伴的媒介不加改动地刊播对方的内容。③ 合竞，指作为合作伙伴的媒介之间既有合作也有竞争，如一家报社的记者编辑在某电视台的节目中对新闻进行解释和评论，某一媒介为自己的合作伙伴提供部分新闻内容等。④ 内容分享，指作为合作伙伴的媒介定期相互交换线索和新闻信息，并在一些报道领域中进行合作，如选举报道、调查性报道等，彼此分享信息资源，甚至共同设计报道方案，但各媒介的新闻产品仍然是由各自的采编人员独立制作的。⑤ 融合，指作为合作伙伴的媒介在新闻采集与新闻播发两个方面进行全方位的合作，他们的共同目标是利用不同媒介的优势最有效地报道新闻。多个媒介的记者编辑组成一个共同的报道小组，策划新闻报道并完成采编制作，并且决定哪一部分内容最适合在哪个媒介上播发。③

三、多维视野下的媒介融合

媒介融合作为一个被广泛使用的概念，因使用语境不同，具有不同的所指，总体来说，媒介融合包括如下几个层面的内涵：

---

① Nachison A. Good Business or Good Journalism? Lessons from the Bleeding Edge[C]. A Presentation to the World Editors' Forum, HongKong, 2001.

② Quinn S, Filak V F. Convergent Journalism: An Introduction[M]. Amsterdam: Elsevier, 2005: 5.

③ Dailey L, Demo L, Spillman M. The Convergence Continuum: A Model for Studying Collaboration between Media Newsrooms[C]. Association for Education in Journalism and Mass Communication Conference, Kansas City, 2003.

(一) 媒体融合

媒体融合是指报纸、电视台、电台等传统媒体与互联网、手机、手持智能终端等新兴媒体传播渠道有机联结在一起,衍生出不同形态的信息产品,通过不同平台传播给受众,实现全媒体传播的业态。例如,人民日报社高度重视媒体融合工作,已经从一份报纸转变为全媒体形态的"人民媒体方阵",成为拥有报纸、杂志、网站、网络电视、网络广播、电子屏、手机报、微博、微信、客户端等十多种载体的新型媒体集团。媒体融合的方式多种多样,例如,积极涉足新媒体业务,利用新媒体平台开办微博微信公众号;依托自身的丰富媒体形态资源,介入网络、IPTV、移动电视与手机等多媒体领域;与互联网、手机等新媒体合作,发挥多平台互补优势,通过多渠道传播全媒体信息。

(二) 内容融合

在媒体融合前,我们已经习惯了媒体机构单一介质的运行。例如,报社以纸张为介质,以文字和照片、图表等传播符号进行信息传播;广播电视台以电波为介质,通过声音、画面共同完成新闻信息的传播。使用数字编码技术和数字压缩技术后,文字、图片、声音和视频的数字化变得容易,数字化后的素材和内容可以进行多种方式的加工、组合。

在媒体融合前,新闻生产都是由传统媒体的编辑、记者等专业人员完成的,受众只是被动的信息内容的接受者。媒介融合促进了内容生产的融合,受众既是信息接受者,也是信息生产者。博客、微博、微信、微视频、飞信以及 QQ、MSN、人人网等社会性交流工具 SNS (Social Networking Services) 逐渐盛行,大量用户原创内容的爆发式增长,为受众积极参与新闻建构开辟了新的途径。

(三) 网络融合

网络融合主要是指"三网融合",即电信网、广播电视网和互联网技术功能趋于一致,业务范围趋于相同,网络互联互通、资源共享,并逐步整合成为全世界统一的信息通信网络,能够提供包括语音、数据、图像等综合多媒体的通信业务。三网融合的本质实际上是通信网和广播网都与互联网融合,其核心是提供综合信息的业务融合。例如,数字有线电视不仅可以提供丰富多彩的广播电视节目,还可以提供电子政务、教育、金融、生活资讯等各种信息服务,使千家万户的电视机成为集广播电视、文化娱乐、科学教育、信息服务、政务公开于一体的多媒体信息终端,成为城市现代服务业的重要支撑平台。

推进电信网、有线电视网和互联网融合发展,实现三网互联互通、资源共享,为用户提供话音、数据和广播电视等多种服务,是重要国家战略。网络融合目的是促进信息和文化产业发展,提高国民经济和社会信息化水平,提高网络利用率,让人民群众享有更加丰富多样、快捷经济的信息和文化服务。

(四) 平台融合

随着智能化终端的不断涌现,网络的数字化、宽带化、交互化与智能化的不断推进,广电平台、移动互联网客户端平台、网络运营平台、电商平台、社交平台以及政务平台等多种平台逐步融合。例如,中央电视台正在建设中国视频云服务平台,已经成立央视新闻、央视影音、5G 手机电视平台等项目组,加快实施融合发展项目,建立互联网电视、IPTV、手机电视、移动电视四大平台的协同联动,向手机、电视机、台式电脑、平板电脑、移动电视和户外大屏等多种终端分发内容。

微信、微博、二维码平台成为媒体与受众互动的最便捷的社交融合平台,微信、微博传播新闻信息,制造话题,二维码连结线上线下,与用户实时互动。一些广播电视台为自己的重点节目定制摇一摇、投票、话题、竞猜、边看边聊等多种互动功能,打造微平台,开展微话题、微直播活动。新华社"现场云"平台旨在与国内媒体共享成熟的"现场新闻"直播态产品,为国内媒体提供融合发展新平台,已有3800多家媒体、党政机构入驻。

客户端成为最活跃的传播平台、经营平台。特别是随着智能手机的大量普及,移动客户端已经成功超越电脑版客户端。各个传统媒体纷纷建立各种客户端,例如,报纸客户端、节目客户端、频率频道客户端、新闻客户端、阅读客户端等,形成了客户端矩阵。例如,湖南广播电视台的移动客户端"芒果TV"、安徽广播电视台的"海豚视界"、四川广播电视台的"熊猫视频"、浙江广播电视集团的"中国蓝"等,影响力较大。一些地市级媒体的客户端影响力超出了当地,覆盖全国,成为重要的传播与经营平台。

(五) 终端融合

终端融合分为两个层面:一是数字终端设备融合,二是终端设备融合所带来的信息平台和服务平台的融合。终端融合最终实现通过单一设备就可以兼容所有类型媒介的特点。例如,手机可以看电视、上网;电视可以打电话、上网;电脑也可以打电话、看电视,手机屏、电脑屏、电视屏三屏逐渐走向合一。在媒介融合时代,打破了原有的传统媒体单一的传播渠道,将不同的载体如报纸、广播、电视、网站、手机等视为一体化的"组合信息终端",以新闻信息发布时间的多重设置和新闻内容在不同平台的相互嵌入,实现全天候不间断传播,以扩展新闻传播的社会效果,满足受众多元化、个性化的新闻信息消费需求。

(六) 所有权融合

发达国家的媒体所有权融合是通过并购重组等资本运营的方式实现的,呈现跨媒介、跨行业与跨国界的特点。由于条块分割的管理体制的阻隔,我国传统媒体单打独斗的局面较为普遍,迫切需要所有权融合,形成具有核心竞争力的传媒集团。通过政府的推动,我国也形成了一些所有权融合的跨媒体传媒集团,例如成都传媒集团、牡丹江新闻传媒集团、佛山传媒集团等,这些传媒集团一般都涵盖广播、电视、报纸、杂志、网站以及出版等领域。一些传媒集团还存在产权不清、主营业务不突出、受众定位缺乏差异化等问题,没有实现资源共享与一体化运营,甚至形成了地方垄断。我国鼓励通过市场手段实现所有权的融合,建立跨媒体、跨行业、跨所有制、跨地区的大型传媒集团。我国传媒行业的基于并购重组的所有权融合加快推进,有力地促进了产业结构的深度调整与所有权融合。

(七) 机构融合

在融合发展过程中,媒体内部组织结构的重组是一大难点,要改变传统媒体和新兴媒体分立单干的状况,构建融合型的组织结构。例如,BBC将原来各自独立的广播、电视和网络新闻部进行深度融合,形成一个跨平台的多媒体新闻中心,共同办公,共享资源,将融合理念贯穿于新闻生产、传播和反馈过程中。重组后的编辑部称为"超级编辑部",BBC新大楼的新闻编辑部工作台是围绕大厅中心呈四处放射状,最中心的是一个由八个工作台组合成的棱形的中心调度区,由中心区向两边呈放射状散开的工作平台,分别是广播、电视、网络等不同媒体的工作区。由中心区中间向两边分开,一半是面向国外受众的国际部,一半是面向国内受众的国内部。这样的编辑部设计恰恰体现了BBC媒介融合的理念,BBC的媒介融合不仅仅体现在终端呈现上,而且体现在新闻信息流程的整合与融合中。

(八) 管理融合

管理融合包括宏观层面与微观层面:宏观层面体现为国家的媒体管理体制机制的融合;微观层面是指媒体内部的管理机制的融合。为了促进融合,国家推动传统媒体和新兴媒体融合发展,坚持传统媒体和新兴媒体优势互补、一体发展,推动传统媒体和新兴媒体在内容、渠道、平台、经营、管理等方面的深度融合,确保融合发展沿着正确方向推进。例如,我国对IPTV、手机电视与互联网电视集成播控平台,遵循《互联网视听节目服务管理规定》,实行融合规制。各级广播电视与报纸都在积极探索传统媒体与新兴媒体在人事管理、资产管理、导向管理与运营管理的一体化,实现传媒资源与生产要素的有效整合与共享融通。

第二节 传媒融合新闻生产

媒介融合的基础是生产形态的融合,其核心是开发与共享内容资源,生产与传播融合新闻。因此,它必然要改变新闻传播流程,形成有别于传统媒体的新闻生产方式和营销方法,实现从载体到内容,从采集制作到传输、接收的数字化、网络化,形成新的融合生产模式。

一、融合新闻生产的流程再造

企业流程再造是20世纪90年代初期,在美国兴起的一次管理变革浪潮。其核心命题是对组织的作业流程进行根本的再思考和彻底的再设计,其目标是以期在成本、质量、服务、速度等关键绩效上取得重大的改进。从这个意义上说,推进媒介融合势必要对新闻生产流程进行变革与再造,打破媒体的介质边界,形成融合新闻生产流程。

(一) 再造融合新闻生产指挥中心

再造融合媒体时代的新闻生产流程,核心是要建立新闻信息指挥调度中心,对整个新闻生产流程实施有效指挥调度和有序调控管理。

1. 新闻信息指挥调度中心的管理模式

按照融合媒体时代新闻生产流程再造的需求,新闻信息指挥调度中心的管理模式是:调度中心位于这个平台的中央位置,统领内容管理、线索管理、选题管理、用户管理、任务管理和数据库管理,并使之一体化运行,其他广播、电视、网络、手机、纸媒等业务部门环绕周围。按照新闻生产流程重新整合,由新闻信息指挥调度中心统领新闻信息采集平台、线上线下编辑平台、信息发布平台与用户管理平台,构建以新闻信息指挥调度中心为核心的新闻生产运行模式。

新闻信息指挥调度中心的管理者,必须是能运用多媒体进行整合传播策划的高层次管理人才。新闻信息指挥调度中心的决策层,要是一个既懂管理又能协调配合的创新团队。在其中起到核心作用的是一名擅长在多媒体传播中进行整合传播策划的管理者,只有这样,才能真正发挥传播决策和组织领导作用。

2. 构建信息平台,强化生产过程的网状管理

新闻信息指挥调度中心的管理架构和运行机制,重点围绕新闻产品的生产与发布进行,运用网状管理,实施中心对各平台、平台与平台间的双向甚至多向交流。调度中心必须建立强大的信息管理平台,运用数据库对这些开放状态中的信息进行存储、筛选、判断。各平台系统实现无缝对接,利用知识管理、搜索引擎等工具,为记者编辑提供方便的资料查询服务。

新闻信息指挥调度中心要突破传统的静态信息管理和整合策划模式,实行滚动式信息管理和重大新闻信息动态式的整合策划。要通过信息管理平台对这些开放状态中的信息源进行科学管理,通过数据库储存、加工和处理,形成自有的信息库和内容超市,供新闻生产者选取或向外销售。重要新闻和突发事件,由指挥中心确定其新闻价值,并最终决定以何种形式呈现,转而分发给各自编辑业务部门进行深加工,并分别在不同介质平台上对外发布。[①]

(二)全能记者的多媒体信息采集

媒介融合时代的全能记者,必须具备跨媒体传播思维,同时又是"一专多能"型的新闻信息采集者,娴熟地运用报纸、广播电视、网络等多种媒体的采写技能。特别是在重大事件和突发事件的报道中,如何运用跨媒体思维进行新闻信息采集,考验着记者的思维能力、采访技能与现场应变能力。

1. 全能记者的培养

融合新闻生产首要环节是全能记者的多媒体信息采集。掌握了多种媒介技能的"超级记者",具备写、拍、摄的基本技能,这些人在美国还有"背包记者"等多种称号。他们能够同时承担文字、图片、音频、视频等多种形式的报道任务,为不同媒体提供新闻作品。美国的密苏里大学和南加州大学等在培养能够适应多媒体的人才方面进行了新的课程设置和安排,他们培养的多媒体记者一般携带一台苹果电脑、索尼数字摄像机、录音笔和移动卫星手机,就能够完成所有音频、视频以及 Flash 的编辑工作。

2. 多媒体信息的采集与发布

融合媒体时代的多媒体信息采集,必须把握不同介质媒体的内容传播特点,运用跨媒体思维对新闻内容进行分层采集,做好多媒体的故事讲述。电视新闻具有视觉性、及时性、冲击力和感染力,报纸具有深入解读、可保存、信息量大的特点,网络则具有互动性、及时性和可搜索性。根据不同媒体的传播特点采集文字稿、图片、音频与视频资料等,道琼斯按照这个新闻传播规律,依次在道琼斯通讯社、华尔街日报网络版、电视频道、道琼斯广播、华尔街日报等七种不同的媒体发布新闻信息,实现了新闻产品的即时滚动播报,使新闻从"第一时间采写"向"第一时间发布、波纹信息传播"转变。

(三)多媒体编辑的信息分层处理

融合媒体时代,在一线提供信息的采访者需要"一专多能"型的融合媒体记者,在后期编辑平台,也必须有一支与此相适应的新闻编辑队伍和运行机制。

---

① 姜平.媒介融合教程[M].武汉:武汉大学出版社,2015:59.

1. 建立融合媒体编辑室，实现新闻资源整合开发

融合媒体新闻编辑室要对各类信息资源进行综合分层处理，实现新闻资源整合开发。所谓分层，指的是两个层面：其一，要按照多形态多终端传播的要求，对内容资源进行分类处理。即根据新闻内容及传播媒体的特性，对相关的内容资源进行整合。新近发生的资讯类的新闻信息，编辑要及时编发到手机、网络、广播等媒体上，提高其传播的时效性；需要现场报道的，则可考虑编发电视节目和视频节目；需要进行深度报道的，可发挥平面媒体的特长进行深入解读，也可用电视专题节目、视频专题节目的形式做深度报道，还可以用微博形式，吸引受众参与其中。其二，要按照受众的需求，对内容资源进行多媒体分层开发。

融合媒体新闻编辑室（中心）内容资源主要源于三个层面：其一是媒体记者采集的新闻信息，这是新闻编辑室的主要信息源；其二是用户资源，从传-受一体化中发掘新闻信息资源；其三是数据库资源，以数据库为基础，快速搜集各类相关的新闻和信息。

2. 协调管理型编辑和内容生产制作型编辑共同主导编辑流程

在媒介融合的进程中，西方媒体纷纷进行组织融合和结构融合的实验，自从美国媒介综合集团在佛罗里达州坦帕市建立了坦帕新闻中心，建立跨媒体融合编辑室以来，《纽约时报》《今日美国》《华尔街日报》《洛杉矶时报》等一些美国大报都已经把报纸和在线的编辑人员融合在一起。

如果说传统的媒体编辑是"单兵种"作战，那么在融合编辑室里面就是"多兵种、海陆空"协同作战。这就赋予编辑新的权限和职责，要求融合媒体的编辑具有新的编辑理念，组织和管理多媒体产品融合新闻生产能力。

在西方融合编辑室里面，一般把编辑分为协调管理型的编辑和内容生产制作型编辑。协调管理型编辑又分为新闻流编辑、资源管理编辑和故事生成编辑，他们共同协调管理采编流程，是参与策划和资源分配的高级编辑人员；内容生产制作型编辑负责具体的某一个媒体内容生产，如报纸编辑、广播编辑、电视编辑等，与管理型编辑实现互动协调，是内容制作和传播的普通编辑人员。

新闻流编辑发挥宏观管理融合编辑室里面的信息流动的作用，处于多媒体信息流的中心位置，监视整个信息的采集、加工和生产，根据新闻事件的性质确定报道什么和怎么报道，发挥多媒体主持人的作用，就报道的角度、截止时间等跟内容制作编辑进行沟通。这就需要新闻流编辑对不同的媒介文化、专业术语和工作方式有比较好的认知。[1]

故事生成编辑，同一个新闻信息在不同的时间和空间里流动，故事生成编辑管理同一个主题的信息多媒体流，同时直接管理信息出口和各种不同的多媒体流可获取的信息元素。对故事生成编辑的最大的挑战就是分辨一个故事的哪些方面可以通过不同媒介来讲述，然后通过这些媒介来区分内容。

新闻资源编辑相当于信息专家和图书馆的参考咨询馆员，具有高超的信息管理能力，负责全部档案、数据的收集、分类和整理，包括背景资料、重大事件的前期资料、音视频资料与各种表格数据的提供。新闻资源编辑要理解信息图景，尽可能提供相关的参考和链接。[2]

3. 打造融合媒体新闻解析者，实现编辑角色的转型

传统媒体的编辑是新闻的编辑与制作者，承担着"新闻把关人"的职责。重点要求把握

---

[1] Wilkinson J S, Grant A E, Fisher D J. Principle of Convergent Journalism[M]. Oxford: Oxford University Press, 2009: 30.

[2] Qinnn S. The Fundamentals of Multimedia Reporting[M]. New York: Peter Lang Publishing, 2005: 94.

好事实关、政治关、辞章修饰关"三关"。在媒介融合时代,随着传受关系的变化和"公民记者"的出现,新闻编辑依然要承担"把关人"的角色,同时又被赋予了新的职能和责任,客观上要求编辑人员尽快完成两方面的转型:一是从单纯的"新闻编制者"转向全方位的"新闻与信息服务提供者";二是从单纯的"新闻把关人"转向"新闻解析者"与"公共论坛主持人"。融合媒体的新闻编辑应当是新闻信息收集的集大成者,除了记者提供的各类新闻信息,还要擅长从各类数据库与新媒体搜集、发现有新闻价值的信息。

4. 面向融合媒体传播,培养复合型的新闻编辑人才

融合媒体时代的新闻编辑,除了具备对信息的整合能力、编辑能力、把关能力,还要熟悉新闻生产流程,了解各种媒体的操作技能和传播特点,具备新闻策划能力、快速的现场反应能力、深层次的新闻解读能力等,成为"一专多能式"的复合型人才。它要求新闻编辑具有把握全局的战略眼光、超前的创新意识和专业策划能力,熟悉数字化媒体设备技术和各种媒体传播特性,对来自新闻记者的新闻信息和用户信息、数据库信息进行分层处理;站在大局的战略高度,能知晓相关的历史背景,具备深层次的新闻解读能力。

(四)多媒体终端的信息传播

信息发布是新闻传播流程的末端环节,也是融合媒体时代新闻传播流程构建中不可或缺的重要组成部分。内容融合的目的是实现内容增值。内容增值的实现有两个阶段:一是在内容的生产环节,借助媒介融合降低内容生产的成本,释放内容生产力;二是在内容的使用环节,同一内容或大致相同的内容在多个不同的终端上使用,提高内容产品的使用效率。融合新闻生产需要具备一套可以在统一界面上加工、编发文字、图片、音频和视频的数字化管理平台,编辑根据各种媒介的不同介质特征加工整合,以报纸、广播、电视、手机、互联网、户外大屏、移动电视等多媒体渠道发布多媒体信息,满足受众个性化的需求,实现新闻信息发布时间的多重设置和新闻内容的相互嵌入,扩大受众规模。

1. 跨媒体的新闻信息发布终端

终端融合包含两层含义:一是终端设备的融合;二是终端设备所带来的信息平台和服务内容的融合,即各种终端设备在公共的平台上实现互联互通,提供统一的服务。在各种终端中,比较有代表性且已经具备跨媒体信息发布融合的终端主要有三大类,即网络终端、移动(智能手机)终端和电视(IPTV)终端。

其一是网络终端。网络是跨媒体信息发布终端,目前的网络终端既可以发布文字、图片、音频、视频、动画等多媒体信息产品,也可以链接微博、微信、手机等新媒体传播,为用户提供个性化、多样化的信息服务。

其二是移动终端。它是互联网与移动通信结合的产物,以具有多种应用功能的4G智能手机为代表,为用户在任意时间、任意地点、任意形式获取信息和服务提供了可能,也为跨媒体的信息融合和发布提供了新的平台。

其三是电视终端。广义上的电视终端,包括模拟电视、数字电视、网络电视、手机电视、车载移动电视和户外视屏等。作为跨媒体信息发布融合的终端,IPTV则是最有代表性的电视终端,具有开放型和双向性。IPTV可以为用户提供个性化服务,是一种融合性极强的跨媒体信息发布终端。

2. 信息发布终端的用户管理

信息发布终端是与用户接触最密切的端点,加强信息发布终端的用户管理,是提高新闻信息传播与服务效应的关键环节。用户管理中心要集中解决好三个问题：第一，建立用户档案资料。要利用数据库和信息推送技术，对使用或接触媒体终端的用户进行细分，建立相关的档案资料，为新闻信息产品和广告产品的个性化、针对性投放提供支撑。第二，建立用户信息反馈机制。要及时收集用户对多介质信息终端的信息接受和反馈状况，运用各种数据流，通过数据库储存和分析，寻找用户的兴趣点；依据用户对所接受新闻信息的意见和评价，及时改进新闻信息产品。第三，建立用户生产信息内容的上浮机制。用户管理平台还要尊重用户的信息互动生产，借助媒体终端建立用户生产信息内容的上浮机制，使之成为媒体新闻信息生产的有效补充。①

3. 从数据库的信息整合到知识管理

数字技术下的媒介融合所催生出来的内容生产是基于数据库的智能化生产模式，数据库将新闻信息等内容资源进行整合、共享和优化配置，成为内容资源增值的平台，在这个平台上记者编辑以多媒体手段完成信息采集、加工与发布。数据库管理系统是一个集音频、视频、文字图片、编目、存储管理、检索和发布于一体的系统，该系统不仅是多媒体采集平台，也是经营管理平台。

《南方都市报》采用数字化采编管理平台，按照多媒体的运行规律，在采、编、发的流程中提供可读写、可编发、可搜索、可整合的管理界面，整合报系内容数据库、读者数据库、广告数据库，实现多个数据库的双向互通和信息搜索。在这个平台上，记者、编辑、网民等都可以发布消息以及进行互动交流，共同参与新闻生产过程。编辑从信息采集者变为信息合成者，通过信息筛选、意义解读和价值判断，揭示事物之间的相互联系，把有价值的信息转化为有效的知识。

二、媒体融合新闻生产的特征

在媒介融合的背景下，我国传统媒体都在积极改革、转型发展中砥砺前行，无论是党报、都市报、杂志，还是广播电视，抑或是国家级通讯社新华社，都从新闻采集、采编流程、平台开发、组织架构、盈利模式、用户管理、广告经营等方面进行创新，构建新型主流媒体。

中外媒体构建融合新闻生产的模式，就是以融合编辑室为枢纽的集约化、数字化的新闻生产模式。其特点是：报道主体的多元化，报道过程的协作化，报道手段的丰富化，编辑管理的互动化，传输终端的多渠道化，实现协同传播，融合生产，最终形成一次采集、多种信息整合、多媒体生成、多渠道发布的新闻生产流程，满足受众的多元需求。

习近平总书记指出："推动媒体融合发展，要坚持一体化发展方向，通过流程优化、平台再造，实现各种媒介资源、生产要素有效整合，实现信息内容、技术应用、平台终端、管理手段共融互通，催化融合质变，放大一体效能，打造一批具有强大影响力、竞争力的新型主流媒体。要坚持移动优先策略，让主流媒体借助移动传播，牢牢占据舆论引导、思想引领、文化传承、服务人民的传播制高点。"②如图 15.1 所示，传统媒体需要构建融合新闻生产机制，形成集体策划、一次采集、多种生成、多元传播、多次增值的生产流程，提升新型主流媒体的影响

---

① 姜平. 媒介融合教程[M]. 武汉：武汉大学出版社，2015：143.
② 习近平主持中共中央政治局第十二次集体学习并发表重要讲话[EB/OL].［2019-1-25］. http://www.gov.cn/xinwen/2019-01/25/content_5361197.htm.

力、引导力、传播力与公信力。

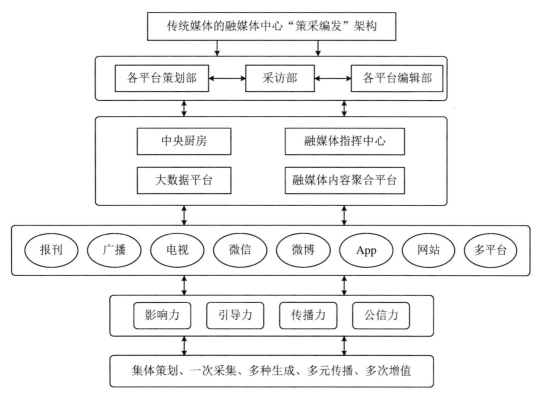

图 15.1 传统媒体融合新闻生产机制

第一,建立以"中央厨房"为枢纽的融合新闻生产机制。新型主流媒体需要构建一套成熟完善的内容生产、协作、分发的融合新闻生产的机制,包括融媒体调度中心和采编联动平台。融媒体调度中心是"中央厨房"融合新闻生产的神经中枢,在统筹新闻报道策划、调度采访力量、整合新闻资源、协调技术支持方面发挥核心作用。实行采编联动机制,采写编评与技术部门随时沟通互动,记者和编辑共同承担融合新闻报道的角色与功能,实现了传统媒体与新媒体、母媒与子媒、网上与网下、专业记者与受众的"联动"。例如,人民日报以"中央厨房"为枢纽的融合新闻报道,将传统媒体与新媒体在技术、内容、渠道、互动方面进行融合发展,积极推进媒介融合,建立新型主流媒体。央视新闻移动网是中央电视台 2017 年全新开发的新闻云生产平台,运用大数据、云计算、人工智能、移动直播等现有技术,实现一体化生产、多平台分发。浙江广播电视集团"中国蓝"融媒体中心,打通了线上线下、大屏小屏,引入音视频、新媒体等内容,传播形态多样的新闻与娱乐影视资讯,同时联合浙江之声、新蓝网等打造全媒体记者矩阵,构建全媒体产品的采集、制作与发布的生产机制。

第二,再造新闻采编流程,推动跨媒介、跨部门、跨平台的资源整合、信息聚合和媒体融合。新型主流媒体需要建立内容采编与传输分发机制,构建智能化的编辑部,围绕重点选题,技术、文字、图片、视频、网络等多个工种联合作业,通过多平台多终端分发内容,生产全媒体新闻产品。新华社抓好"中央厨房"这个核心工程,将全媒报道平台从单纯的产品制作中心升级为新华社融合报道策划中心、协调中心和指挥中心,选派全社 9 个部门骨干人员组成融合报道团队。中央厨房是融合新闻生产的总枢纽,微信、微博、网站和 App 是信息分发的载体与渠道,中央厨房与传播渠道之间需要有效沟通,利用智能分发平台传播及时多样的内容与产品服务。①

第三,利用大数据、云计算等技术实现智能推荐,满足用户个性化、多样性的需求。新型主流媒体需要以用户为中心,提供全方位服务。以用户为中心必须打通内容产品与用户需要的通道,统筹内容、网络、渠道和用户四者的关系,确保用户可以在任何时间地点、通过任何渠道终端获取需要的任何内容。同时,掌握用户的个性特征和心理期望,了解受众的需求,不断改进和完善用户体验。这需要运用大数据、智能推荐技术,深化对不同产品的专业化、垂直化推荐路径。例如,广播电视新型主流媒体完善内容智能分发机制,满足专业化、定制化的用户需求,服务"千人千面"的融媒体屏,而不是"千人一面"的电视屏。"一云多屏"内容分发机制需要建立在大数据分析的基础之上,对内容进行智能分发,适应不同屏幕、不同网络、不同用户的需求。

第四,构建"新闻+政务+服务+商务"的内容与产品服务体系。新型主流媒体充分利用其强大的内容优势与人才优势,建立融媒体编辑部,构建"新闻+政务+服务+商务"的内容与产品服务体系,在内容、平台、渠道、经营、管理等方面持续创新,探索一批新产品、新项目、新服务、新模式。北京电视台实现了从卖内容到卖服务的转变,专注产品化服务,致力于全媒体产品的创新,特别是在智慧健康和社区养老领域不断创新产品,提出构建以社区为中心的文化休闲平台、智慧社区平台以及智慧健康平台。甘肃广播电视台以传统电视的内容创新带动电视新媒体的发展,把电视媒体的内容与新媒体的渠道有机结合起来,开创新媒体视频栏目《趣兰州》,以推广频道主持人和自办节目为主要内容,促进新旧媒体的有机融合。

第五,商业模式从传统广告向有偿服务、电子商务、定制服务、衍生产品等领域拓展。融媒体时代,主流媒体需要吸引粉丝、圈住流量,通过广告、有偿服务、智能电商、定制服务、衍生产品、产品营销、增值服务等手段获得利润,将流量与粉丝变现为利润与收入,深入挖掘垂直领域的细分市场。例如,广电媒体建立"广电+新媒体+N"的产业链模式,产业链向电商、直播、教育、旅游、金融、健康、物联网等领域延伸,增加用户黏性,将互联网平台作为实现内容价值增值的重要平台。

第三节　我国媒介融合生产的路径

在移动互联时代,报纸杂志、广播电视等传统媒体受众规模与广告收入都面临着断崖式下降,亟须传统媒体与新兴媒体一体化发展,甚至把新闻报道的重心转移到互联网,通过互联网终端与平台,传播新闻信息,加强舆论引导,占领舆论阵地制高点。

我国传统媒体面临着商业模式的竞争压力,广告与受众向自媒体、商业媒体转移。例如,在短视频方面,抖音、快手、梨视频、西瓜视频、火山小视频等具有较大影响力;在视频网站方面,爱奇艺、腾讯视频、优酷、土豆、搜狐视频、哔哩哔哩网站等受到年轻人青睐,通过广告与会员多种渠道营收;在新闻客户端方面,腾讯新闻、搜狐新闻、网易新闻、凤凰新闻、今日头条、一点资讯、趣头条、天天快报等下载率很高,成为很多网民的主要信息来源;在音频客户端方面,蜻蜓、喜马拉雅、荔枝、考拉、企鹅、多听、爱音斯坦、豆瓣等广播 App 排名靠前;在

---

① 肖叶飞,周美霞.广播电视全媒体产业生态的特征与构建[J].声屏世界,2018(9):5-8.

自媒体方面,微信、微博、QQ、微信公众号等用户较多。移动互联网时代的各种商业媒体的涌现挤占了传统媒体的利润与用户空间。

在各类聚合类客户端与短视频的冲击下,报纸杂志与广播电视加快媒介融合的发展步伐。由于各级各类传统媒体的资源禀赋不同,向媒介融合迈进的步伐不同,第一类是中央级媒体依靠自身品牌实现移动化转型的扩张路径,凭借资源优势与内容优势,以新闻客户端为主将重心拓展到移动平台。第二类是构建立体化的传播集团的融合路径,如上海报业集团的界面、澎湃、上海观察等客户端矩阵,新华日报报业集团的"交汇点新闻""扬子头条""扬眼""爱南京""新华财经""新华V视"等六个客户端。第三类是通过云技术平台融合发展的路径。例如,湖北的长江云平台、江西的赣鄱云平台、天津的津云平台、湖南的新湖南云平台等,云平台成为省级媒体、市级媒体与县级媒体聚合新闻报道、政务发布以及公共服务的一体化服务平台。第四类就是报纸杂志、广播电视与互联网等新旧媒体通过兼并重组以及机构合并等途径完成融合。各种融合路径具有各自的优缺点,每个媒体根据自己的资源禀赋选择合适的融合路径。

一、构建新媒体自有品牌的融合路径

中央级媒体具有内容优势、资源优势、人才优势与技术优势,因此,在媒体融合发展方面走在前列,在网站、两微一端、自媒体平台等方面具有较大的影响力与传播力,分别建立了"中央厨房"的融合新闻生产机制,创建了云技术平台,供全国各类媒体、政府机构乃至企事业单位进驻,利用大数据、云计算、人工智能等技术丰富传媒产品的形态与提供精准化服务。但是"中央厨房"的融合生产模式对于地方媒体来说成本太高,包括技术成本、硬件成本、人力成本等均较高。

(一)人民日报构建"一个旗舰、三大平台、一个新平台"融媒体系统

在媒介融合时代,人民日报从纸媒到人民网,再到"两微一端"、遍布大街小巷的户外电子屏,入驻抖音、今日头条、企鹅号等各种平台媒体,人民日报达到全媒体覆盖、全领域延伸。人民日报建立"中央厨房"融合新闻生产机制,设立总编调度中心,重构采编流程,改变采编部门的设置与职能,强化绩效考核改革,建立适应融合新闻生产时代的考核体系。

1997年《人民日报》创办网络版,2012年官方微博上线,2013年官方微信公众号开推,2014年手机客户端正式上线,2018年"人民党建"云平台建立。人民日报逐渐建立了自己的全媒体矩阵。人民日报拥有"一个旗舰、三大平台、一个新平台"融媒体系统,一个旗舰就是《人民日报》作为党中央机关报,是党的喉舌与行业引领者,三大平台就是人民网、"两微一端"和户外电子屏,一个融媒体平台就是"中央厨房"。截至2018年6月,人民日报两微两端用户总量超过3.6亿,成为主流媒体进军新兴媒体的标杆。[①]

2016年10月,人民日报中央厨房启动"融媒体工作室"计划,三年来共成立50多个融媒体工作室。融媒体工作室机制是为了适应细分化、垂直化的市场需求,内容涵盖时政、财经、文化、教育、反腐、社会、艺术等多个领域,已有学习大国、麻辣财经、一本政经、半亩方塘等工

---

① 卢新宁.人民日报为什么要办"人民号"?[EB/OL].[2018-6-12].http://media.people.com.cn/n1/2018/0612/c40606-30051403.html.

作室,人员可以跨部门、跨媒体、跨地域、跨专业,根据自己兴趣参与其中,推出文字、音视频、图解、H5、VR等各类融媒体作品。"中央厨房"作为融媒体工作室的孵化器,提供推广运营、技术实现、资金支持,"中央厨房"根据传播的数量、质量与效果对融媒工作室进行考核。

2018年6月11日,人民日报创建人民号,个人、媒体、企业、其他组织均可入驻人民号,通过人民号提供相关服务。截至2019年6月,人民号累计入驻各级主流媒体、党政机构、企事业单位、优质自媒体等超2万家,其中主流媒体2000余家,政务与机构账号6000多个,各领域头部自媒体12000余家。百度算法团队与人民日报共同研究党媒算法,打造符合党媒用户的资讯推荐内容,给用户推送更多优质、原创新闻内容。

2019年3月,人民日报新媒体凭借"5G+VR"全景技术,为用户提供互动化的沉浸式新闻体验;5月,人民日报虚拟主播"果果"上线,用人工智能播报新闻;9月,人民日报智慧媒体研究院成立,主要推出具有主流算法的7.0版人民日报客户端、人民日报短视频客户端等,研究院工作职责就是将人工智能融入新闻采集、生产、分发、接收、反馈各环节。

(二) 新华社构建服务全国的"现场云"新闻在线生产平台

新华社围绕建设"国际一流的新型世界性通讯社"目标,提出"一体化发展,移动端优先"的战略,打造具有通讯社特点的融合发展新路径,建立符合传统媒体与新兴媒体发展规律的传播新格局,拓展主流新媒体阵地,搭建"magic"智能生产平台,构建多层次、立体化网络传播矩阵。截至2017年12月,新华网日均访问人数近6000万,新华社客户端下载量达到2.5亿,新华社微博账号总粉丝量超过1.6亿,微信公众号总订阅量超过3000万,在推特、脸谱、YouTube等国际知名社交媒体上的总粉丝量超过5000万,成为中国网民了解世界、世界民众感知中国的重要渠道。[1]

2015年7月7日,新华社组建了全媒报道平台,作为推动资源整合、融合报道的抓手,平台具有资源整合、融合加工、舆情监测、业务管理、远程指挥、影响力评估六大功能。平台由总编室牵头,全社9个部门派出人员共同组成,文字、图片、视频、技术、网络等多个工种在平台作业。2016年,新华社对全媒平台进行扩容、提质、增效,巩固升级"中央厨房"全媒报道平台,优化采编流程,形成适应融合发展要求的体制机制。全媒体平台与100多家中央和地方主流媒体签署协议,全媒平台为各大媒体提供强大信息传播渠道与新媒体终端,实现在国家级平台上的高端传播。全媒平台开放"现场新闻"功能模块,免费开放基于移动互联网的新闻生产管理系统。加强新媒体采集、加工、传播等方面的协作,丰富平台的全媒体产品供给,建设"网上消息总汇",有效汇聚、分发UGC和PGC等第三方的资源内容,探索新闻生产发布新模式。

"现场云"是新华社打造的全国最大的新闻在线生产平台,此系统是基于移动互联网的全媒体采编系统。截至2020年4月,已帮助3800多家媒体、党政机构实现移动化生产传播,该平台汇聚了8万多名新闻采编人员在线协同,此平台媒体采编人员即采即拍即传、即收即审即发、全息化、直播态呈现新闻现场,成为全国基于移动直播的最大短视频加工平台。

---

[1] 蔡名照. 新华社将为推动网络传播事业作出更多努力[EB/OL]. [2017-12-4]. http://big5.news.cn/gate/big5/www.xinhuanet.com//2017-12/04/c_1122053063.htmP349.

(三)中央电视台(现为中央广播电视总台)重点打造央视新闻移动网媒资共享平台

中央电视台建立了新媒体集群,包括央视网、央视影音客户端、央视新闻客户端等,形成综合传播矩阵,涵盖电脑端、移动端、IPTV、互联网电视、移动传媒等新媒体终端,建成多形态、多终端、多平台、多语种、全覆盖的"一云多屏"新媒体传播体系。

中央电视台建立融合媒体一体化云制作平台,推动电视与新媒体的融合,全台成立媒体融合发展领导小组,各中心、各频道成立新媒体部门,打通内容、频道、台网平台,构建融合报道机制,建立节目生产融媒体评价体系,促进节目内容生产转型升级,将融合理念融入到节目的生产、播出全过程,实现电视与新媒体一体化策划、个性化生产、全平台运行、多终端分发。

2016年5月20日,"央视新闻"正式启动移动直播,依托中央电视台的强大报道资源,在新闻移动直播领域抢占新高地,运用动漫、微视频、H5、AR/VR、面部实时捕捉等技术提升时政新闻报道的传播效果,丰富用户的体验,增强了新闻报道的现场感和互动感。

2016年7月,中央电视台打造有线电视网"央视专区",通过"央视专区"提供精品节目独播服务。针对移动客户端与"央视专区"互动电视,中央电视台收集收视数据进行采集、汇总和分析,分析用户的收视行为,为节目的制作、评价提供数据支持,并为用户进行个性化节目推荐。

2017年年底,中科大洋为中央电视台制作媒资云服务平台系统项目,支持综合节目融合生产、新闻节目融合生产、新媒体内容集成发布,建立完整的面向新媒体及融合生产模式的技术架构,实现总台与海外分台、台内与台外、电视与新媒体的资源共享,聚储存、生产、加工、管理、运营、用户等于一身,为中央电视台带来核心AI技术、自动语言识别、智能化编目、内容合规审核等各种业务,打造更加智慧的媒资应用。

2017年2月,中央电视台创建了移动直播和新闻视频分发的央视新闻移动网,成为汇集优质"PGC+UGC"内容的媒资共享平台,实现电视与新媒体一体化生产,打造5G创新平台,上线4K超高清频道,创建全国融媒体平台。

中央电视台新闻移动网实现一体化协作生产、全媒体精准传播、多平台协同分发、多终端互动呈现,形成融合新闻生产机制。一体化协作生产就是实现传统电视、互动电视和移动新媒体的一体化采集、生产、制作与发布;全媒体精准传播通过大数据平台采集各种终端用户的数据,为节目的选题、策划与评价提供技术支持,为节目提供智能化推荐;多平台协同分发将电视和新媒体内容通过直播电视、互动电视、OTT TV、IPTV、移动客户端以及社交媒体公众号(微博、微信)进行协同传播分发;多终端互动呈现就是通过电视与手机呈现相关电视节目、新媒体与社交媒体信息,通过手机实现互动。

二、构建立体化传播集群的融合路径

一些实力强大的报业集团或广播电视传媒集团开始从传统媒体向新型主流媒体转型,全方位布局新媒体,建立新型传播集群。新型主流媒体的新媒体集群一般包括客户端、网站、手机报、自媒体以及进驻平台媒体等,发挥新闻资讯、政务信息、公共服务等多方面的功能。新媒体客户端矩阵一般包括党报客户端、民生新闻为主的客户端、财经类客户端等,形成全媒体延伸、全方位覆盖、立体化传播。

上海报业集团建立"三二四"新媒体矩阵。2013年10月28日,解放日报报业集团和文汇新民联合报业集团整合重组建立上海报业集团,这是全国将同一个城市的两家报业集团深度融合的典型案例。上海报业集团旗下总计拥有20多份报刊,包括了《解放日报》《文汇报》《新民晚报》等8份日报,《申江服务导报》《报刊文摘》等10多份周报,拥有2家出版社,10家具有新闻登载资质的网站,18个App应用,50多个微信公众账号。上海报业集团从一家传统报纸为主的报业集团转变为拥有网站、手机报、两微一端等新媒体矩阵的新型主流媒体。上报集团形成"三二四"新媒体矩阵的传播格局,上观、文汇、新民等主流新媒体阵地,澎湃新闻、界面·财联社等现象级新型传播平台,以及第六声、摩尔金融、唔哩、周到等特色新媒体集群,形成强大影响力、传播力的全媒体平台。

新华日报报业集团主打交汇点新闻、扬子头条、爱南京、新华财经传媒等客户端。2015年11月,交汇点新闻客户端正式上线,是新华报业传媒集团媒体转型期的重大战略项目,江苏新闻客户端第一品牌。"交汇点+新闻""交汇点+政务""交汇点+服务",新的升级版本功能齐全,省市县三级政府机关、企事业单位政务信息第一时间权威发布。"扬子头条"是《扬子晚报》打造的移动新闻客户端,立足江苏,辐射全国,是一款数据驱动的新闻资讯产品,秉持"千人千面 读享精彩"的理念,基于数据挖掘和个性化推荐,为用户提供新闻及生活类资讯阅读与服务。"爱南京"客户端是由《南京晨报》倾力打造,属于"互联网+"城市生活类客户端,以"一城一生活"为理念。新华财经传媒是专注财经新闻的客户端,此客户端是江苏首个专注财经领域的移动新媒体,强化在财经领域的话语权。

重庆日报报业集团构建华龙网、上游新闻、理论头条、上游财经、慢新闻等新媒体矩阵,形成了以重庆日报为核心,以华龙网、上游新闻、理论头条、新重庆、上游财经等新媒体矩阵为重点的全媒体传播格局。华龙网是新闻综合网站。上游新闻以"汇聚向上的力量"为宗旨,以《重庆晨报》的采编力量为支撑,为用户提供时政、财经、生活资讯。"新重庆"客户端是华龙网重点打造全市宣传大数据云平台,聚合资讯云、政务云、生活云,深耕重庆本地新闻,是重庆人与党和政府沟通的纽带,为重庆人共享共用的城市新闻、生活大数据云平台,推动"渝快办"政府服务平台。理论头条客户端把党报理论文章传播平台办成新媒体,促进党报的现代化与党的理论传播。上游财经致力于打造和传播商业财经领域优质资讯,聚合顶级财经专家与财经网民。

上海文广集团主打看看新闻与阿基米德FM等视听新闻客户端。"看看新闻Knews"是上海广播电视台官方新闻客户端,主打原创视频新闻品牌,直播是它的亮点,视频是它的特性。看看新闻客户端开设有新闻、看点、直播三大板块,以具备新闻性的直播互动为产品亮点,以视频新闻为特色,以原创视频深度报道为核心竞争力。看看新闻在东方电视台的《看东方》《东方大头条》《东方新闻》《直播上海》等节目的基础上,内容进一步优化,进一步提升时效性、准确性、引导力,主要内容包括突发事件的直播、深度调查报道、新闻评论、数据新闻、"专业拍客"等内容。2015年8月,阿基米德传媒有限公司成立,由SMG旗下东方广播投资。"阿基米德FM"是一款移动社交音频平台,为所有入驻广播频率提供节目入驻、用户管理、直播互动、基本数据等系列服务,"阿基米德FM"用户已经覆盖100多个国家与地区,国内百家省市级广播电台正式入驻使用,聚合形成40多个万人社区。

湖南广播电视台构建芒果超媒与湖南卫视双平台互补模式。芒果超媒是湖南台旗下上市公司快乐购演变而来的,快乐购物股份公司更名为芒果超媒股份公司,2015年快乐购实现IPO,湖南广播电视台是其最大股东,主营业务是电视购物,后来包括湖南台新媒体芒果TV在内的115亿资产注入上市公司。截至2019年5月,芒果TV手机客户端下载安装激活量超7.35亿,日活量突破6800万,进军互联网视频的第一方阵。内容方面,实现湖南卫视、芒果TV双平台的采购、定制与播出的融通;渠道方面,打通传统电视直播屏、IPTV、OTT、Pad、移动端等所有终端;平台方面,湖南卫视、芒果TV双核驱动,全媒体发展;经营方面,建立新的组织架构与商业模式,实现一体化运营;管理方面,打通导向管理、顶层设计、管理经验,构建芒果全媒体生态,提升传播力、引导力、影响力、公信力。

浙江日报构建"三圈环流"新媒体矩阵模式。浙江日报报业集团拥有《浙江日报》《钱江晚报》等报刊、出版社26家,创建了浙江新闻、天目新闻、小时新闻等新闻客户端。2011年,集团媒体经营性资产成功上市,是全国第一家经营性资产整体上市的省级报业集团。2013年收购了杭州边锋和上海浩方两大网络游戏公司。浙江日报报业集团建立"中央厨房"式的全媒体采编平台。"中央厨房"通过两个中心、三个端口优化采编工作流程,记者通过《浙江日报》、浙江在线、浙江新闻客户端等三个端口,将稿件统一发往全媒体供稿平台的稿库,然后由浙江日报编辑中心和数字新闻编辑中心等两个编辑中心,按照不同端口的专业要求进行加工,实现基于"中央厨房"的融合新闻生产。浙报集团打造了一个由核心圈、紧密圈、协同圈组成的"三圈环流"新媒体矩阵。核心圈包括"浙江新闻"App、浙江手机报、浙江在线新闻网站及视频App等四大媒体;紧密圈由边锋网新闻专区和新闻弹窗、"浙江24小时"APP、钱报网、腾讯·大浙网新闻板块以及各市县区域门户构成;协同圈以微博、微信等第三方网络应用和专业App为主。

成都传媒集团打造覆盖移动端的客户端矩阵。成都传媒集团重点构建"锦观""红星新闻""谈资""每日经济新闻"等新媒体拳头产品。其中成都日报主打"锦观"时政新闻客户端,成都商报主打"红星新闻""谈资"客户端,"红星新闻"是新闻资讯类客户端,"谈资"是生活娱乐客户端,成都晚报主打"微成都"生活服务客户端,每日经济新闻主打同名客户端,提升主流媒体传播力、壮大主流思想舆论。成都传媒集团实现内容、渠道、平台、经营、管理全面融通,建立以新兴媒体为引领的现代立体传播体系。博瑞传播是集团旗下的主要产业经营平台,是文化传媒类A股上市公司,是"中国报业第一股",业务范围涵盖广告、发行、印务、教育等产业,以及影视、演艺、音乐、动漫、游戏、酒店、会展、教育、文化园区等关联媒体产业。

三、构建跨级云技术平台的融合路径

"媒体云"就是依靠云计算技术提供媒体服务与媒体应用的新兴媒体服务,用户可以在"媒体云"中分布式存储和处理多媒体数据与信息,而不需要在媒体终端安装软件,减轻用户在软硬件设施的成本。将云技术引入媒介融合生产,旨在整合媒体资源,打通媒介壁垒,促进资源共享与跨屏互动,提高资源利用效率与生产效率,同时将政务服务与民生服务融入到媒体云平台,利用大数据与人工智能,打造具有高度综合性和智能化的平台。

"媒体云"具体呈现就是"中央厨房"全媒体生产与传播的运行机制,一般包括总编调度中心、采编发联动平台、效果监测反馈、全媒体资源库、技术支撑体系等五大系统,实现"策划、采访、编辑、评论、发布、运营、反馈"的一体化运营,促进各大媒体深度融合。这个新闻采编和运营管理的神经中枢系统又称为"超级编辑部"。"媒体云"是各省融合新闻生产的最为理想的平台,便于采编发联动与经营管理,充分利用资源,聚集用户力量。

"长江云"构建"新闻+政务+服务+商务"的综合云服务平台。2015年,湖北广播电视台旗下的长江云新媒体集团构建全国首家面向省市县的新媒体长江云平台,并在9月开始运行。"长江云"是湖北广播电视台官方客户端,也是湖北官方政务信息汇聚平台。截至2018年7月,"长江云"已经聚集全省各地广电、电子报、网站和"两微一端"产品8112个,全省各级党政部门有1941家,省直部门74家,打通了不同媒体与地域的界限,融通了新闻报道、政务服务和民生服务的端口,成为区域性生态级智能化媒体融合平台、舆论引导平台、政务信息平台、网络民生服务平台。① "长江云"通过流程优化、组织再造、架构重设、机制创新,构建一个联通省市县、功能齐全、互联互通的云服务平台,实现统一建设、分级运营、融合联动。"长江云"移动政务平台,纵向联通省市县三级政府,横向聚合117个"云上系列"移动政务客户端。

"新湖南云"构建全省90多个县市区共建共享云平台,为全省各厅局、区县、高校、企业开设专属频道,在电子市场生成自有App,并且与"新湖南云"互联互通,共享共建,发挥"新闻+政务+服务+商务"功能。2015年8月,湖南日报社自主研发的"新湖南"客户端上线,同时构建同名的微博、微信、微视频的新媒体矩阵,标志着湖南日报社移动优先战略确立。2018年,湖南日报社成立省级融媒体中心,打造媒介融合的神经中枢"中央厨房"。"新湖南云"功能有三种:一是在平台开通本地频道,扩大地区政务新媒体的品牌影响力;二是同步生成本地独立App,可以单独下载,成为外宣的窗口与新闻报道、政务发布的平台;三是接入政务发布和办事功能,为县级新媒体中心提供技术支持。

"广西云"平台构建融媒体生态系统的重要入口。2014年12月22日,广西日报客户端正式上线,经多次改版,2018年正式升级为"广西云"客户端。"广西云"打造传统媒体与新兴媒体深度融合的区域性聚合平台,构建"新闻+党建/政务+服务"三大平台,形成报纸、网站、两微一端的媒体矩阵,利用云计算、人工智能等技术,发挥平台在新闻报道、舆论引导、党务建设、智慧民生方面的作用,成为"广西云"融媒体生态系统的重要入口,促进全区智慧城市建设。"广西云"打通报纸、广电、网站、"两微一端"等各种媒体,促进内容、技术、渠道、经营、管理等方面深度融合,连接党政部门,成为区域性智能化媒体融合平台。各级媒体通过入驻"广西云"、客户端,与广西日报社共享共建新媒体,广西日报社负责资源输出、技术维护与运营保障,县级融媒体中心在"广西云"平台支撑下,构建"报、网、播、视、端、微"本土化、一体化的地方客户端端口,通过"广西云"促进省区级平台到各市县端口的资源整合、平台融合、用户聚合。

"赣鄱云"平台建立可支持500个站点的"中央厨房"联网模式。"赣鄱云"以移动互联网技术与云计算技术为支撑,以移动化、平台化、智能化为目标,以云端"中央厨房"统一供给资源为保证,由移动采编、信息加工、信息分发、集控管理等四个系统组成,实现多端发布,全网覆盖。"赣鄱云"在内容、用户、技术、数据、平台方面实现融通共享,实现省、市、县三级融媒体横向联网,重大新闻报道通过"赣鄱云"统一策划、调度、指挥、发布,具有一张网管理、中央厨房生产、移动采编、多平台展示等显著特点。截至2019年6月,一共有96个县已经建成融媒体中心,69家县级媒体入驻江西日报社的"赣鄱云"平台。"赣鄱云"为"3+N"结构模式,中央厨房、前端展示、大数据中心是三个支柱,核心部分是"中央厨房",可支持500个站点中央厨房的联网运行,所有"端""点"连成一张网,通过云端向市县级融媒体中心供应中央

---

① 张建红.实施平台战略,创新融合路径[J].新闻前哨,2018(12):4-5.

厨房、传播平台、大数据等资源与要素,实现移动端全省建设"一张网",打通有效传播的"最后一公里"。

"丝路云"平台构建省市县三级融媒体"一张网"。"丝路云"是陕西广播电视台、西部网共同建立的融合型新媒体云平台,利用云计算、大数据技术为融媒体中心提供技术支持与平台应用,实现省市县三级的用户、技术、数据、资源、传播平台等共享融通,全省各地形成融媒体"一张网",推出广电、网络、微信、微博、客户端等融媒体创新平台。通过"云端"统一供给,实现新闻宣传、舆论引导、信息共享、公共服务等功能。"丝路云"具有如下的特点。第一是全媒体生产,为各类终端提供文本、图片、音视频、专题、数字报、搜索、多媒体直播等多形态内容,支持站点创建、审核、查看、修改等站点管理。第二是多终端传播,"丝路云"实现"一次采集、多种生成,一键发布、多渠道传播"。第三是数据互联互通,形成融合新闻生产的"中央厨房",通过"云"端向县级融媒体提供统一服务,实现"一云多端、多地一云",解决县级融媒体无足够经费、无技术保障、无专业维护人员等问题。第四就是互动功能,通过"民生问政""线索报料""评论留言"等功能,构建民生互动、党群沟通的桥梁,同时对接舆情监测、舆情分析,加强舆论引导。

四、构建跨媒体传媒集团的融合路径

并购重组建立传媒集团是一种特殊的融合路径,就是整合报纸广播电视以及其他新媒体,以集团化的方式实现集约化的融合新闻生产。省级传媒集团主要典型是天津市将报刊与广电整合成天津海河传媒中心,实现资源重组,提高生产效率。市级传媒集团包括大连、芜湖、银川、佛山等城市建立的市级传媒集团,报刊与广电整合到一起,避免同质化竞争,提高资源利用效率。县级融媒体是打通媒介融合的"最后一公里",我国县级媒体通过省级云平台或者自己建立媒介集团。

通过并购重组的方式将报刊、广电融合到一起,能够起到促进生产要素的有效利用,节约成本,做强新型主流媒体的作用。但是,将传统媒体整合到一起,负面作用也不可小觑,例如,"中央厨房"的融合生产机制,造成独家新闻减少,新闻同质化严重。媒体整合对于当地的广告主投放广告造成不利的影响,传媒集团更容易控制广告的价格。

(一)省级媒体所有权的融合

2018年4月,天津海河传媒中心建立,整合了报纸与广播电视,这是直辖市层面的媒体融合,合并之前是6家单位,包括天津日报社、天津广播电视台、天津广电传媒集团、今晚报社、中国技术市场报社、天津报业印务中心等,整合以后成为一个法人、一套班子、一个宣传策划中心。截至2019年4月,所有媒体包括16家子报子刊、20个广播电视频率频道、6个新闻网站、8个新闻客户端、2份手机报、334个"两微"自媒体账号,重构融媒体一体化发展的策采编发流程,建立报、网、声、屏、端集约化发展的新媒体矩阵。

整合采编力量,统筹采编业务,将原"两报一台"所属新媒体采编人员划入北方网,组建津云新媒体集团。调整优化媒体结构,主动关闭《中国技术市场报》等10个子报子刊,及国际频道、时代风尚等6个电视频道,整合经营资源,聚焦主业,关停亏损的51家经营性公司,确保海河传媒中心轻装上阵。聚合海河传媒旗下8个主要媒体的广告业务,成立广告联盟,统一开展广告、文化产业、资本运作等经营性业务。

坚持流程优化和平台再造。建立统一高效的选题策划、新闻宣传和指挥调度系统,实现采访、编辑、技术"全媒体联动、全天候响应",信息、内容、技术、平台、终端、人才、资金等全要素打通,提升新闻生产效率。在新媒体考核方面,建立"基础资助+爆款优酬+额外奖励"的绩效工资奖励机制,吸引优秀记者发表新媒体作品。

建设津云"中央厨房",以统一技术平台为支撑,集纳各主流媒体优质资源,通过指挥中心对新闻生产全流程进行调度。2018年,跨媒体、差异化组建了61家融媒体工作室,鼓励采编人员采取跨媒体、差异化的方式,以项目制的灵活方式自由组队,开展内容创新,发挥主流媒体的主导作用。津云客户端、北方网、IPTV等津云系列新媒体覆盖用户超过2000万人,影响力、传播力明显增强。

2019年3月,天津主流媒体、中央驻津媒体、市各级政府部门、各高校的1752个自媒体入驻"津云"平台。"津云记者"采编系统打通媒体界限,各级各类媒体通过此平台实现统一的新闻采集、生产和发布,建立灵活、开放、高效的新闻协同生产机制。"津云"同时也是政务平台,通过"问政"功能打造阳光政务,市民可以向市委市政府领导提问、建议、投诉,并可以查看政府部门的反馈结果。

天津网、今晚网与天津日报微博、微信整体并入津云新媒体集团,新闻117、前沿、问津三个客户端合并组建"津云"客户端,以及北方网、头条号、系列微博微信等一体化运营,组成新媒体矩阵。"津云"客户端汇聚来自报刊、广电、网站、客户端以及自媒体的优质内容,这些内容包括图文、音频、视频、微视频、VR、H5等媒体形态,客户端秉承立足天津、宣传天津、服务天津的服务宗旨。

(二) 市级媒体所有权的融合

在互联网的冲击下,市级媒体面临着受众与广告经营收入双双下滑的困境,纷纷寻求突围的方法。在政府行政力量的推动下,一些城市的传统媒体报刊与广播电视进行整合,以建立跨媒体集团的方式应对移动互联背景下的媒体挑战,传统媒体在内容、平台、渠道、经营、管理等方面深度融合,集中资源建立新媒体矩阵,协调传媒事业与传媒产业的发展。市级媒体的所有权融合一定程度上造成一个城市只有一个融合媒体,形成一定程度的垄断,对新闻多样性、媒体竞争、广告价格、舆论监督都造成一定的伤害。

一些市级媒体通过建立新媒体集群的路径实现媒体融合发展。2005年,佛山传媒集团成立,成为国内最早的市级传媒集团,加强文化产业的整合,实现融合新闻生产,从物理组合变为化学反应。2018年,芜湖传媒集团成立,整合资源,实行一套班子,一套指挥系统,新媒体领域保留一个"今日芜湖"客户端、1个网站,成立全媒体中心,协调新闻报道与产业发展的关系。2016年12月,银川新闻传媒集团整合银川报纸与广电,打造"2+4"现代传播体系,构建新型主流媒体,实行"传媒+政务+服务"的模式,在融合资源、资本、平台和渠道的基础上,促进集团集约化发展。2018年8月,大连市建立大连新闻传媒集团,统筹大连的报刊、广电以及其他的单位,打造具有竞争力的媒体群与产业群。

《华西都市报》实现"一核三极N带"的跨越式发展,建立集传统媒体、网络媒体、社区媒体与电商平台为一体的华西传媒集群。《温州都市报》按照"一报一网一视频,两微两端一电商"八大平台的新媒体布局理念,构建新型主流媒体。《江南都市报》已经构建了集报纸、微博、微信、网站等多种形态的融媒体平台。

（三）县级媒体所有权的融合

县级融媒体建设是媒介融合的"最后一公里"。县级媒体往往体制机制比较落后，创收途径有限，受众规模较小，要从体制机制、生产流程、组织架构、资金资源、薪酬职称等方面进行配套改革。县级融媒体不仅是新闻报道、舆情引导平台，而且是政务发布、公共服务的平台。县级融媒体构建新媒体矩阵，包括广播电视台、网站、报刊、客户端、微信、微博等多媒体资源，按照"中央厨房"模式，实现一次采集、多种生产、多元传播。

每个县的经济实力、资源禀赋、媒体现状等情况千差万别，有的县通过省级云媒体平台构建融合新闻生产体系，有的县通过建立县级融媒体中心，整合广播电视、报刊、两微一端等媒体资源，建立"中央厨房"融媒体生产。

资源禀赋比较好的县自建融媒体平台，构建跨媒体的传媒集团，打造"中央厨房"的融合生产机制，建立自己的App客户端，不仅做好新闻宣传工作，而且涉足文化产业，取得了良好的经济收入。例如，浙江长兴传媒集团、安吉新闻集团、江苏邳州等地的融媒体中心，甘肃玉门广电"一中心四系统＋爱玉门APP"，县级媒体自己建立融合新闻生产中心，拥有较大的自主权，但是需要大量的资金、技术乃至人力资源的支撑与投入。

江苏邳州是全国闻名的银杏之乡，打造以银杏为主题的"银杏融媒"，在报刊、广电、网站、"两微一端"等多平台布局，建立县级融媒体中心，形成立体化传播系统，2015年构建传媒集团。其中"邳州银杏甲天下"APP提供当地的各种资讯、直播、政务信息，助推智慧城市、智慧交通等建设。

浙江长兴传媒集团通过集团化建设实现融合新闻生产比较成功，长兴传媒集团将广电、政府网、宣传信息中心与县委报道组进行整合，实行扁平化的管理，重建组织结构，服务地方经济社会发展。长兴传媒集团打造"掌心长兴"APP，运用大数据、云计算、人工智能等技术，打造智能化的区域性传媒集团；同时深耕会展、教育、活动等文化产业，通过项目化运营实现"自我造血"。

浙江安吉新闻集团深度融合纸媒、广电、网站、"两微"、APP等平台，建立"中央厨房"与大数据中心，构建"统一策划、统一采集、分类编辑、分平台推送"的融合新闻生产流程。安吉新闻集团倡导移动优先原则，2014年自主研发了"爱安吉"客户端，聚集20多个政务部门资讯，具有新闻舆论、社会治理、便民服务等多种功能，彰显本地优势，贴近民生。集团推进文化创意产业进一步发展，涉足车展、房展等会展，制作专题片、宣传片等，利用大数据中心研发介入智慧城市建设，包括智慧旅游、智慧社区、应急指挥、综合治理等平台服务项目，联合其他百家市县成立"长城"旅游联盟，成功上线共建共享的"游视界"平台，打造线上线下联动的特色旅游产品。

第十六章　传媒市场失灵与政府规制

政府规制和自由市场是一对相对应的概念，政府规制是因为市场失灵引起的，政府作为公共利益的代表者，对市场失灵进行规制，提高资源配置效率和消费者福利。传媒领域存在市场失灵现象，政府规制非常必要，这属于宏观层面的政府监管。但是，规制也不是万能的，政府规制往往也存在失灵，规制的成本大于规制的收益，规制存在寻租与腐败现象，规制阻碍了市场竞争，因此，需要进行传媒规制改革。

第一节　市场失灵与传媒规制

规制是随着市场经济的发展而不断演变的，可以说，有了市场经济就有了政府规制，西方经历了规制、放松规制和再规制的不同发展阶段。规制是学者对英文"regulation"的翻译，强调政府通过法律和规章制度来约束和规范经济主体的行为。"规制"是规制部门通过对某些特定产业或企业的产品定价、进入与退出、投资决策、危害社会环境与安全等行为进行的监督与管理。

规制的主体可能是政府，也可能是非政府公共机构，规制的客体都是微观经济主体。规制的行为依据是相应的法规，干预市场主体的活动，在规制的执行过程中，规制机构不断做出各种命令、决定等裁决行为。政府规制必须有一定的客观标准和办事程序，体现一定的标准和程序的公正性。

政府规制的原因是出现了市场失灵。作为配置资源的一种机制，市场也可能失灵。市场失灵是指完全竞争的条件得不到满足而导致的市场机制转移资源能力不足的现象。导致市场失灵的原因是多方面的，其中包括垄断、外部性、公共物品、不完全信息等。

政府规制的对象主要是在市场失灵的行业领域，例如，电信等公益事业型行业，电力等基础设施行业，自来水等资源型行业，煤气等城市公用事业，金融和运输等信息不对称行业。传媒行业也存在市场失灵，例如，有线电视系统的垄断性，需要政府进行价格规制；传媒内容具有外部性，既包括危害国家主权、社会安全与公民权利的网络违法有害信息，以及充满暴力、色情、庸俗化等负外部性节目，也包括教育、文化和公共事务的报道等正外部性节目，需要政府规制；无线广播电视信号、博物馆、农家书屋等是公共产品，需要政府供给；虚假新闻、虚假广告、新闻敲诈等存在信息不对称，也需要政府严格规制。

一、传媒垄断现象与规制

自然垄断行业是指在行业中,规模经济在很大的产量范围内存在,随着产量的增加,厂商的平均成本逐渐减少,那么这个行业是自然垄断的。在自然垄断的行业里,竞争的情况是不存在的或无效率的,如果采取竞争性经营则会导致破坏性竞争,有效的措施就是对其进行政府规制。政府规制目标是限制垄断权力的滥用和消除垄断引起的低效率,促进有效竞争。

自然垄断产业具有如下的特征:首先,自然垄断取决于经济效率,规模经济意味着独家垄断经营的总成本小于多家分散经营的成本之和。其次,由于自然垄断行业的网络建设需要进行大量的基础设施建设,导致整个垄断产业大量的资本沉淀,而且这些资产往往具有很强的专用性,一旦投入很难收回。再次,由于自然垄断产业依赖于网络经济为整个市场提供产品和服务,例如有线电视、供水、电力、煤气等,这些自然垄断产品和服务与人们的日常生活必需品息息相关,具有日常性与必需性的特征,影响社会生活的稳定和有序。

(一) 传媒垄断现象

传媒领域具有自然垄断特征的主要是有线电视行业。垄断造成效率损失,与竞争性厂商相比,垄断厂商的产量低而价格高,垄断厂商依仗垄断地位攫取高额利润,使改进技术和管理的动力大大下降。但是,随着三网融合的发展,有线电视网络的数字化改造,有线电视网络能够提供互联网接入、电话等传统电信业务,电信同时也能够提供有线电视服务,例如IPTV。因此,有线电视的垄断性逐渐消失,有线电视信号传输成为寡头竞争性行业。

我国广播电视还具有行政性垄断的特点,中央广电媒体和省级广电媒体对全国性视听市场的法定垄断,形成了垄断竞争的结构。市县以下各级区域市场和各时段市场被享受区域垄断地位的区域性广电集团所占领,形成区域性垄断集团向周边市场扩散的网络结构。

在广播电视制作环节、编播环节、分配环节和接收环节等领域具有不同的竞争特点。节目制作方面,除了全国性和地方性新闻宣传节目之外,形成了广电集团下的节目生产商和独立节目制作商之间的有效竞争。节目编播环节是瓶颈垄断市场,形成了中央和地方广电媒体的垄断结构,编播市场将从现在的区域竞争市场向垄断性或寡头垄断性市场转变。节目转播与分配环节是垄断竞争市场。节目接收环节是非排他性和非竞争性市场。[1]

(二) 传媒反垄断规制

在反垄断的法规中,反垄断法是最基本的法律。反垄断法又称反托拉斯法,是政府反对垄断及垄断行为的重要的法律手段,也是规范市场经济中各个经济主体行为的根本大法。在许多发达的西方市场经济国家都制定了反垄断法,特别是美国,经过一系列的修正之后,基本上形成了一个完整的反托拉斯的法律体系。例如,美国制定了相关的反垄断法律:《谢尔曼法》(1890)、《克莱顿法》(1914)、《联邦贸易委员会法》(1914)、《塞勒－凯弗维尔法》(1950),等等。

横向所有权融合是反垄断规制的重点。美国联邦通信委员会(FCC)对广播网的兼并有严格的限制。例如,1941年,美国联邦通信委员会拆分全国广播公司,从而产生了美国历史

---

[1] 张志.数字时代的广播电视规制与媒介政策[M].北京:中央民族大学出版社,2012:20.

上的三大广播网,FCC禁止一家广播公司拥有两个以上的广播网,美国2004年把广播电视的受众覆盖率的上限确定为39%。英国考虑通过单一媒体声音份额(又称广告占有率)方法作为设置媒体所有权上限的标准,1996年的《广播法案》将电视所有权的上限设置为英国观众的15%的份额,当然这个电视受众的计算包括BBC观众在内,若超过此界限,独立电视委员会可以收回电视许可权。同时,单个广播公司不得占据多于25%的数字地面电视频道。欧盟在媒体多元化的政策中建议,广播电视在其播出市场中只能拥有30%的覆盖率,对于拥有广电和报纸的跨媒体经营者在市场上的综合覆盖率不超过10%,不过成员国可以自行决定所有权上限是否适合本国媒体。

在纵向所有权融合和反垄断方面。纵向所有权融合对竞争的影响是不确定的,可能延伸垄断圈定市场、阻止潜在进入等,对竞争的危害小于横向融合,所以不是反垄断规制的重点。西方国家通过立法对广播电视纵向垄断进行规制。例如,欧洲通过法律规制公共电视节目的配额,规定社会制作公司的节目必须达到一定的比例,以展示社会多元化的声音,满足文化多样性和维护公共利益的需求。1990年《英国广播法案》要求BBC和商业广播网的新节目(除新闻性节目)中至少25%要由独立制作公司制作;美国20世纪70年代到90年代实施了《金融利益与辛迪加法案》和《黄金时间享用权法规》,强迫三大电视网在节目中采购大量独立电视节目制作人的节目,这打破三大电视网的市场垄断和提高节目的多样化水平,促进了节目制作环节的繁荣,生产了更好的电视节目,促进了节目辛迪加和交易市场的发展;韩国为了打破KBS、MBC、SBS三大电视网的垄断,规定独立制片人的节目份额要增加到30%,电视网在黄金时段必须播出15%的外制节目,否则将受到处罚。

在跨媒体所有权融合和反垄断方面。西方在特定产品市场和区域市场保持所有权的多样性,防止出现市场支配地位的垄断现象。英国1996年《广播法案》规定,一个拥有超过全国报纸日发行量20%的媒体所有权的单一经营者不允许跨媒体拥有地面或商业广播的执照,反之,跨媒体拥有地面电视或者商业广播的单一经营者不得拥有超过全国20%的日发行量的报业所有权。在特定的目标市场上,拥有某种媒体的50%市场份额时,不得拥有跨媒体所有权。例如,拥有地方报纸50%的份额则不能拥有同一个地域的电视台和无线广播,持有全国发行量30%份额的报业经营者将不得在同一个地区拥有电视或广播执照。2003年美国FCC规定大部分地区的地方电视公司可以拥有2家电视台,还允许一个地区内的报纸、电台和电视台进行交叉持股。在有5家以上电视台的地区,一个公司可以拥有2家电视台,只要其中之一不在4名之列。美国放松跨媒体所有权的主要原因是竞争媒体的增多,增加了受众获取新闻的渠道,新媒体分散了部分受众。[1]

二、传媒公共物品与规制

公共物品(Public Goods)是提供给整个社会共同享用的物品,消费上不具有排他性(某人对该物品的使用不会阻止他人的使用),消费上也不具有竞争性(消费增加时,成本不会随之增加,不会减少其他人消费该物品的能力)。如表16.1所示,准公共物品(俱乐部物品),消费上具有排他性,同时,在一定范围内具有非竞争性,如医疗、交通、教育等。公共资源,消费上具有非排他性与竞争性,如江河湖海中的鱼虾、公共牧场上的草。在公共物品的提供

---

[1] 肖叶飞.传媒产业所有权融合与反垄断规制[J].国际新闻界,2013(4):108.

上，市场是无能为力的，只能由政府提供，因为公共物品具有非排他性与非竞争性，消费者都想"搭便车"，边际成本为零，不应当排斥其他消费者。

表 16.1 基于经济学角度的产品分类

排他性		竞争性	
		有	无
	有	私人产品	俱乐部产品（准公共产品 1）
	无	公共资源（准公共产品 2）	纯公共产品

（一）传媒公共产品

传媒产品是内容产品，内容产品可被重复消费，所以具有非竞争性的特点。内容产品可以细分为付费内容产品与免费内容产品，付费内容产品比如报纸、期刊、图书、音像出版物、电影、有线电视等，是具有排他性的，也就是说可以将不付费想"搭便车"消费的人排除出去。至于有些人从购买者手中又能够消费到，那也是购买者被人搭了便车，至于最初的提供者，则没有被人搭便车，他拿到了应得的全部收入。从这点理解，付费内容产品是具有排他性的。那么付费内容产品具有非竞争性与排他性，是属于准公共产品，即俱乐部产品。①

免费内容包括无线广播电视与免费报纸，具有非竞争性，是不是具有非排他性呢？一般认为，无线广播电视节目一经提供，只要有收音机、电视机等接收终端的，就可以免费消费，提供者根本排除不了"搭便车"现象，所以免费内容产品具有非排他性。从这个角度说无线广播电视与免费报纸是公共产品。随着技术或其他条件的改变，产品的竞争性与排他性也会发生变化，无线广播电视信号，只要其频率不受干扰的，就是纯公共产品。但是技术上能够通过加密变成排他的，就变成了准公共物品。② 公共产品研究主要是为了解决市场经济体制下，公共产品是由市场提供还是政府提供，无线广播电视节目与免费报纸提供者可以通过广告来获取受众的注意力资源，还是有利可图的，这一点与其他的公共产品是不同的。

（二）传媒公共产品的供给

传媒产品有公共产品、准公共产品与私人产品等类型，公共产品一般由政府提供，准公共产品由政府或市场提供，而私人产品应该通过市场提供。政府提供公共产品，也就是提供公共服务。

1. 新闻出版公共服务

国家新闻出版署按照国家确定的政府主导、增加投入、改善服务、保障权益的公共服务体系建设基本方针，充分发挥政府职能，解决行业当前面临的城乡区域发展不均衡，农村公共文化服务体系建设长期薄弱的突出问题，探索建立新闻出版公共服务的有效渠道和有效载体。组织实施了打造传世经典的重点出版工程、服务农民的农家书屋工程、提升国民素质的全民阅读工程、净化市场的文化环保工程；通过增加财政投入、增加资源配置、实行优惠政策、实施重大项目工程等方式，扶持"三农"和少数民族新闻出版事业，促进新闻出版工作为社会主义新农村建设服务；加强少数民族新闻出版事业的发展基础，保持少数民族文字报纸

---

① 张辉锋.传媒经济学：理论、历史与实务[M].北京：人民日报出版社，2012：45.
② 喻国明，丁汉青，支庭荣，等.传媒经济学教程[M].北京：中国人民大学出版社，2009：227.

的品种数量稳中有升。新闻出版公共服务体系框架基本建立,满足了人民群众精神文化需求,保障了人民群众基本文化权益。

2. 广播电视公共服务

广播电视产品和服务具有不同消费属性,需要区别对待,区别供给。无线广播电视属纯公共产品,消费上具有非竞争性与非排他性;无线广播电视是向全体公众提供公共服务的主要手段,为了保障供给,政府加大财政投入,通过"村村通工程"与"西新工程"加强无线信号的覆盖。2009年,我国第一颗直播卫星"中星9号"发射成功,转播48套公益性电视节目和43套公益性广播节目,满足了边远地区的广播电视公共服务,有效解决了广播电视信号"盲区"问题。

有线电视是准公共产品,具有消费上的排他性,国家提供政策扶持,有线电视的价格由政府定价。但是有线电视具有一定的公益性,必须保留一定的频道数量。个性化的定制服务是私人产品,由市场定价。对于数字电视、网络电视和视频点播等,属于对象化和专业化的私人产品,我国采取"谁投资,谁受益"的原则进行供给、市场运作和依法监管。

国家应急广播体系建设是典型的公共服务产品。地震预警是指在地震发生以后,抢在地震波传播到设防地区前,向设防地区提前几秒至数十秒发出警报,以告知当地人们采取应急措施,减少伤亡。日本广播地震预警系统非常先进,日本放送协会NHK等广播电视机构负责向公众及时传达预警信息。一旦通过专线接收到日本气象厅的预警信息可以在没有人工干预的情况下迅速发出警报。2013年4月20日,四川省雅安市芦山县发生7.0级地震,由中央人民广播电台、四川广播电视台联合开办了"国家应急广播·芦山抗震救灾应急电台",全天24小时滚动播出,以政府公告、救援信息和灾害互动热线等形式,提供实用信息实时播发。这是首次以"国家应急广播"命名的应急频率,也是国家应急广播体系建设过程中的一次大胆尝试。《推进国家应急广播体系建设工作方案》进入审评阶段,中央人民广播电台国家应急广播中心揭牌,国家应急广播社区网同时上线。

三、传媒信息不对称性与规制

信息不对称是指市场交易一方比另一方拥有更多信息的状态。对信息不对称的系统分析,最初起源于乔治·阿克洛夫(George A. Akerlof)对旧车市场调查基础上建立的"柠檬"市场模型。该调查研究显示,在拥有高质量车和低质量车的旧车市场,买车人事先并不具有分辨旧车市场的能力,他们只能把所有的车看成中等质量的车,造成高质量的二手车不能进入二手车市场进行出售,这就造成在信息不对称的情况下,低质量的商品把高质量的商品驱逐出市场,造成了所谓的"逆向选择",导致市场失灵。由于消费者处于信息劣势的状态,由隐藏行动造成的一些交易参与人行为变得不道德,这就是"道德风险"。

(一) 传媒信息不对称现象

广播电视节目收视是信息不对称市场,它与报纸这个空间媒体不同,广播电视媒体是时间媒体。在电视节目市场上,因为有许多频道同时播出各种节目,而受众很难同一时间对所有的节目质量进行比较、分析和鉴别,往往制作粗糙、成本低廉、泛娱乐化严重的、充满各种噱头的节目抓住了受众的眼球,具有很高的收视率,而一些充满教育和文化信息的高质量的节目,却因为风格严肃、态度严谨而不能吸引受众的注意力。

在信息不对称的情况下,节目收视市场的"柠檬效应",造成了电视节目市场的低俗化、泛娱乐化,低质量的节目驱逐了高质量的节目,很难实现帕累托最优①意义上的资源配置效率,损害了消费者福利,不利于电视节目的健康发展。信息不对称造成的市场失灵要求广电规制部门对节目市场进行规制,采取措施激励广电部门供给各种高质量的节目。广告新闻、有偿新闻、虚假广告等都是传媒信息不对称的表现,需要加强规制。

(二)对传媒信息不对称的规制

广告新闻是以新闻形式宣传广告的内容,从其内容、目的来看,没有新闻性,或者新闻价值不大,与广告没有任何区别,让受众误认为是新闻,并取得普通广告无法取得的宣传效果。例如,企业家专访、企业新闻联播、企业形象策划等都是广告新闻的嫌疑。广告主自我宣传采用新闻形式,通过欺骗或诱导受众,提高消费者对所刊播的商业信息的信任度。广告新闻违反了《广告法》中"广告应当具有可识别性,能够使消费者辨明其为广告"的规定,削弱了传媒行业的公信力,也损害了媒体的商业利益。工商行政管理部门要根据《广告法》对发布新闻广告的广告主、广告经营者、广告发布者严格管制,对于违法者依法承担民事责任外,责令广告发布者及时改正,并予以罚款。

有偿新闻是组织或个人为了宣传自己的产品或服务,给予新闻工作者物质利益,以新闻报道的形式做广告,或者为了掩盖丑行而贿赂新闻人员以做出歪曲事实的报道的违法行为。其实质就是某些新闻从业人员将国家和社会赋予的新闻机构传播新闻的权利,作为个人和团体的私有商品非法出卖,权力和金钱进行了非法交易。2012年,新闻出版总署开展了打击"新闻敲诈"治理有偿新闻专项行动,相继查办了一批涉及假报刊、假记者、假记者站案件。中华全国新闻工作者协会和各新闻单位分别向社会公布举报电话,对违反规定的个人,由新闻单位和主管部门没收其违规收入,并视情节轻重,给予批评教育、通报批评、党纪政纪处分,直至开除,触犯法律的移送司法机关处理。

虚假广告就是指广告中商品宣传的内容与所提供的商品或者服务的实际质量不符,往往夸大失实,语意模糊,令人误解。虚假广告包括三种类型:广告主介绍的商品、服务本身是虚假的;广告主自我介绍的内容与实际不符,例如,谎称自己已取得生产许可证、商品注册证,谎称产品质量已达到规定标准、认证合格;对产品、服务的部分承诺是虚假的,不能兑现的且带有欺骗性的。虚假广告传递的是虚假的信息,由于信息不对称会误导消费者和使用者,严重的会给消费者造成人身或财产的损害。对于虚假广告,消费者可以从《广告法》《合同法》以及适用《民法通则》的条例来追究广告发布者、经营者和制作者的相关民事责任。2014年3月修改后的《中华人民共和国消费者权益保护法》规定,通过虚假广告推销商品或服务造成消费者受到损害的,承担连带责任的主体除了社会团体或其他组织,还增加了个人,如代言广告的明星。

国家与公民之间也存在信息不对称现象,政府通过信息公开减少这种现象发生。1966年,第一部《信息自由法》的问世打开了美国政府信息公开的大门,成为美国政府信息对外开放的一个里程碑。1996年,美国国会对该法案进行了有史以来最大幅度的修改,改为《电子

---

① 帕累托最优(Pareto Optimality),也称为帕累托效率(Pareto Efficiency),是指资源分配的一种理想状态,假定固有的一群人和可分配的资源,从一种分配状态到另一种状态的变化中,在没有使任何人境况变坏的前提下,使得至少一个人变得更好,这就是帕累托改进或帕累托最优化。

信息自由法修正案》,顺应了信息电子化和公众对行政机关快速处理申请的要求。2007年国务院常务会议通过《中华人民共和国政府信息公开条例》,2008年开始实施。此条例是为了保障公民、法人和其他组织依法获取政府信息,提高政府工作的透明度,促进依法行政,充分发挥政府信息对人民群众生产、生活和经济社会活动的服务作用而制定的。

四、传媒外部性与规制

外部性是由于市场活动给第三方造成的成本,外部性又称为溢出效应,可分为正外部性和负外部性。正外部性(Positive Externality)就是一些人的生产或消费使另一些人受益而又无法向后者收费的现象,又称为"外部经济";负外部性(Negative Externality)就是一些人的生产或消费使另一些人受损而前者无法弥补后者的现象,又称为"外部不经济"。外部性有两种情况:一是无偿的生产要素的作用,例如,养蜂场养的蜜蜂促进了苹果园的产量。二是来自环境对于企业的有利或不利的影响,例如,A是林场,B是小麦生产者,如果林场的增加导致雨水的增多,从而促进了小麦的产量增加,林场的生产要素的边际纯产值就大于它的边际私人纯产值,即产生了环境的正外部性。相反,如果造纸厂的污染不仅破坏了环境,而且导致附近居民的肺癌的得病率明显上升,则产生了负外部性。

(一) 传媒产品与外部性

文化产品是一种特殊的社会商品,具有文化意义、社会意义和政治意义。正如马克思指出,报纸是作为舆论的货币在流通,媒介的放大器功能使其具有影响、引导、组织舆论的强大作用,能够促进或阻碍社会的发展。[①] 文化产品是一种精神性产品,具有外部性,当文化产品给消费者带来精神享受和愉悦情怀,以及带来效用的增加,那就是正外部性,譬如公民道德的弘扬和民族文化的传承等,有利于提高文化素质、道德情操和信息水平。而低俗化、媚俗化和虚假的文化产品则严重误导消费者,带来精神污染,具有负外部性。文化产品的负外部性用社会准则来约束或市场来矫正都有很大的局限性,这就需要政府通过积极干预,加大对负外部性文化产品的监管和打击。[②]

(二) 传媒外部性的规制

政府对于外部性的经济政策应该是:对边际私人成本小于边际社会成本的部门实施征税,存在负外部性或外部不经济效应时,例如,化工厂的污染,向企业征税,实现外部效应的内部化,这种政策后来被称为"庇古税"。对边际私人收益小于边际社会收益的部门,存在正外部性或外部经济效应时,实行奖励和津贴。庇古是美国经济学家,提倡依靠政府征税或补贴来解决经济活动中的外部性问题,庇古税成为政府干预经济、消除经济活动中外部性的有力措施。传媒外部性规制主要包括对负外部性的征税或惩罚以及对正外部性的激励。

对于正外部性的产品的规制措施主要是对公共产品和社会保障等给予相应的补偿和激励,否则没有人愿意提供这类产品,政府进行激励和补贴或者直接供给这类产品,我国对新闻出版、广播影视等正外部性的内容生产都有相配套的激励措施。例如,电影下乡工程、农

[①] 本书编写组. 马克思恩格斯全集:第7卷[M]. 北京:人民出版社,1956:523.
[②] 左惠. 文化产品的外部性特征剖析[J]. 生产力研究,2009(7):23.

村书屋工程、村村通工程、文化部龙基金项目,等等。实体书店免税也是政府出台的保护本国实体书店的激励政策。

负外部性对个人和社会具有严重的危害性,应采取一定的措施予以消除或控制。行政规制是政府主管部门对容易产生外部负效应的经济行为规定限制措施,并监督执行,以减少负外部性。例如,我国主管部门可以对含有低俗内容的娱乐节目叫停,倡导积极健康、符合我国社会主义核心价值观以及提高受众审美水平的娱乐节目内容,对同质化现象进行规制,推动我国传媒产业的健康发展。

从2013年开始,国家互联网信息办公室开展了打击"利用互联网从事诈骗、涉黄涉赌、侵害公民个人信息等违法犯罪活动"的专项活动。2015年年初,全国"扫黄打非"办公室通报了5起制售传播淫秽色情出版物及网络信息重点案件。2015年8月,文化部把120首低俗歌曲拉入禁播名单。2020年,国家网信办联合多部门查处一批低俗、恶搞、荒诞、色情、暴力的内容,以及盗用篡改他人版权的影视作品,多款短视频客户端被关停或下架。这些措施有力地遏制了报刊出版与网络传播的负外部性现象。

广播电视"三俗化"受到社会的广泛批评,群众普遍不满。最近几年,八大综艺节目被广电总局叫停。例如,江苏教育电视台《棒棒棒》栏目邀请网络热议的某母女三人作现场暖场嘉宾,出现骂人事件;广东卫视《美丽新约》,直播整容过程;重庆卫视《第一次心动》,涉嫌恶搞;深圳卫视《超级情感对对碰》是一档男女交友节目,涉低俗内容;贵州卫视《人生》,刻意渲染苦难;石家庄电视台《情感密码》,雇佣临时演员炮制虚假节目社会影响恶劣;湖南卫视《百科全说》,节目嘉宾传播虚假"养生理论";湖南卫视《有话好说》,同性恋专题太敏感。对于广播电视节目进行严格规制是普遍现象,例如,我国香港广播事务管理局制定的《电视业务守则之节目标准》,其中规定了播映和制作电视节目必须遵守的基本条件和注意的问题,以及在儿童、人伦、性和裸体、烟草和烈酒、社会不良行为、暴力、广告等方面均进行了详细规定。

第二节 传媒规制的内涵与类型

规制是市场经济条件下政府干预经济政策的重要组成部分,是现代市场经济不可或缺的制度安排。政府或公共规制部门为了实现公共经济政策目标,主要是对市场失灵产业的微观经济活动的主体的进入、退出、价格、质量、投资以及安全、环境等行为进行监督和管理,以保证这个社会经济规范有序的运行。

一、传媒规制主体

媒介融合导致管理上的交叉,需要建立独立的融合规制部门,消除规制冲突与盲点,减少不同规制机构的协商成本。2013年,国家新闻出版总署和国家广播电影电视总局合并,组建为国家新闻出版广电总局。2018年3月,国务院机构改革方案显示,不再保留国家新闻出版广电总局,在国家新闻出版广电总局广播电视管理职责的基础上组建国家广播电视总局,作为国务院直属机构。为加强党对新闻舆论工作的集中统一领导,更好发挥电影在宣传思想和文化娱乐方面的特殊重要作用,中宣部统一管理新闻出版和电影工作。原国家新闻出版广电总局的新闻出版管理职责和电影管理职责划入中宣部。在管理理念和方式上强调创新和转变,并提出要"充分发挥市场调节、社会监督和行业自律作用",这意味着政府单一规制向联合规制、法治等现代规制模式大步迈进。①

政府传媒规制改革要顺应数字信息技术的发展,从管理体制和行业制度层面,为多种媒体在内容、网络、终端、资本、运营、管理等方面的融合铺平了道路,为传媒产业与信息产业业务上的交叉融合,乃至产权上的兼并重组创造条件。但是,国家新闻出版署、国家广电总局与文化部、工信部等部门在互联网管理、三网融合、文化安全等内容上,存在一定的职权交叉。例如,基于广电与电信的IPTV,基于广电与互联网的网络视频等带来监管冲突,需要对规制部门进行进一步的归并整合,待条件成熟后,我国需建立类似OFCOM模式的独立、统一的融合规制机构,提高规制的专业性和有效性。

世界上三网融合规制机构分为三种类型:以英国为代表的完全融合的规制体系,例如,英国的融合规制机构通信办公室(OFCOM),各部门职责消除了电信和广电分块管理的痕迹;以美国和日本为代表的统一规制主体下的分业规制的模式,在统一的法律框架和规制机构下,设置不同的部门对广电和电信进行规制;以德国和法国为代表的分业规制模式,不同的规制机构分别监管内容和网络,依法统筹不同部门之间的关系。

除了传媒行政管理部门国家新闻出版署与国家广电总局以外,我国还有如下传媒规制主体。党的意识形态管理部门,包括中共中央宣传部、中央文明办与中央对外宣传办公室。中宣部与中央文明办共同从战略上、宏观上管理传媒的舆论导向和发展方向。中共中央对外宣传办公室(简称外宣办)与国务院新闻办公室(简称国新办)一个机构两块牌子,共同管理国家对外宣传事务。《广告法》规定,我国大众传媒广告的监督管理机关是县级以上人民政府工商行政管理部门。文化部在国务院领导下管理全国文化艺术事业,市、区、县以上政府部门分别设立相对应级别的文化管理部门。

二、传媒规制的分类

规制可以分为不同类型,各有其特点和优势,各种规制手段经常交叉运用、相互渗透。

(1)按照规制方式的不同,可以分为直接规制和间接规制。直接规制就是政府直接实施干预,以有关的法律法规、规章条例为依据,通过批准、许可、认可、命令、行政指导等行政方式,对企业的有关行为进行规制,直接介入经济主体的决策,以确保资源配置的高效率。间接规制是指以维护竞争秩序为目的,不直接介入市场主体的决策,只阻碍或制约市场机制发挥职能的行为。

(2)按照规制的性质不同,可以分为积极规制和消极规制。积极规制主要是引导市场主体的行为,例如,国家各种出版基金与纪录片创作专项基金。消极规制则从反面限制或矫正市场主体的行为,反不正当竞争就是典型的消极规制。

(3)按照规制的时间可分为事前规制、事中规制和事后规制。例如,节目审查是事前规制,重在防范;节目抽查是事中规制,防范与矫正并重;对涉嫌违反广播电视管理条例的节目的查处则是事后规制,重在惩罚与补救。

(4)按照规制的不同着力点可分为结构规制与行为规制。前者是控制市场结构和市场

---

① 程琥.党政机构合并合署改革的行政法回应[J].治理研究,2021(5):120.

集中度,防止滥用市场权力,美国的反垄断法《谢尔曼法》把共谋垄断商业和贸易看成严重犯罪。行为规制则是对特定市场竞争行为的禁止或限制,例如,私人垄断、不正当交易限制等,德国把限制竞争的行为分为企业联合、卡特尔合同或协议、限制竞争的行为和歧视行为四种,分别予以规制。

(5) 按照规制主体的数量可分为联合规制和单独规制。联合规制就是不同的规制主体之间的相互协调和配合。例如,我国对互联网的规制是联合管理,国务院信息产业部门和省级电信部门对互联网上网服务营业场所进行监管,公安部对网络安全进行管理,文化部对网络色情、暴力和迷信进行监管,工商行政部门则监管互联网上网服务场所的营业执照。单独规制则是针对特定的对象进行单独的规制。

三、传媒社会性规制

社会性规制处理的主要是外部性问题,以保障劳动者和消费者的健康、安全、卫生以及保护环境和防止灾害为目的,对产品和服务的质量制定一定的标准。社会性规制主要包括安全性规制、健康规制、环境规制与公益性活动的规制。①

西方国家为了保护儿童的利益,对涉及性、暴力和低俗节目进行惩罚。英国政府在2000年发布的《通信白皮书》中,要求加强社会性规制:保护儿童和易受伤害的群体;预防犯罪和公共秩序混乱;满足残疾人、老年人、低收入人群和居住在农村地区的人口的特殊要求。1996年的美国《电信法》确立了"防暴力芯片",建立相应的节目分级和节目等级标识制度,强化对猥亵、低俗节目的处罚力度。例如,在美国第38届橄榄球超级碗大赛的中场表演中,珍妮·杰克逊在表演时"意外"裸露隐私部位,尽管持续不长时间,但是节目制作方仍然受到美国联邦通信委员会的罚款,因为这样的赛事会使全美国无数未成年人的眼睛盯在电视屏幕上。

四、传媒经济性规制

经济性规制是指在自然垄断和存在信息不对称等市场失灵领域,为了防止资源配置的低效率和确保利用者的公平利用,政府机关运用法律权限,通过许可和认可等手段,对企业的进入和退出、价格、服务的数量和质量、投资、财务会计等有关行为加以规制。②

(一) 价格规制

价格规制是由规制部门根据相关的法令等以批准和认可的形式,对价格水平和价格体系予以认可和许可。价格水平不仅影响企业的生产效率和经营行为,而且影响到社会的公平分配效率。规制部门从产品和服务的公平供给以及资源的有效配置出发,对价格进行规制。价格规制主要是针对自然垄断企业的价格规制和对保护行业的价格规制,保护行业是一些农产品和矿产品的生产行业,对这类商品设定最高价格和最低价格作为指导价格。

垄断企业在追求其利益最大化时,会以垄断价格获取垄断利润,从而影响到资源的有效

---

① 李时敏,肖兴志,李健军. 西方国家市场失灵与社会性规制[J]. 世界经济与政治论坛,2004(1):83-87.
② 植草益. 微观规制经济学[M]. 朱绍文. 等译. 北京:中国发展出版社,1992:27.

配置,损害消费者的利益。因此,政府对垄断行业需实行价格规制,即由政府确定垄断企业产品或服务的价格。对于传媒领域自然垄断的价格规制,主要是针对有线电视网络收费的规制。政府对有线电视收费实行听证制度,听取利害关系人意见。有线电视收费分为公益性频道与付费频道,公益性频道保障消费者的基本收视需求,提供基本公共服务,由政府相关规制部门确定指导价格。随着三网融合的发展,可以与电信行业展开竞争的环节要逐步放松价格规制,由市场机制确定价格水平。

(二) 进入和退出规制

进入规制,政府对各种微观经济主体进入某些部门或行业进行规制。通过发放许可证,或是制定较高的进入标准对企业进入及退出某一产业或对产业内竞争者的数量进行规制。进入规制将微观经济主体纳入依法经营、接受政府监督的范围。在自然垄断产业中,政府为了防止过度的竞争,限制新进入者,避免重复竞争,保护规模经济效益和防止资源浪费。但是进入规制往往又限制正常竞争和保持被规制企业的既得利益。同时,放松规制,允许企业进入,形成可竞争性市场结构,平衡产业的需求与供给关系。

进入规制的方式主要有三种:第一,特别许可,包括颁发许可证等。许可程序要求申请者证明自己有能力提供这类服务。第二,注册制度,规制机构对申请进入有特定产业的企业资格进行审查,达到条件者颁发营业执照。第三,申报制度,政府颁发具有特定格式的申报档案。例如,广播电视行业包括无线电视执照、有线电视经营许可证的授权发放等。

我国政府对涉及传媒业采编、出版以及播出业务采取严格的主体准入制度,这是我国对传媒产业进行规制的特点之一。2005年颁布的《关于非公有制资本进入文化产业的若干规定》第九条规定,非公有资本不得投资设立和经营通讯社、报刊社、出版社、广播电台(站)、电视台(站);不得利用信息网络开展视听节目服务以及新闻网站等业务。不过,我国对电影业的规制较为放松,鼓励电影业以外的单位和个人投资拍摄电影。

2010年开始,我国加快建立报刊退出机制,这是推进报刊体制改革的重要环节,改变了报刊业"只生不死"的局面。新闻出版总署根据《报纸期刊质量综合评估办法》,实行科学的评估制度,对经评估指标判断为不符合要求的报刊,坚决予以退出。报刊退出有三种形式:报刊调整定位,包括报刊调整业务范围、报纸改为期刊;由有实力的传媒集团或报刊企业兼并、重组或托管;报刊停办。退出报刊的刊号资源,由各省留用、自主调控。2009年,创刊16年之久的《中华新闻报》停办,成为首家退出的中央级媒体。

(三) 投资规制

投资规制就是对于外资和民营资本投入到该行业的控制。广义的投资规制是政府规制者为了规范、保护和促进投资市场的发展,对社会投资过程中的资金筹集、证券发行和交易、投资行为和信息披露等行为进行规制。狭义的投资规制就是对实业的投资规制,对被规制企业的投资项目的立项决策、项目能力、项目收益的审核和批准等。政府规制者既要鼓励社会投资,以满足不断增长的商品和服务的需求,又要防止重复建设和过度竞争,还要对投资的最优组合进行规制以保证投资效益。[1]

我国政府对传媒核心领域实行严格行业准入和许可制度,新闻媒体由国家主办经营,不

---

[1] 洪银兴,刘建平. 公共经济学导论[M]. 北京:经济科学出版社,2003:357.

吸收外资和私人资本。传媒非核心领域,灵活准予外资进入。例如,发行、印刷、电影集团经批准,可以吸收外资。2003年,国家新闻出版总署联合下发的《外资投资图书、报纸、期刊分销企业管理办法》,标志着我国书报刊零售市场对外开放。同年,国家广电总局下发了《外资投资电影院暂行规定》《电影制片、发行、放映经营资格准入暂行规定》,允许外资参股或与境内现有国有电影制片单位合资、合作成立电影制片公司。2005年,国家广电总局发出《关于实施〈中外合资、合作广播电视节目制作经营企业管理暂行规定〉有关事宜的通知》,允许外资入股国内广播电视制作产业。由此可以看出,我国政府对电影、广告、影像制品、电视节目制作等传媒产业的下游领域限制较少。但一般不允许外资控股,外资比例不超过49%。

(四)质量规制

质量规制是政府为保护消费者利益而实行的规制。质量规制的目的主要有两个:一是提高商品、服务的总体质量水平,提高资源配置的效率;二是维护人们的安全和健康,提高人们的生活水平。质量规制的原因是外部性和信息不对称。

外部性是市场失灵的重要方面,规制就是要解决这种外溢效应,通过税收或补贴(补贴是负税)等来影响行为主体的决策行为,促使企业做出符合社会需求的决策。例如,我国每年支持优秀国产纪录片及创作人才扶持项目基金达到1000万元,促进了纪录片的创作与生产。财政部和国家税务总局联合下发《关于延续宣传文化增值税和营业税优惠政策的通知》,规定自2013年1月1日起至2017年12月31日,免征图书批发、零售环节增值税,促进实体书店的发展。2018年,财政部、国家税务总局颁布《关于延续宣传文化增值税优惠政策的通知》,为促进我国宣传文化事业的发展,自2018年1月1日起至2020年12月31日,继续实施宣传文化增值税优惠政策。

信息不对称也是政府质量规制的主要原因,为了保护信息劣势一方的权益不受到具有信息优势一方的侵害,政府对价格欺诈、虚假广告等因信息不对称而形成的欺诈行为和其他的不正当的经营行为进行严厉的打击。

因为新闻传播与国家安全、社会公序良俗以及公民权利的保护密切相关。我国媒体对内容的质量规制主要是基于内容的导向性,要坚持为人民服务,为社会主义服务的基本方向,坚持正确的舆论导向。禁止刊载违反国家法律、危害国家统一、破坏民族团结、扰乱社会秩序、宣传邪教以及侵害他人权利的内容。

(五)数量规制

数量规制主要是指政府对企业生产和供应的产品的数量加以限制,以及对进口和出口的商品数量进行限制等,例如,我国对国外电影进口施行数量规制。

法国坚持"文化例外",所有电视台要把每年3.2%的营业额投放到欧洲电影的制作中,其中2.5%投资法国片。收费电视台的比例更高,政府要求电视台拿出9.5%的营业额来投资法国本土电影。在传播方面,电视台60%的时间必须播放欧洲大陆制作的影视内容,其中40%必须是法国本土片。

我国国家广播电影电视总局为了防止节目类型过度同质化与娱乐化,进行节目总体结构的调整,2011年出台了《关于进一步加强电视上星综合频道节目管理的意见》文件。2013年,国家新闻出版广电总局又出台了《关于做好2014年电视上星综合频道节目编排和备案工作的通知》文件。前者规定,电视上星综合频道是以新闻宣传为主的综合频道,要扩大新闻、经济、文化、科教、少儿、纪录片等多种类型节目播出比例。每个电视上星综合频道每日6:00至24:00新闻类节目不得少于2小时；18:00至23:30必须有两档以上自办新闻类节目，每档新闻节目时间不得少于30分钟。每个电视上星综合频道每周播出娱乐真人秀节目总数不超过2档，每天19:30至22:00播出的此类节目时长不超过90分钟。2015年7月22日，国家新闻出版广电总局发出《关于加强真人秀节目管理的通知》，指出真人秀节目存在缺乏价值引领的问题，为了抵制过度娱乐化和低俗化，需要引导和调控真人秀节目。

第三节 规制失灵与传媒改革

市场失灵的存在为政府规制提供了足够的理由，市场"看不见的手"无法使个人与组织的不良行为变为符合公共利益的行为。但是，政府规制这个"看得见的手"也存在失灵现象，即政府规制失灵。规制失灵是指政府在推行公共规制政策的过程中，经济效率没有改善甚至出现低效率的经济现象，它是政府失灵在微观规制领域的表现。

一、政府规制失灵的内涵与原因

(一) 政府规制失灵的内涵

政府规制是现代政府有效的治理工具之一，但政府规制并不是万能的，政府规制的目的在于提高经济效益和维护社会公正，实现经济性功能与社会性功能，如果这一目的得不到真正实现，就可视为规制失灵。[1] 规制实证分析学派认为，西方国家的政府规制的目的并非是保护公共利益，而是为维护个别集团的利益，在规制者与被规制者之间的相互利用。

规制失灵是政府在克服市场失灵时引起的另一种缺陷，规制失灵主要表现在如下几个方面：第一，政府实施规制措施会导致被规制企业的寻租行为，导致社会福利的损失。第二，规制导致垄断企业经营的低效率。第三，政府规制导致了规制费用支出和官僚机构的膨胀。第四，政府规制为了自身利益服务。第五，规制滞后效应所带来的社会福利损失无法克服，这种损失表现为企业利润的下降和消费者剩余的减少。[2]

政府对自然垄断企业实行严格的价格规制与进入规制，尽管可以避免自然垄断行业中因过度竞争而形成的低效率，但它又不可避免地会带来企业内部的低效率，这种内部低效率既是缺乏竞争的环境所致，又与传统规制理论本身所固有的缺陷密不可分。传统规制方法的某些缺陷，导致一系列新的政府规制方法的出现，典型的如激励性规制手段。激励性规制主要包括特许投标竞争、区域间比较竞争和直接竞争等几个方面。

(二) 政府规制失灵的原因

严格来说，规制成本超出了规制收益，就是规制失灵。"成本－收益"方法将规制所造成

---

[1] 胡税根,黄天柱.政府规制失灵与对策研究[J].政治学研究,2004(2):118.
[2] 俞宪忠.市场失灵与政府失灵[J].学术论坛,2004(6):98.

的损失及其所带来的收益结合起来进行分析比较,来判断政府规制失灵的程度。政府规制的成本分为规制政策的制定成本和运作成本。政府规制的收益包括消费者支出的减少和生产者因效率提高而增加收益。一般而言,在市场经济条件下,导致政府规制失灵的原因可分为经济和政治两个方面。

从经济上看,规制失灵的原因有如下几方面:一是政府决策者必然受到信息不对称的困扰,难以准确了解企业自身的成本和需求结构;二是规制者通过审计等非市场手段了解信息的能力是很有限的;三是企业不会把它所知道的信息告知政府,甚至还可能提供虚假信息;四是由于缺乏有效的激励,规制者不一定有积极性去获取有关信息。

从政治上看,规制失灵的原因有如下几方面[1]:

第一,政府所具备的"公共性"与政府机构、政府官员的行为目标之间的差异和矛盾。从理论前提上看,规制的假设是极其理想化的,政府被看作无所不知、无所不能而且以慈悲为怀的"救世主"。然而,现实中他们的利益和行为目标并不必然和社会公共利益相一致。当两者发生矛盾时,就有可能出现政府官员为追求自身利益而做出有害于公共利益的决策。

第二,规制可能引起再分配上的不公平和"寻租"的产生。企业为了寻求政府保护而开展的活动就是寻租行为,如通过金钱与礼品去贿赂政府工作人员。规制俘虏理论证明许多管理者和被规制者最终变成了规制的既得利益者。

第三,由于政府行为难以监督、行为效果难以测量等原因而产生的监督制约机制的不完善。政府规制具有自由裁量性、随意性与强制性,政府机关具有高度垄断性的规制权利,其行为难以监督。

第四,规制机构设置的不合理,以及缺乏完善的、透明的规制程序,也为规制失灵提供了可能。

第五,政府规制行为所内在具有的扩张性。规制者会"从供给一方推动规制的膨胀",官员们"对一项不当规制的解决办法通常就是增加更多的规制"。这就进一步推动和加强了政府的过度规制。

第六,不对称的信息结构导致的效率低下。不对称的信息结构不仅存在于规制者和被规制者之间,还存在于公众作为委托者和政府作为代理者之间。

二、规制放松或规制缓和

规制放松(Deregulation)是指政府取消或放松对自然垄断或其他产业的进入、价格等方面直接的行政、法律监管,是对政府规制失灵的一种矫正。20世纪70年代以来,西方国家出现了一股放松规制的政府改革浪潮,充分发挥市场机制在资源配置中的作用,取消对规制产业进入、退出、投资与服务等规制,促使企业进行内部改革和技术创新,加强企业之间的竞争,增加社会福利。

(一) 规制放松的含义

规制放松有两方面的含义:一是完全撤销对受规制产业的各种价格、进入、投资、服务等方面的限制,使企业处于完全自由的竞争状态;二是部分地取消规制,即有些方面的限制性

---

[1] 李郁芳.政府规制失灵的理论分析[J].经济学动态,2002(6):40.

规定被取消,而有些规定继续保留。或者原来较为严格繁琐、苛刻的规制条款变得较为宽松。如在某些领域,把原来的审批制改为备案制,就是一种比较典型的进入规制放松。[①]

(二)规制放松的原因

规制放松政策主要在过去直接规制十分严格的自然垄断及其他产业展开。政府之所以对自然垄断等产业实施进入、价格等方面的规制放松,既有经济的原因,也有政治上的考虑。

第一,由于技术经济条件的变化,政府进行经济性规制的理论依据逐渐消失。例如,在通信领域,由于光纤的发明、计算机技术的应用以及卫星通信的引入等,使得通信不再是自然垄断性的。

第二,产业间替代竞争加剧,受规制产业发展受到限制。

第三,政府规制失灵引发企业要求放松规制的浪潮。政府规制作为一种校正市场失灵的制度安排,在实施过程中日益暴露出其自身的局限性。

第四,关于政府规制理论研究的一系列新进展为政府规制放松提供了理论依据。典型的如哈维·莱本斯坦提出的"X-非效率"理论,戈登·塔洛克的"寻租"理论,施蒂格勒等学者提出的"规制俘房"理论,威廉·鲍莫尔的可竞争市场理论等都对政府经济性规制的合理性提出了挑战。

第五,经济全球化的发展引发规制放松的要求。随着经济全球化的发展,要求国际贸易、跨国投资、战略联盟等国际合作有一个开放、公平、自由的环境。

三、我国传媒规制改革

近年来,我国逐步转变政府职能,确立政府与市场的界限,全能型政府向公共服务型政府转变。一些资源配置从政府主导向市场主导转变,从"效率优先、兼顾公平"向"市场管效率,政府要公平"转变。在此背景下,我国传媒规制也需要进行调整,从行政管理向行业规制转变。

(一)传媒规制存在的主要问题

我国传媒产业规制出现了如下几个方面问题:产业规制远远滞后于产业发展;社会性规制代替经济性规制;规制立法级别不高,权威性差;规制效率低下,不透明;规制缺位与规制越位并存;规制失灵现象普遍;地区壁垒、行业壁垒、所有权壁垒严重。

(1)法制建设薄弱,政府规制缺乏有效的法律制度支持。法律法规层面的社会性规制主要有《著作权法》《广告法》《残疾人保障法》《未成年人保护法》《妇女权益保障法》等。在我国传媒领域效力最高的法律文件通常是国务院制定的行政法规,如《报纸管理暂行规定》《出版管理条例》《广播电视管理条例》等。更多的规制依据是相关部门制定的各种政策法规、条例,甚至是行政命令、意见和暂行办法等,法规文本的权威性和严肃性不够,缺少像《新闻法》《出版法》这样上升到国家法高度的分类法,难以保证规制的权威与完善。

(2)政府既是规制政策的制定者与监督执行者,又是具体业务的实际经营者,政企、政事、管办不分,使市场机制难以发挥有效配置资源的作用。我国传媒实行"条块分割,以块为

---

① 马云泽.规制经济学[M].北京:经济管理出版社,2008:256.

主"的管理体制,国务院设专业管理部门,依据行政隶属关系,地区均设有同级的管理部门,容易形成"条块分割,有系无统",各地以本地区、本部门利益为出发点,在"以块为主"体制下自行其是,缺乏有效协调,导致地区壁垒、媒体壁垒和行业壁垒,市场集中度偏低,使跨地区经营困难重重。

(3)"事业体制、企业化运营"二元体制结构造成传媒产业缺乏活力。我国已经组建的一百多家传媒集团大多按照二元体制结构在运行。由于体制上的障碍,产业结构单一,造成市场主体不明确,产权不明晰,投融资不顺畅,少有跨行业的投资和经营,缺乏多元化的赢利渠道,单纯依靠自身的滚动发展,因而增长缓慢,抗风险能力弱。

(4)政府规制带有很大的随机性和主观性,寻租活动造成社会资源浪费。政府规制主要以行政手段直接干预和约束传媒的行为,很大程度上带有计划经济管理体制延续的性质,效率低下。传媒内容规制对出版物、电视节目等的规制松紧失度。对一些内容的审查过于严格,在一定程度上降低了传媒的时效性,增加了规制成本;而对一些节目的低俗化、有偿新闻、虚假广告的规制过于宽松,违法者仍有利可图。一些政府部门通过行政垄断的方式来阻止市场竞争,维护本部门、本地区所属传媒机构的利益,实际上也是通过规则制定来设租和寻租。从社会总福利的角度看,社会效益损失严重。

(5)知识产权的保护力度有待加强。保护知识产权的法律法规运行机制还不够健全,配套的政策还没有完全落实。传媒内容和表现形式被剽窃、非法使用、改头换面的现象严重;传媒机构间的不正当竞争行为日渐凸显;原创性的知识产权权利人的市场份额被逐渐挤占、侵蚀,原创的积极性受到挫伤,电视节目的恶意模仿尤其严重。[①]

(6)规制手段简单、落后,需要充分利用市场机制,维护市场的公平竞争。媒体缺乏足够的动力和良好的环境开展各种融资和跨媒体、跨地区经营活动。中央与地方、系统内和系统外、国有经济和民营经济之间的公平竞争没有实现,除了进入规制、所有权规制之外,还有反不正当竞争、反垄断规制,这些都是维护市场秩序必需的规制措施。

(二)我国传媒规制改革

我国传媒规制应该在如下几个方面加强改革:剥离竞争性业务,成为市场主体;放松经济性规制,加强社会性规制;改革规制手段,完善规制结构;加强立法规制,完善法律体系。

(1)加强立法规制。我国传媒事业法制建设严重滞后,需要建立以《新闻法》《出版法》为核心,以行政法规为骨干,以部门行政规章为基础,以地方性法规和规章为补充的传媒产业法律法规体系。或待条件成熟时,统一制定一部《传媒法》,形成真正统一、科学、成熟的传媒事业法制体系。现阶段主要任务是将《新闻法》《出版法》的立法工作列入全国人大的立法规划。

(2)强化内容规制。传媒内容规制关系到文化安全、意识形态安全。西方发达国家将经济与文化有机地结合起来,通过各种手段和信息网络向世界传播其价值观念、政治模式和生活方式。我国的新闻媒体需要强化主体责任,除了坚守社会责任,新闻媒体还担负着很多使命,不仅仅局限于新闻传播和文化娱乐等,更重要的是承担着进行舆论监督与舆论引导的作用,传播社会主义核心价值观,维护社会稳定。

(3)放松传媒市场进入规制。市场准入规制是国家对市场进行干预的基本规制,是政

---

① 尹明.中国传媒产业政府规制改革研究[J].东北财经大学学报,2010(4):55.

府管理市场的起点,又是一系列后续管理措施实施的基础。首先应该实现我国传媒产业经营许可制度规范化、公开化。在可经营性资产领域,政府应放松传媒产业的进入规制,鼓励公平竞争,激发民间资本与外资的活力,打破传媒领域自我封闭的格局,为社会资本进入传媒产业提供良好的环境与机遇。

(4) 建立现代产权制度和现代企业制度。对传媒产业来说,解放生产力的关键在于从制度上确立产业主体的市场地位,从体制上完成传媒产业生产和流通方式向市场经济模式转型。现代产权制度就是要建立归属清晰、产权明确、保护严格、流转顺畅的经济制度。现代企业制度是指在产权制度的基础上,打破行业、地域的界限,对优质资源优化配置,促进传媒生产要素流动与资源开发,规范市场秩序,拓展市场空间。规制机构要鼓励经营性传媒企业进行公司制、股份制改造,完善法人治理结构,实行投资主体多元化,开辟融资渠道。

(5) 公益性文化事业与经营性文化产业分类管理、协调发展。2015年9月,中共中央国务院印发《关于深化国有企业改革的指导意见》,将国有企业分为商业类和公益类,实行分类改革、分类发展、分类监督。商业类国有企业按照市场化要求实行商业化运作,以增强国有经济活力、放大国有资本功能、实现国有资产保值增值为主要目标。公益类国有企业以保障民生、服务社会、提供公共产品和服务为主要目标。

我国要改变传媒行业中的公益性事业和经营性产业长期不分,事业单位企业化管理、主体地位缺失、功能定位不明确的体制弊端。公益性传媒事业承担着意识形态工具的职能,确保执政党和国家的宣传效果,要以政府为主导,以激发活力、改善服务为重点,逐步构建起高效的传媒公共服务体系。对于经营性传媒产业要坚持以市场为主导,以"转企改制"为重点,形成以公有制为主体、多种所有制共同发展的经营性传媒产业格局,满足人民群众日益增长的物质文化需求。

(6) 加强行业自律与社会监管。行业自律就是自我规制,通过媒体内部的治理机制和内部监管机制实现行业自律。例如,我国制定了《中国新闻工作者职业道德准则》,中国报业协会发布了《中国报业自律公约》,中国广播电视协会发布了《广播电视从业人员自律公约》和《中国广播电视播音员主持人自律公约》,中国互联网协会发布了《中国互联网行业自律公约》。2010年,全国性手机媒体行业组织——中国科技新闻学会手机媒体新闻传播专业委员会联合多家知名手机媒体,发表《勇担行业责任,主导绿色健康信息充实手机媒体空间,驱逐手机媒体淫秽色情及低俗信息,文明服务公众》的行业自律公约。社会监管是直接向媒体反映意见或者投诉媒体,也可以派代表参与媒体的相关管理,甚至可以向监管机构和司法机构投诉,通过各种渠道和手段使公众参与到媒体规制中来。[1]

---

[1] 肖叶飞.广播电视规制研究[M].芜湖:安徽师范大学出版社,2013:280.

第十七章　版权贸易与版权保护

随着世界经济的快速发展,人们的消费需求结构产生了变化,特别是对文化产品和文化服务的消费需求不断增加。文化越来越成为民族凝聚力和创造力的重要源泉,文化产业成为经济发展的支柱性产业,成为综合国力竞争的重要因素。版权贸易是促进中国文化"走出去"的重要途径,也是国际贸易的一个重要组成部分及新的竞争领域。近年来,我国版权贸易规模快速增长,贸易逆差现象有所改善,但与西方发达国家相比仍有较大差距。

第一节　文化强国背景下的版权贸易

版权贸易是由著作权人将其作品拥有的部分或全部经济权利通过许可、转让等方式授权给使用者而产生的,一种基于版权的经济权利的许可或转让过程中发生的贸易行为。版权贸易是一种无形财产贸易,属于许可证贸易范畴,也是版权资源开发的重要渠道。狭义上说,版权贸易指国家或地区间的图书出版的贸易。广义上说,所有的版权许可或转让均称为版权贸易。版权贸易不仅给版权权利人带来丰厚的经济利益,也给国家的经济发展和文化传播做出贡献,是财富的源泉和文化传播的有效方式。

一、文化强国与版权贸易

(一)版权贸易与文化软实力

软实力是美国哈佛大学肯尼迪学院院长约瑟夫·奈在20世纪90年代首先提出,他说:"软实力是一种能力,它能通过吸引力而非威逼或利诱达到目的。这种吸引力来自一国的文化、政治价值观和外交政策。当在别人眼里我们的政策合法、正当时,软实力就获得了提升。"[1]软实力在很大程度上就是文化软实力,文化软实力是相对于硬实力来说的,是指该国传统文化、价值观念、意识形态等文化因素对内发挥的凝聚力、动员力、精神动力和对外产生的渗透力、吸引力和说服力。硬实力与软实力相辅相成、相互制约和协调,硬实力是软实力的有形载体,而软实力是硬实力的无形延伸。文化软实力取决于一个国家或民族的文化资源,主要包括价值体系、民族文化、意识形态、政治制度、国民素质与形象、外交政策等。[2]

中国文化底蕴深厚,对西方一直有很强的吸引力,伴随着中国经济的持续成功,中国文

---

[1] 唐晋.论剑:崛起进程中的中国式软实力[M].北京:人民日报出版社,2008:62.
[2] 魏恩政,张锦.关于文化软实力的几点认识和思考[J].理论学刊,2009(3):13.

化的影响力也会逐步扩大。党的十七届六中全会决定明确指出培养高度的文化自觉和文化自信,推动中华文化走向世界,形成与我国国际地位相对称的文化软实力,提高中华文化国际影响力,弘扬中华文化、中国模式与中国道路,努力建设社会主义文化强国。

版权贸易不仅是促进国家知识经济发展,增加文化财富的重要手段,而且也是进行文化交流和传播的重要渠道,直接关系到民族文化的弘扬乃至国家软实力的提升。大多数国家重视文化贸易政策,采取对本国文化产业竞争力和对本国文化传承的保护措施。版权贸易失衡往往会涉及国家文化安全,而国家文化安全涉及民族精神、文化认同、世界观与价值观、语言的纯洁性、文物保护等。我国版权产业有责任与义务通过经营版权、项目合作、实物出口、数字出版和收购国外版权企业等途径走出去,提高我国文化软实力。

(二) 版权贸易与文化折扣

任何文化产品的内容都源于某种文化,因此对于那些生活在此种文化之中以及对此种文化比较熟悉的受众有很大的吸引力,而对那些不熟悉此种文化的受众的吸引力则会大大降低。由于文化差异和文化认知程度的不同,受众在接受不熟悉的文化产品时,其兴趣、理解能力等方面都会大打折扣,这是文化产品区别于其他一般商品的主要特征之一,语言、文化背景、历史传统等都可能导致文化折扣的产生。我国版权贸易存在的问题并不仅仅囿于管理体制、企业实力和国际市场经验等因素制约,更应看到版权贸易背后深刻的文化冲突,有必要从更深刻的文化层面探究原因,并对我国文化输出战略进行反思和必要调整。①

霍斯金斯等人认为,扎根于一种文化的特定的电视节目、电影或录像,在国内市场很具吸引力,因为国内市场的观众拥有相同的常识和生活方式;但在其他地方吸引力就会减退,因为那儿的观众很难认同这种风格、价值观、信仰、历史、神话、社会制度、自然环境和行为模式。对于跨文化传播的语境来说,美国人类学家爱德华·霍尔在文化价值维度研究方面提出了"高语境文化"和"低语境文化"的概念,认为中国、日本等东方的"同质社会"多属于高语境传播社会,西方的"异质社会"多属于低语境传播社会。文化结构差异是导致出现"文化折扣"现象的主要原因,不同国家民族之间因语言、文化、习俗、价值观、审美等方面存在差异与障碍,这已成为版权产业"走出去"的主要障碍。

中国要扭转当前巨大的文化贸易逆差,必须重视文化产品的文化折扣因素,将降低文化折扣作为中国对外文化贸易的产品策略。选择文化折扣度较低的文化产品类型,动作片、武侠片是电视节目贸易中交易最多的节目类型,历史剧、情景喜剧、生活剧遭受的文化折扣较大;在文化产品制作过程中融入其他国家文化尤其是目标国文化,例如,好莱坞电影《功夫熊猫》和《花木兰》等都来源于中国文化;本土化与国际化相结合,以本土文化为"原点",兼纳国际化的诸多元素,生产出既具有本土化内容又与国际化接轨的文化产品;瞄准文化亲缘性市场,文化语言市场与地理文化市场是文化亲缘性的前提。②

(三) 版权贸易与文化帝国主义

文化帝国主义是指西方发达国家对其他国家人民的文化生活进行系统的渗透和控制,

---

① 徐福山.文化折扣与文化产品"走出去"的路径选择[N].光明日报,2015-4-6.
② 闫玉刚,郭新茹."文化折扣"与中国对外文化贸易的产品策略[C]//顾江.文化产业研究:第6辑.南京:南京大学出版社,2008:56.

以达到重塑被压迫人民的价值观、行为准则和身份,使之服从帝国主义阶级的利益。文化帝国主义有两个主要的目标:一个是经济上的,另一个是政治上的。经济上是要为其文化商品攫取市场,政治上则是要通过改造大众意识来建立霸权。娱乐商品的出口是资本积累重要的来源,也是替代制造业出口在世界范围内获利的手段。在政治上,文化帝国主义在于将人们从其文化之根和团结传统中离间出来,并代之以新闻媒介制造出来的,随着一场场宣传攻势变幻的"需求"。正如席勒指出:"电影、广播电视节目、书籍、新闻报道等随处可见的文化产品与服务,它们所提供的并不仅仅是消息与娱乐,同时也是传播社会价值或政治观点的工具;最终,它们会对全社会的精神结构产生深刻的影响。"[1]

文化帝国主义有三个特点:第一,它是以强大的经济、资本实力为后盾,主要通过市场而进行的扩展过程;第二,它是一种文化价值的扩张,即通过含有文化价值的产品或商品的销售而实现的全球化文化支配;第三,由于信息产品的文化含量最高,这种文化扩张主要通过信息产品的传播而得以实现的。[2]

在文化扩张的过程中,由于大众传播媒介是一种最有力的制度化手段,因此不少学者也把文化帝国主义称为"媒介帝国主义"。当代西方国家借助广播、电视、广告、流行音乐、通俗文化等大众媒介和大众文化,将自己的强势文化渗入人们的日常生活中。目前,跨国传媒集团的集中垄断程度仍在加剧,将会造成世界上文化产品的丰富性和多元性继续恶化。另外,国际信息流通过程中,西方大国与发展中国家的信息传播处于控制与被控制、支配与被支配的状态,这也是媒介帝国主义的一种表现。

二、版权经济发展与版权资源开发

(一) 版权产业与经济发展

版权产业对经济结构、产业结构调整具有巨大的推动作用。按照世界知识产权组织(WIPO)的分类,版权产业可分为核心版权产业、相互依存的版权产业、部分版权产业及非专用支持产业四个产业组。① 核心版权产业是完全从事创作、制作或制造、表演、广播、传播或展览、销售或发行作品及其他受保护客体的产业,比如新闻出版、广播影视、文化艺术、软件与数据库等产业,是版权产业最重要、最核心的组成部分;② 相互依存的版权产业是从事制作、制造和销售为作品及其他受版权保护客体的创作、制作和使用提供便利的设备的产业,这些设备也被称为版权硬件,比如电视机、收录机、计算机等产业;③ 部分版权产业是部分活动与作品与受版权保护客体相关的产业,比如服装、纺织品、珠宝、瓷器等产业;④ 非专用支持产业是部分活动与作品与版权保护客体的广播、传播、发行或销售相关且这些活动没有被纳入核心版权产业的产业,具体包括为发行版权产品的一般批发与零售、一般运输产业、电话与互联网产业。

以出版、动漫、影视和软件等版权资源为核心的版权产业在一个国家的经济中占有很大的比重。国际知识产权联盟(International Intellectual Property Alliance,简称IIPA)与美国政府合作发布的《美国经济中的版权产业(2018)》报告,运用经济数据分析了版权产业对

---

[1] Schiller H I. Who Knows:Information in the Age of the Fortune 500[M]. Norwood,NJ:Ablex,1981:5.
[2] 郭庆光. 传播学教程[M]. 北京:中国人民大学出版社,2011:242.

美国经济的整体影响。报告沿用 WIPO 的产业分类方法,将版权产业分为核心版权产业、相互依存版权产业、部分版权产业、非专用支持产业 4 类。2017 年,总体版权产业(全部 4 类)的增加值为 2.2474 万亿美元,占美国 GDP 的比例达到 11.59%,同时为美国贡献了 1160 万个就业岗位。以美国核心版权产业为例,2017 年,该产业的增加值达到 1 万亿美元,占美国 GDP 的比重约达 6.85%,是中国版权产业增加值的 2.5 倍。同期,美国核心版权产业的就业人数约 570 万人,从业人员的平均年薪为 9.8 万美元,比美国全部从业人员平均年薪(7 万美元)高出 39%。报告强调,核心版权产业的增加值平均每年增长 5.23%,大大超过了 2014—2017 年美国经济的平均增长率(2.21%)。核心版权产业的出口额继续保持增长的态势,音乐、影视、软件和出版物四类核心版权产品的出口额为 1912 亿美元,比 2016 年增长了 3.92%。

中国新闻出版研究院完成的关于"2019 年中国版权产业经济贡献"的调研报告显示:2019 年中国版权产业的行业增加值为 7.32 万亿元,同比增长 10.34%;占 GDP 的比重为 7.39%,比上年提高 0.02 个百分点。从 2016 年至 2019 年,中国版权产业的行业增加值已从 5.46 万亿元增长至 7.32 万亿元,产业规模增幅 34%;从对国民经济的贡献来看,中国版权产业占 GDP 的比重由 2016 年的 7.33%增长至 2019 年的 7.39%;从年均增速来看,2016 年至 2019 年间,中国版权产业行业增加值的年均增长率为 10.3%。新闻出版、广播影视、软件、广告与设计等业态加快数字化转型,推动了核心版权产业的快速发展。2019 年中国核心版权产业的行业增加值达到 4.59 万亿元,同比增长 10%,占全部版权产业的比重达 63%,对版权产业发展的支撑引领更加明显。中国版权产业稳中向好,对做好"六稳"工作,落实"六保"任务发挥了重要作用。2019 年我国版权产业的城镇单位就业人数为 1628.60 万人,占全国城镇单位就业总人数中的比重为 9.49%;中国版权产业对外贸易稳中提质,2019 年中国版权产业的商品出口额为 3653.30 亿美元,占全国商品出口总额的比重为 14.62%,连续多年在全国商品出口总额中的比重稳定在 11%以上。①

(二) 版权资源的开发与利用

版权资源是指能为社会创造财富的各种版权与邻接权的总和。版权资源开发可以实现版权价值的最大化,不仅对于著作权人来说创造版权财产权和版权人身权,而且促进公众的原创动力和热情。

进入数字时代,版权资源的开发呈现出快捷化、多元化和全球化的特点。从版权来源渠道来看,包括作者、出版社、版权代理人以及著作权、集体组织授权等各种渠道。从资源利用的角度来分类,包括复制权与发行权等核心版权权利,翻译权、汇编(或缩编)权、重印权、版式设计权和连载权等辅助权利,以及其他的衍生产品的附属权,包括电子版权、多媒体版权与网络传播权、改编及影视摄制权等。② 在传播渠道上,通过不同载体出版和营销,提升内容附加值,延伸版权产业链,推动版权资源的立体开发,从单一的图书出版售卖到版权转让、影视改编权以及国际出版权等多元化和多层次的开发。

数字时代的版权产品传播速度快、受众范围广、信息量大和多媒体化,这大大降低了信息传播成本,蕴藏着巨大的市场需求和商业利益。例如,版权资源开发可以使中国优秀的文

---

① 姜天骄.2019 年中国版权产业增加值已占 GDP 7.39%[EB/OL]. [2020-12-30]. https://baijiahao.baidu.com/s?id=1687511666695610441&wfr=spider&for=pc.
② 邓志龙,黄孝章.数字时代我国出版业版权资源开发利用状况思考[J].大学出版,2009(2):53.

化产品数字化和网络化,促进文化生产和文化传播,应该鼓励利益相关者参与到知识产权开发的机制中来,通过对图书、音视频、应用软件、游戏等版权资源的开发和利用,使版权所有者可以获得更多的经济收入,使受众可以更多地接触已经发表的作品。

第二节　版权贸易的现状与发展

我国版权贸易一直处于一种不平衡状态,逆差明显,表现为:版权贸易种类相对集中,比较活跃的是图书版权贸易,而影视作品出口较少;版权贸易活动地区分布不平衡,北京、上海以及沿海地区的版权贸易成交量占据了全国版权贸易量的大半;在对外的版权贸易活动中逆差一直存在,版权引进一直处于主导地位,版权输出相对较弱。

一、版权贸易的现状

(一)版权贸易的逆差明显

据《中国新闻出版产业分析报告》统计,2019年,全国累计出口图书、期刊、报纸、音像制品、电子出版物、数字出版物(不含游戏)1661.4万册(份、盒、张),较2018年降低2.4%;金额为10766.1万美元,增长6.7%。累计进口图书、期刊、报纸、音像制品、电子出版物、数字出版物(不含游戏)4217.9万册(份、盒、张),增长3.0%;金额为79676.8万美元,增长7.4%。全国共输出出版物版权14816项,较2018年增长25.2%,引进15977项,降低3.8%。对"一带一路"国家输出5083项,同口径增加1930项,增长61.2%。[1]

如表17.1所示,2015—2019年我国版权贸易方面逆差明显,但是,近年来逐渐有所改善。根据《中国新闻出版产业分析报告》的数据,2015年,全国共输出版权10471种,引进版权16467种,版权输出品种与引进品种比例为1∶1.57。2019年,全国共输出版权14816种,引进版权15977种,版权输出品种与引进品种比例为1∶1.08。

表17.1　2015—2019年我国版权贸易分类表[2](单位:种)

项目	图书	电子出版物	录音制品	录像制品	软件	电影	电视	其他	合计
2019年输出	13680	838	290	8	0	0	0	0	14816
2019年引进	15684	11	78	204	0	0	0	0	15977
2018年输出	10873	743	214	0	19	1	928	0	12778
2018年引进	16071	214	125	192	114	15	98	0	16829
2017年输出	10670	1557	332	102	8	2	1152	3	13826

---

[1] 尹琨.图书出版结构调整走向深入 电子出版物营收增速居首[EB/OL].[2020-11-5]. https://zgcb.chinaxwcb.com/info/567299.

[2] 根据国家版权局网站历年的版权贸易资料统计。

续表

项目	图书	电子出版物	录音制品	录像制品	软件	电影	电视	其他	合计
2017年引进	17154	372	147	364	12	10	61	0	18120
2016年输出	8328	1264	201	18	0	16	1249	57	11133
2016年引进	16587	217	119	251	8	4	66	0	17252
2015年输出	7998	650	217	0	2	0	1511	93	10471
2015年引进	15458	292	133	90	34	324	136	0	16467

(二) 版权贸易的国家与地区日益多元化

1. 版权引进的国家和地区的分布情况

我国版权引进总体情况。2019年,全国内地共引进版权15977项,其中图书15684项,录音制品78项,录像制品204项,电子出版物11项。版权引进地情况如下:美国4322项,英国3420项,德国1234项,法国1056项,俄罗斯82项,加拿大108项,新加坡264项,日本2224项,韩国407项,中国香港216项,中国澳门3项,中国台湾816项,其他地区1825项。

我国出版物版权引进情况。2019年,全国共引进图书、音像制品和电子出版物版权15977项。其中,图书版权引进地情况如下:美国4234项,英国3409项,德国1225项,法国1046项,俄罗斯75项,加拿大103项,新加坡236项,日本2162项,韩国404项,中国香港203项,中国澳门3项,中国台湾797项,其他地区1787项。

2. 版权输出的国家和地区的分布情况

我国版权输出的总体情况。2019年,全国内地共输出版权14816项,其中:图书13680项,录音制品290项,录像制品8项,电子出版物838项。版权输出地情况如下:美国1003项,英国505项,德国389项,法国194项,俄罗斯954项,加拿大130项,新加坡476项,日本361项,韩国918项,中国香港1137项,中国澳门12项,中国台湾1556项,其他地区7181项。

出版物版权输出情况。2019年,全国共输出图书、音像制品和电子出版物版权14816项。其中,图书版权输出情况如下:美国614项,英国493项,德国381项,法国170项,俄罗斯947项,加拿大130项,新加坡404项,日本357项,韩国836项,中国香港879项,中国澳门11项,中国台湾1441项,其他地区7017项。

3. 我国版权贸易结构呈明显失衡状态

我国与西方发达国家的版权贸易逆差较大。2019年,从美国引进版权4322项,输出到美国的只有1003项;从英国引进版权3420项,而输出到英国的只有505项;从德国引进版权1234项,而输出到德国的只有389项。版权贸易引进主要向以英语为主的欧美地区引进,而版权贸易输出主要局限于东南亚一带的华文圈内,在西方主流文化市场的国际竞争力与影响力明显不足。

同时版权输出"含金量"不高。例如,中国高票房国产影片在海外市场往往集体遇冷,甚至无人问津。图书版权输出的内容和题材仍显单一,基本上还是以传统文化为主,集中输出至受中国文化影响较大的国家和地区,反映中国当代社会经济、政治文化等现实生活的图书难以受到欧美读者的青睐。这与我国版权引进的题材丰富化、畅销化形成了鲜明对比,如今我国引进海外图书几乎涉及了科技教育、文化生活、社科经济等多个领域,经常占据国内畅销书排名榜前列,迅速成为大众读物。

(三)版权贸易方式日益多元化

版权输出的产品形态从过去单一的图书、期刊版权拓展到报纸、音像电子、数字版权、电视节目等多种形态。版权贸易从复制权、发行权向改编权、摄制权、信息网络传播权、表演权等权利拓展,突破对传统出版和发行模式的依赖,实现多媒体版权贸易。例如,作家出版社立足专业文学出版领先优势,制定了以版权为核心,辐射传统出版、数字出版、影视制作和动漫等多领域的全新版权战略规划,包括"中国文学走出去海外推广计划"和"现代文学名著电影系列"等。

版权机构通过互联网、电子阅读器和手机等多媒体出版,形成一种文本、多方授权、多方受益的全媒体版权贸易模式。例如,首届上海国际网络文学周发布的《2020网络文学出海发展白皮书》显示,截至2019年,网络文学出海主要呈现三大趋势:翻译规模扩大、原创全球开花以及IP协同出海。从出海模式来看,翻译出海占比72%,直接出海占比15.5%,改编出海占比5.6%。仅2019年,就有3000余部网络文学作品翻译出海。随着阅文旗下起点国际和世界各地译者的持续合作,平台上线的中国网络文学英文翻译作品数量持续增长,已超1700部。京东图书的海外网站文学类图书销量位居榜首,占图书总销量的24.4%,主要购买群体为海外华人以及对汉语和中国文学感兴趣的海外人士。

二、促进我国版权贸易的措施与策略

在数字出版时代,要改变版权贸易的狭窄通道,由单一媒体的授权方式向多媒体授权方式转变。例如,根据国外播放规律,电视剧首轮销售收益一般占30%,长期收入占70%,但在我国,电视剧首轮销售占比达70%,说明版权贸易的渠道较少。版权机构需要创新版权贸易模式,通过代理机制、行业协会、授权要约、版权印、版权银行等方式促进版权贸易。

(一)版权企业加快数字化改造系统,促进数字版权开发

版权单位要与IT企业合作,加强产品的多媒体数字化改造工程,建立自己的版权营销平台,加大中文和英文网站建设,设置版权贸易和国际合作等专栏,利用互联网等新媒体开展版权产品的市场营销,解决作者、出版社、运营商和读者之间的信息不对称问题。在版权贸易的过程中寻求合理的赢利模式、定价原则和合作模式,协调作者、出版商和运营商之间的利益。

我国数字出版产品境外收益率不断提高。中国音像与数字出版协会游戏出版工作委员会发布的《2020年中国游戏产业报告》显示,2020年,中国自主研发游戏海外市场实际营销收入为154.50亿美元,比上年增加38.55亿美元,同比增长33.25%,保持了高速增长态势。中国的游戏出口额如今仅次于美国,位列世界第二。中国本土游戏企业进一步在移动游戏、网页游戏、主机游戏和客户端游戏等领域取得新的进展,推动自主研发作品在海外市场获得可观收益。2012年,我国期刊数据库的海外付费下载收入超过千万美元,电子书海外销售收入近500万美元,清华同方中文期刊全文数据库海外机构用户数量超过1000家,分布在42个国家和地区。

（二）创新版权贸易模式

贸易形式从单纯的引进输出到资本合作，买方、卖方融为一体，协同创新，共建共享，创新版权贸易模式。

合作出版，是指国内外出版机构共同确定作品的选题，共享作品版权，共同或按约定分工合作进行有关图书的编辑、出版和发行，共同或按约定分别投资、共担风险、共享收益。取得收益后，再按约定扣除出资方及提供版权一方的全部成本，按照约定的比例分配利润，或者平分收益。合作出版与我们通常所说的版权贸易的根本区别，在于版权贸易仅发生版权转移，至于具体的翻译、编辑、出版、发行等各项工作，全部由引进方负责。

资本合作，这是版权产业链在文化、内容、出版、管理、经营、收益等方面完整意义上的集约与融合，其突出特征是运营上协同创新、收益上共建共享。这种合作模式能真正促进版权贸易规模化发展、产业化发展，但对中方管理者及团队的要求比较高。这种模式典型代表是2008年成立的凤凰阿歇特文化发展有限公司，以及北京出版集团组建的京版梅尔杜蒙传媒有限责任公司等。

（三）建立版权开发、贸易和监控平台，提高版权贸易公共服务水平

首先，版权贸易平台要为著作者、出版社、代理商和公众提供一个互动交流平台，使访问者了解对方的授权产品、方式、价格和联系方式，使潜在顾客和版权所有者的版权交易更加规范化和方便化。例如，天津数字版权交易所为客户和版权所有者搭建交易平台，推出更符合市场规律的版权运营、交易、计算和分成模式，方便权利人决定他们转让或许可版权作品的权利类型，也可以让用户快速确认权利人从而取得可能的许可或投资交易。

其次，通过交易会、年会、博览会和各种展会，搭建展示和交流平台，促进版权贸易。例如，中国国际动漫创意产业交易会、中国国际漫画节、中国数字出版年会、中国国际图书博览会、法兰克福书展、东京书展、美国书展、中国数字出版博览会等提供了各种版权交易大平台。

再次，政府要提高版权交易公共服务水平，建立版权交易机制。诸如数字化版权许可合同、著作权信息的查询系统、版权交易管理模型、版权价值评估、版权质押以及版权投融资制度建设等，促进版权产业的健康发展。

（四）建立版权代理中介机构，促进版权贸易的发展

代理人是版权所有者和使用者之间的桥梁，掌握着足够多的作者、作品和版权资源，可以采取商业运营的模式开发资源。版权代理公司和权利人之间是一种委托授权的法律关系，权利人将自己的部分或者全部著作权委托给代理人，由使用者与这些代理机构签订授权合同，获得授权，代理人收取一定比例的代理费用。与自主授权不同，代理授权中的代理人具有更加专业的知识和市场洞察力，代理人在代理版权纠纷、代理收取转让使用费、代理版权贸易洽谈、代理转让或许可使用合同以及提供法律服务等方面都具有专业的优势。版权代理机构要与图书出版、影视发行、网络游戏、动漫制作机构和无线增值服务提供商等合作，用原创内容进行衍生品开发，不断延伸版权贸易产业链。

政府应该规范代理行业，培养专门的代理人才和建构海量的信息交易平台，促进版权贸易的发展。代理授权可以由出版社代理授权或者由专业出版代理公司代理授权，代理授权

要维护权利人的合法权益,尤其是授权费用的收取与分配要公开、合理、透明。例如,长江文艺出版社出版的《狼图腾》就把英文版权出售给英国企鹅出版集团,并委托企鹅集团代理全球25种语言的版权。

(五)促进授权要约的增长,减少谈判成本和版权贸易的供需失衡问题

随着数字技术的发展,版权贸易急剧增加,但是版权的供给与版权的使用需要不平衡,特别是当权利人愿意传播自己的作品,使用者愿意使用该作品,而却由于版权授权通道的狭窄而无法完成知识的传播,使各方利益受损。授权要约是合同的一种形式,是降低交易成本和提高交易效率的有效方式,要约方在要约中列出合同的核心内容,如果受要约方接受合同条件,双方即可达成合同关系,避免了一对一的洽谈,巧妙利用要约自愿达成授权关系的要求,建立起作者和使用者之间的版权交易的桥梁。

标准的授权要约模式是在图书中发表版权声明,权利人以要约的形式规定公众能以何种方式使用本作品,只要使用者愿意接受权利人的要约条件,即可以自动达成与权利人的合同关系。例如,第一本刊登授权要约的图书是《最后一根稻草》,授权要约包括三点:第一,授权范围是数字形式的发行权、复制权和信息网络传播权;第二,授权费用是收入的5%,需要在6个月内支付给中国版权代理总公司;第三,使用时要保持作品的完整性和保留其他的权利,并标明作者和来源。对于传统出版来说,授权要约涉及作者和出版社,对于出版社的利益不是很明显,这种方式需要有关部门的积极推动。

(六)打造"版权印"核心机制,促进版权集约化运营

海量内容需要高效的授权机制,"版权印"是一种有效的解决方案。"版权印"是一个大的版权交易机制,包括三层:第一层是版权印;第二层是版权交易电子化公共服务体系;第三层是版权银行和全国版权交易所——经纪人协作网络。版权印是基于"作品与版权不再分离"的理念,构建的一套结构化描述作品版权信息和授权规则的机器可识读的版权标识。权利人只要向"版权印"平台上传作品,并自行选择授权范围、期限、价格,便自动生成一个含有版权授权信息的链接,也就是给作品"盖"上了"版权印"。用户点击作品的"版权印",按选择的授权条件支付费用,会自动生成授权书,迅速获得授权使用。作品"盖"上"版权印"后,权利人还可以自行将其放在门户网站、社区论坛以及微博等其他平台上供用户使用,实现版权的版权集约化运营。

版权印可以实现版权的生产和使用同步,让授权许可由复杂耗时变得简单流畅,加速了正版流通,并降低侵权盗版的风险。在"版权印"上不但能看到作品信息、版权归属、交易规则,同时它本身就是一个交易入口。通过版权印的投放、邀约、交换、披露和反向查询机制,可实现多平台上交易达成和多平台间交易协作,使得版权随时随处可查询、可交易。

(七)推动各类专业版权银行集群建设

版权银行是基于版权集约化运营理念,以行业龙头机构为主力,以专业化版权资源及标准化授权模式为区隔,建立各类版权托管运营平台,构成专业版权银行集群。通过广泛吸纳专业机构和社会化版权资源,形成规模化、规范化托管运营机制,并实现动态、智能、端到端的供应链体系,主要用于解决数字环境下版权授权许可问题。版权交易只要符合版权托管、标准化定义、端对端交易以及结算透明四个特征,无论规模大小,都可以称为版权银行。它

就和传统银行一样,可以吸引版权人将版权存入银行,版权需求者以"贷款"方式从银行拿到需要的版权,由此实现版权快速交易,将版权价值最大化。版权银行也在利用技术手段、在线监测等方式,对版权权属进行审核、确认。

北京版银与新华社、中国图片社等机构合作,运用版权印机制,打造中国影像版权银行。东方雍和国际版权交易中心与作家出版社等机构签署合作协议,将在9大领域建设专业版权银行,涉及文学、时尚、纪录片、艺术、影像、网络视频、翻译、海外网络视频、东城文化版权9家版权银行,这些专业版权银行依托各自的优势资源和专业人才可以提供各自领域的专业版权托管运营服务。其中,2014年5月,中文视频版权银行已经上线,北京电视台等6家视频内容供应商现场签约,委托其拓展海外市场。中文视频版权银行由东方雍和国际版权交易中心和东方嘉禾文化发展有限公司联合打造。视频版权权利人可将视频版权交由版权银行进行存管和运营,视频版权权利人可获取运营收益。

第三节 数字时代的版权保护

数字化为版权贸易提供了更多的传播渠道和营销途径,但是,数字化时代的著作权的专有性和互联网的虚拟性、开放性造成了矛盾,数字化的信息和知识更容易被盗版侵权。有数据显示,在知识产权诉讼中,版权诉讼约占到70%以上,在版权诉讼中,网络版权诉讼又占到70%。知识产权的保护尤为重要,因为版权产业是一个高投入和高风险的产业,如果作者的创新价值和出版商付出的劳动得不到保护,那么就缺乏价值创造的源泉。

版权保护与文化产业创新能力的灰色关联分析认为,版权保护与文化产业增加值的快速增长关联度高,版权保护与创新投入能力和版权引进数量的关联度大,当侵权行为得到有效监控时,创意企业垄断利润的获得与保障进一步增加了创新投入,促进了产业创新能力的提高,从而使得抵制盗版的行为成为社会普遍遵守的准则,保证并激励了文化创意的良好社会氛围的培育,有利于版权人创新利益的维护。数字时代应该在如下几个方面加强版权保护[①]:

一、建立著作权行业协会组织,代表权利人的集体权利许可和权利保护

著作权集体管理制度在西方有数百年的历史,是衡量一个国家著作权法律制度是否完善的标准,是有效实施著作权法的一项重要制度。著作权集体管理是指为了保护著作权人、邻接权人享有的著作权,专门成立的代表著作权人利益的集体管理组织,与作品的使用者商谈作品的授权使用或者进行版权诉讼等著作权活动的总称。著作权集体管理组织和著作权人签订信托授权合同,集体管理组织以自己的名义进行相关的法律活动,承担相应的法律责任,权利人享有作品使用许可费的收益。

美国1914年成立了词曲作者和出版者协会(ASCAP),行使向作品使用者发放许可、解

---

① 肖叶飞.数字时代的版权贸易与版权保护[C]//顾江.文化产业研究:第九辑.南京:南京大学出版社,2014:208.

决版权纠纷和按照制度分配版税等权利,协会财务公开透明,给会员高达80%以上的版税分配比例。1922年成立了美国电影协会和1939年成立了美国广播音乐公司等著作权集体管理组织,1978年成立了世界上最大的处理文字作品为主的非营利性著作权集体管理组织美国版权结算中心(Copyright Clearance Center,CCC),有效地保护了该行业的知识产权。

2005年,我国《著作权集体管理条例》开始施行,完善了我国《著作权法》的法律体系。该条例从著作权集体管理组织的设立条件、法律地位、管理方式和权利义务等诸多方面对我国的著作权管理活动进行了规范,著作权集体管理机构向版权使用者收取法定许可情形下的使用费用并向权利人分配。2008年,文字著作权协会成立了,它是我国唯一的文字作品著作权集体管理机构,管理报纸、期刊、图书、电子出版物和数字化出版物等各种传媒使用的文字作品。随着2010年中国电影著作权协会的成立,标志着我国涵盖音乐、音像、文字、摄影、电影等领域比较完备的著作权集体管理体系已经初步形成,对于维护著作权人的权益、建立和完善作品的使用和保护都具有重要意义。但是,著作权集体管理组织的工作制度、经营模式、利益分配和监督体系,数字版权的管理和在线许可系统,有效的监控侵权行为还需要完善。

二、进一步完善版权保护法律制度

针对新的传播生态,管理部门要加强数字环境下的版权立法工作,坚决打击盗版等非法侵权行为,切实保护版权权利人的利益,为版权资源的开发利用营造良好的环境。2001年的《著作权法》增加了著作权人、表演者及录音录像者的信息网络传播权,并明确了相关的侵权责任;2002年颁布了《著作权法实施条例》,2004年颁布了《著作权集体管理条例》,2005年颁布了《互联网著作权行政保护办法》,2006年颁布了《信息网络传播权保护条例》,等等,为我国的版权保护提供了比较完整的法律保障。另外,我国加入了《伯尔尼公约》《世界版权公约》《世界贸易组织与贸易有关的知识产权协议》《世界知识产权组织版权条约》等国际条约,提高了我国版权保护的水平。

三、通过数字加密技术保护版权

技术保护也是版权保护的重要措施,包括基于DRM加密技术、水印技术、IP地址控制技术等。另外,建立反盗版监控平台,对各种涉及侵权问题进行适时的监控和管理,只要使用者连接了互联网,任何侵权信息和盗版问题都难逃法网。方正集团提出了"阿帕比"云出版服务平台,该平台的价值是为上游出版社和面向读者的渠道商提供服务,出版商可以利用云端平台服务实现数字资源自主加工、加密以及安全发行和透明结算,渠道商可以利用这个平台服务对接到几百家出版社,乃至上千家报社,能够自己主动申请版权,获得出版商正版的数字资源。

四、加强我国版权保护的宣传力度和侵权行为的执法力度

目前,我国知识产权保护方面采取司法和行政保护并存的制度,司法保护起主导作用,行政保护起辅助作用。例如,为了营造良好的版权保护环境,最高人民法院颁布了《关于当

前经济形势下知识产权审判服务大局若干问题的意见》,国家版权局重修了《著作权行政处罚实施办法》,进一步加强了司法和行政执法力度。另一方面,社会公众要增强版权保护的认知度,使得版权保护成为一种社会共识和自觉行动。另外,政府和相关机构要采取促进版权贸易和版权保护的措施,在作品登记、出版物样本交送等工作的基础上,搭建便于查寻、内容庞大的版权资源数据库以及数字版权认证平台;建立版权登记和交易系统,对数字作品进行版权登记并提供具有政府公信力的权利信息查询、权利认证及执法取证服务,记录版权的交易和权利转移痕迹,提供版权追踪,实现版权统一管理。①

五、保持版权保护与信息共享的利益平衡

保护版权就是保护知识创新,保护公平公正的竞争环境。当然,在保护版权人利益的同时,达到版权人的个人利益和社会公共利益的平衡,要在保护作者权利和促进信息传播之间寻找平衡点。为保障社会大众对作品的合理分享,著作权法同时给予了著作权权利相应的限制和例外,通过法定许可以及合理使用原则来促进整个社会教育、科学文化的发展和繁荣。《中华人民共和国著作权法》第二十二条规定,在下列情况下使用作品,可以不经著作权人许可,不向其支付报酬,但应当指明作者姓名、作品名称,并且不得侵犯著作权人依照本法享有的其他权利:为个人学习、研究或者欣赏,使用他人已经发表的作品;为介绍、评论某一作品或者说明某一问题,在作品中适当引用他人已经发表的作品;为学校课堂教学或者科学研究,翻译或者少量复制已经发表的作品,供教学或者科研人员使用,但不得出版发行;国家机关为执行公务在合理范围内使用已经发表的作品;等等。

版权保护与信息共享是相对应的概念,版权是对权利人的智力创造成果的专有使用权的保护,信息共享则是对信息的共同分享,在两者之间,如果共有成分过多,版权保护不力,则导致对信息生产的原动力不足,如果专有成分太多,则会影响信息的自由流动和公众对信息的获取,因此,两者的平衡意义重大。加强版权保护可以使创造者获取更多的利益和促进其创作,也增加了垄断剥削的能力。相反地,削弱版权保护可以通过降低产品价格和生产替代品,给消费者带来更多的获取信息的渠道,但同时减少了作者和发明者花费在创造性活动上的时间与精力以及创造性产出的数量。这是两难的选择,它要求最适宜的版权保护必须平衡对创造者的补偿与消费者的获益。解决这个难题最好的办法是在版权保护的基础上促进版权贸易和版权资源的开发。

第四节　版权产业"走出去"战略

我国版权产业"走出去"呈现多种模式,版权输出、合作出版、实物出口、成立海外分支机构、海外并购等,形式在不断创新。但版权产业还需在选题开发、作者资源、企业投资、品牌共建等新领域展开全方位的合作,增强国际传播力。

---

① 向长艳.数字出版版权保护面临的法律问题[J].中国出版,2011(9):78.

一、通过重点工程和版权交易平台,实现"走出去"的目标

重点工程已成为推进内容"走出去"的重要载体,更是实现"走进去"的重要抓手。以出版产业为例,国家新闻出版局先后实施了经典中国国际出版工程、中国图书对外推广计划(与国务院新闻办公室合作)、中外图书互译计划、中国出版物国际营销渠道拓展工程、重点新闻出版企业海外发展扶持计划、边疆新闻出版业走出去扶持计划、图书版权输出普遍奖励计划、丝路书香工程共8大工程,基本构建了内容生产、翻译出版、发行推广和资本运营等全流程的"走出去"格局。其中,经典中国国际出版工程运行的前5年,共有近2827种外向型图书获得了资助,累计金额超过1.45亿元,包括《狼图腾》《关注中国:41位驻华官员谈中国共产党》等一批优秀图书以版权输出和出版合作的方式,进入国外主流发行渠道。

丝路书香工程旨在贯彻习近平总书记提出的"一带一路"重要倡议。安徽出版集团围绕国家"一带一路"倡议加快转型发展,强力推进"时代纽伦港"项目实施和落地;推进黎巴嫩数字未来公司和澳大利亚ATF投资项目顺利落地,完善国际合作布局,强化与64个丝路国家合作,组建文化服务贸易战略合作联盟,积极与国外驻华使领馆合作,共同策划举办两国文化周和文化交流推广活动。

版权机构充分利用各种版权交易会,积极参与国际竞争。例如,中国参加的国际重要书展遍布五大洲30多个综合性和专业性书展。2019年8月,第26届北京国际图书博览会共达成中外版权贸易协议5996项。根据中国新闻出版研究院发布的《"一带一路"国际出版合作发展报告》显示,2019年我国已与83个"一带一路"相关国家开展图书、电子出版物、网络文学等方面的版权贸易。

二、通过跨国并购重组,打造国际化的传媒集团

国家支持和培育一批知名文化企业和文化品牌,通过新设、并购、合作等方式培育境外实体,凭借上市、参股、控股等形式扩大境外投资,培育有能力进行跨国文化生产与经营的文化企业,在境外收购知名品牌、营销网络和研发机构,提高其国际竞争能力,逐步实现机构本土化、人员本土化、内容本土化,使其成为文化产业的战略投资者,在全球范围内合理利用文化资源。

中国出版集团每年从事书刊版权贸易1000多种,拥有中国最大的出版物进出口企业,每年进出口各类出版物20多万种,拥有海外出版社、连锁书店和办事机构28家,海外业务遍及130多个国家和地区。中国教育出版传媒集团依托中国教育图书进出口有限公司建设按需印刷电子商务平台,与国外发行商和按需印刷厂商对接,实现中文图书资源在国外的本地化生产和发行。安徽时代出版成立了俄罗斯新时代印务公司等一批海外文化产业实体和基地,收购了拉脱维亚S&G印刷公司。

中国电影"走出去"主要是以中国电影海外推广公司作为输出渠道,以及中国电影集团等国有电影企业和一些民营电影企业进行海外发行,另外就是电影节展等电影交易市场。2014年,华狮娱乐制片公司在美国加州洛杉矶建立,致力于开发、投资、制作、发行新一代中美合拍电影,以及投资和发行优质国际电影项目。另外,万达收购美国AMC院线,小马奔腾收购美国特效公司数字王国,华谊兄弟购买美国Studio 8公司的股权,等等。中国电影公

司入股、收购国际电影公司,以及在国际范围内重组等"资本走出去"已渐成趋势。

三、加强中央级广电媒体在海外的网络覆盖

近年来,提高中国媒体国际传播能力受到政府和业界高度重视,中央广播电视总台和长城平台等中央级媒体和平台的全球覆盖网络建设日趋完善。

截至2020年,中央电视台海外记者站站点数量已达70个,包括2个海外分台、5个区域中心站和63个驻外记者站,数量在全球电视媒体中位居首位,基本形成了全球化的传播格局。中国国际广播电台已建成6个地区总站、32个记者站和23个海外节目制作室,遍布70多个国家,已在48个国家开办了94个海外落地分台,播出频率数为134个,每天播出时数为2700小时,播出语种61个。中国网络电视台建设网络电视、IP电视、手机电视、移动电视、互联网电视等集成播控平台,通过部署全球网络视频分发系统,已覆盖全球210多个国家及地区的互联网用户,并推出了英、西、法、阿、俄、韩6个外语频道以及蒙、藏、维、哈、朝5种少数民族语言频道,建立了拥有全媒体、全覆盖传播体系的网络视听公共服务平台。长城平台是由中央电视台、地方电视台和相关境外电视台的频道集成的海外播出平台,中国国际电视总公司所属的中视国际传媒有限公司负责长城平台海外落地项目的运营,目前已经在美国、亚洲、欧洲、加拿大和拉丁美洲落地,并将向大洋洲和世界其他地区扩展。

四、针对国际版权市场的规律与受众消费习惯,增强"走出去"的针对性

依据不同国家、不同情况、不同需求采取不同的策略,对世界经济、政治、文化等有重大影响的欧美等发达国家和地区,应采取政府推动、企业主营、市场化运作的方式;对经济相对落后、购买力低、市场分散的非洲与拉美等发展中国家以及我国周边的一些国家,应以政府为主、企业为媒介,侧重于非贸易方式;对多数能够直接阅读中文出版物的海外华人华侨地区,多采取出版物直接出口的方式;对其他在中文方面存在语言障碍的地区,应以版权贸易方式为主。在进一步加强对泰国、缅甸、越南等我国周边国家影响的同时,加强对阿拉伯国家以及非洲国家的卡通及影视产品出口,加大少数民族语言出版物对周边国家出口的力度,遏制藏独、疆独等分裂势力对我文化的渗透。[①]

五、加强财政税收与人力资源的统筹协调,为"走出去"营造良好环境

我国实行支持文化企业发展的财政、金融、税收政策,充分运用国家文化产业发展基金、国家出版基金、国家文化出口重点企业和项目扶持资金、民族文字出版专项资金、中非影视工作工程、丝绸之路影视桥工程等,对重点传媒企业给予重点支持,鼓励传媒企业与银行合作,争取更多金融税收支持。

---

① 范军. 我国新闻出版"走出去"理论与实践(下)[J]. 出版发行研究,2011(12):10.

加强各类高层次专门人才的培养，以培养外向型的经营管理人才、版权贸易人才、翻译人才、专业技术人才为重点，构建传媒产业"走出去"人才体系，鼓励中外传媒企业继续开展多层次多领域的专业人才互用计划、互培计划，学习借鉴国外大型出版传媒集团的选题策划、市场运作、经营管理等多方面的经验，用国际视角加强对各类高层次人才的培养。

总之，要充分利用各种资源，让更多传媒企业成为国际一流企业，让更多优质传媒产品进入国际市场影响主流人群，让更多中华文化在世界范围内得以传播，讲述好中国故事，传播好中国声音，维护好中国形象。

参 考 文 献

[1] 阿尔瓦兰.传媒经济与管理学导论[M].崔保国,等译.北京:清华大学出版社,2010.
[2] 亚历山大,等.媒介经济学:理论与实践[M].丁汉青,译.北京:中国人民大学出版社,2008.
[3] 艾尔布兰.传媒经济学:市场、产业与观念[M].陈鹏,译.北京:中国传媒大学出版社,2009.
[4] 萨缪尔森.经济学[M].萧琛,译.北京:人民邮电出版社,2007.
[5] 贝克.媒体、市场与民主[M].冯建三,译.上海:上海人民出版社,2008.
[6] 贝戈蒂克安.媒介垄断[M].吴靖,译.石家庄:河北教育出版社,2004.
[7] 奎尔.广播电视管理[M].3版.钟新,宋晶,王海,等译.北京:中国人民大学出版社,2010.
[8] 多科特.传媒经济:信息传播的12种新趋势[M].何训,徐继华,译.北京:电子工业出版社,2011.
[9] 戈尚.电子媒介管理与商业运营战略[M].陈积银,等译.北京:清华大学出版社,2010.
[10] 多伊尔.传媒所有权[M].陆剑南,译.北京:中国传媒大学出版社,2005.
[11] 罗伯特.媒介经济学:概念与问题[M].赵丽颖,译.北京:中国人民大学出版社,2005.
[12] 道尔.理解传媒经济学[M].李颖,译.北京:清华大学出版社,2004.
[13] 楚明钦.媒介经营与管理[M].北京:中国传媒大学出版社,2020.
[14] 崔保国.中国传媒产业发展报告:2015[M].北京:社会科学文献出版社,2015.
[15] 高鸿业.西方经济学[M].北京:中国人民大学出版社,2014.
[16] 郭庆光.传播学教程[M].北京:中国人民大学出版社,2011.
[17] 胡永佳.产业融合的经济学分析[M].北京:中国经济出版社,2008.
[18] 胡正荣,李继东.中国广播电视公共服务体系:目标和实践研究[M].北京:中国广播电视出版社,2012.
[19] 黄金.媒介融合的动因模式[M].北京:中国书籍出版社,2011.
[20] 黄升民,等.广电媒介产业经营新论[M].上海:复旦大学出版社,2005.
[21] 黄晓兰.媒体财务管理[M].北京:中国传媒大学出版社,2006.
[22] 季宗绍.传媒经营与管理[M].南京:南京师范大学出版社,2010.
[23] 姜平.媒介融合教程[M].武汉:武汉大学出版社,2015.
[24] 李岚.电视产业价值链[M].北京:社会科学文献出版社,2006.
[25] 刘社瑞,张丹.媒介人力资源管理[M].长沙:湖南大学出版社,2006.
[26] 刘昕.人力资源管理[M].北京:中国人民大学出版社,2012.
[27] 陆地.中国电视产业启示录[M].上海:上海交通大学出版社,2007.
[28] 马梅,周建国,肖叶飞.广播电视新闻学[M].合肥:中国科学技术大学出版社,2013.
[29] 牛勇平.媒介经济学:理论与市场分析[M].北京:经济管理出版社,2011.
[30] 钱晓文.当代传媒经营管理[M].广州:中山大学出版社,2008.
[31] 沈正赋.解读传媒:传媒生态与新闻生态研究[M].成都:西南师范大学出版社,2006.
[32] 石长顺,石婧.中国广播电视公共服务[M].北京:光明日报出版社,2013.
[33] 宋建武.媒介经济学:原理及其在中国的实践[M].北京:中国人民大学出版社,2006.

［34］谭云明.传媒经营管理新论［M］.北京：北京大学出版社，2007.

［35］屠忠俊.现代传媒经营管理［M］.武汉：华中科技大学出版社，2013.

［36］汪家驷.新闻三十论［M］.北京：人民出版社，2008.

［37］吴飞.大众传媒经济学［M］.杭州：浙江大学出版社，2003.

［38］吴克宇.电视媒介经济学［M］.北京：华夏出版社，2004.

［39］肖叶飞.广播电视规制研究［M］.芜湖：安徽师范大学出版社，2013.

［40］肖作平.财务管理［M］.大连：东北财经大学出版社，2014.

［41］谢新洲.媒介经营与管理［M］.北京：北京大学出版社，2011.

［42］严三九.中国传媒资本运营研究［M］.上海：上海文化出版社，2007.

［43］喻国明，等.传媒经济学教程［M］.北京：中国人民大学出版社，2009.

［44］詹成大.媒介经营管理［M］.杭州：浙江大学出版社，2004.

［45］张志.数字时代的广播电视规制与媒介政策［M］.北京：中央民族大学出版社，2012.

［46］赵曙光.媒介经济学［M］.北京：清华大学出版社，2007.

［47］郑明高.产业融合：产业经济发展的新趋势［M］.北京：中国经济出版社，2011.

［48］中国注册会计师协会.公司战略与风险管理［M］.北京：经济科学出版社，2014.

再 版 后 记

2016年,《传媒经营与管理》第1版出版,得到国内很多高校的关注与厚爱,作为教材使用,第1版印刷2次。笔者在使用此教材的过程中,也在不断思考哪些内容需要更新完善。特别是随着5G、VR、云计算、大数据、人工智能等新技术的出现,传媒业也发生了深刻的变化,传媒政策与规制也在不断地调整。两年前,安徽师范大学新闻与传播学院杨柏岭院长主持的省级质量工程"普通高校文化与传播类专业系列教材"喜获立项省级规划教材,笔者的《传媒经营与管理》是系列教材中一本,鉴于此,《传媒经营与管理》修订工作就变得尤为重要与迫切。2020年暑假,我深居简出,着手修改第1版教材,更新所有的陈旧数据,添加新的案例,媒介融合、资本运营、营销管理等章节重新写作,力争在原有的面貌上有所进步、有所创新。

本书试图通过经济学、管理学、传播学等多维视角探索传媒经营与管理的立体图景,勾勒出传媒产业的全貌。前4章是基础理论部分,利用经济学理论分析传媒产品的供给与需求、传媒消费的特点、传媒产品的生产与成本以及传媒产品的市场结构。第五章到第十章分析传媒经营与管理的核心环节,包括管理体制与组织结构、生产管理、广告经营、营销管理、人力资源管理与财务管理。第十一章到第十七章是专题部分,包括公共关系管理、战略管理、资本运营、集团化经营、融合新闻生产、市场失灵与政府规制以及版权贸易与版权保护。

此书的出版要特别感谢国家社科基金的资助,本人国家社科基金项目"媒介融合的政策选择与规制体系研究"结项专著《媒介融合:实践、政策与规制》已经在科学出版社出版,但是此书出版与修订的诸多方面也得益于此项目。

感谢中国科学技术大学出版社的各位编辑,他们热情、细心、专业,与他们合作非常愉快。

感谢安徽师范大学新闻与传播学院的各位领导的关心厚爱,感谢新闻学专业各位同仁与各位同学的鼓励支持,感谢家人的理解与付出。

本书的写作参考了大量的文献与资料,特向这些作者表示衷心的感谢。

由于时间仓促,本书若有不足之处,敬请读者批评指正。

肖叶飞
2021年2月于安徽师范大学